新冠肺炎疫情冲击下的企业韧性与政策纾困

基于"访万企，读中国"专项调查报告

汪荣明　刘永辉　李佩瑾　吴开尧／主编

中国商务出版社
·北京·

图书在版编目（CIP）数据

新冠肺炎疫情冲击下的企业韧性与政策纾困：基于
"访万企，读中国"专项调查报告/汪荣明等主编．—
北京：中国商务出版社，2023.9
  ISBN 978-7-5103-4601-9

  Ⅰ.①新… Ⅱ.①汪… Ⅲ.①企业发展—研究报告—
上海 Ⅳ.①F279.275.1

  中国版本图书馆 CIP 数据核字（2022）第 248500 号

新冠肺炎疫情冲击下的企业韧性与政策纾困——基于"访万企，读中国"
专项调查报告
XINGUAN FEIYAN YIQING CHONGJI XIA DE QIYE RENXING YU ZHENGCE SHUKUN
——JIYU "FANG WAN – QI, DU ZHONGGUO" ZHUANXIANG DIAOCHA BAOGAO
汪荣明 刘永辉 李佩瑾 吴开尧   主编

出   版：中国商务出版社
地   址：北京市东城区安外东后巷 28 号   邮   编：100710
责任部门：发展事业部（010-64218072）
责任编辑：刘玉洁
直销客服：010-64515210
总 发 行：中国商务出版社发行部（010-64208388 64515150）
网购零售：中国商务出版社淘宝店（010-64286917）
网   址：http://www.cctpress.com
网   店：http://shop595663922.taobao.com
邮   箱：295402859@qq.com
排   版：北京嘉年华文图文制作有限责任公司
印   刷：北京印匠彩色印刷有限公司
开   本：787 毫米 × 1092 毫米   1/16
印   张：29   字   数：580 千字
版   次：2023 年 9 月第 1 版   印   次：2023 年 9 月第 1 次印刷
书   号：ISBN 978-7-5103-4601-9
定   价：58.00 元

凡所购本版图书有印装质量问题，请与本社印制部联系（电话：010-64248236）

版权所有 盗版必究 （盗版侵权举报可发邮件到本社邮箱：cctp@cctpress.com）

序言　脚步丈量大地　逐梦贸易强国

一、百年变局中的贸易强国新形势

新中国成立以来，中国对外开放在几代领导人的正确决策下稳步迈上新台阶。在生产力较低的条件下，以毛泽东同志为代表的中央领导集体提出要创建新中国独立自主的新型外交政策，使国家顶住西方经济封锁压力，构建了完整的国民经济体系，掌握了对外经贸工作的主动权。

20世纪70年代末期，党的十一届三中全会开启了改革开放的宏伟进程。以邓小平同志为代表的中央领导集体，积极利用国际国内两个市场、两种资源，探索经济特区、沿海开放城市等经济试点，充分利用国内劳动力资源禀赋优势，实现加工贸易进出口的迅速发展。

20世纪90年代，经济全球化成为世界经济发展的必然趋势和主流。以江泽民同志为代表的中央领导集体，使中国在更高水平上全面融入世界经济体系，贸易结构持续优化。

进入21世纪，全球对外开放的广度和深度不断拓展，经济一体化成为世界发展的主要趋势。以胡锦涛同志为代表的中央领导集体以科学发展观为指导，使中国更加积极地融入世界，贸易结构更加优化，高技术产品贸易开始崛起。

中国特色社会主义进入新时代，习近平同志提出完善对外开放战略布局、构建人类命运共同体，推动"一带一路"建设，推进全球治理体系变革，努力开展自贸试验区、海南自贸港、RCEP建设，积极融入、优化和建构面向未来的世界自由贸易体系，中国特色社会主义对外开放的内涵不断丰富、新格局加快构建。

当前，世界百年未有之大变局加速演进，一些重要产业链供应链遭到干扰，全球通货膨胀居高不下，国际金融市场持续动荡，世界经济复苏势头不断走弱。全球经贸格局演变与秩序重构，为高校服务多边贸易体制与全球治理带来新挑战、新机遇。

二、率先担当作为的上海新出征

作为改革开放的排头兵、创新发展的先行者，上海始终坚持探索具有中国特色、时代特征、上海特点的超大城市发展新路。为服务全国改革开放大局，上海牢记嘱托、勇于争先、担当作为，扎实推动完成"增设自贸试验区新片区""上交所设立科创板并试点注册制""长三角区域一体化发展"等三项新的重大任务，努力打造成为国内大循环的中心节点和国内国际双循环的战略链接。上海市第十二次党代会进一步谋划值得期待的"新五年"——加快建设具有世界影响力的社会主义现代化国际大都市，世界影响力能级显著提升，社会主义现代化特征充分彰显，国际大都市风范更具魅力。立足上海发展的新征程，上海对外经贸大学师生理应以排头兵的姿态和先行者的担当，在服务贸易强国和上海"五个中心"建设等进程中，积极贡献智慧和力量。

三、时代发展中的经贸人才培养新展望

作为"中国对外经贸人才的摇篮"以及长三角地区唯一一所聚焦对外经贸领域的高校，上海对外经贸大学融入和服务贸易强国建设，深入推进高水平全方位制度型开放。建校63年来，学校培养输送高素质对外经贸人才、供给高水平决策咨询成果、拓展经贸治理创新合作网络，在服务经贸事业发展中建设世界知名、国内一流、特色鲜明的高水平财经类大学。学校主动对接新一轮科技革命与产业变革，坚持以国家战略任务为牵引，紧密对接上海城市发展亟需，根据产业链、创新链布局教育链、人才链，不断创新人才培养模式。"访万企，读中国"项目作为学校特色实践教学体系中的重要一环，以对外经贸特色问题为导向，以世界政治与经济大国博弈中的企业发展为内

容，以大数据时代的统计调查技术为依托，以全球经贸治理精英人才培养为目标，为国家经贸事业发展提供可行方案。

本书是上海对外经贸大学依托"访万企，读中国"专项调查成果形成的调研报告集。在中国对外经济贸易统计学会等单位共同努力下，第四届"访万企，读中国"调研活动顺利开展。通过对企业一线的追踪调查，师生们寄家国情怀于国际贸易、国际金融和统计学实践之中，运用科学的统计分析方法，探索应用大数据分析技术，遵循调研报告写作规范，完成本书的撰写。本书包含22篇获奖报告，力求由点及面生动展现新冠肺炎疫情下的企业韧性与纾困政策需求，也是全体师生秉承求真务实、精诚团结、奋力拼搏、勇立潮头精神的生动诠释。

国务院学位委员会统计学科评议组成员

教育部统计学类专业教学指导委员会副主任委员

上海对外经贸大学校长、教授、博士生导师

汪荣明

2023 年 7 月 30 日

前　言

"访万企，读中国"项目以增强学生服务国家服务人民的社会责任感、勇于探索的创新精神、善于解决问题的实践能力为宗旨，突出问题导向，实施项目管理，引导广大学子到祖国各地，深入企业一线，开展接力式追踪调查，形成了一条融国情教育、科研训练、创新实践于一体的人才培养路径。

一、项目概况

基于"访万企，读中国"的实践平台，全面构建学校领导班子牵头抓总、校内外学者专家与思政教师学工团队联动协作、全员参与的育人机制。每期聘请相关学科著名学者专家为"访万企，读中国"首席专家，组建由不同学科背景的校内外专家参与的专家委员会，共同对"万企调查"进行指导，集聚相关领域的校内外中青年学者，指导学生开展社会调查研究。学校成立问卷设计组、报告撰写组、数据处理组、调研指导组、日常联络组，确保活动能发挥最大效应。

"万企调查"坚持以实践育人为主线，促成人才培养、社会实践与科学研究相融合的契合点。着力开发相关数据录入系统和数据库，根据海关统计、服务贸易统计、外贸企业统计等口径进行分类归拢，共享给校内师生教学科研使用，作为反映和研究国际贸易的重要参考。撰写一系列调查报告或者论文，供商务部、国家统计局、海关总署、中国人民银行等有关部委决策参考。

自 2019 年起，上海对外经贸大学、中国对外经济贸易统计学会和环球慧思（北京）信息技术有限公司三家单位联合开展"访万企，读中国"企业调研实践活动，已成功举办 3 届。2019 年"万企调查"聚焦"优化营商环境，助推外贸企业转型升级"，组织 49 支调研分队，走访 12 个自贸试验区和长三角地区的外贸企业，涵盖上海、江苏、浙江、山东、广东、天津、福建、辽宁、河南、湖北、重庆、四川、陕西、海南等省市，收到了 43 份各地调研报告、18 份专家建议、427 份调查问卷，活动得到了海南卫视、《国际商报》、教育在线等媒体的跟踪报道近 30 篇。

2020 年"万企调查"聚焦"新冠肺炎疫情下外贸企业的数字化转型"，通过线上会议采访了 220 余家企业，回收到有效问卷 204 份，撰写了 24 份调查报告，赢得了新华社、人民网等几十家主流媒体的报道，社会反响热烈。

为了使调研精力更加集中、主题更加明确、问题更有深度、政策建议更有针对性和有效性，2021"万企调查"针对"长三角一体化战略下外贸企业数字化转型研究"开展专项调研。2021 年"万企调查"项目于 2021 年 7 月启动，来自学校 8 个学院的 114 名学生组建了 20 支调研队伍，在 41 名指导教师的带领下，采用线上访谈和线下走访相结合的形式，对全国 200 余家企业展开调研。

2022 年"万企调查"聚焦"新冠肺炎疫情冲击下的企业韧性与纾困政策"，组织全校 550 余名师生组成 36 支调研队伍，线上线下调研近 600 家企业，针对疫情下的企业发展现状、困境与政策需求提出对策和解决方案，形成近 40 篇 50 余万字调研分析报告，给出 100 余条企业高质量发展建议。基于调研成果，项目团队受邀参加上海市松江区促进民营经济高质量发展商讨会，在第五届进博会上发布首个进口食品贸易指数。项目获新华网、《光明日报》、《解放日报》、《经济日报》、《中国教育报》、学习强国等数十家主流媒体报道。

二、 项目特色

（一）秉承学校办学传统优势，彰显学科发展和人才培养特色

本项目秉承学校多年来服务国家和上海经济社会发展需求的宗旨，坚持立德树人，注重学生知识、能力、素质协调发展。一方面，进一步继承和发扬学校的办学传统，突出学科特色和优势，深度交叉和融合国际贸易、国际金融和统计学学科特点，凝练新的学科方向，建设全球贸易、投资检测平台，打造学科新的增长点。另一方面，在学校积淀国际经贸应用型人才培养特色的基础上，着力培养具有国际视野和扎实的经济学理论，掌握贸易与统

计基础知识，能熟练地运用统计软件分析和处理经济与贸易数据的复合型、高素质专门人才，进一步彰显人才培养特色。

（二）充分发挥学科专业优势，服务国家和上海重大战略

本项目以"四个服务"为指引，引导师生发挥专业学科优势，增强师生勇于探索的创新精神，提高师生善于解决问题的实践能力，形成一系列研究成果，为国家相关部委和国内外贸企业提供决策参考，服务上海"五个中心"和"四个品牌"建设，服务国家开放战略。依托企业调查数据，项目研发团队在前期已编制和发布的"首届中国国际进口博览会主宾国进口贸易指数""中国－东盟进口贸易指数"等一系列指数基础上，继续坚持和完善相关贸易指数的编制与发布工作。一是深入贯彻落实中央、上海市委的统一部署，服务和支持第二届中国国际进口博览会工作，为政府相关部门、进博会参展商、国内进口商等提供决策参考；二是以本项目为依托，进一步加强与海关总署、上海市项目部门的合作。目前，全球贸易监测分析中心（上海）已在我校挂牌，将基于"万企调查"大数据打造对外贸易分析研究的高端智库，积极应对全球经济贸易形势变化，更好地服务国家宏观经济决策。

（三）校内校外联动，形成"三全育人"新模式

本项目牢牢把握立德树人根本任务，坚持社会主义办学方向，扎根中国大地，扎根中国企业，扎根中国人民，使学生深入了解中国经济社会现实状态，引导学生把远大理想抱负融入报效国家的实际行动中，涵养了师生的"家国情怀"；以实践育人为主线，鼓励引导广大师生积极参与产业化科学研究，促进科教融合、校企联动，构建校内外学者专家与思政教师学工团队联动协作、全员参与的育人机制，探索形成了集国情教育、科研训练、创新实践于一体、教育教学和社会实践相结合、第一课堂和第二课堂相促进、专业老师和学生工作队伍相协作的"三全育人"新模式。

三、项目创新

（一）建设实践应用型科研创新平台，加强科研育人

"访万企、读中国"项目作为科研创新平台，以学科建设为龙头，积极

参与学校应用经济学高原学科建设，以统计学一级学科、数量经济学、统计学、商务信息管理二级学科学术型硕士点，应用统计学和国际商务（国际商务统计方向）专业学位硕士点等学位点建设为依托，加强内涵建设。在原商务大数据研究中心、商务大数据工作室等科研平台的基础上，鼓励师生扎根中国大地做科研，突出理工与经贸学科交叉融合，强化科学研究的服务国家战略导向。着力打造"贸易统计"方向科研新的增长点，建设"贸易统计"数据库，广泛收集进出口企业数据，围绕"贸易统计"方向，鼓励广大师生扎实开展学术研究，为国家开放新战略和上海五个中心建设提供智力支撑和决策参考。

（二）创新实践教学改革，加强实践育人

以"访万企、读中国"为抓手，全面推动学校人才培养实践教学改革。着力在培养目标、培养规格与标准、培养方式、课程体系、师资队伍、教学模式等方面大胆创新。强调贸易统计的国际化背景与国际统计规范，提升贸易统计和大数据挖掘与分析方法的应用能力，进一步加强学生贸易市场调查与贸易统计指数研发的实践训练。组建由本校中青年骨干教师、国内知名学者和业界专家组成的优质师资团队，推行项目全过程导师制。采用走出去、以练促学的教学模式，运用引导式、启发式、探究式等教学方法，激发学生的学习兴趣。

（三）构建协同服务育人机制，加强服务育人

"访万企、读中国"学生实践平台通过服务社会，培养学生社会责任意识。各类培训指导贯穿项目始终，由学校领导班子和项目执行团队牵头指导学生，立足国家重大政治经济指导方针政策，结合学校学科专业特色，动员团员青年做具有社会意义和社会反响的调查项目；鼓励专业老师带队指导实践，畅通专业老师与学生的沟通渠道，为实现社会全面、协调、可持续发展建言献策。

（四）突出党建引领，加强组织育人

发挥党建的引领带头作用，在项目实施过程中坚持党建带团建，团建促党建，努力形成党团学互促互进、共同发展的良好局面。党员的先锋模范作用促进师生关系更加融洽，加强了科研育人、实践育人、服务育人的效果，突显了党建在学生成长成才过程中的思想政治引领作用。

目录

第二部分

第三部分

新冠肺炎疫情冲击下的企业韧性与纾困政策

李佩瑾　申玉宇　包菁清　尹思源　董　婷　封冰悦　任　洁　李照莹

一、调查样本基本情况

本轮调查涉及企业数目共 537 家，收集到了企业的所属类型、主业所处行业、所属地区、股权性质、上一年营业收入范围、平均年净利润率大致范围、年龄、员工人数、当前所处行业生命发展周期中的阶段等基础信息。

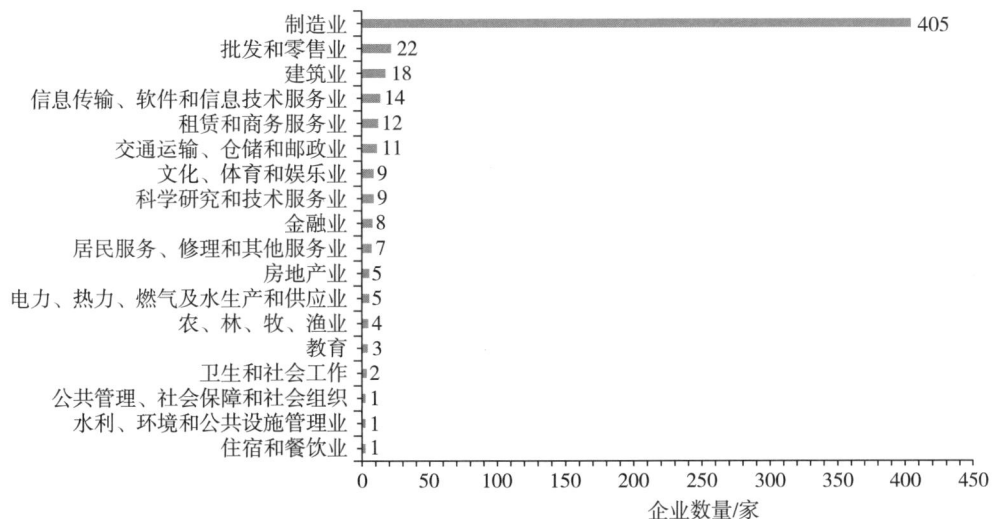

图 1　企业主业所处行业

如图 1 所示，受访企业占比最多的三个行业分别为制造业、批发和零售业、建筑业，分别占比 75%、4%、3%，这符合我国制造业 GDP 占比较大的基本国情。如图 2 所示，在企业所属类型方面，非外贸直接相关企业占比最多，为 72%；外贸相关企业占比 22%，外贸生产、外贸物流、外贸综合服务平台等领域均有涉及；还涵盖了互联网企业、建筑业、金融业、合资企业等，受访企业所属类型基数众多。

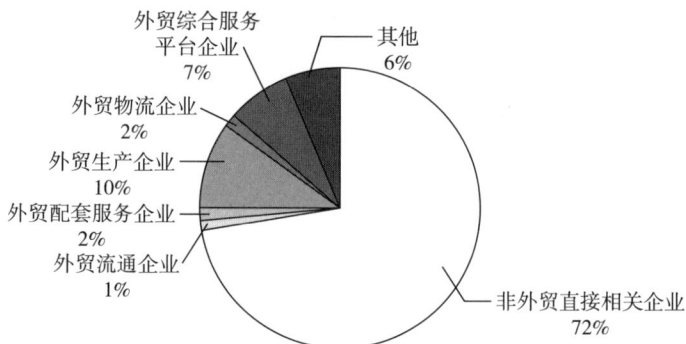

图2　企业所属类型

　　从受访企业的分布来看，多集中于长三角地区，占比达到总数的99%。其中又以上海地区企业占比最多，达到51%；江苏、浙江、安徽地区企业占比分别为16%、16%、15%。从长三角地区企业所属类型看，四地企业多为非外贸直接相关企业。

　　如图3所示，在受访企业中，员工规模为300~500人的企业占比最多。其中非外贸直接相关企业中员工规模为300~500人的企业达到了56%，员工规模达到2000人以上的非外贸直接相关企业仅占2%。不同调研类型企业员工规模分布范围较广，说明了本次调研样本选取的广泛性与合理性。

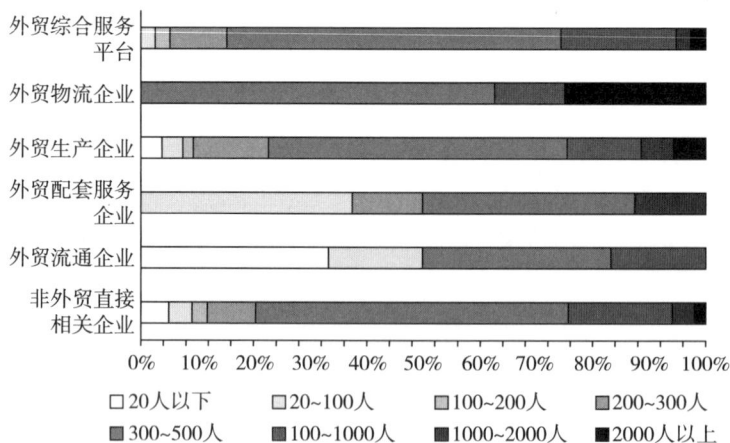

图3　不同类型企业员工规模

　　如图4所示，在企业平均年净利润率方面，各类型企业盈利能力不尽相同。其中，非外贸直接相关企业与外贸流通企业盈利能力较强，平均年净利润率达到10%以上的企业分别占32.90%与50.00%。在外贸物流企业中，平均年净利润率为

3%~5%的企业最多，占比 37.50%；在外贸综合服务平台企业中，平均年净利润率为 10% 以上的企业最多，占比 38.46%。

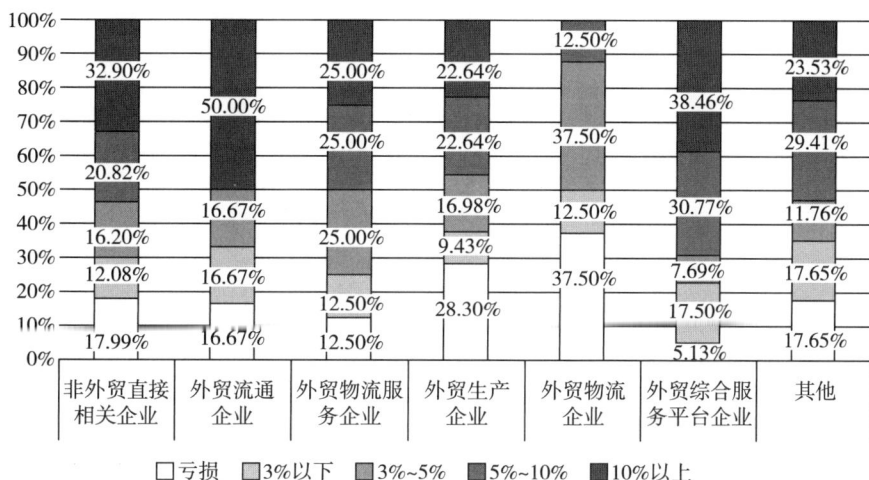

图 4　企业平均年净利润率

考虑到企业经验会影响新冠肺炎疫情冲击下企业的应对措施，从而影响企业韧性与企业发展，本研究还对企业所处行业发展阶段进行数据收集与分析。如图 5 所示，在调研的 537 家企业中，处于发展阶段的企业占比最多，达到 35.20%；其次是成长型企业和初创型企业，分别占到了样本总量的 20.11% 与 14.15%；而已经具备一定市场势力或处于维持阶段企业占比最少，分别仅为 4.28%。由此表明，所调研的样本总体有助于我们研究新冠肺炎疫情对初创型企业与成长型企业的影响，相关研究结果也将为相应企业提供更行之有效的参考与建议；同时研究不失一般性，将整个行业发展的各阶段纳入分析范围，研究更为广泛。

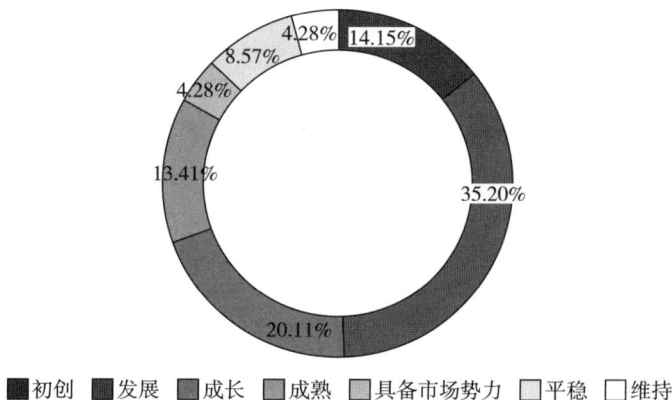

图 5　企业所处行业发展阶段

二、2022年新冠肺炎疫情冲击

1. 疫情影响程度

为研究新冠肺炎疫情对企业所在行业发展有无影响、影响程度有多大以及具体体现在企业生产经营的哪些方面,我们针对受访企业进行相关调查。如图 6 所示,在 537 家企业中,不同股权性质的企业均受到疫情不同程度的影响。其中,受疫情影响严重的企业类型为集体所有制企业,受疫情影响轻微甚至没有影响的大多数企业股权性质分别为国有及国有控股企业、其他企业(如金融业、技术开发业)。从受访企业的样本总量来看,受到疫情冲击最大的企业所属股权性质为民营企业,影响程度为非常严重、比较严重、影响轻微的占比分别为 18.58%、49.69% 和 27.14%。

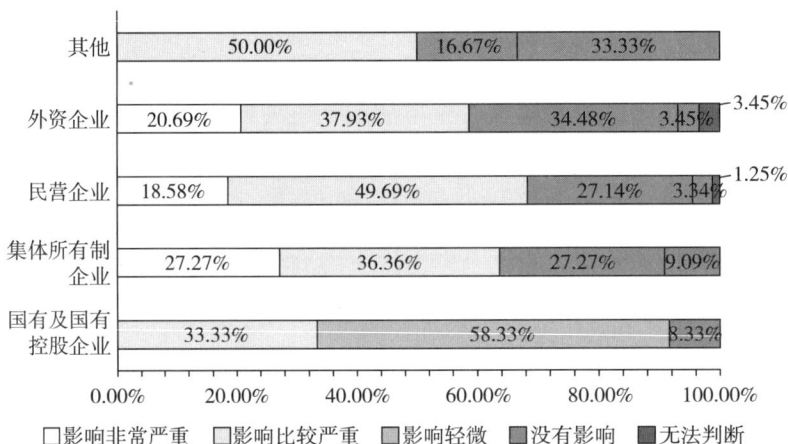

图 6　疫情对企业所在行业发展影响程度

在众多影响因素中,订单下降、经营收益减少对企业经营影响最为严重,占比 53.8%;限制开工与人员不足的困境分别使 40.7% 和 30.5% 的企业正常运营受到影响。其余影响因素从高到低依次为原料不足导致供应链中断、生产成本增加、人工成本负担较重、资金短缺及租金等固定成本负担较重,企业数量分别占到总体的 29.6%、28.8%、23.6%、20.3%、18.9%。此外,影响因素并非独立存在,而是多个因素共同作用,这又从侧面突出了当前企业压力严重、发展较为困难的现状。

2. 营收影响预期

一般来说,现金流包括经营活动、投资活动、筹资活动和非经常性项目,企业的现金流能反映企业在日常经营中的运营能力。如图 7 所示，在所有股权结构类型的企业里，9.39% 的民营企业账面现金流仅能维持不到 1 个月，而 58.33% 的国有及国有控股企业账面现金流能维持公司运转 6 个月以上，33.33% 的国有及国有控股企业能维持 3～6 个月，反映出国有及国有控股类型企业的营业状况普遍良好。外资企业的账面现金流仅次于国有及国有控股企业。集体所有制企业中能达到账面现金流持续时间 6 个月以上的企业占比最少，仅为 18.18%。

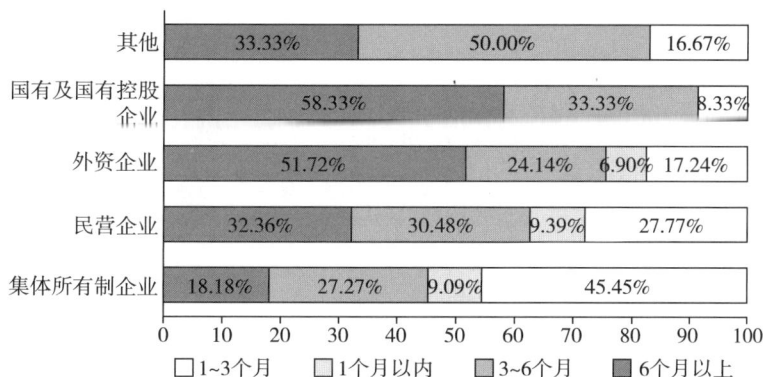

图7 不同股权性质的企业账面现金流持续时间

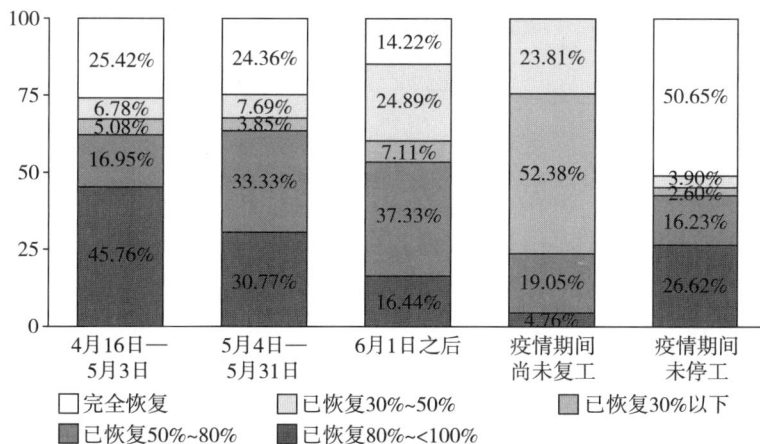

图8 企业复工时间点与企业产能恢复情况

如图 8 所示，疫情期间未停工的企业中 50.65% 的企业完全恢复，26.62% 的企业也已经恢复 80% 以上（不含完全恢复），仅 6.5% 的企业产能恢复在 50% 以下，说明疫情对这类未停工企业造成的产能影响并不大。与之相对，疫情期间尚未复工的企业产能完全恢复为 0，已经恢复 80% 以上（不含完全恢复）的企业占比也只有 4.76%。4 月 16 日—5 月 3 日复工的企业产能恢复情况良好，完全恢复产能的比例占 25.42%，恢复至 80% 以上（不含完全恢复）的企业也达到了 45.76%。5 月 4

日—5月31日复工的企业，产能完全恢复和已经恢复80%（不含完全恢复）的占比超过一半，为55.13%。6月1日之后产能恢复50%～80%的企业占比最大，达到37.33%，其次24.89%企业产能恢复30%～50%。

多数受访企业在2022年一、二季度订单量变化呈现下降趋势，受访企业中在一、二季度分别仅有199家、153家的订单量与上一年同期相比持平或上升。如图9所示，受疫情严重影响导致订单量下降40%以上的企业在一、二季度分别有74家、86家，并且根据数据显示，越来越多的企业订单量随着疫情持续而呈现下降趋势。

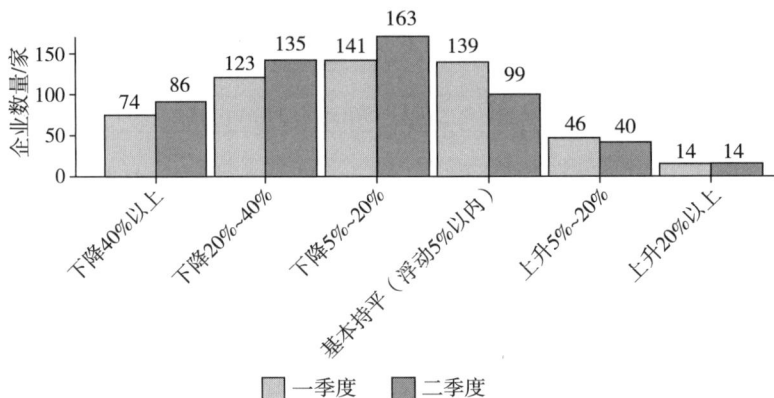

图9　受访企业2022年一、二季度订单量变化

如图10所示，在2022年一、二季度，总收入（流水）能达到1200万元以上的企业占比最多，达38.55%；总收入（流水）为300万～800万元的企业占比达到了21.79%；总收入（流水）不足100万元的企业也占据了12.29%。就疫情对企业2022年全年营收目标的影响而言，如图11所示，认为没有影响的企业占比为11.36%，认为有所提高的企业占比仅5.59%，而认为有不同程度下降的企业占比超过75.98%，其中26.63%的企业认为疫情有可能导致全年营收目标下降20%～50%，占比最多。

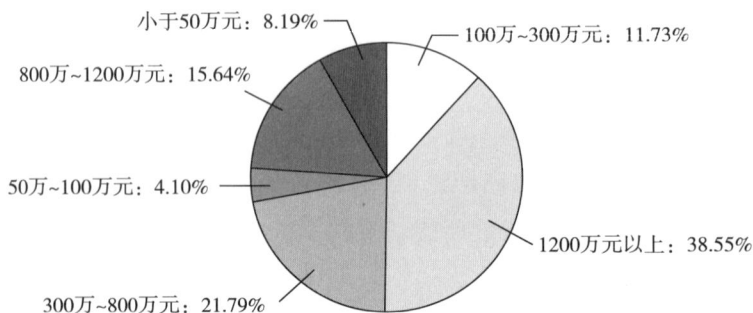

图10　企业2022年一、二季度的总收入（流水）

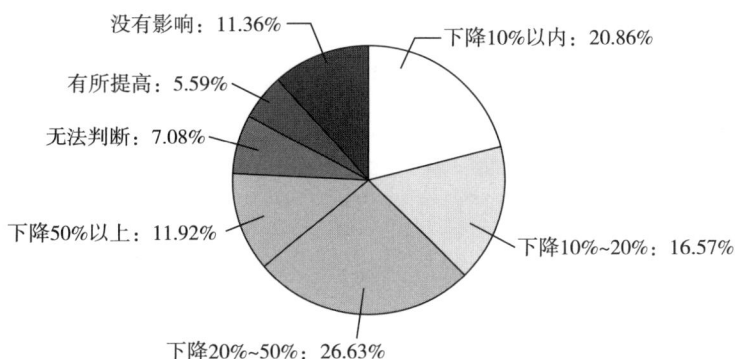

没有影响：11.36%
有所提高：5.59%
无法判断：7.08%
下降50%以上：11.92%
下降20%~50%：26.63%
下降10%以内：20.86%
下降10%~20%：16.57%

图 11　疫情对企业 2022 年全年营收目标影响

表 1　企业类型与经营绩效交叉分析

现阶段制约经营绩效的主要因素	其他（$n=34$）	外贸流通企业（$n=6$）	外贸物流企业（$n=8$）	外贸生产企业（$n=53$）	外贸综合服务平台企业（$n=39$）	外贸配套服务企业（$n=8$）	非外贸直接相关企业（$n=389$）	汇总
	数量|比例/%	数量|比例/%	数量|比例/%	数量|比例/%	数量|比例/%	数量|比例/%	数量|比例/%	数量|比例/%
资金链、现金流问题	16（47.06）	3（50.00）	4（50.00）	25（47.17）	16（41.03）	4（50.00）	182（46.79）	250（46.55）
物流问题	9（26.47）	4（66.67）	4（50.00）	28（52.83）	27（69.23）	2（25.00）	232（59.64）	306（56.98）
员工问题（老员工返岗或新员工招聘等问题）	11（32.35）	2（33.33）	3（37.50）	13（24.53）	15（38.46）	4（50.00）	123（31.62）	171（31.84）
上游原材料供应问题	12（35.29）	0（0.00）	3（37.50）	28（52.83）	24（61.54）	1（12.50）	214（55.01）	282（52.51）
大宗商品价格上涨	9（26.47）	1（16.67）	2（25.00）	15（28.30）	28（71.79）	2（25.00）	165（42.42）	222（41.34）
下游市场需求不足	12（35.29）	5（83.33）	0（0.00）	19（35.85）	22（56.41）	4（50.00）	174（44.73）	236（43.95）
个人及家庭原因	1（2.94）	1	0（0.00）	0（0.00）	2（5.13）	0（0.00）	11（2.83）	14（2.61）
贸易壁垒	1（2.94）	1（16.67）	1（12.50）	7（13.21）	5（12.82）	1（12.50）	14（3.60）	30（5.59）
其他	6（17.65）	0（0.00）	3（37.50）	0（0.00）	2（5.13）	1（12.50）	11（2.83）	23（4.28）

卡方检验：$x^2 = 97.466$，$p > 0.000$

　　如表1所示，在物流方面，外贸综合服务平台企业与外贸流通企业选择物流问题的比例分别为69.23%和66.67%，明显高于整体平均水平56.98%；在员工方面，外贸配套服务企业和外贸综合服务平台企业选择此项的比例分别为50.00%和38.46%；在上游原材料供应方面，外贸综合服务平台企业选择的比例为61.54%，高于平均水平52.51%；外贸综合服务平台企业选择大宗商品价格上涨问题的比例达到71.79%；针对下游市场需求不足问题，外贸流通企业和外贸综合服务平台企业选择的比例分别为83.33%和56.41%。

表 2　企业所处行业发展生命周期与后续发展交叉分析

疫情预计对后续发展的影响	具备市场势力 ($n=23$)	初创 ($n=76$)	发展 ($n=189$)	平稳 ($n=46$)	成熟 ($n=72$)	成长 ($n=108$)	维持 ($n=23$)	汇总 ($n=537$)
	数量｜比例/%	数量｜比例/%	数量｜比例/%	数量｜比例/%	数量｜比例/%	数量｜比例/%	数量｜比例/%	数量｜比例/%
难以维系日常经营所需现金流	0 (0.00)	26 (34.21)	70 (37.04)	10 (21.74)	19 (26.39)	37 (34.26)	14 (60.87)	176 (32.77)
原有生产经营进度受影响	11 (47.83)	33 (43.42)	72 (38.10)	16 (34.78)	30 (41.67)	41 (37.96)	9 (39.13)	212 (39.48)
产品或服务市场需求受限制	9 (39.13)	11 (14.47)	29 (15.34)	4 (8.70)	11 (15.28)	17 (15.74)	0 (0.00)	81 (15.08)
疫情防控等方面成本增加	2 (8.70)	3 (3.95)	14 (7.41)	8 (17.39)	3 (4.17)	4 (3.70)	0 (0.00)	34 (6.33)
员工招聘计划推延	0 (0.00)	0 (0.00)	1 (0.53)	0 (0.00)	3 (4.17)	1 (0.93)	0 (0.00)	7 (1.30)
技术研发及产品创新计划放缓	1 (4.35)	0 (0.00)	1 (0.53)	3 (6.52)	2 (2.78)	0 (0.00)	0 (0.00)	7 (1.30)
对外投资、打大项目计划推延	0 (0.00)	0 (0.00)	0 (0.00)	1 (2.17)	1 (1.39)	2 (1.85)	0 (0.00)	4 (0.74)
其他	1 (4.35)	0 (0.00)	4 (2.12)	2 (4.35)	4 (5.56)	3 (2.78)	1 (4.35)	15 (2.79)

卡方检验：$x^2=80.964$，$p>0.000$

　　如表2所示，针对难以维系日常经营所需现金流问题，处于维持生命周期的企业会选择该项的比例达60.87%。而对于原有生产经营进度受影响和产品或服务市场需求受限制来讲，具备市场势力的企业选择这两项的比例分别达到 47.83% 和 39.13%，均大于其平均水平。

3. 产业链困境

基于问卷情况，本研究将结果分为供给端、消费端和其他方面三个维度，来分析不同产业链环节的企业对不同疫情影响因素的感应度，分析结果如图 12、图 13、图 14 所示。

从供给端、消费端和其他方面三个维度来看，受影响程度最深的主要是上游的能源供应、中游的核心产品加工制造和下游的渠道终端等产业链环节。而上、中游环节企业生产状况受到的影响相较于产业链其他环节程度更深。

	原材料短缺	原材料涨价	供应链中断	核心零部件短缺	零部件缺乏安全性	技术支持中断	技术进步放缓	科技人才缺乏	核心技术创新能力不强	数字化程度落后	缺乏生产订单	产能下降	产能过剩
其他	2.3	2.6	2.1	1.9	1.6	2.0	1.8	2.0	2.1	1.9	2.1	2.1	1.8
下游（营销推广）	2.6	2.8	2.9	2.1	2.3	2.3	2.6	2.5	2.5	2.4	3.4	2.8	2.6
下游（售后融资）	2.8	2.2	3.0	2.6	2.0	2.3	2.2	2.4	2.2	2.2	2.4	2.0	2.1
下游（渠道终端）	3.5	3.4	3.3	2.9	2.9	3.1	3.1	3.2	3.2	3.2	4.2	3.5	3.1
中游（核心产品加工制造）	3.8	4.0	3.7	3.2	3.1	3.3	3.4	3.4	3.5	3.4	3.9	3.7	3.6
中游（仓储运输）	2.5	3.0	2.9	2.4	1.9	2.3	2.2	2.2	2.3	2.5	2.9	2.7	2.8
上游（原材料加工制造）	3.4	3.5	3.3	2.7	2.5	2.7	2.8	2.8	2.8	2.8	3.5	3.3	3.1
上游（研发设计）	2.8	3.2	2.8	2.3	2.2	2.7	2.8	2.4	2.5	2.5	3.2	2.9	2.1
上游（能源供应）	3.0	3.3	2.7	3.6	3.1	3.1	3.4	2.9	3.0	3.4	3.1	3.4	3.9

图 12　产业链结构——供给端受影响程度

	国内市场需求下降	国外市场需求下降	订单转移	物流停滞	物流运输成本上升	物流市场不均衡	人员跨省跨境流动受限
其他	2.5	2.2	2.0	2.1	2.5	2.3	2.7
下游（营销推广）	3.5	2.5	2.7	3.1	3.2	2.8	3.2
下游（售后融资）	2.4	2.4	2.1	2.3	2.4	2.3	2.4
下游（渠道终端）	3.8	3.1	3.1	3.3	3.5	3.4	3.7
中游（核心产品加工制造）	4.0	3.1	3.4	3.9	4.1	3.8	3.9
中游（仓储运输）	3.0	2.8	2.6	3.3	3.7	3.1	3.3
上游（原材料加工制造）	3.3	2.9	2.9	3.1	3.4	3.1	3.2
上游（研发设计）	3.1	2.7	2.7	2.9	3.0	2.9	3.2
上游（能源供应）	2.9	3.1	3.1	3.4	3.1	3.4	3.3

图 13　产业链结构——消费端受影响程度

	基础设施配套不完善	各生产环节不同步	劳动力停工	企业停产	现金流断裂	线下营销运行不畅	产业链外移	防疫物资不足
其他	1.8	2.0	2.4	2.3	2.0	2.2	1.8	1.9
下游（营销推广）	2.4	2.6	3.0	2.8	2.7	3.4	2.6	2.3
下游（售后融资）	2.7	2.2	2.7	2.4	3.0	2.9	2.3	2.1
下游（渠道终端）	3.2	3.5	3.4	3.7	3.3	3.7	3.1	3.1
中游（核心产品加工制造）	3.5	3.5	3.8	3.8	3.4	3.7	3.1	3.5
中游（仓储运输）	2.5	2.7	2.8	3.0	2.2	2.5	2.5	2.3
上游（原材料加工制造）	2.8	2.7	2.9	2.9	2.8	2.9	2.8	2.6
上游（研发设计）	2.4	2.8	3.0	2.7	2.4	2.7	2.4	2.2
上游（能源供应）	3.4	3.1	3.3	3.6	2.6	3.3	3.4	3.3

图 14　产业链结构——其他方面受影响程度

根据受访企业反馈的信息，如图 15 所示，受访企业所属产业链大多聚集在现代服务业产业链、新材料产业链、人工智能产业链、集成电路产业链和新能源汽车产业链五大类别中，而所属生物医药产业链、石油化工产业链和其他产业链的受访企业在整体样本中所占比例较小。其中受访企业在所属产业链中处于中游环节的居多，上游次之，下游最少，除此之外，也存在部分不明确或认为自己属于其他产业链环节的受访企业。由此说明，多数受访企业在产业链结构中发挥着承上启下的支撑性作用。在产业链变迁方面，处于产业链上、中、下游环节的受访企业大多数没有外迁计划，仅有 17 家受访企业计划外迁，已完成外迁的受访企业仅有 9 家。其中，计划产业链在国内变迁的企业有 11 家，计划产业链在国外变迁的企业有 4 家，余下 2 家企业尚未有明确的迁移地；已完成外迁的受访企业中有 5 家在国内变迁，余下 4 家企业将生产线转移至国外。

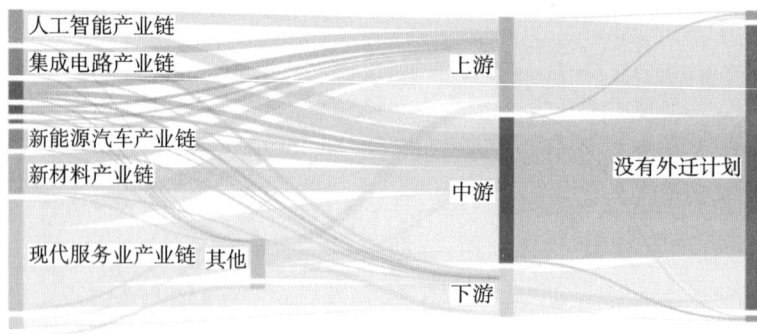

图 15　企业产业链分布与产业链外迁流向

4. 产业链竞争力

由于企业所属产业链不同，我国不同类型产业链的竞争力与国际同类产业链相比也存在较大差异。如图 16 所示，除金融服务业产业链的各环节竞争力较小外，我国企业整体上与国际同类产业链的竞争力不相上下，呈中等偏上水平，其中新材料产业链、集成电路产业链、航空航天产业链各环节竞争力相对较大，对原材料以及技术需求大，但是运输困难以及停工停产导致原材料短缺、成本成倍增加和技术支持中断。从整体来看，我国各类产业链的增值服务竞争力普遍较大，研发、销售方面的竞争力普遍较小，而这一现象在航空航天产业链出现了较大反差。在航空航天产业链中，研发竞争力最大，生产竞争力最小，但都呈现出高于国际竞争力的水平。

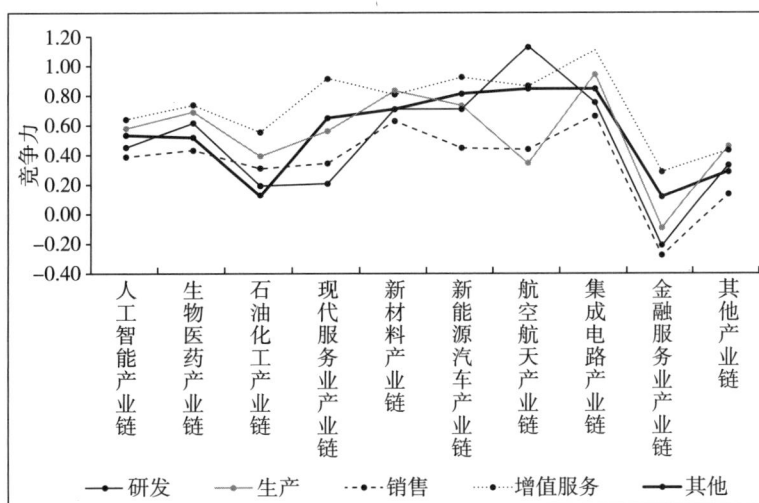

图 16　我国各产业链企业竞争力分析

如图 17 所示，中游（核心产品加工制造）的难度显著高于上游和下游各个方面的难度，下游的各个方面竞争力最小。在上游能源供应、研发设计和原材料加工制造三方面中，竞争力最大的是研发设计，其次是原材料加工制造。另外，还可以看出增值服务在上、中、下游的竞争力较大，而销售和研发的竞争力较小。

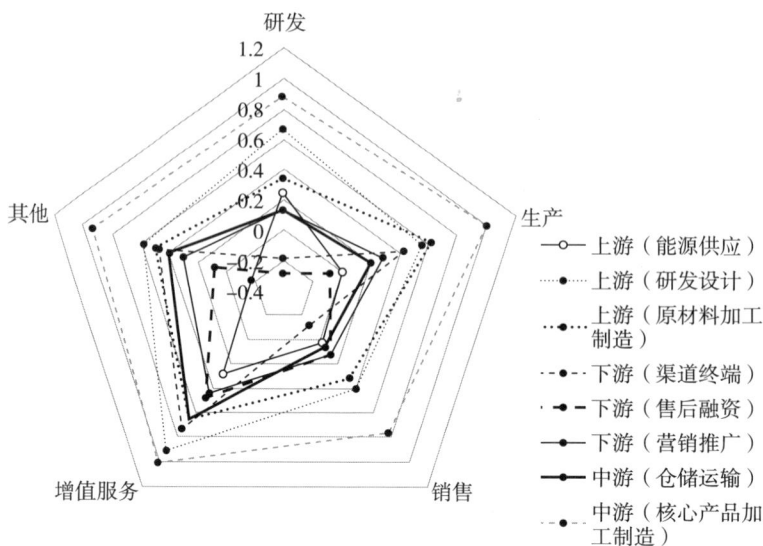

图 17　产业链各环节的竞争力分析

5. "专精特新"企业境况

如图 18 所示，本次受调研的企业 92.9% 不是"专精特新"企业，只有 7.1% 是"专精特新"企业。虽然近两年各行业受疫情影响较为严重，但是大多数被评为"专精特新"的企业仍然能保持营收增加、研发增加或者维系企业收入稳定的状态，较为平稳地度过疫情困难期，少部分省级"专精特新"企业面临了企业境况下降的情况，但整体的营业收入还是有所上升的。

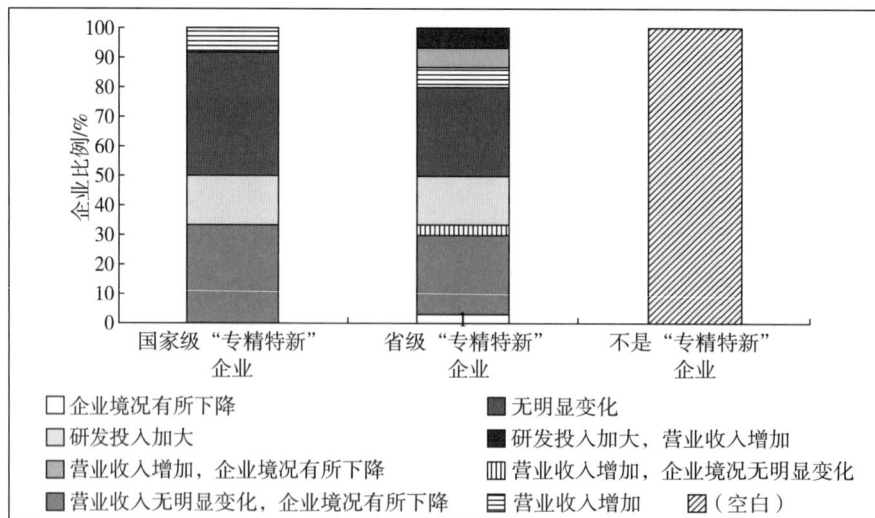

图 18　"专精特新"企业与非"专精特新"企业境况

6. 大宗商品价格冲击

如图 19 所示，疫情期间，大宗商品价格普遍上涨，给各产业链带来了最大的困境——成本价格攀升、企业利润空间受到很大挤压，同时期诸多企业的第二大困境在于融资贷款难、用工招工难。面对诸多困境，企业积极采取相应措施渡过难关。针对成本价格攀升导致企业利润降低，大多数企业以去库存的方式降低企业风险，保障企业运营；而针对融资贷款难，大部分企业以停止生产的方式维系企业经营。面对诸多困难，企业深刻意识到了创新驱动的重要性，在各种困难的应对措施中都采取"加大创新驱动力度"的战略决策，从根本上降低成本，提高企业竞争力。

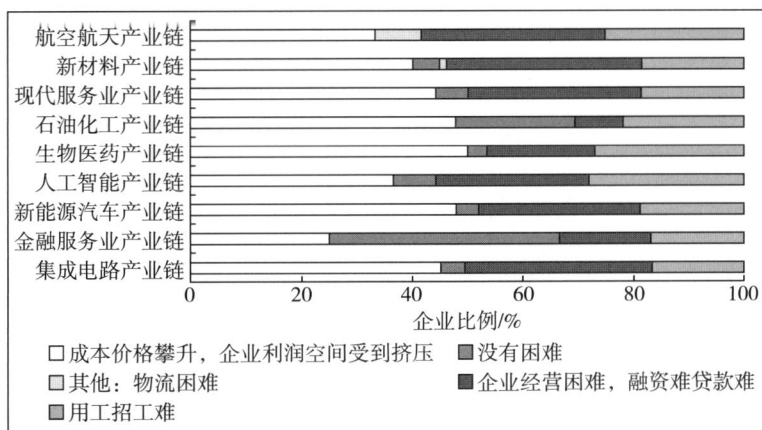

图 19　各产业链面临的企业困境分析

三、疫情冲击下的企业韧性

1. 企业韧性评估

通过 AHP 层次分析法和一致性检验得到指标权重，使用该权重对企业韧性进行评分：1～2.5 为低；2.5～4 为中；4～5 为高。

如图 20 所示，大部分企业的表现情况较好，其中在紧急情况下韧性表现为中的企业数量占比最大，韧性为低的企业数量占比最小。

针对关系资本、网络能力、供应链和环境动荡性的打分情况进行划分，设定 1～3 为较差（较低）水平，设定 3～5 为较好（较高）水平，再将不同企业韧性和这两种表现做分析，结果如图 21、图 22、图 23、图 24 所示。

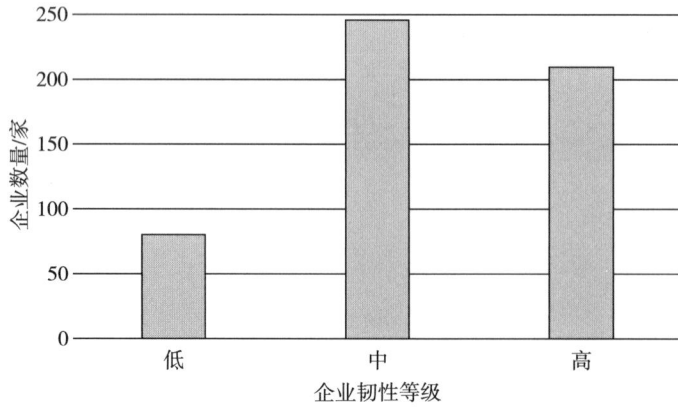

图 20 不同韧性企业数量

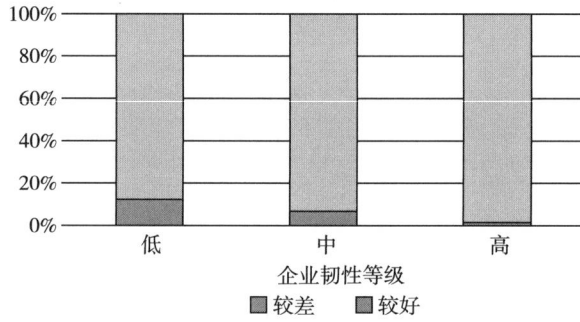

图 21 不同企业韧性下关系资本表现情况

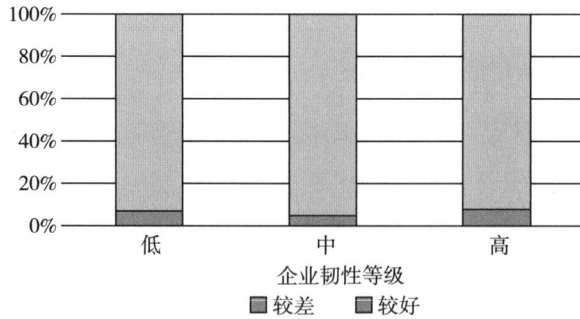

图 22 不同企业韧性下网络能力表现情况

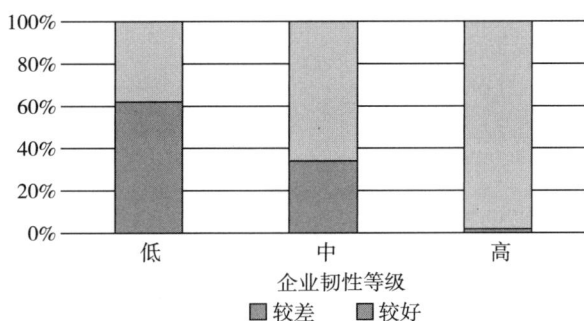

图 23　不同企业韧性下供应链表现情况

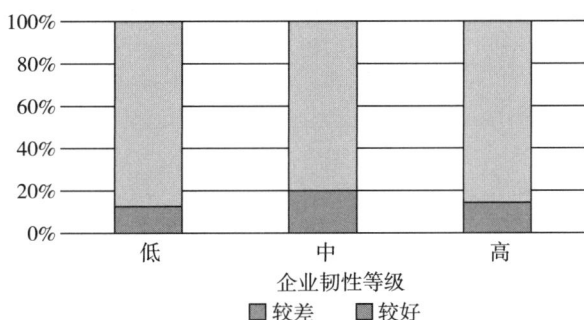

图 24　不同企业韧性下环境动荡性表现情况

数据显示，对于资本表现，不同韧性企业下较好占比总体趋势随韧性的增高而增高，总体表现良好；网络能力以韧性表现为中的企业表现最佳，说明前期对合作伙伴的合理评估、日常对资源的整合能力可以很大程度上助力企业解决问题；同时，在供应链表现上，韧性表现为低的企业出现了占比超过一半的供应链问题，很大程度上反映了面对紧急事件时，供应链成为企业的重大难题；对于环境动荡性，在韧性表现为中的企业中，动荡性较低的占比超过了其他情况下的韧性，表明在紧急事件下，动荡性较弱的企业韧性情况也保持较好水平。

2. 企业韧性影响因素

如图 25 所示，大部分企业对于关系资本方面的自我评级较高，整体表现较为积极。从整体来看，受访企业对关系资本、环境动荡性和网络能力的自我评价都较为积极，但对供应链的自我评价明显较低，说明供应链柔性的建设有待加强，供应链的完善能够进一步加强企业的韧性。

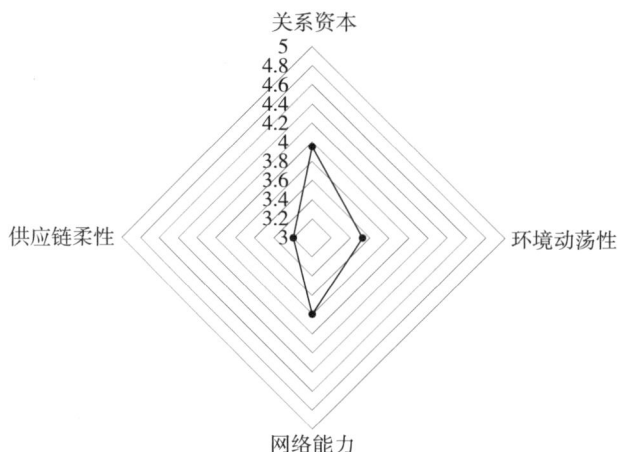

图25　企业四个角度自我评价

四、疫情下的企业恢复路径

1. 疫情应对措施分析

图26　企业应对疫情措施分布图

　　如图26所示，绝大部分企业都选择了"关注员工，使员工克服恐慌，不懈怠"的措施用于应对疫情。可以看出，企业的经营管理者都十分注重员工情况，把人的发展放在首位。而员工规模较小的企业则更多选择了"灵活用工"，存在一定裁员现象。有超过60%的企业选择了"进一步减少开支，压缩成本"；有将近一半的企业选择了"弹性生产"，从成本端开源节流，防止产品因疫情销路不畅导致货物积压，从而给企业运营造成一定的压力。

2. 短期应对措施的效果

如图 27 所示，大部分企业在受到疫情影响后，都会选择"关注员工身体情况、行踪轨迹、居住地防疫政策等"，其次是"开启居家办公等远程协作模式"和"针对员工开展各类线上培训及考核工作"。为保证员工健康，维持企业正常运转，居家办公等远程协作模式在企业中得到了有效推广与应用。

在企业生产方面，受疫情影响，交通受阻，许多企业面临着货物运不出去、原材料无法采购等问题。因此，有超过半数的企业选择了"与客户保持沟通并努力去库存""及时了解采购渠道变化情况，提前规划企业物料保障"。此外，对于制造业企业来说，员工的到岗也十分关键，49.35% 的企业选择了"定期开展消杀、设备检修等工作"，37.43% 的企业采取了"以分批方式实现快速复工"的措施，对于缓解疫情压力均起到了一定的作用。

只有不到三分之一的企业采取了"规划融资方式，扩大融资渠道"的措施，用于缓解企业在疫情期间的资金短缺。

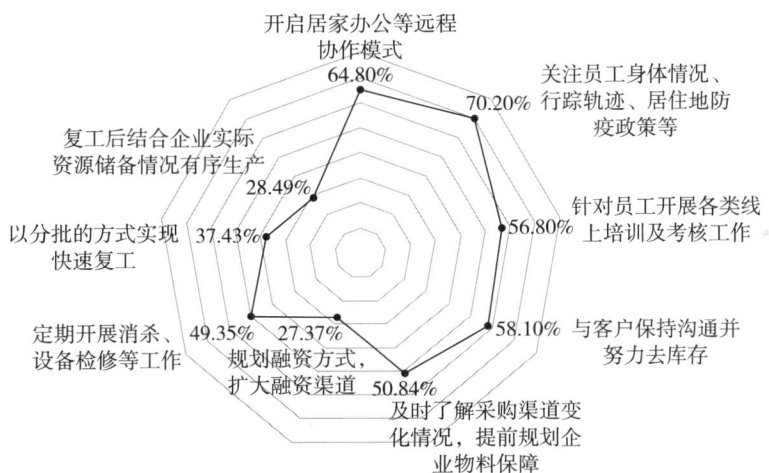

图 27　企业短期应对措施雷达图

3. 长期应对措施的效果

图 28 和图 29 分别展示了企业面对疫情所采取的长期应对措施的普及率和响应率。数据显示，首先"快速调整心态迎难而上，将危机转为机会"的选择比例最高。在这个不断向前进的过程中，企业韧性也在不断增强，从而走得更远。其次是"对资金进行合理分配，深度调配现金流"和"实时关注政府减负政策并及时申报"。可以看出，与短期措施中的"规划融资方式，扩大融资渠道"有所不同，企业在面临长期发展时，并不会一味扩大融资，更多的是注重对资金及现金流的使用做出更加合理的分配，以适应疫情期间的各种变化。

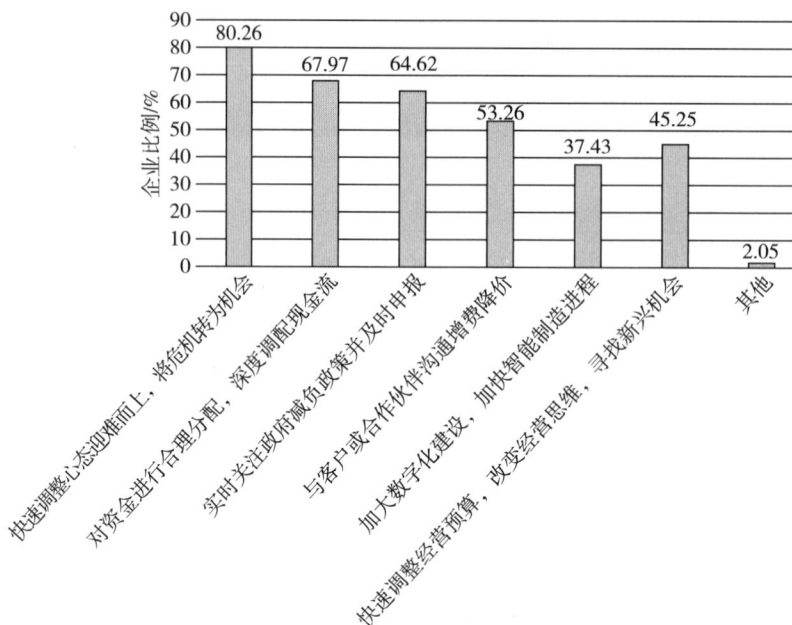

图 28　企业长期应对措施普及率

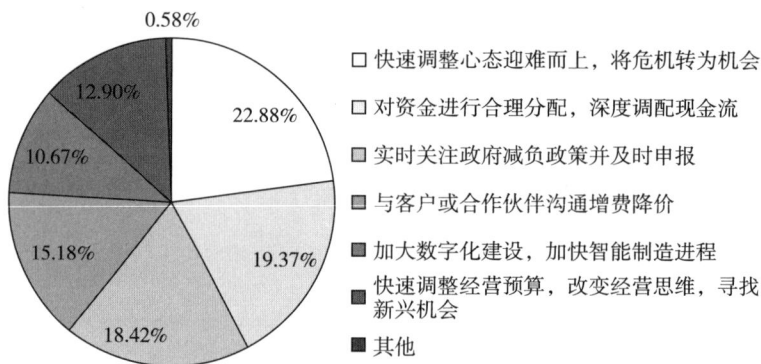

□ 快速调整心态迎难而上，将危机转为机会
□ 对资金进行合理分配，深度调配现金流
□ 实时关注政府减负政策并及时申报
■ 与客户或合作伙伴沟通增费降价
■ 加大数字化建设，加快智能制造进程
快速调整经营预算，改变经营思维，寻找新兴机会
■ 其他

图 29　企业长期应对措施响应率

4. 资金短缺应对措施的效果

由图 30、图 31 可以看出，大部分企业选择了"向商业银行贷款"，60% 以上的正常营业收入范围在 8 亿元以上的企业均采取了此种措施以解决资金短缺问题。而对于经营规模较小的企业来说，更多选择降低运营成本（例如裁员和降薪）的措施，可能因为小规模企业无法申请过多贷款，且贷款会在一定程度上增加企业运营风险，因此对于小规模企业来说，降低运营成本才是最优选择。企业选择其他措施明显较少。

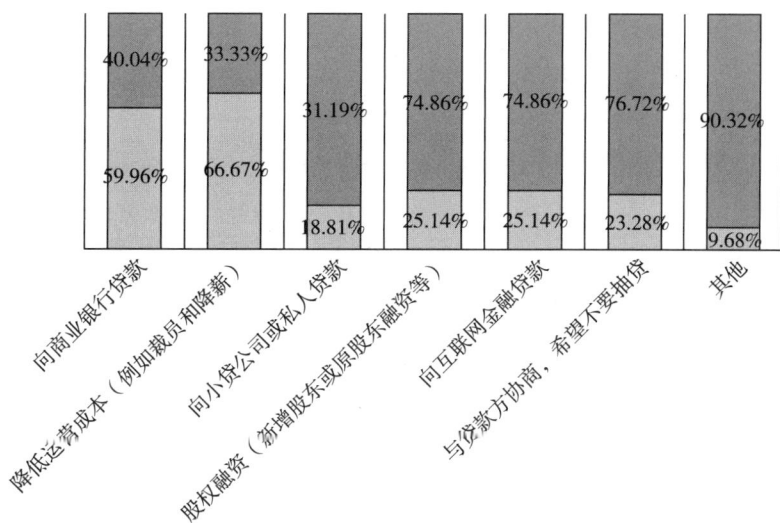

图 30　企业资金短缺应对措施

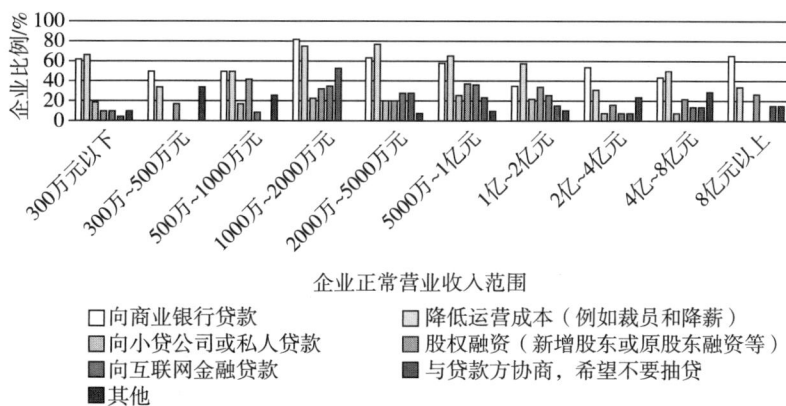

图 31　营业收入与资金短缺应对措施交叉频率分布

5. 原材料短缺应对措施的效果

表 3 疫情影响与原材料短缺应对措施交叉检验分析

措施	选择	没有影响 数量|比例/%	影响轻微 数量|比例/%	影响比较严重 数量|比例/%	影响非常严重 数量|比例/%	无法判断 数量|比例/%	总计 数量|比例/%	χ^2	p
寻找新的采购渠道	否	8 (38.10)	33 (21.85)	53 (20.38)	37 (37.76)	2 (28.57)	133 (24.77)	14.296	0.006**
	是	13 (61.90)	118 (78.15)	207 (79.62)	61 (62.24)	5 (71.43)	404 (75.23)		
总计		21	151	260	98	7	537		
延期供货	否	15 (71.43)	86 (56.95)	123 (47.31)	45 (45.92)	5 (71.43)	274 (51.02)	9.249	0.055
	是	6 (28.57)	65 (43.05)	137 (52.69)	53 (54.08)	2 (28.57)	263 (48.98)		
总计		21	151	260	98	7	537		
减少生产	否	17 (80.95)	88 (58.28)	104 (40.00)	28 (28.57)	6 (85.71)	243 (45.25)	39.672	0.000**
	是	4 (19.05)	63 (41.72)	156 (60.00)	70 (71.43)	1 (14.29)	294 (54.75)		
总计		21	151	260	98	7	537		
提高采购价格	否	16 (76.19)	112 (74.17)	193 (74.23)	75 (76.53)	5 (71.43)	401 (74.67)	0.29	0.99
	是	5 (23.81)	39 (25.83)	67 (25.77)	23 (23.47)	2 (28.57)	136 (25.33)		
总计		21	151	260	98	7	537		
订单外包	否	18 (85.71)	122 (80.79)	205 (78.85)	83 (84.69)	7 (100.00)	435 (81.01)	3.603	0.462
	是	3 (14.29)	29 (19.21)	55 (21.15)	15 (15.31)	0 (0.00)	102 (18.99)		
总计		21	151	260	98	7	537		
其他	否	17 (80.95)	137 (90.73)	250 (96.15)	93 (94.90)	6 (85.71)	503 (93.67)	11.631	0.020*
	是	4 (19.05)	14 (9.27)	10 (3.85)	5 (5.10)	1 (14.29)	34 (6.33)		
总计		21	151	260	98	7	537		

　　如表 3 所示，从疫情影响与原材料短缺应对措施交叉检验分析可以看出，不同疫情影响程度对"延期供货""提高采购价格""订单外包"这三条对应措施均表

现出一致性，并没有呈现出差异性，可能是因为虽然疫情形势十分严峻，但不论是延期供货，还是提高采购价格和订单外包，都不是企业单方面可以决定的，都需要与其他企业进行商谈才能顺利进行。

但是不同疫情影响程度对"寻找新的采购渠道""减少生产""其他"呈现出一定差异性。"寻找新的采购渠道""减少生产"这两条应对措施，均是随着疫情影响的增加而不断增加。由于疫情影响，多数企业都面临着订单数量下降、运输受阻等一系列问题，而这两条措施均是从企业的生产端进行限制，开源节流，在维持企业正常运转的情况下，再慢慢从疫情的打击中恢复以往的产能和采购。

6. 合约履约应对措施的效果

在新冠肺炎疫情的影响下，由于运输受阻、产能不足、原材料价格上涨等问题，企业大范围出现了合同履约失败的情况。针对这种情况，大部分企业都选择了"双方协商，自行解决"的应对措施，以求在极其艰难的生存环境中，努力将双方的损失降到最低。与此同时，也有一部分企业向政府求助，采取"希望政府协调，提供明确免责协议"的措施。也有企业选择直接通过"法律途径解决"，少数企业选择支付违约金，只有极少数企业表示没有出现过违约情况（其他），如图32所示。

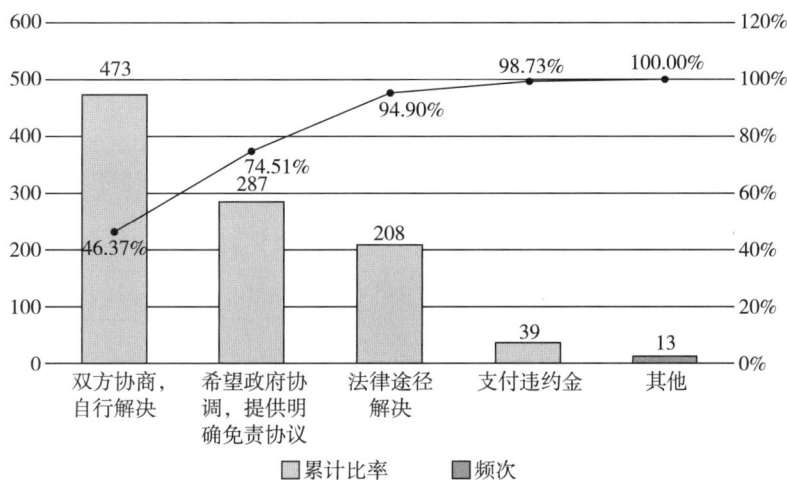

图32　企业合约履约应对措施帕累托图

五、纾困政策需求

1. 政策帮扶力度与需求

广大企业是政府纾困政策的主要对象，企业对政策的感受在很大程度上反映了政策的落实程度及效用，表4展示的是各行业企业对政策评分的均值，表5展示的是各行业企业对政策评分的中位数。

表4　各行业企业对政策评分平均值

企业所处行业	减税降费政策力度	援企稳岗类政策力度	疫情防控支持类政策力度	金融和融资服务支持类政策力度	稳企业和支持恢复困难行业政策力度
C 制造业	64.723	64.143	63.785	59.440	61.869
F 批发和零售业	61.182	57.318	48.727	45.773	43.273
Q 卫生和社会工作	42.500	70.500	25.500	96.500	81.000
O 居民服务、修理和其他服务业	44.286	52.714	38.857	37.143	39.571
R 文化、体育和娱乐业	43.111	48.222	43.222	50.333	41.778
E 建筑业	58.556	58.944	58.500	53.556	59.778
A 农、林、牧、渔业	65.750	47.750	54.000	45.000	65.500
I 信息传输、软件和信息技术服务业	63.500	62.786	57.500	57.214	64.857
L 租赁和商务服务业	60.917	58.000	56.083	55.750	53.833
G 交通运输、仓储和邮政业	58.273	54.455	56.364	49.000	55.000
H 住宿和餐饮业	50.000	50.000	30.000	40.000	60.000
D 电力、热力、燃气及水生产和供应业	81.000	82.600	81.200	79.200	74.000
P 教育	41.667	48.333	58.333	51.000	63.000
M 科学研究和技术服务业	37.222	43.333	43.444	52.111	48.667
J 金融业	47.875	49.250	54.750	34.375	46.625
S 公共管理、社会保障和社会组织	89.000	41.000	37.000	60.000	58.000
N 水利、环境和公共设施管理业	43.000	50.000	61.000	60.000	59.000
K 房地产业	46.000	46.600	60.000	40.200	39.800

表5　各行业企业对政策评分中位数

企业所处行业	减税降费政策力度	援企稳岗类政策力度	疫情防控支持类政策力度	金融和融资服务支持类政策力度	稳企业和支持恢复困难行业政策力度
C 制造业	70.000	70.000	68.000	60.000	60.000
F 批发和零售业	64.500	62.000	61.500	51.500	51.500

续　表

企业所处行业	减税降费政策力度	援企稳岗类政策力度	疫情防控支持类政策力度	金融和融资服务支持类政策力度	稳企业和支持恢复困难行业政策力度
Q 卫生和社会工作	42.500	70.500	25.500	96.500	81.000
O 居民服务、修理和其他服务业	48.000	60.000	30.000	40.000	40.000
R 文化、体育和娱乐业	48.000	50.000	52.000	51.000	42.000
E 建筑业	58.000	53.500	59.000	59.500	61.000
A 农、林、牧、渔业	72.000	55.500	50.000	49.500	71.500
I 信息传输、软件和信息技术服务业	69.000	71.000	61.000	58.500	65.000
L 租赁和商务服务业	61.500	60.000	66.500	66.000	63.000
G 交通运输、仓储和邮政业	64.000	62.000	65.000	50.000	58.000
H 住宿和餐饮业	50.000	50.000	30.000	40.000	60.000
D 电力、热力、燃气及水生产和供应业	79.000	81.000	80.000	81.000	81.000
P 教育	27.000	44.000	58.000	53.000	69.000
M 科学研究和技术服务业	22.000	42.000	40.000	52.000	58.000
J 金融业	45.000	54.000	71.500	43.000	58.500
S 公共管理、社会保障和社会组织	89.000	41.000	37.000	60.000	58.000
N 水利、环境和公共设施管理业	43.000	50.000	61.000	60.000	59.000
K 房地产业	20.000	40.000	70.000	21.000	18.000

如表4、表5所示，批发和零售业，居民服务、修理和其他服务业，文化、体育和娱乐业，住宿和餐饮业等服务类相关企业认为政策力度较小，说明政府实施政策力度有所欠缺，导致这个现象的原因可能是部分政策出台时间较短，从出台到具体的实施存在一定的滞后性，政策宣传解读不足，事项办理人员培训不足，部门针对新事项的联动办理能力欠缺等；而电力、热力、燃气及水生产和供应业企业认为政策力度较大，主要原因在于电力、热力、燃气及水生产和供应业的企业以国营为主，且多为大中型企业，现金流稳定，遭遇冲击较小，需要的纾困政策种类较少，政策相对较容易满足行业要求，对政策的了解程度高于其他行业的企业。从各类政策得分来看，金融和融资支持类政策力度评分整体较低，仅有卫生和社会工作类企业给出了非常高的分数，说明各企业对这类政策力度感受较差，卫生和社会工作类

企业作为疫情防控的重要力量，在政策加持和公众关注下，较容易获得贷款和融资支持。

2. 纾困政策不足分析

调研企业围绕自身感知，对纾困政策的不足提供了改进建议，如图33、图34、图35所示，"政策涉及的事项办理便捷度不高""政策解读不到位，部分内容不明确""政策宣传不够，对政策知晓度不高""政策涉及的事项办理较为繁琐，时间较长"为几类纾困政策通用的至关重要项，也是所有纾困政策均需重视和改进与提高的地方，这是导致政策实施力度不足的主要因素。根据调查，剩余的主要因素还有"企业所得税、增值税和'六税两费'等减免适用主体范围较窄""补贴类项目申请门槛高""政策中'免申即享'事项偏低""涉及专项资金资金兑付速度较慢""其他项目的申请门槛较高""贷款获取难度和综合成本高""因疫情受困企业融资的绿色通道开设不到位""政府性融资担保服务能力不够，（再）担保费率较高"等。

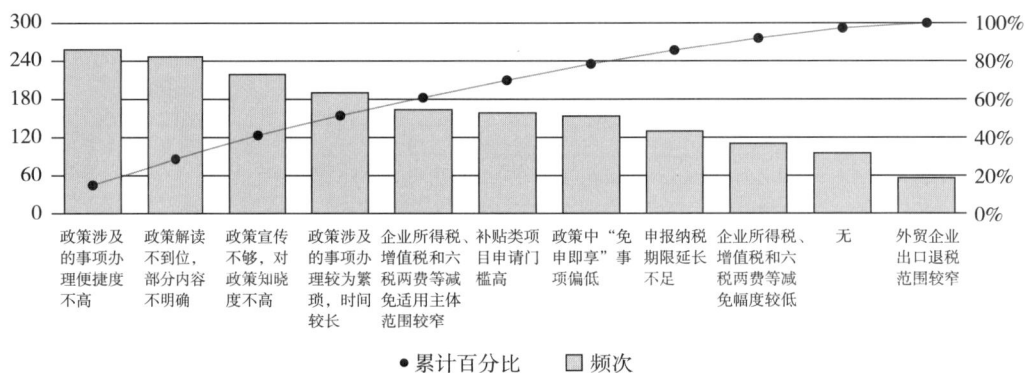

图33　减费类政策累计帕累托图

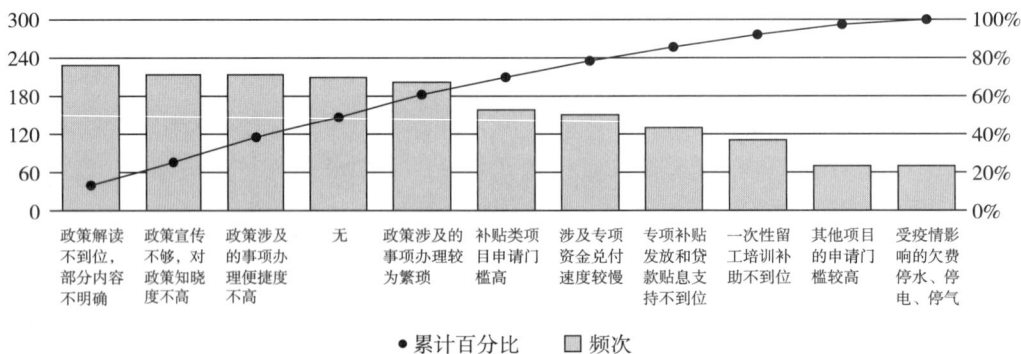

图34　援企稳岗类政策累计帕累托图

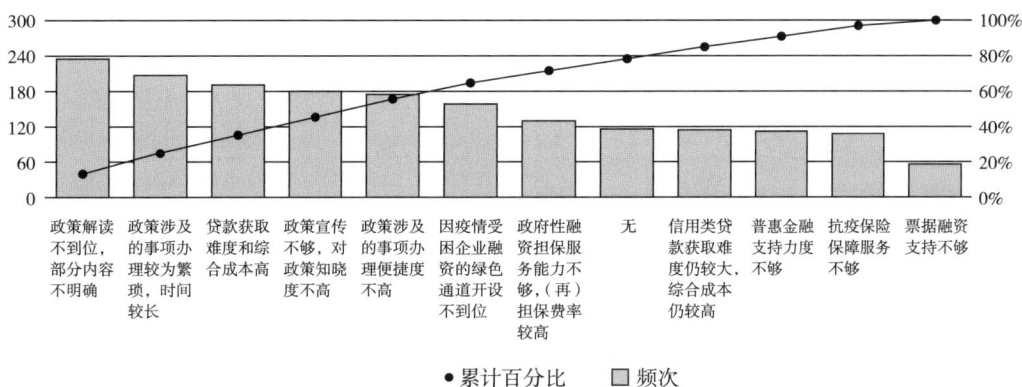

图35   金融融资服务类政策累计帕累托图

六、发展预期的影响因素

新冠肺炎疫情作为 21 世纪迄今为止最严重的全球性危机，不仅对社会的运转造成了巨大冲击，对经济和企业发展也产生了重大的影响。各企业针对新冠肺炎疫情展开了未来发展的自我思考。

图 36 展示了企业对于未来的规划。在经历过两年的疫情之后，大部分企业都选择保持现状，疫情的冲击让企业的扩张计划出现了延期，仅有 21.42% 的企业仍然希望继续扩张。

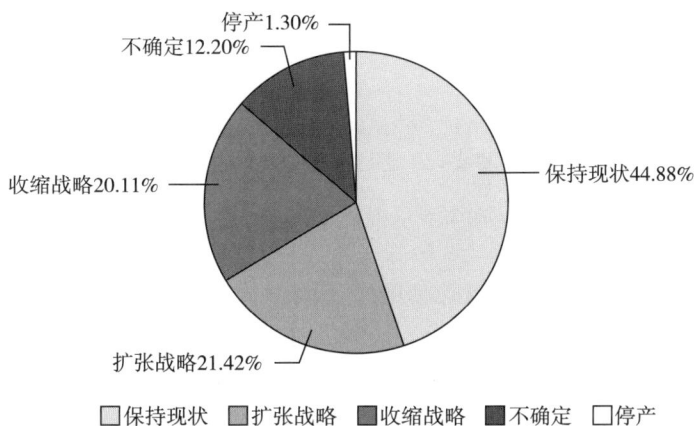

图36   企业未来规划选择

如图 37 所示，对于扩张战略的选择，在 2021 年净利润超过 10% 的企业中，有 120 家企业选择重视国内市场。同时纵观不同净利润水平的企业，大都选择提升国内市场份额，这在一定程度上体现了全国企业对于国内市场的态度，也契合当前推动"国内大循环"的时代背景。

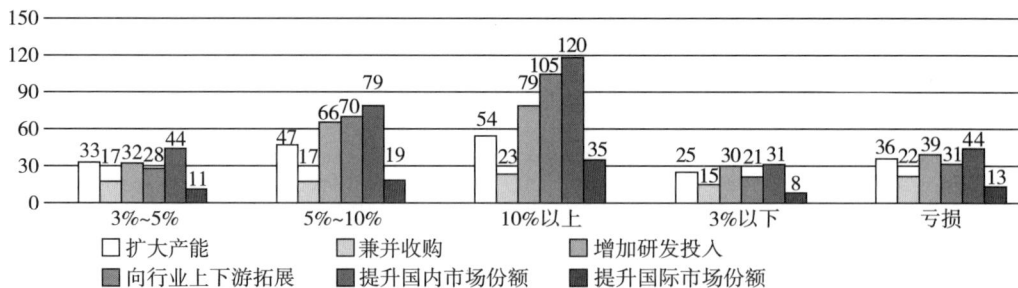

图 37 不同净利润企业扩张战略选择

　　如图 38 所示，疫情后，企业对资本的开支预期并没有产生很大的变化，而更多地倾向于选择按照原计划经营，选择小幅增加和小幅减少的企业占比相当。从这一选择可以看出，大部分企业受到疫情影响还是在计划之内，并没有完全改变经营目标和计划。

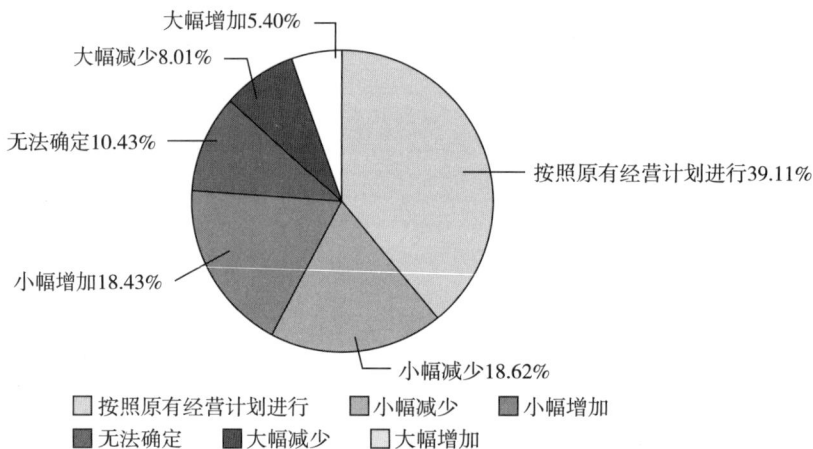

图 38 企业资本开支计划

　　如图 39 所示，对于企业经营管理的中长期影响，受访的绝大多数民营企业在这一选择上，更多地表示愿意发现新的机会，加大投资，加快数字化转型。毫无疑问，这对任何行业来说都是大热的发展方向。

　　如图 40 所示，关于疫情对新商业模式的促进，大部分企业认为疫情对医药医疗保健的促进是毋庸置疑的，紧随其后的是互联网和 IT 服务行业，在疫情后，企业远程办公的水平都有了明显提升。

民营企业

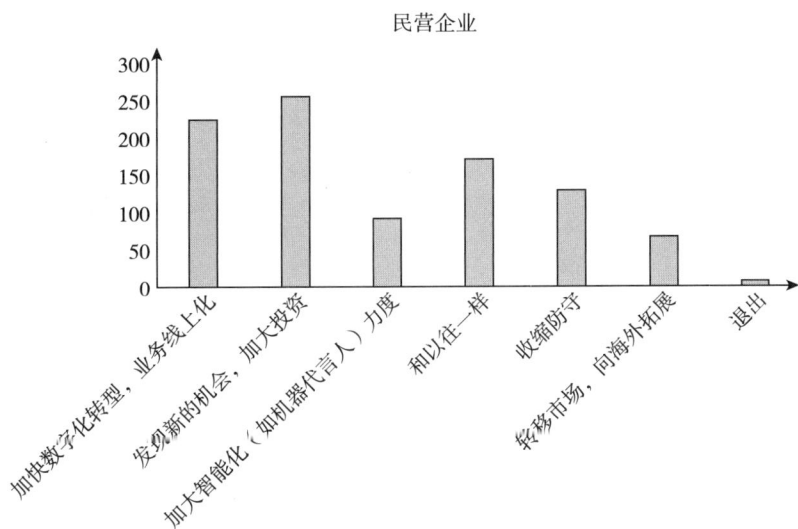

图 39　民营企业受疫情长期影响

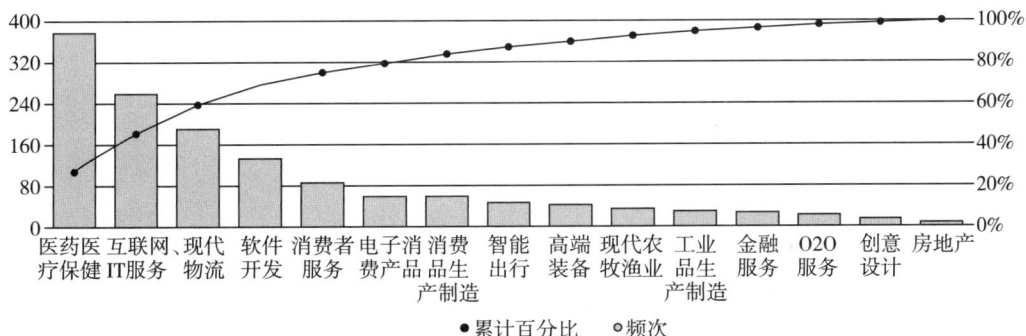

●累计百分比　○频次

图 40　企业未来新模式帕累托图

新冠肺炎疫情发生以来，习近平总书记多次谈到要危中寻机、化危为机，要捕捉机遇、创造机遇，要坚持用全面、辩证、长远的眼光分析当前的经济形势，努力在危机中育新机、于变局中开新局。

通过一个暑期的走访调查，我们调研组的全体成员都相信无论在哪个行业，疫情虽然是危机，给经济带来了十分巨大的冲击，许多企业遭受了巨大的损失，但是这轮危机中依旧蕴含了机遇，许多企业在政府的支持和自身的努力下，转"危"为"机"，探索出了一条属于自己的发展之路，迈出了企业转型发展的第一步，朝着未来自身与行业高质量发展一路高歌前行。

第一部分

新冠肺炎疫情冲击下的建筑业企业韧性及纾困对策研究

赵嘉琪　周　凯　苏月月　郭祁瑞　邱　锐　喻若然　许　越　张　意　傅雨佳
刘梦瑶　李佳雯　刘奕如　柳志浩　伍晨宇　王昀东　邹垄泉
指导教师：黄建忠　代中强　闫　辛

摘 要

为了解新冠肺炎疫情对长三角及其周边地区建筑业企业的影响，了解建筑业企业在复工复产中存在的实际困难，本次调研对具备典型性的建筑业企业进行线上访谈，辅以问卷调查的形式，在详尽了解建筑业企业恢复路径与难点的基础上，为推进其复工复产提出相关纾困对策，并通过问卷数据对建筑业企业的自身韧性做出评估，得出影响建筑业企业韧性的关键因素，帮助建筑业企业提高危机应变能力、塑造系统韧性。

关键词：新冠肺炎疫情；建筑业企业韧性；纾困对策

一、调研背景和意义

近年来，伴随着城镇化红利逐步消减，建筑行业逐步陷入"僧多粥少"的境地，同时 2020 年房企"三道红线"、2021 年银行房贷"两道红线"、2021 年"两集中"供地等政策的出台与大型地产企业"爆雷"事件的发生，也使建筑行业上游逐渐萎缩。相关调查发现，在江苏超过 50% 的建筑工人已年过五旬，而 40 岁以上的建筑工人占比超 70%，生活条件苦、工作环境脏乱、职业化发展受限使建筑行业对年轻人的吸引力逐渐下降。而这样的现象叠加上海 2022 年上半年的新冠肺炎疫情，对建筑行业的影响不可小觑。上海统计局发布的 2022 年 5 月经济数据显示，2022 年 1—5 月上海固定资产投资相较于 2021 年同期下降 21.2%。在三大投资领域中，城市基础设施投资同比下降 41.3%，工业投资下降 22.1%，房地产开发投资下降 18.0%。

本次调研以长三角地区的建筑业企业为例，尝试从企业复工复产程度、企业规模以及企业股权性质等角度出发，结合相关问卷数据，探寻新冠肺炎疫情下的企业困境，测度企业韧性，梳理政策有效性，提出对策建议，积极发挥专业优势，为助力建筑业企业复工复产和经济社会发展贡献智慧和力量。

二、调研方案与实施

（一）调研方案

1.调研流程

（1）准备阶段：组成调研小组，围绕调研主题，结合实际情况，研究确定调研课题，初步拟定调研问题大纲。与调研对象取得联系，初步完成对接工作。

（2）实施阶段：针对具体调研对象所在行业、地区等基本信息，细化调研提纲。多个调研小组协同工作，以问卷调查和线上访谈的形式获取相关信息。

（3）形成调研成果阶段：在认真调查、研究、分析的基础上，形成高质量的调研报告，提交调研成果。

2.调研方法

（1）问卷调查法：前期与企业取得联系后，开展学校统一动作和小组自选动作问卷调查，用于了解企业在新冠肺炎疫情前后的基本状况、相关问题，取得基本数据。

（2）线上访谈法：根据查到的企业基本情况，在约定的时间开展线上视频会议访谈，深入了解企业现状与相关政策落实情况，其间采用会议录屏、截图等方式记录会议内容。

（3）文献调查法：通过查阅相关文献，改进自身报告的行文逻辑及结构，为拟写报告提供专业知识参考并完善补充。

（二）调研对象

团队采用线上访谈以及问卷的形式共调研了26家建筑业及相关行业企业，其中7家企业参与了线上访谈，24家企业参与了问卷调研。在回收到的24家企业问卷数据中，23家企业位于长三角地区。24家企业共包括房屋建筑业9家，土木工程建筑业5家，房地产业5家，建筑装饰、装修和其他建筑业4家，建筑安装业1家。

（三）调研项目

企业受新冠肺炎疫情影响情况，订单业务量变化情况，现金流变化情况，新冠肺炎疫情期间企业生产情况，人员防疫措施，政府政策落实情况，受上下游企业影响情况，新冠肺炎疫情后企业复工复产情况，企业未来发展规划等。

（四）调研工作时间安排

表1   调研工作时间安排

调研时间	调研内容	备注
5月29日—6月15日	确定调研主题，撰写项目计划书	前期准备工作
6月16日—8月1日	联系名单企业，确定线上访谈时间以及参与访谈人员，编写访谈问题和主持稿	中期线上访谈
8月2日—8月20日	整理会议记录，汇总线上访谈资料与调查问卷数据，并分析数据	后期总结报告
8月21日—9月5日	撰写决策咨询报告、企业典型案例报告、调研报告	

三、问卷调研结果统计分析

（一）样本基本情况

如图1所示，样本来源于参与本次问卷调研的24家建筑与房地产企业，其中江苏省企业占38%，上海市企业占33%，安徽省企业占17%，浙江省和其他地区企业占12%。如图2所示，70.9%的样本企业为民营企业（17家），12.5%的样本企业为国有及国有控股企业（3家），8.3%的样本企业为外资企业（按股权结构细分）（2家），8.3%的样本企业为其他企业（2家）。问卷由企业负责人填写，数据收集在企业各部门配合下完成。

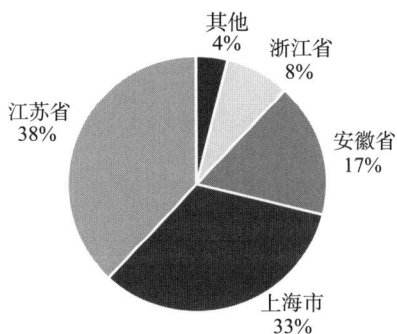

图1   样本企业所在地区分布

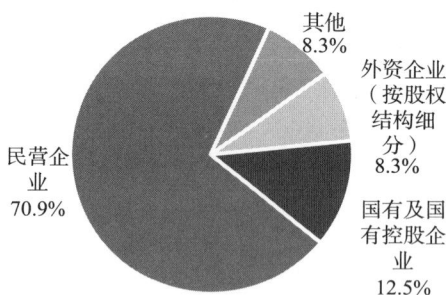

图2　样本企业股权性质

（二）受新冠肺炎疫情冲击的企业基本情况

新冠肺炎疫情对企业造成的影响是多方面的。一方面，新冠肺炎疫情使订单减少，企业营收下降；另一方面，新冠肺炎疫情造成原材料、人工、运输、防疫等成本上涨，进一步压缩企业的利润空间。此外，企业还面临随时被限制开工、人员流动受限、人手短缺、资金链断裂等风险。

如图3所示，54%的企业家表示新冠肺炎疫情对于建筑业的影响是比较严重的，25%的企业家认为影响轻微，13%的企业家认为影响非常严重。对此，我们以企业所在的不同产业链位置为分类进行分析。

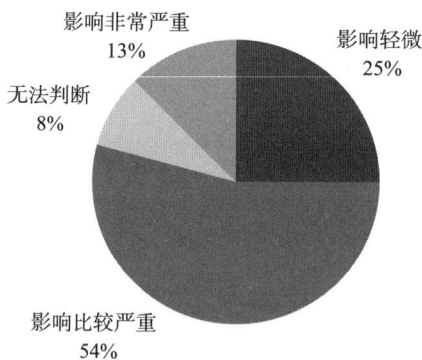

图3　新冠肺炎疫情对所在行业发展的影响程度

在问卷中，样本企业所处产业链面临的困难共有两个方面，分别是产业链供给端的困难和产业链消费端的困难。如4所示，我们获取了位于产业链上中下游企业的相关信息，并在此基础上分析处于不同产业链位置的样本企业在这两个方面遇到的困难。

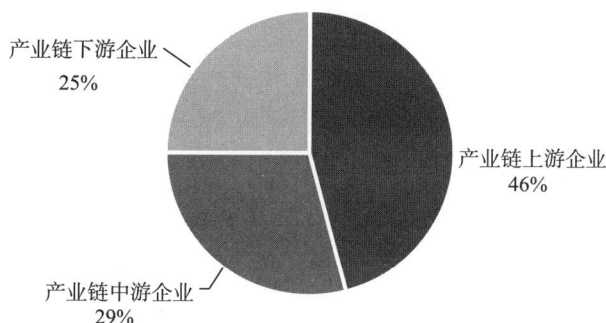

图4　样本企业所在产业链位置

1. 产业链供给端

在产业链供给端层面，我们对产能过剩、产能下降、缺乏生产订单、数字化程度落后等13个方面的困难程度进行调研，数值范围从0至5表示困难程度从最弱至最强。

问卷中处于产业链上游的建筑业企业主要负责原材料加工制造和研发设计。如图5所示，上游企业在供给端层面面临的困难程度均在2~3之间，但其中影响较大的是产能下降、原材料短缺。在问卷数据中，产能下降的困难程度平均值达到2.91，因为新冠肺炎疫情防控需要避免人口大规模流动和聚集，所以员工复工延迟、企业停工停产，最终导致企业产能下降。原材料短缺的困难程度平均值达到2.82，对于众多上游企业来说，由于部分物流停运，运力不足，跨地区之间需根据当地防疫政策进行处理，造成建筑行业资源紧张，甚至出现高价格也难以找到相应资源的现象，企业面临成本和工程进度的双重压力。

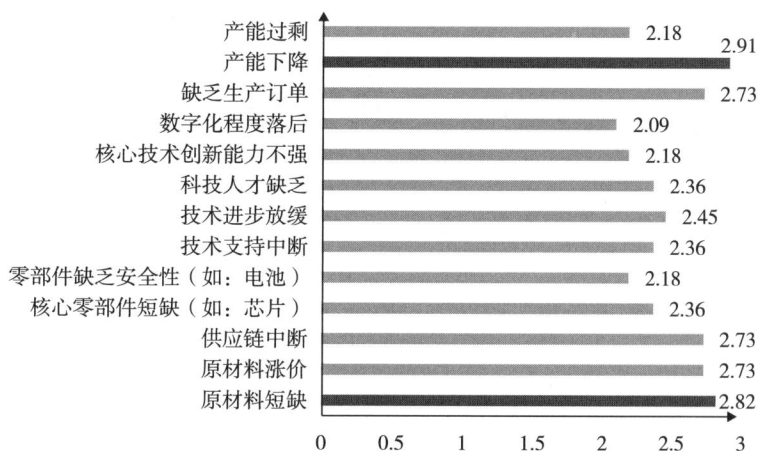

图5　新冠肺炎疫情期间上游企业面临的困难程度

　　问卷中位于产业链中游的建筑业企业主要负责仓储运输、核心产品加工制造以及工程建设。如图6所示，中游的建筑业企业首先面临困难程度最大的是原材料涨价，平均值达3.43。受上游企业产能减少的影响，原材料供应受到影响，导致原材料市场供求发生改变，价格出现浮动，从而影响企业的利润空间。其次面临困难程度较大的是产能下降、缺乏生产订单，平均值达3.29和3.14。在中游企业中，负责运输以及加工制造的部分企业存在物流不畅、人工不足等问题导致这类企业产能下降，原材料涨价等问题进而导致缺乏生产订单，影响企业的运转。

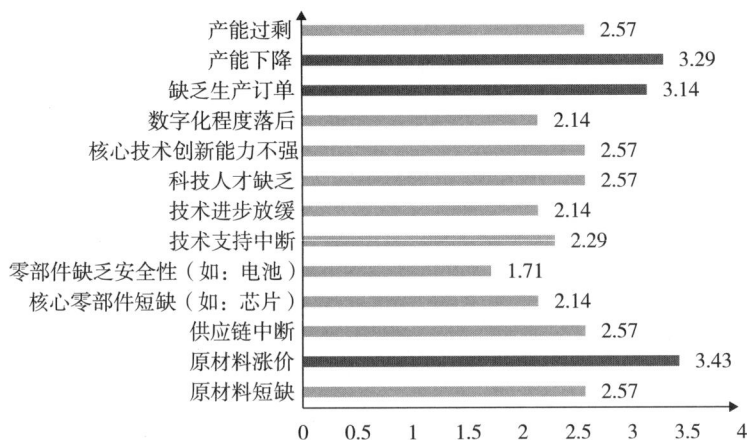

图6　新冠肺炎疫情期间中游企业面临的困难程度

　　问卷中位于产业链下游的企业主要为房地产企业、工程销售与管理等负责营销推广和售后融资类企业。如图7所示，产业链下游企业面临的主要困难是缺乏生产

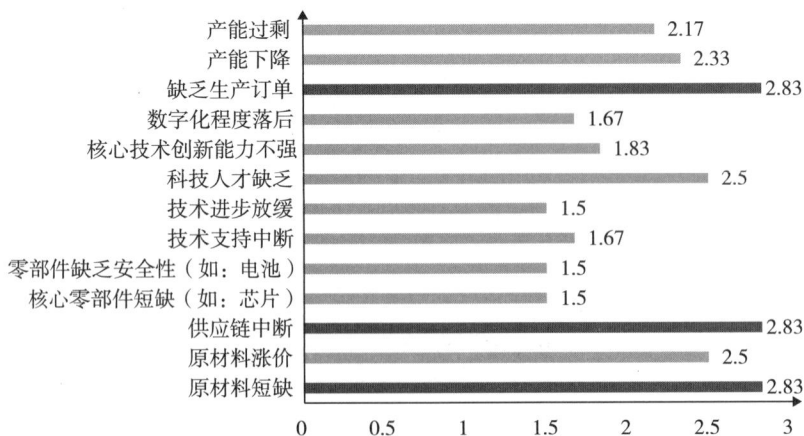

图7　新冠肺炎疫情期间下游企业面临的困难程度

订单、供应链中断和原材料短缺，困难程度均值都达到 2.83。对于房地产企业来说，其覆盖面很广，与产业链上中游都有所关联，房地产开发流程长，再加上房地产市场政策持续调控，行业呈下行趋势，也因此影响与之相关的企业，对企业产生了持续冲击。对于工程销售相关企业来说，因原材料等上中游供应链断裂，建筑业企业原材料、运输费、人工费等成本增加，企业承接的新订单必然会减少，创收也会下降，新冠肺炎疫情导致无法线下实地勘察，报价等相关工作受到影响。

2. 产业链消费端

在产业链消费端层面，我们对人员跨省跨境流动受限、物流市场不均衡、物流运输成本上升等 7 个方面的困难程度进行调研，数值范围从 0 至 5 表示困难程度从最弱至最强。

如图 8、图 9、图 10 所示，在产业链消费端，上中下游企业都面临人员跨省流动受限、物流运输成本上升等困难，困难程度均值基本都在 2 ~ 3 之间，其中最为严重的都是国内市场需求下降，困难程度均值达到了 3.18、3.43 和 3.33。在新冠肺炎疫情冲击下，企业经营生产困难，大量企业普遍认为现阶段市场环境恶劣，参与项目招投标数量、新签合同额均有所下降，年度经营计划被打乱，财务压力增大，企业面临着开拓新市场与业务的困境，因此建筑业市场活力降低。另外，停工为施工企业带来了成本的增加，中小型企业现金流入大幅度降低，资金周转困难。在这种情况下，房地产的需求被滞后释放，这对房地产企业销售影响巨大，回款压力十分沉重，导致建筑业企业的工程款回收存在一定的风险。企业为了降低负债、保证现金流，势必要采取稳健的政策保证生存。除市场需求外，由于政府把新冠肺炎疫情防控作为重中之重，基建新项目进度必将放缓，工程投资、建设也都将延后，这也进一步降低了建筑业市场需求。

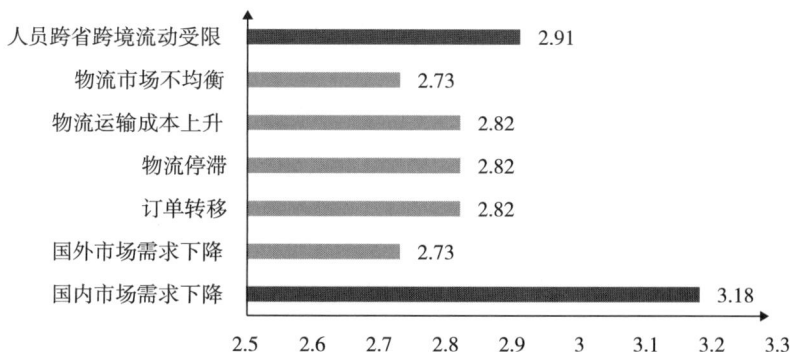

图 8

困难类型	数值
人员跨省跨境流动受限	2.91
物流市场不均衡	2.73
物流运输成本上升	2.82
物流停滞	2.82
订单转移	2.82
国外市场需求下降	2.73
国内市场需求下降	3.18

图 8 新冠肺炎疫情期间上游企业面临的困难程度

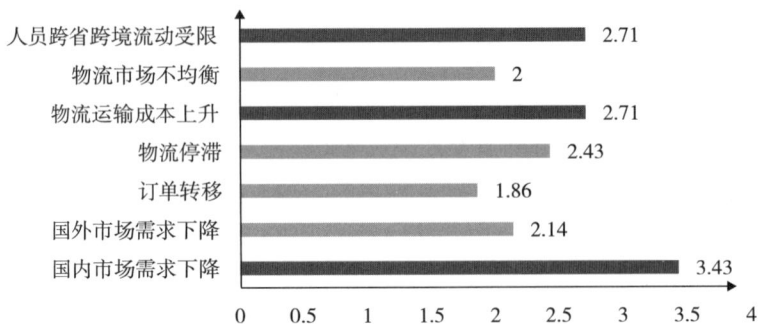

图9 新冠肺炎疫情期间中游企业面临的困难程度

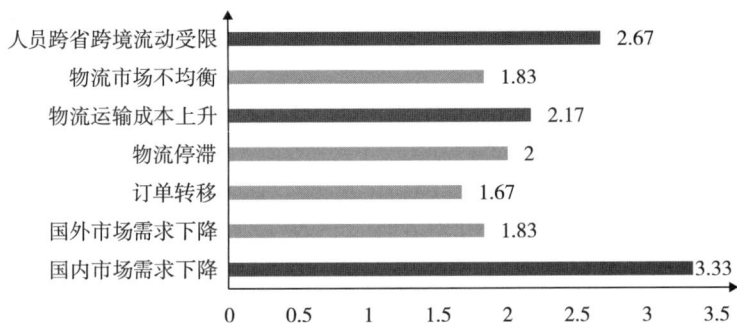

图10 新冠肺炎疫情期间下游企业面临的困难程度

（三）企业恢复路径与难点

首先，长期停工停产对于建筑行业的各企业来说无疑是巨大的损失。维持企业经营以及保证员工薪资成为头等重要的任务。在中央以及地方政府相关政策的扶持之下，企业开展了线上远程办公，这成为现阶段各企业相继采纳使用的恢复路径并已取得了显著的效果。

其次，新冠肺炎疫情的暴发使众多企业受到了打击，在高压之下企业缩小规模甚至被迫解散的例子也不在少数。其中，不仅是众多民营企业，部分国有企业以及外资企业也都受到了不同程度的打击。为及时保证企业现有规模不受影响，部分企业选择与员工签订合约，牺牲员工短期的现有利益以保证企业可以顺利渡过新冠肺炎疫情难关，并于日后偿还员工约定的薪资。虽然这是一项不稳定的选择，但也不妨碍多数企业执行该方案，减少当下的开销以保证企业未来的复工复产。

最后，除了政策帮扶下的远程办公以及减少开销，在传统的建筑行业运作方式之外寻找创新的工作方式也成为一大选择。众多建筑行业企业选择了利用企业大数据进行施工前的预计算与模拟，尽最大可能地缩减实际施工时遇见的误差，减少企业开支。相较于传统的企业施工方式，这不仅有效地避免了人工测量可能存在的误差，而且可以预先模拟可能存在的隐患，避免日后需要投入额外资源进行维护与整改，成为建筑行业各企业选择的一条新的恢复路径。

而当这些恢复路径具体到执行层面时，企业又将会遇到许多难点。

第一，我们访谈涉及的企业是建筑类企业，这些企业不可避免地会涉及需要线下工人施工才能完成的工程（如建筑建设、开发等）。这些工程并不会因为线上办公的开展而持续推进，如果不能保证线下施工的开展，势必会造成工程延期以及一系列后续问题（如违约金的支付、工程双方的磋商甚至诉讼等），从而导致工程后续成本的增加。如图 11 所示，我们发现有 19.05% 的企业倾向于支付违约金，23.81% 的企业倾向于通过法律途径解决，这些举措会导致企业增加额外的成本。

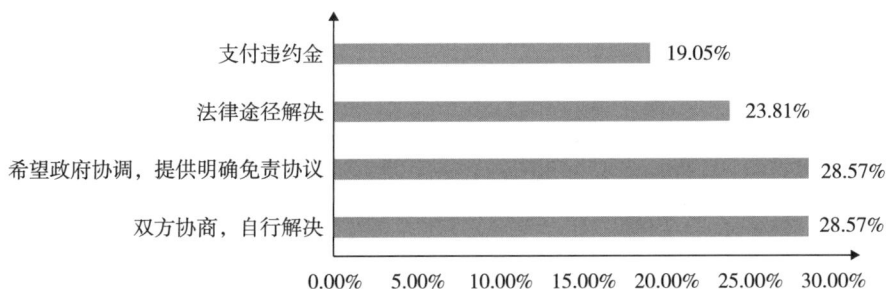

图 11　企业合约履约问题应对方式

第二，这些建筑类企业多为劳动密集型企业，其劳动力规模相对于其他企业是比较大的。虽然企业通过与员工签订合约减少开销而获得较多的现金流来渡过新冠肺炎疫情难关（如图 12 所示，20.00% 的企业选择通过裁员和降薪等方式降低运营

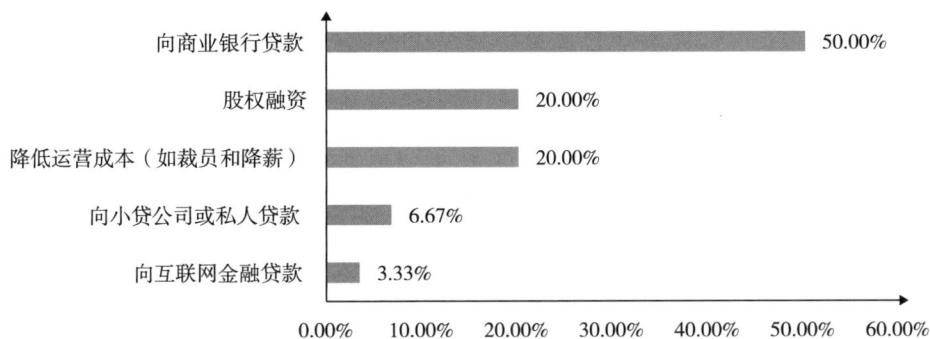

图 12　企业资金短缺问题应对方式

成本），但在新冠肺炎疫情之后员工的薪资回归到新冠肺炎疫情前的水平可能会导致企业的收支剧烈波动。虽然资金短缺在短期内可以再通过银行贷款等方式得到暂时补充（如图 12 所示，50% 的企业选择通过向商业银行贷款补充资金），但这样的做法会给企业未来的长期发展埋下隐患。

（四）纾困政策需求与未来展望

　　我们在对各家建筑业企业进行调研之后发现，如图 13 所示，50% 的企业营业利润在政策帮扶后大部分增加了 10% 以内，12.50% 的企业利润增加了 10%～30%。这些数据表明，纾困政策对于新冠肺炎疫情对建筑业企业造成的影响起到了一定的缓解作用。

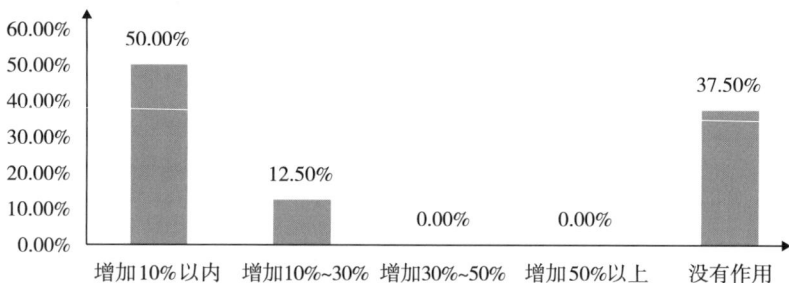

图 13　政策帮扶后营业利润变化

　　建筑业企业对于纾困政策方面的需求也各不相同。如图 14 所示，需要利息减免和税收优惠政策的企业共占 35.30%，这能有效缓解现金流方面的压力。16.18% 的建筑业企业由于现金流不足急需融资，需要政府提供贷款等金融支持，降低企业融资难度。由于建筑业企业的租金成本和人工成本相对较高，11.76% 的企业需要靠政府的成本补贴来缓解压力。

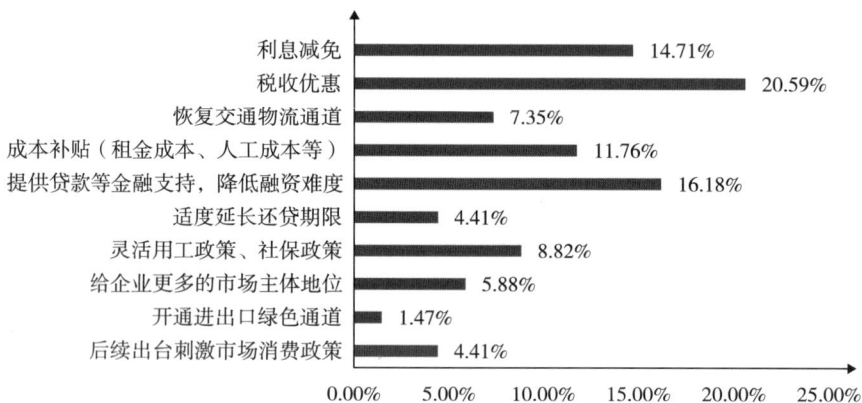

图 14　企业最需要的政策

四、韧性评估与影响因素分析

（一）韧性评估

企业韧性指的是企业抗冲击并恢复发展的能力，即企业在面临风险和不利的变化时，应对危机并继续完成其业务目标的能力，它能够在企业遇到危机时整合资源、重塑流程，让企业快速复原并且抓住机会重新实现增长。一个企业的韧性主要体现在鲁棒性、敏捷性和完整性这三个方面。

企业的鲁棒性也称稳健性，是在异常和危险情况下系统生存的关键，是指系统在一定（结构、大小）的参数摄动下，维持某些性能的特性。一个企业是否具有鲁棒性体现在该企业在受到内部运作和外部突发事件等不确定因素的干扰下，是否仍能具备保持收益和持续性运作的能力。

企业的敏捷性是企业感知、预测和应对干扰的能力。如今不确定性因素增加，企业需要快速感知外界变化，并对外界环境做出预测从而快速响应。快速应对环境变化的敏捷能力将是韧性企业的基本能力。

企业的完整性主要体现为企业的员工能各司其职，企业的各部门运行息息相关以及企业能时刻关注人员、设备等资源的变化。

1. 建筑业与整体行业对比

我们根据问卷结果中样本企业对上述三个方面的打分情况，得出了问卷调研中24家建筑业相关企业与参与项目组问卷调研的全部537家企业在鲁棒性、敏捷性和完整性三个方面的评估系数对比图。

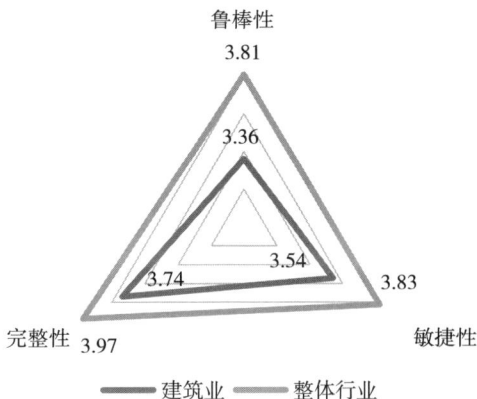

图 15 建筑业与整体行业企业韧性对比

　　如图 15 所示，建筑业企业的三项指标水平明显低于整体行业，其中鲁棒性水平最低，这说明建筑业企业受到新冠肺炎疫情的冲击较为明显，面对外界环境变化时感知、预测和应对干扰的能力与整体行业相比较差。

2. 建筑业内部对比

　　如图 16 所示，从企业规模来看，相较于中小型建筑业企业，大型建筑业企业的关系资本、网络能力、供应链柔性都显著较好，同时其环境动荡性也显著较好。总体来看，中小型建筑业企业的差别并不大。

　　如图 17 所示，从企业股权性质来看，民营建筑业企业与国有建筑业企业在网络能力方面表现相近，国有建筑业企业在关系资本以及供应链柔性方面均略优于民营建筑业企业，同时其环境动荡性也显著较好。其余部分外资与合资企业于上述方面均表现良好。

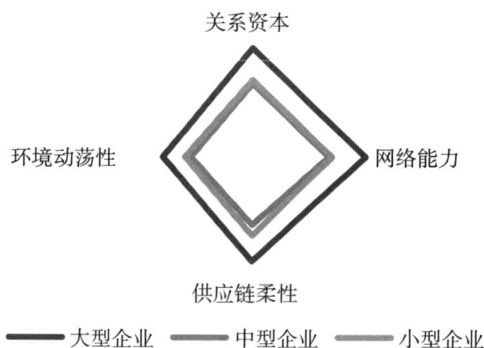

图 16　建筑业企业韧性 （按规模分类）

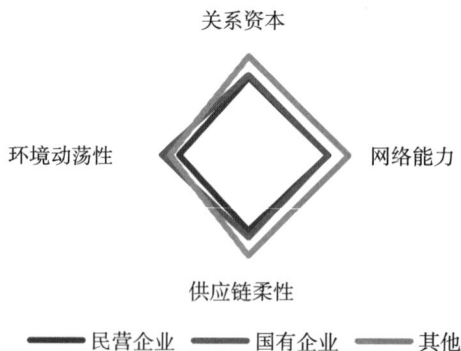

图 17　建筑业企业韧性 （按股权性质分类）

（二）影响因素分析

1. 基于灰色关联的企业韧性影响因素分析

根据问卷内容对应的企业韧性模块，归纳整理出影响企业韧性的主要因素：从企业特质角度分为鲁棒性、敏捷性、完整性；从关系资本角度分为外部关系资本、内部关系资本；从网络能力角度分为网络规划能力、资源管理能力、关系管理能力；从供应链柔性角度分为资源柔性、时间柔性、产品柔性、交付柔性；从环境动荡性角度分为技术动荡性、市场动荡性。由此，将上述因素作为灰色关联分析的子序列，并将企业韧性作为灰色关联分析的母序列。由于问卷中没有直观反映企业韧性的指标，因此将问卷中新冠肺炎疫情对企业发展的影响程度、对企业全年营收目标的影响程度以及企业产能恢复情况作为量化企业韧性的变量。其中，子序列的数值采用问卷结果对应部分的简单加权平均，母序列的数值则是对应三个变量的数值等级的和。

由此计算子序列中各个指标与母序列的关联系数：

$$\alpha(y(k),x_i(k)) = \frac{a + \rho b}{|y(k) - x_i(k)| + \rho b}，\quad i = 1,2,\cdots,14，\quad k = 1,2,\cdots,24$$

其中，y 为母序列，x_i 为子序列的第 i 个因素，k 表示样本数，ρ 为分辨系数（一般取值 0.5）。

$$a = \min_i \min_k |y(k) - x_i(k)|$$
$$b = \max_i \max_k |y(k) - x_i(k)|$$

最后根据关联系数计算灰色关联度，即

$$f(y,x_i) = \frac{1}{n}\sum_{k=1}^{n}\alpha(y(k),x_i(k))$$

将因素根据灰色关联度进行排序即得到影响企业韧性因素的重要程度，见表 2。

表 2　影响企业韧性因素的重要程度

鲁棒性	外部关系资本	网络规划能力	交付柔性	敏捷性	完整性	资源柔性
1.0000	0.8673	0.8471	0.8444	0.8386	0.8324	0.8185

其总体重要关系如图 18 所示。

首先，鲁棒性是 14 个因素中影响企业韧性的最重要因素。鲁棒性反映的是一家企业在受到外界干扰时的稳定性，表示在面对风险时，企业的解决问题能力、资源配备情况以及对自身定位坚守程度是体现企业韧性的重要角度。

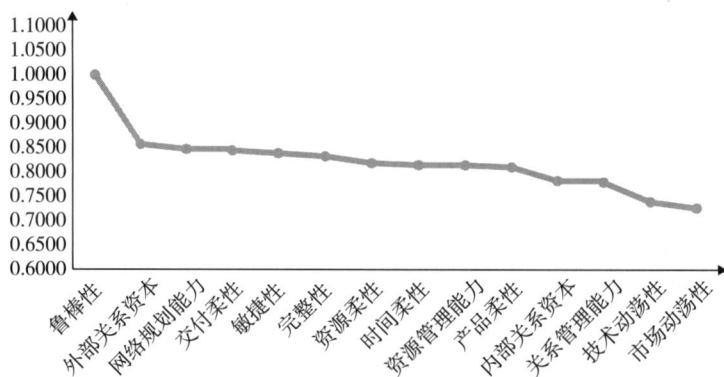

图18   影响企业韧性因素的重要程度

其次，外部关系资本、网络规划能力是影响企业韧性的重要因素。这两个因素均说明了一个企业与外部企业间保持一定联系的必要性，要想在新冠肺炎疫情下转危为机，企业依然需要寻找信用良好且有一定资质的合作伙伴，携手同行，同舟共济。

最后，交付柔性和敏捷性也对企业韧性有一定影响。交付柔性反映了企业弹性把控订单的能力，该因素的优化可以有效调整控制企业订单的成本和时间，保证订单顺利完成。敏捷性则反映了一家企业面对风险时的反应能力，在瞬息万变的社会中做到随机应变，才能使企业得到较强的韧性。

2. 基于模糊综合评价的企业韧性评估

结合24家企业特性，本文分别从企业规模和企业股权性质两个角度来分析不同类型企业的企业韧性。

首先，基于模糊综合评价模型构建评价集 V =（弱，较弱，较强，强）和因素集 U =（ $u_1, u_2, \cdots, u_{14}$ ），即上述14个因素；其次，根据24个企业样本的隶属概率构建模糊综合评价矩阵，并利用熵权法以及问卷结果计算各指标的权重 A ；最后，通过模糊变化将 U 上的模糊向量 A 变为 V 上的模糊向量 B ，即 $B = A_{1*m} \odot R_{m*n}$ ，其中 $\odot$ 称为综合评价合成算子。

本文综合评价合成算子采用简单加权平均方法，最终得到以下模糊向量，数值表示该类型企业隶属于评价集元素的概率，见表3。

表3   不同规模企业隶属于评价集元素的概率

	弱	较弱	较强	强
大型企业	0.04	0.18	0.14	0.64
中型企业	0.04	0.18	0.47	0.32
小型企业	0.06	0.28	0.26	0.40

如图 19 所示，根据企业规模划分的结果，基于最大隶属度原则可以发现大型企业和小型企业都属于企业韧性"强"的范畴，而中型企业则属于企业韧性"较强"的范畴。从隶属概率角度可以看出，大型企业隶属于企业韧性"强"的概率远高于其余三个隶属概率；而小型企业"较弱""较强"的隶属概率则较为接近，表示小型企业如果稍管理不当就会造成企业韧性的变化。从中小型企业对比来看，之所以小型企业的企业韧性隶属于"强"，根据调研访谈结果，主要得益于政府颁布的纾困政策。

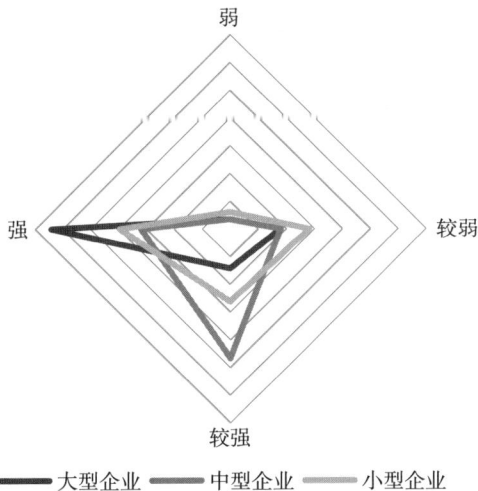

图 19 不同规模企业隶属于评价集元素的概率

五、结论与建议

（一）增强企业韧性管理，坚持复工复产

首先，企业要想增强自身韧性，在面对危机时需要对风险做好把控，提升保持收益和持续性运作的能力，最大限度控制成本，做好管理，团结职工，坚持生产，在日常的经营中严把项目质量关，诚信经营，打造品牌效应，增强自身稳健性。其次，企业需要提升自己的"社交能力"，寻求与信誉良好、实力较强企业之间的高效合作关系。最后，面对瞬息万变的后新冠肺炎疫情时代，企业自身的敏捷性、灵活性也至关重要，面对突如其来的风险，只有积极转换模式寻求发展，保持管理弹性，才可以游刃有余地克服困难。

（二）利用政策为企业的复兴提供更好的发展环境

为最大限度降低新冠肺炎疫情对经济的影响，国家出台了多项政策改善经济，如减免缓交增值税、消费税、关税、社保费，以及所得税全额扣除、延长 2021 年度亏损弥补时限等税费优惠政策。通过公开市场操作和定向降准，促进短期和中长期流动性，精准支持新冠肺炎疫情防控和复工复产。这些政策对建筑业来说是重大利好，全国各地的建筑业企业应当提前了解当地的相关政策并及时制定顺应政策发展的企业战略。利用税收、人社、金融、保险等政策，减少成本开支，实现更为高效的企业运营，促进企业复苏。

（三）梳理评估、积极防范和应对工程项目商务成本合同风险

受新冠肺炎疫情的影响，所有在建工程无一例外面临工期延误、合同不能及时履行、停工期间施工单位直接损失等问题。企业方应当与业主及时协商沟通，确定复工时间，做好新冠肺炎疫情变更索赔方案，按合同约定程序，及时向业主发出《不可抗力通知和索赔意向函》，反映工程实际情况，并及时与业主沟通协商，争取业主理解。同时处理好与分供方的经济合同关系，包括出现分供方受新冠肺炎疫情影响不能按时供货以及劳务用工涉及新冠肺炎疫情地区被管控等特殊情况时，要充分考虑合同能否继续履行、有无调整或替代方案，研究制定相应的对策。

（四）进行建筑施工等方面的技术革新，推进企业数字化转型

智能技术可以通过减少浪费、最大化使用材料资源、提高准确性和为其他任务释放劳动力来降低成本和加快项目进度。从帮助检查人员收集重要数据的无人机到无线混凝土成熟度传感器，这些快速发展的技术降低了建筑业企业劳动力短缺的影响。以装配式建筑为例：新冠肺炎疫情发生以来，建筑业企业快速高效完成了火神山、雷神山等应急医院的建设。装配式的新型建造方式优势凸显。应以此次新冠肺炎疫情为契机，进一步加快推广装配式建筑，推广数字技术、智能建造技术在建筑业的应用，促进建筑业加快转型升级。

（五）完善员工福利保障，保证劳动力数量充足

保障从业人员福利，对于那些因为新冠肺炎疫情防控暂时无法进行劳务的员工也要及时发放工资并确定其具体返工日期。在不拖欠劳务工资的前提下，设立新冠肺炎疫情期间工作的奖惩机制，提高劳工的工作积极性，抑制劳动力的流失。同时贯彻《关于应对新冠肺炎疫情影响　强化稳就业举措的实施意见》，发挥建筑业突破口作用，完善建筑业工人的社会保障体系，推行建筑业工人生活营地物业化管理，吸纳新生代农民工充分就业。

参考文献

[1] 李新生. 新冠肺炎疫情给建企发展带来的挑战和机遇 [J]. 施工企业管理, 2020 (05): 60 – 62 + 7.

[2] 刘玉翔. 新冠肺炎疫情下建筑业应对策略 [J]. 财务与会计, 2020 (17): 83.

[3] 何旭. 新冠肺炎疫情之下中国建筑业企业的几点思考 [J]. 中国建设信息化, 2020 (08): 10 – 14.

[4] 经济日报—中国邮政储蓄银行小微企业运行指数课题组. 受新冠肺炎疫情影响小微企业业绩不同程度下降 [J]. 中国中小企业, 2020 (04): 20 – 21.

[5] 上海市住房和城乡建设管理委员会. 建筑业发展趋势与展望 [J]. 建筑, 2021 (02): 12 – 17.

[6] 徐成娥. 新冠肺炎疫情对海阳市经济的影响及建议 [J]. 现代商贸工业, 2021, 42 (33): 10 – 11.

[7] 佚名. 建筑业等重点场所重点单位重点人群新冠肺炎疫情常态化防控相关防护指南发布 [J]. 重庆建筑, 2021, 20 (09): 60.

[8] 张静晓, 郑俊巍, 顾杨, 等. 我国建筑业企业应急战略影响海外业务预期绩效的传导机制研究 [J]. 工程管理学报, 2021, 35 (03): 19 – 24.

附录　调研感悟

(一) 指导教师调研感悟

1. 代中强

"访万企, 读中国" 活动通过线上深度调查的方式, 实现了把论文写在祖国大地上的初衷。一方面, "访万企, 读中国" 活动锻炼了小组所有成员, 是一次完全不同于课堂教学的新体验。另一方面, 学生通过调研, 了解我国建筑行业发展的现状及面临的困难, 在认真做好问题收集和整理工作的基础上进行报告的撰写, 商讨解决思路, 提出的政策建议也具有一定针对性。

2. 闫辛

本次 "访万企, 读中国" 社会调查活动聚焦新冠肺炎疫情冲击下企业韧性及纾困对策, 主要通过线上调研的形式进行。本次活动的开展为学生提供了认识社会的平台，使学生开阔视野，能够在实践中发现问题并解决问题，将理论与实践有机结合在一起。新冠肺炎疫情的冲击为社会带来的影响是多维度的，本组活动从建筑行业的现状入手，对其困境和纾困对策进行了深入分析，以小见大，提出了有一定针对性的建议。

（二）团队成员调研感悟

1. 赵嘉琪

历时两个月的"访万企，读中国"社会调查活动落下帷幕，很荣幸可以作为组长带领组员们深入企业调研并参与线上访谈。通过本次的线上调研，我们有幸与企业的高管以访谈的形式深入交流，切身感受企业在新冠肺炎疫情冲击下的具体影响与复工复产上的实际困难。我们在调研过程中不断调整方案、吸取经验，顺利完成了调研任务，同时调研也培养了我们勇于探索的创新精神和善于解决问题的实践能力，这离不开团队成员们的积极协作和几位老师的耐心指导。希望本次的企业调研可以为我们将来步入社会做一个良好的铺垫。

2. 邱锐

"访万企，读中国"活动的一大特点就是能让我从学校中走出来与企业家进行交流，真实地了解在新冠肺炎疫情期间企业遇到的问题以及困惑，并站在对方的角度思考问题的解决方案，促使小组成员对各种社会问题进行思考，这是我们在学校里很难学到的。

3. 傅雨佳

很荣幸有机会参与本次"访万企，读中国"社会调查活动，我度过了一段难忘、收获良多的光阴。我在教师们的悉心教导下打开思路，从优秀的队友身上取长补短，也深刻理解了"实践出真知"这句话。从调研中得到的数据改变了我对行业的认知，我了解了行业背后的艰辛，真切地感受到企业在变数中如何竭尽全力站稳脚跟，我也从许多优秀企业家身上学到了很多课本上没有的东西。千里之行，始于足下。希望我们可以为企业纾困贡献绵薄之力，也希望未来能有机会线下实地走访企业，参与此类社会调研活动。

4. 柳志浩

参加本次"访万企，读中国"活动的经历于我而言毫无疑问是十分珍贵的。在后新冠肺炎疫情时代，绝大多数行业都已然并将在未来并不短暂的一段时间内持续受到新冠肺炎疫情的冲击与影响，承受着较大的下行压力。本次万企课题让我更加具体地意识到一个行业的沉浮意味着什么。

5. 周凯

通过这次"访万企,读中国"专项实践活动,我深入了解了建筑行业,了解了企业韧性对一家企业的重要性,更了解了新冠肺炎疫情给中国经济带来的影响。同时,我要感谢各位老师同学的指导和帮助,虽然刚开始大家都对调研项目一窍不通,但也一步步克服困难,并最终顺利完成了调研。我还要感谢各位企业领导,给了我们这样一次机会,有幸能深入了解建筑行业,为企业复工复产贡献一份绵薄之力。

6. 邹垄泉

能够参与本次"访万企,读中国"的活动,我感到十分荣幸。对我来说,这次活动的意义不只是为各企业提供相关的有针对性的建议,更是一次宝贵的提升自我的机会。在这里,我不仅能和指导教师以及学长学姐们围绕同一个主题进行交流,相互交换意见,还能与各企业的负责人进行交流。我深刻体会到,访谈前大量的数据收集和整理,终究比不上与企业负责人直接沟通。虽然由于新冠肺炎疫情我们不能到企业实地考察,稍有遗憾,但为期两个月的"企业之旅"让我觉得不虚此行!

新冠肺炎疫情背景下物流产业链中、下游企业韧性调查研究

王歆仪　刘瑞雪　陈泓宇　沈欣宁　林智勤　段驰成　陈弈天

指导教师：张铁铸　吴婷婷

摘 要

2022 年新冠肺炎疫情愈演愈烈，诸多企业面临生产停滞、需求下降、物流紧缩和用工困难等巨大压力，对企业的生产经营活动造成严重影响。本文从物流产业链中、下游企业的企业规模、企业经营情况、企业受新冠肺炎疫情影响概况、企业异质性 4 个方面进行统计分析，并构建企业韧性指标体系，该体系包含企业规模、企业经营情况、新冠肺炎疫情影响、政策助力及金融服务、纾困举措 5 个一级指标以及相应的 27 个二级指标，利用改进的 CRITIC 赋权法对指标进行赋权。本调研旨在了解新冠肺炎疫情下长三角地区物流企业及其下游企业的纾困措施并探究其韧性，为物流企业的长远发展提供了可借鉴的经验，并为相关政策帮扶与配套服务支持提供政策参考。

关键词：物流产业链；企业韧性；改进的 CRITIC 赋权法

一、调研背景与意义

随着新冠肺炎疫情不断反复，物流企业的发展并不顺利。2022 年 3 月，上海市采取严格的新冠肺炎疫情管控措施，使上海市及周边地区部分物流中转中心和网点关停，不少电商商家也出现暂停发货、无法配送等现象。物流行业普遍面临需求不振、供给不足、预期下滑等困境，相关企业承受了巨大的压力。根据中国物流与采购联合会发布的数据，2022 年 4 月中国快递物流指数为 92.9%，比 3 月回落

5.4 百分点①。主要原因在于，受新冠肺炎疫情影响，企业供应链上、下游需求走低，物流中转受阻，制造业和服务业商务快件需求大幅下降。

作为我国现代国民经济的重要组成部分，物流企业只有寻求突破与变革，才能应对困境和危机，实现高质量发展。新冠肺炎疫情为整个物流产业链带来了新的挑战与机遇，促进物流行业探索新的供应链发展模式，倒逼整个行业朝着可持续发展的方向转型。在市场日趋饱和、新冠肺炎疫情反复的冲击下，谁能将成本把控、运力组织以及服务提升做好，谁就能在此次困境中突出重围，跨入新的阶段。研究新冠肺炎疫情冲击下影响长三角地区物流企业韧性的主要因素，不仅有利于形成对上海及周边地区物流和供应链企业的纾困建议，还有利于政府制订涉企服务和惠企举措的规划，更好地实现对企业的帮扶。了解供应链管理、对物流业提出纾困建议、实现资源整合、提高企业韧性是本调研的目的。

本调研以长三角地区物流企业为主要研究对象，通过问卷调查、企业访谈和数据分析，了解企业在新冠肺炎疫情背景下的生产经营情况、发展困境、纾困需求等，探索突发事件对企业经营造成冲击的影响机制，助力企业提高危机应变能力。同时，帮助企业审视自身不足，通过总结新冠肺炎疫情期间企业经营管理中的问题，探讨研究物流行业如何实现战略优化升级。此外，本调研致力于为有关部门建言献策，更好地实现对企业的帮扶，进而优化资源配置。

二、物流产业链中、下游企业问卷结果统计分析

本文数据来源于本次"访万企，读中国"项目的问卷调研数据，选取其中物流产业链的中游企业（交通运输、仓储和邮政业等）和下游企业（批发和零售业、制造业等）的数据进行统计分析。其中，交通运输、仓储和邮政业企业 11 家，批发和零售业、制造业企业共 427 家，总计 438 家企业。

（一）企业规模

中游的物流企业作为老牌企业，发展相对成熟，而下游企业有较大比例都处在起步阶段，见表1。物流企业的员工人数差异较大，而下游企业的员工人数相对集中。在应对突发事件时，物流产业链中的企业可能会因企业经营经验、企业架构完善程度、企业员工人数的不同而表现出不同强度的企业韧性。

---

① 数据来源：http://www.chinawuliu.com.cn/xsyj/202205/11/577574.shtml

表 1　企业规模统计分析

企业年龄	中游物流企业占比/%	下游企业占比/%	总计/%
0 ～ <1 年	9.09	0.70	0.91
1 ～ <3 年	0.00	9.37	9.13
3 ～ <5 年	0.00	19.44	18.95
5 ～ <10 年	18.18	33.26	32.88
10 ～ <20 年	9.09	26.46	26.03
20 ～ <50 年	45.45	9.13	10.05
≥50 年	18.19	1.64	2.05
总计	100.00	100.00	100.00
企业发展生命周期阶段	中游物流企业占比/%	下游企业占比/%	总计/%
初创	9.09	14.05	13.93
发展	9.09	36.07	35.39
成长	9.09	20.14	19.86
成熟	36.36	14.05	14.61
具备市场势力	9.09	3.98	4.11
维持	9.09	4.22	4.34
平稳	18.19	7.49	7.76
总计	100.00	100.00	100.00
企业员工人数	中游物流企业占比/%	下游企业占比/%	总计/%
<20	9.09	3.28	3.42
20 ～ <100	18.18	2.58	2.97
100 ～ <200	0.00	2.11	2.05
200 ～ <300	0.00	9.13	8.90
300 ～ <500	27.27	59.25	58.45
500 ～ <1000	9.09	17.56	17.35
1000 ～ <2000	27.28	3.51	4.11
≥2000	9.09	2.58	2.74
总计	100.00	100.00	100.00

（二）企业经营情况

首先，在受调研的中游物流企业中，约 72.72% 的企业 2021 年平均年利润在 3% 以上，其中平均年利润在 10% 以上的企业约占 27.27%，约 9.09% 的企业在 2021 年存在亏损；下游企业中平均年利润在 10% 以上的企业约占 33.49%，平均年利润在 5% ~ 10%（不包含 10%）的企业约占 22.72%，2021 年存在亏损的企业约占 17.56%，见表 2。

其次，针对企业营业收入进行分析。在受访企业中，2021 年营业收入低于 300 万元的物流企业约占 18.18%，营业收入在 8 亿元及以上的企业约占 18.18%。对于下游企业，约 54.10% 的企业 2021 年营业收入为 2000 万 ~ 5000 万元（不包含 5000 万元），2021 年营业收入在 8 亿元及以上的企业约占 5.62%，营业收入低于 300 万元的企业仅约 1.41%。

最后，针对 2022 年第一、二季度总收入进行分析。约 54.55% 的物流企业在 2022 年第一、二季度的总收入在 1200 万元及以上；下游企业中总收入在 1200 万元及以上的企业约占 38.41%。

总体而言，2022 上半年的新冠肺炎疫情对企业生产经营的影响不大，企业在面对新冠肺炎疫情冲击时越来越有经验。

表 2   企业经营情况统计分析

企业 2021 年平均年利润范围	中游物流企业占比/%	下游企业占比/%	总计/%
<3%	18.19	12.18	12.33
3% ~ <5%	27.27	14.05	14.38
5% ~ <10%	18.18	22.72	22.60
≥10%	27.27	33.49	33.33
亏损	9.09	17.56	17.35
总计	100.00	100.00	100.00
企业 2021 年营业收入范围	中游物流企业占比/%	下游企业占比/%	总计/%
<300 万元	18.18	1.41	1.83
300 万 ~ <500 万元	0.00	0.94	0.91
500 万 ~ <1000 万元	0.00	0.94	0.91
1000 万 ~ <2000 万元	0.00	7.26	7.08
2000 万 ~ <5000 万元	9.09	54.10	52.97
5000 万 ~ <1 亿元	18.18	17.56	17.58
1 亿 ~ <2 亿元	9.09	8.20	8.22
2 亿 ~ <4 亿元	9.09	2.34	2.51
4 亿 ~ <8 亿元	18.18	1.64	2.05
≥8 亿元	18.18	5.62	5.94
总计	100.00	100.00	100.00

续　表

2022 年第一、二季度总收入	中游物流企业占比/%	下游企业占比/%	总计/%
<50 万元	9.09	5.39	5.48
50 万～<100 万元	18.18	3.51	3.88
100 万～<300 万元	0.00	12.65	12.33
300 万～<800 万元	18.18	22.72	22.60
800 万～<1200 万元	0.00	17.32	16.89
≥1200 万元	54.55	38.41	38.81
总计	100.00	100.00	100.00

（三）企业异质性分析

根据企业类型和企业股权性质对企业进行分类，见表3。在下游企业中，非外贸直接相关企业有317家，约占74.24%，其中303家企业为民营企业；外贸生产企业共51家，约占11.94%，其中39家为民营企业，12家为外资企业。在受访的11家物流企业中，4家为外贸物流企业，3家为非外贸直接相关企业；从企业股权性质来看，主要为民营企业，其次为外资企业（按股权结构细分）、国有及国有控股企业。

综合上述分析，下游企业大多数不直接涉及外贸，而在中游物流企业中外贸物流企业占比较大，二者之间存在差异，企业在面临新冠肺炎疫情时可能有不同的表现。民营企业占本次调研企业的大多数，其次为外资企业（按股权结构细分）、国有及国有控股企业和集体所有制企业，企业在资金链、政策支持上可能会存在一定的差异。

表3　企业异质性统计分析

企业类型	企业股权性质	物流企业	下游企业	总计
外贸流通企业	民营企业	0	3	3
	外资企业（按股权结构细分）	0	1	1
	小计	0	4	4
外贸配套服务企业	国有及国有控股企业	1	1	2
	民营企业	0	6	6
	小计	1	7	8
外贸生产企业	民营企业	0	39	39
	其他	1	0	1
	外资企业（按股权结构细分）	0	12	12
	小计	1	51	52

续　表

企业类型	企业股权性质	物流企业	下游企业	总计
外贸物流企业	民营企业	2	2	4
	外资企业（按股权结构细分）	2	1	3
	小计	4	3	7
外贸综合服务平台	集体所有制企业	0	3	3
	民营企业	0	34	34
	外资企业（按股权结构细分）	1	0	1
	小计	1	37	38
非外贸直接相关企业	国有及国有控股企业	0	3	3
	集体所有制企业	0	6	6
	民营企业	3	303	306
	外资企业（按股权结构细分）	0	5	5
	小计	3	317	320
其他	民营企业	0	5	5
	其他	1	1	2
	外资企业（按股权结构细分）	0	2	2
	小计	1	8	9
总计		11	427	438

三、企业韧性指标体系构建

（一）企业韧性指标体系建立

1. 指标选取及部分指标释义

本文从指标构建的科学性出发，构建企业韧性指标体系，该指标体系从企业规模、企业经营情况、新冠肺炎疫情影响、政策助力及金融服务、纾困举措 5 个维度以及相应的 27 个二级指标来衡量企业韧性。由于收集到的问卷数据类型大部分为定性数据，首先需要对这些定性数据进行量化处理。

（1）企业规模

为了衡量所调研企业的规模，本文从企业年龄、企业员工人数、企业发展生命周期、企业账面现金流、竞争力衡量、是否为"专精特新企业"六个角度进行测度。由于企业年龄、企业员工人数的原始数据都是区间数据，本文利用区间中的最大值来替代区间数据以便于后续处理。问卷收集到的企业发展生命周期数据是定性数据，本文利用有序数值分别替代原始数据中的"初创""发展"等定性数据。

（2）企业经营情况

为了衡量调研企业的经营情况，本文从2021年营业收入、2021年平均年利润、2022年第一、二季度的总收入（流水）、资本开支情况、企业应变水平五个角度进行测度。

（3）新冠肺炎疫情影响

为了衡量所调研企业在新冠肺炎疫情期间受到的影响，本文从新冠肺炎疫情对企业经营的影响、新冠肺炎疫情对行业发展的影响、新冠肺炎疫情对营收目标的影响、新冠肺炎疫情对经营绩效的影响、新冠肺炎疫情的后续影响以及新冠肺炎疫情对产业链的影响六个角度进行测度。

①新冠肺炎疫情对企业经营的影响

2022年的新冠肺炎疫情对受访企业造成了订单下降、供应链中断、经营收益减少等不同程度的影响，物流供应链体系的影响在于：物流停摆，商家有货发不出，订单无法履约。主要表现在以下方面：如图1所示，其中约56.16%企业的订单下降、经营收益减少；约42.01%企业的开工受到了限制；33.56%企业出现了原料不足、供应链中断的困境；32.88%企业由于新冠肺炎疫情管控，员工接连离职导致人员不足；31.96%企业的生产成本增加。

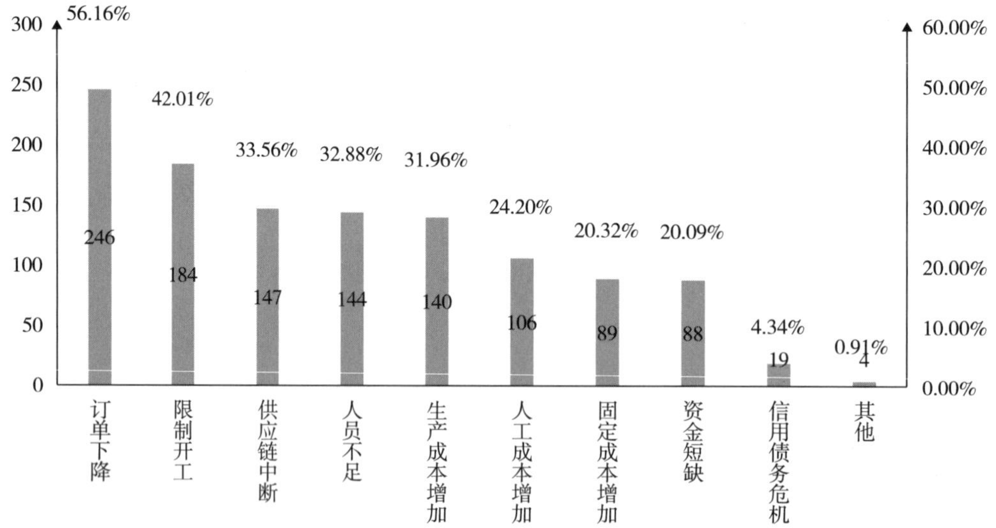

图1　新冠肺炎疫情对企业经营的影响情况

②新冠肺炎疫情对行业发展的影响

新冠肺炎疫情造成部分企业停工停产，对行业发展产生了不良影响。如图2所示，96.29%的制造企业表示受到新冠肺炎疫情防控影响，其中认为影响非常严重和比较严重的企业占比合计达68.39%；批发和零售业整个行业都受到了新冠肺炎疫情冲击影响，认为影响比较严重的企业占比高达63.64%；物流业受新冠肺炎疫情影响的占比较其他两个行业小一些，为72.73%，其中没有物流企业受到非常严重的影响；以上三个行业总体上有95.90%的企业受到新冠肺炎疫情影响，认为影响非常严重和比较严重的企业占比合计为68.27%。

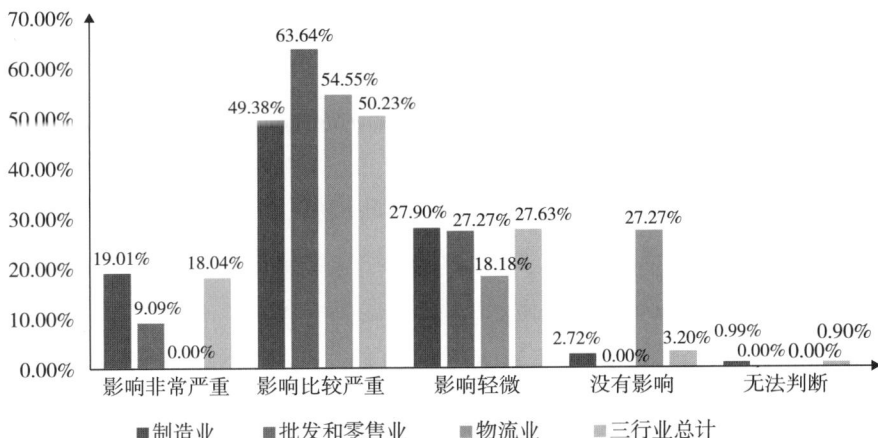

图2   新冠肺炎疫情对行业发展的影响情况

③新冠肺炎疫情对营收目标的影响

新冠肺炎疫情反复会带来诸多不确定因素，大多行业营收目标的实现受阻。制造业、批发和零售业中分别有79%、73%的企业营销目标有所下降，其中下降50%及以上的企业占比分别为12%、18%，批发和零售业企业受新冠肺炎疫情的影响大于制造业企业，如图3所示。物流业营收目标下降企业的比重为36%，而营收目标下降50%及以上的企业数为0，新冠肺炎疫情对物流业营收目标下降有影响，但影响较小；总体而言，三行业的营收目标下降的企业占比为77%，其中下降50%及以上的企业占比为12%，如图4所示。

图3   新冠肺炎疫情对制造业营收目标（左）批发和零售业营收目标（右）的影响

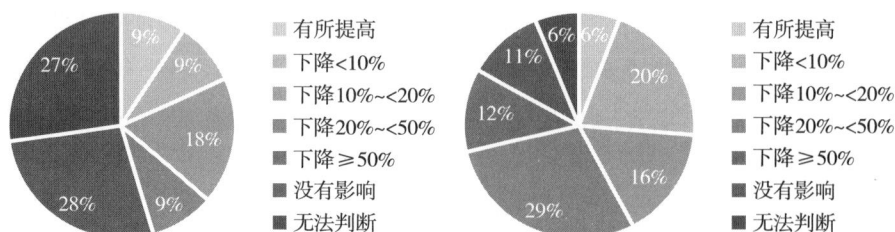

图4　新冠肺炎疫情对物流业（左）及三行业（右）营收目标的影响

　　④新冠肺炎疫情对经营绩效的影响

　　如图5所示，首先物流问题成为现阶段制约企业经营绩效的主要因素，其占比高达63.24%，其中在制造业、批发和零售业、物流业中所占的比例分别为64.94%、45.45%、36.36%。在新冠肺炎疫情防控状态下，制造业生产所需的零部件供应容易延迟或是中断，同时成品也难以交付，企业基本上处于停摆状态。其次上游原材料供应问题制约企业经营绩效的占比为56.39%，再次是资金链现金流问题、大宗商品价格上涨、下游市场需求不足因素，占比分别为45.89%、44.75%、44.06%。最后，员工问题（包括老员工返岗或新员工招聘等）、贸易壁垒和其他因素的占比为29.68%、5.71%、7.08%。制约物流业的其他因素占比较高，为54.55%，具体包括国外采购需求变化、人才与行业竞争、社会性流动受到制约等。

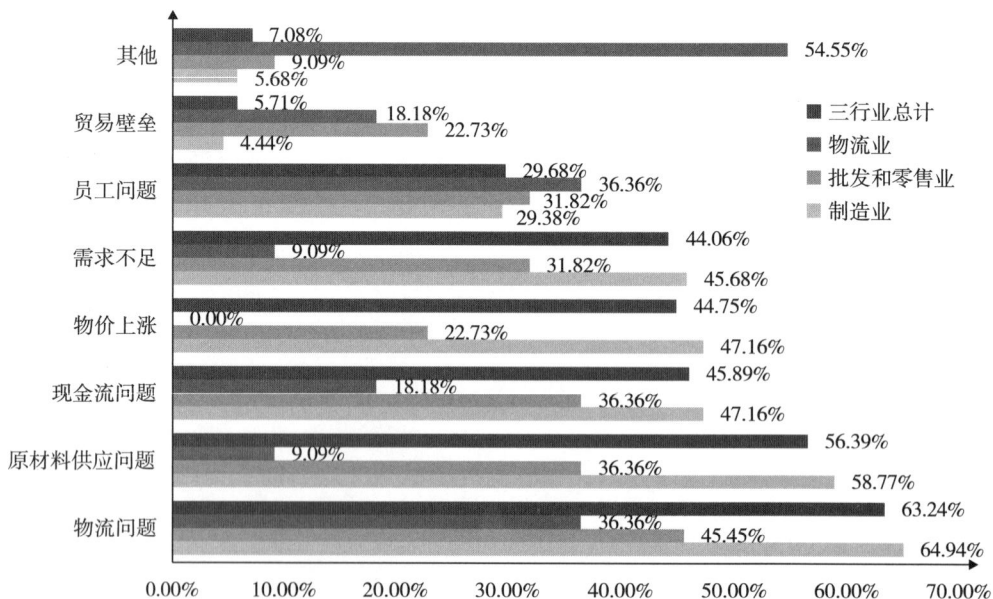

图5　现阶段制约经营绩效的主要因素

⑤新冠肺炎疫情的后续影响

新冠肺炎疫情除了在时下会对企业造成很大的冲击，在后续新冠肺炎疫情防控形势整体好转后也会在不同方面对企业发展产生影响。如图6所示，新冠肺炎疫情对原有生产经营进度影响最大，为69.41%。在新冠肺炎疫情防控形势好转的情况下，经过国家统筹、部门协同、上下联动的各方协同努力，物流服务开始有序恢复。2022年6月1日正式全面复工复产的上海，更是迎来了2个月以来快递业务最高峰，仅中通快递当天揽派量就超过300万件，恢复到常态化的80%以上。

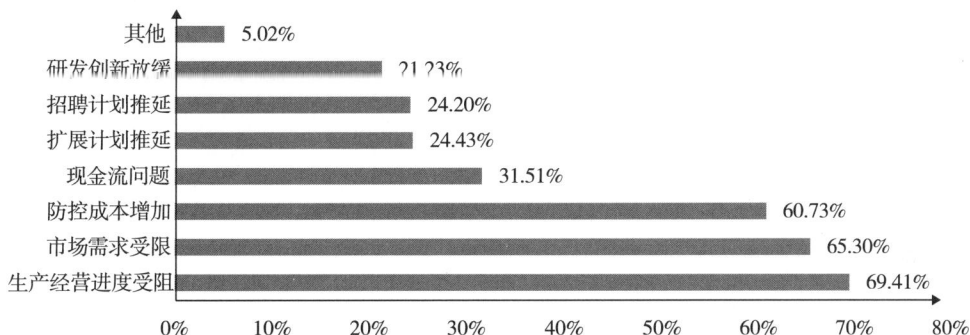

图6 预计新冠肺炎疫情对后续发展的影响情况

另外，新冠肺炎疫情会导致产品或服务市场需求受限制、新冠肺炎疫情防控成本增加，占比分别为65.30%、60.73%。难以维系日常经营所需现金流、对外投资和扩大项目计划推延、员工招聘计划推延、技术研发及产品创新放缓等问题的占比较小，分别为31.51%、24.43%、24.20%、21.23%。

⑥新冠肺炎疫情对产业链的影响

在新冠肺炎疫情期间，企业所处的产业链无论在供给端还是需求端都面临着极大的困难。在供给端存在原材料涨价及短缺、缺乏生产订单、供应链中断等问题；而在需求端主要存在物流运输成本上升、人员跨省跨境流动受限、国内外市场需求下降等问题，如图7所示。因此，本轮新冠肺炎疫情过后，相关供应链企业的采购策略可能会有所调整，在寻源采购管控方面会变得更谨慎，对突发事件的应对补充与供应链成本机制也会重新评估，由战略性集中供应转化为集中供应与网络供应共存。同时，线上线下业务齐头发展的业务模式将成为标配，基于线上线下全生态业务的供应链建设将成为常态。

（4）政策助力及金融服务

为了衡量在新冠肺炎疫情期间所调研企业受到的政府政策及金融服务的帮扶力度，本文从政府帮扶力度、现金流和营业利润变化情况、政府优惠政策及金融服务对企业的影响四个角度进行测度。

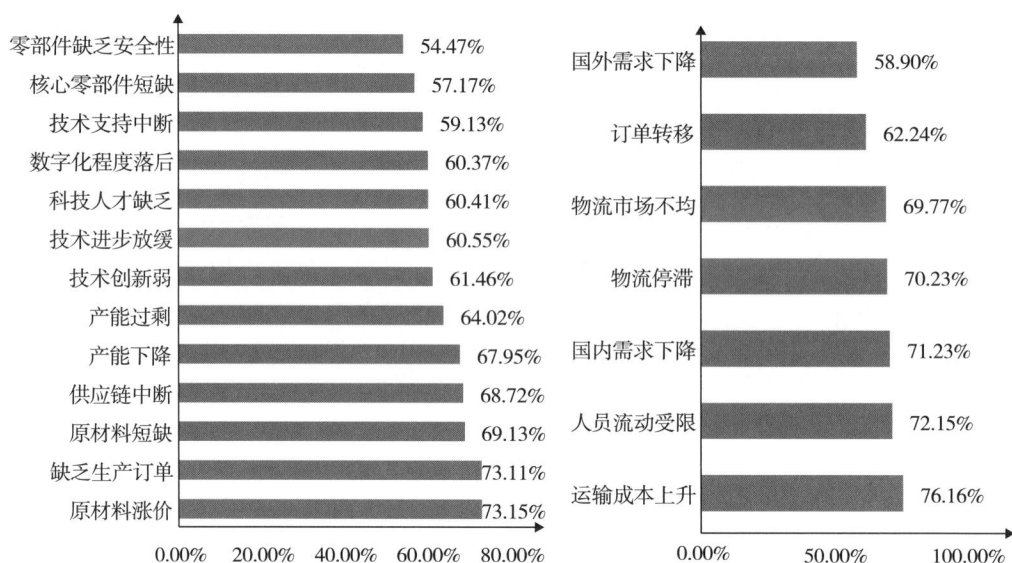

图7　新冠肺炎疫情期间产业链供给端（左）及需求端（右）面临的困难

①政府帮扶力度

面对新冠肺炎疫情，政府坚持稳字当头、稳中求进，统筹新冠肺炎疫情防控和经济社会发展，并加大力度帮助中小企业特别是服务业中小企业、个体工商户渡过难关、恢复发展。本次访谈中采用了打分表的形式，其中满分为100，让受访企业对政府各项减负纾困帮扶政策力度进行评价，最终取其平均值，能够反映不同行业的整体评价。减税降费政策的力度最大，制造业企业、批发和零售业企业、物流业企业分别给出了64.72、61.18、58.27的平均分值。援企稳岗类政策、新冠肺炎疫情防控支持政策、稳企业和支持恢复困难行业的政策的力度逐渐减小，而金融和融资服务支持政策的力度评分总计只有58.49。政府对物流业的帮扶力度在多方面小于其他行业，而对制造业的帮扶力度最大，见表4。

表4　政府各项减负纾困帮扶政策力度评分表

政策类型	政府帮扶力度评分			
	制造业	批发和零售业	物流业	总计
减税降费政策	64.72	61.18	58.27	64.38
援企稳岗类政策	64.14	57.32	54.45	63.56
新冠肺炎疫情防控支持政策	63.79	48.73	56.36	62.84
稳企业和支持恢复困难行业的政策	61.87	43.27	55.00	60.76
金融和融资服务支持政策	59.44	45.77	49.00	58.49

②现金流和营业利润变化情况

尽管政府出台了各项减负纾困帮扶政策，但政策帮扶的效果如何还需看企业现金流和营业利润变化情况。如图 8 所示，62.78% 企业的现金流得到了恢复，其中制造业、批发零售业和物流业分别为 61.48%、72.72%、90.91%，并且物流业63.64% 企业的现金流恢复到了正常水平。上海地区的物流虽然受到新冠肺炎疫情影响，但是始终在坚持运营，且运营能力恢复较早。上海市邮政管理局副局长余洪伟在 2022 年 5 月 12 日谈到，上海市物流行业揽收和投递业务量日均值均已达到 100多万单，恢复到常态化水平的 1/6。

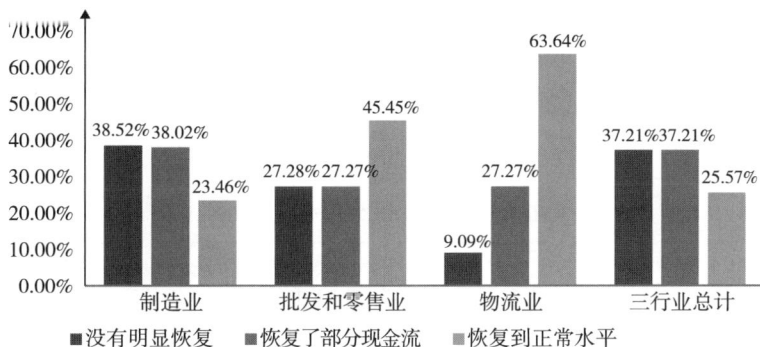

图 8　企业现金流变化情况

如图 9 所示，62.10% 企业的营业利润有所增加，制造业、批发和零售业及物流业中营业利润增加的企业比重分别为 61.73%、63.64%、72.73%，但增幅都较小，大部分只增加了 10% 以内。尤其是物流业，72.73% 企业的营业利润增加 10% 以内，而没有企业的营业利润增加 10% 及以上。

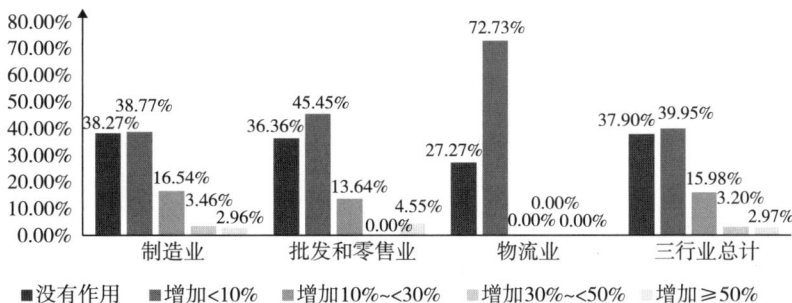

图 9　企业营业利润变化情况

③政府优惠政策

受访企业表示最需要国家、地方政府提供的支持是税收优惠和利息减免，此外还希望提供租金和人工等成本的补贴、提供贷款等金融支持、降低企业融资难度和拓宽融资渠道、出台灵活用工政策和社保政策、提供针对新冠肺炎疫情停工或提前开工及防疫工作的专项补贴、恢复交通物流通道、后续出台刺激市场消费政策、开通进出口绿色通道、适度延长还贷期限、给企业更多的市场主体地位、对 A 股上市公司因新冠肺炎疫情带来的新问题制定针对性措施。了解企业对政府优惠政策的实际需求，能够更好地给政府制定相关优惠政策提供有效的建议。

④金融服务对企业的影响

金融服务对实体经济的发展有着推动作用。在新冠肺炎疫情期间，各个金融机构也在积极创新，全力优化线上服务，统筹做好新冠肺炎疫情防控和金融支撑工作，以不间断、持续性、高效率的金融服务，让金融活水畅通直达，助力社会经济"血脉"畅通，做到新冠肺炎疫情特殊时期基础金融服务不中断、不停摆。大部分企业的现金流压力得到了缓解，其中物流业 72.73% 企业的现金流压力基本缓解，可正常运营，见表 5。

表 5　金融服务优惠对企业现金流压力缓解情况

行业分类	现金流压力缓解情况			
	缓解 2 个月内	缓解 2 ~ 5 个月	基本缓解	没有效果
制造业	19.75%	24.69%	27.65%	27.91%
批发和零售业	13.64%	18.18%	36.36%	31.82%
物流业	0.00%	0.00%	72.73%	27.27%
三行业总计	18.95%	23.74%	29.22%	28.09%

（5）纾困举措

为了了解所调研企业在新冠肺炎疫情期间做的举措，本文从企业短期应对措施、企业长期应对措施、资金链短缺应对措施、原材料短缺应对措施以及合约履约应对措施五个角度进行测度。

①企业短期和长期的应对措施

为了渡过新冠肺炎疫情难关，企业都积极采取应对措施。在短期中，企业未雨绸缪，灵活调动资源，创新应对危机。首先关注员工身体情况、行踪轨迹、居住地防疫政策，同时开启居家办公等远程协作模式，与客户保持沟通并努力去库存，针对员工开展各类线上培训及考核工作，及时了解采购渠道变化情况，提前规划企业物料保障，定期开展消杀及设备检修等工作。此外还通过分批的方式实现快速复工，复工后结合企业实际资源储备情况有序生产，规划融资方式，扩大融资渠道。

具有长期导向的发展理念，是企业足够有"韧性"的基础，即以非短期目标为导向，具备从容应对危机的能力。受访企业坚持长期导向，制订计划，充分应对危机/紧急事件。首先，企业快速调整运营模式迎难而上，将危机转为机会；对资金进行合理分配，深度调配现金流，同时，实时关注政府减负政策并及时申报。其次，与客户或合作伙伴沟通增费降价；快速调整经营预算，改变经营思维，寻找新兴机会。最后，企业加大数字化建设力度，加快智能制造进程。新冠肺炎疫情加速了数字化时代的步伐，也迫使一些企业不得不面对数字化转型带来的压力。相关关系分析表明，数字化管理与运营的水平越高，企业的组织韧性越强。因此，企业更要加快数字化建设的进程。

②企业其他方面的应对措施

如图 10 所示，在应对资金链短缺问题上，70.09% 的企业首先通过诸如裁员和降薪的方式降低运营成本。其次是向多方借款，如向商业银行贷款、向互联网金融公司贷款等。在应对原材料短缺问题上，企业首先是寻找新的采购渠道，占比 77.17%；其次通过减少生产、延期供货、订单外包的方式解决原材料短缺的问题，占比分别为 58.90%、53.42%、17.35%。如图 11 所示，在合约履约问题上，89.27% 的企业选择双方协商，自行解决；55.71% 的企业希望政府协调，提供明确免责协议；40.64% 的企业选择支付违约金；很少企业通过法律等途径解决，占比为 5.71%。

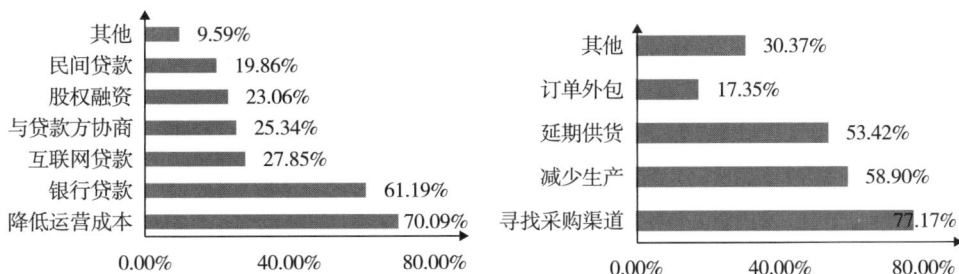

图 10　资金链短缺（左）及原材料短缺（右）应对措施

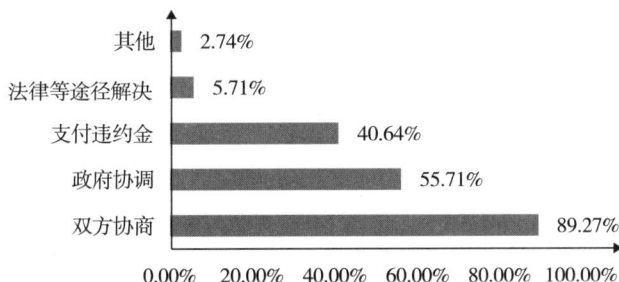

图 11　合约履约应对措施

（二）改进的 CRITIC 赋权法

作为一种客观赋权法，CRITIC 根据不同指标之间的对比强度和冲突性，综合衡量每个指标的客观权重。本文改进了原有的 CRITIC 方法，计算步骤如下。

（1）指标数据标准化。

$$q'_{skd} = \left(\frac{q_{skd} - \min(q_{skd})}{\max(q_{skd}) - \min(q_{skd})} \right) \times 0.9 + 0.1$$

其中，q_{skd} 是原始数据，表示 s 省第 k 年的第 d 个指标；q'_{skd} 是对原始数据进行预处理之后得到的数据；$\max(q_{skd})$ 和 $\min(q_{skd})$ 分别是最大值、最小值。

（2）求标准化后各指标的变异系数 CV_d 和相关系数 r_{dl}。

（3）求各指标的信息量 C_d。信息量包含越多，指标权重越大。

$$C_d = CV_d \sum_{d=1}^{n} (1 - |r_{dl}|)$$

（4）求各指标权重。

$$\lambda_d = \frac{C_d}{\sum_{d=1}^{n} C_d}$$

利用改进的 CRITIC 赋权法对选中的各评价指标进行赋权，最终得到表 6 所示的企业韧性水平评价指标及相应权重系数。

表 6　企业韧性水平评价指标体系及权重系数

一级指标	二级指标	权重
企业规模	企业年龄	0.0474
	企业员工人数	0.0399
	企业发展生命周期	0.0431
	企业账面现金流	0.0383
	竞争力衡量	0.0174
	是否为"专精特新"企业	0.0805
企业经营情况	2021 年营业收入	0.0675
	2021 年平均年净利润率	0.0296
	第一、二季度的总收入（流水）	0.0297
	资本开支情况	0.0268
	企业应变水平	0.0188

续　表

一级指标	二级指标	权重
新冠肺炎疫情影响	新冠肺炎疫情对企业经营的影响	0.0438
	新冠肺炎疫情对行业发展的影响	0.0240
	新冠肺炎疫情对营收目标的影响	0.0231
	新冠肺炎疫情对经营绩效的影响	0.0309
	新冠肺炎疫情的后续影响	0.0318
	新冠肺炎疫情对产业链的影响	0.0232
政策助力及金融服务	政府帮扶力度	0.0202
	现金流变化	0.0519
	营业利润变化	0.0607
	政府优惠政策	0.0325
	金融服务对企业的影响	0.0586
纾困举措	企业短期应对措施	0.0310
	企业长期应对措施	0.0287
	资金链短缺应对措施	0.0255
	原材料短缺应对措施	0.0321
	合约履约应对措施	0.0432

四、结论与建议

（一）调研结论与建议

2022 年突如其来的新冠肺炎疫情范围大且时间长，严重影响了上海地区企业的正常生产经营。本组主要针对物流及外贸综合服务企业、互联网医疗企业、银行等进行调研，了解企业复产复工的情况、企业受新冠肺炎疫情影响的主要方面、企业的政策援助需求及企业数字化程度等，得出如下结论：第一，国有企业的抗击新冠肺炎疫情能力比民营企业强；第二，国有企业与外资企业的资金链强度高于民营企业；第三，规模大且企业结构完整的企业面对新冠肺炎疫情时有较强的应变能力与抵抗能力；第四，互联网企业与数字化水平较高的企业有较强的抗击新冠肺炎疫情能力。

针对上述发现，对企业提出以下建议：第一，企业应加强员工管理，在新冠肺炎疫情发生时加强对员工的健康管理，保证值班或留守员工的生活物资；第二，企业应在能够拿到"白名单"的前提下积极发挥自身职能；第三，提倡短链物流，减少不必要的环节，从而降低物流成本和运营成本，提高供需稳定性；第四，企业应提高数字化水平，提高远程办公能力，提高平台管理能力，积极拓展业务，针对突发情况实时与客户沟通调整，保证业务的正常开展；第五，抓住国际机遇，外贸企业应了解各类外贸协定，开拓业务版图，利用便捷、优惠的政策或外贸线路以提高业务量。

（二）后新冠肺炎疫情时代物流业的发展思考

　　针对 438 家物流产业链中、下游企业，本文建立企业韧性指标体系，从企业规模、企业经营情况、企业受新冠肺炎疫情影响、政策助力与金融服务、企业纾困举措 5 个方面进行分析，使用改进的 CRITIC 赋权法对具体 27 个指标进行权重计算。权重较大的指标包括：是否为"专精特新"企业、2021 年营业收入、企业利润变化、金融服务对企业的影响、企业现金流变化等。权重较小的指标包括：政府帮扶力度、资本开支情况、新冠肺炎疫情对营收目标的影响、新冠肺炎疫情对行业发展的影响等。针对物流产业链而言，防控管理无疑是重大的影响因素。但物流企业在资金健康、库存充足、满足"白名单"的情况下，仍能保持较好的收入水平。

　　材料短缺、订单减少、供应链中断、科技人才缺乏是物流产业链受新冠肺炎疫情影响的主要问题，而随着新冠肺炎疫情防控逐渐放开，物流企业也在快速恢复业务量。因此，物流产业链中、下游企业都应该关注企业的技术能力与数字化水平，合理分配自身资源，整合产业优势，以免出现长时间的供应链断裂情况。企业主要可从以下几个方面进行改进：

　　第一，物流企业应提升技术能力与数字化水平。技术的进步有助于企业数字化转型，从而提升企业数字化水平，因此物流企业的首要举措应当是加强数字技术的运用，进行数字化转型。在数字化转型的过程中，企业可设置专门的部门来负责数字技术的运用，推动物流企业不断吸收前沿的技术，更加熟练地运用新技术，来提高企业的经营效率。

　　第二，培养现代物流人才，着力培养企业员工数字化运用意识。企业可以和高校合作培养高素质的物流人才，比如企业与高校合作制订人才培养方案，通过产教结合的方式满足物流企业对专业人才的需求。同时物流企业中的数字化转型是自上而下的，在高层管理人员知晓数字化转型的方向、目标和意义的基础上，让员工也了解数字化转型的相关内容，使其能够在日常工作中充分利用数字技术以提升工作效率。企业可以不断吸纳技术人才来促进企业数字化转型。与此同时也应定期开展相关课程培训，使员工了解数字技术的用途，学习数字技术在工作中的应用。

第三，物流企业应依托互联网技术发展新业态。企业在面对类似的突发公共卫生事件时，需要依托互联网技术，开展物流企业的数字化管理，大力推进物流企业计划管理、采购管理、合同管理模块建设，支持网络货运等物流新业态发展。

第四，加速智能产业及智慧物流的广泛应用。引入区块链、大数据等技术集成，促进物流基础设施的数字化建设和改造，推广无人仓储、智能分拣等新技术，实现物流智能化。

第五，构建新的物流和供应链体系。新冠肺炎疫情期间暴露的政府与企业、企业与企业之间衔接不畅等问题，需要政府加强引导，企业之间优化创新流程，提高软硬件技术水平，加大平台建设力度，共同构建物流和供应链新体系。

第六，大力发展绿色物流。绿色物流可以为企业带来多重利益，包括降低能耗和运输成本、提升品牌声誉和社会责任形象、满足客户对环境友好型产品的需求等。绿色物流的实现需要物流企业从源头到终端采用环保技术和管理手段，如运输工具的升级换代、物流网络的优化、包装材料的回收利用等。环保和可持续性成为全球热点话题，物流企业应该更加注重环保，大力发展绿色物流，降低对环境的影响，弘扬绿色 GDP 的理念，推动物流行业向着更加可持续的方向发展。

参考文献

［1］陈小虎，孙宋芝，凌玲. 常态化疫情防控下的物流现状与应对措施［J］. 物流科技，2022，45（19）：38－40.

［2］胡海峰，宋肖肖，窦斌. 数字化在危机期间的价值：来自企业韧性的证据［J］. 财贸经济，2022，43（07）：134－148.

［3］侯光文，刘青青，刘启雷. 双重价值链嵌入与创新绩效倒 U 型关系研究：企业数字化的中介作用与组织韧性的调节作用［J/OL］. 科技进步与对策：1－9［2022－09－05］.

［4］李超锋. 后疫情时代的物流变革及其应对策略［J］. 广东轻工职业技术学院学报，2022，21（01）：13－17.

［5］刘港港，许向阳. 后疫情时代冷链物流金融支持问题研究［J］. 物流科技，2022，45（06）：151－153＋160.

［6］卢东宁，张希雅. 动态环境中企业韧性提升路径研究：基于企业基因资源视角［J］. 大连海事大学学报（社会科学版），2022，21（03）：74－81.

［7］陆可晶，罗仲伟. 环境突变下中小制造企业的组织韧性研究［J］. 价格理论与实践，2022（04）：20－27.

［8］王力锋．疫情时代环境下的企业物流供应链反思及应对策略［J］．物流科技，2022，45（11）：134－136．

［9］王玉，张占斌．传统企业数字化、组织韧性与市场竞争力：基于236家企业调查数据［J］．华东经济管理，2022，36（07）：98－106．

［10］魏琳，耿云江．新冠疫情背景下企业韧性评价指标体系的构建［J］．当代经济，2021（08）：108－113．

［11］谢泗薪，李春华．智慧物流视角下江苏物流企业后疫情时代高质量发展的战略构想［J］．物流科技，2022，45（07）：79－83．

［12］熊晔．疫情新常态下的制造型企业供应链风控新策略［J］．中国物流与采购，2022（06）：57－58．

［13］张哲．公共危机情境下企业社会责任对组织韧性的作用机制研究［J］．中国物价，2022（06）：113－115＋128．

附录　调研感悟

团队成员调研感悟

1. 王歆仪

2022年的上海新冠肺炎疫情，无措的不仅是市民，还有当地企业。在我们小组实际调研的企业中，有承担了上海市医疗物资保供的企业，它们在突发事件发生时积极承担社会责任；也有物流网点，它们面对突如其来的新冠肺炎疫情防控时经营几乎停滞；还有一些企业调整业务流程，积极稳固业务对接……我们还同企业探讨国际政策背景下企业的机遇和挑战。经过此次调研，我了解了物流行业内的不同行业细分，也深入了解了国际事件对企业当下业务的影响，以及对企业战略规划的影响。希望自己能够有机会了解各行各业，保持求知、实践的心态。

2. 刘瑞雪

从2022年6月到2022年9月，持续三个月的调研活动在小组成员的共同努力下圆满结束，这段实践经历使我意识到团队的重要性。个人的能力是有限的，将个人融入团体中，比较容易取得事半功倍的效果。小组成员密切配合，灵活分工，这是调研活动能够顺利进行的关键。同时，我也意识到了倾听的重要性。每个人的想法各有不同，在意见相悖时，认真倾听别人的观点，并及时与他人进行沟通，从沟通中提取、凝练出更完善的方案，是推进调研进度非常有效的方法。

3. 陈弈天

这是我进入大学后第一次参加暑期社会实践活动，我收益颇丰。我们开展了开题仪式、线上培训、研究方案设计、问卷设计、企业访谈和报告汇总这一系列的活动，在两位指导老师的悉心帮助以及团队成员的积极配合下，我们团队顺利地完成了这一次实践研究。这次实践活动让我们对企业、对数字化、对此次新冠肺炎疫情给企业带来的影响都有了更深的了解。尽管我们每个人在活动初期都经历了一些挫折和联系企业时的失败，但我们也在不断地吸取教训并走向成功。在此我也非常感谢小组的成员和指导老师，他们让我明白了团队合作的重要性。

4. 段驰成

三个月的调研活动在我们小组成员的辛苦努力下圆满结束。这次调研活动让我亲身体会到团队合作的巨大作用，以团队形式进行配合能够做到事半功倍。我亲身感受到团队精神及其魅力所在，大家密切配合，使调研活动能成功完成并趋于完善。同时，通过这次调研活动，我们深入了解了货运物流行业在新冠肺炎疫情冲击下如何运作以及关于物流行业许多新的知识，这些内容都让我们耳目一新。我体会到一个企业的经营需要各个方面的统筹规划。大学生社会调研实践活动是大学生磨炼品格、增长才干、实现全面发展的重要舞台。在这里我们真正锻炼了自己，为以后踏入社会做了更好的铺垫，以后如果有机会，我会更加积极地参加这样的活动。

5. 林智勤

受新冠肺炎疫情的影响，本次活动只能采取线上的形式开展，不能如往届那般有机会直接去企业参观调查，但我仍认为本次的社会实践活动让我收益颇丰。我第一次自行联系企业高管、设计访谈提纲、对企业高管进行访谈调研，了解新冠肺炎疫情对企业造成的冲击与企业韧性，了解企业如何制定具体措施来迎难而上，亲身体验调查过程比在网上看别人做的报告对我而言有更大的帮助，同时也磨炼了我的意志，提高了我的人际沟通能力与团队协作能力，让我深刻认识到社会实践的重要性。通过这次活动我也结识了不少新的伙伴，团队的合作拉近了我们的距离，我们深刻感受到了团队合作的魅力，我也很期待与他们的下一次合作。

6. 沈欣宁

本次"访万企，读中国"活动，通过采访了解新冠肺炎疫情下的企业现状，找出企业困境，了解企业应对政策，更好地帮助企业纾困。在采访各家物流企业的过程中，我们也认识到了物流运输、整个供应链运作系统流程。而在整个调研过程中我负责了推送文案、排版制作、文案写作、访谈录制、公司案例分析等工作，这对我的推送制作技能、写作能力都有一定的提升。调研过程中令我印象最深刻的是对宁波某集团股份有限公司的采访，外贸综合服务平台企业涉及物流运输、金融、数字科技化等多个领域，让我明白如今数字化进程的发展对于抵御新冠肺炎疫情冲击的重要性，感谢调研活动给我的收获，在今后的道路上我仍会不断努力。

7. 陈泓宇

本次调研我们通过线上会议的方式与企业深入交流，了解在新冠肺炎疫情冲击下的企业韧性。所谓万事开头难，最初我们对如何联系企业、撰写访谈提纲、线上会议访谈等都一头雾水，但我们通过一遍又一遍地修改访谈提纲，不断地线上模拟，第一次访谈成功地达到了我们的预期，也为后期访谈积攒了宝贵的经验。之后的每一次访谈，大家分工越来越明确，对课题的掌握程度也越来越深刻，我很开心能够和大家默契合作。最后，通过这次调研我也认识到在新冠肺炎疫情背景下，市场经济呈现不确定性，企业外部经营环境越发不可预测，企业韧性分析评价越发重要，我深刻感受到我们的调研活动对指导社会经济正常运转有着积极作用。

新冠肺炎疫情冲击下长三角地区企业韧性与纾困政策调查研究

石梓岩　陈斯义　张　尧　周蓁媛　陈亚楠　黄相儒　李雨璐　司秦睿　庄新坤
贺钰雯　烟雨佳　姚欣颖　聂少佩　陈奕帆　王　昊
指导教师：汪建新　谢小伟

摘 要

2022 年上半年上海突发的新冠肺炎疫情，对上海乃至整个长三角地区的企业都造成了严重影响。在突发情况下，企业立即采取一些短期政策与长期政策维持发展，同时政府也对企业进行了一定程度的帮扶。本次调研通过深度访谈与问卷调查相结合的方式对新冠肺炎疫情冲击下长三角地区企业韧性和纾困政策展开研究，目的在于掌握企业已使用的纾困政策与进一步需求，为企业抗击新冠肺炎疫情以及寻找相关政策帮扶与配套服务支持提供政策参考。

关键词：长三角地区；企业韧性；纾困政策

一、调研背景和意义

当前我国经济体量较大，工业体系完备发达，基础建设成效斐然，然而生物医药领域仍处于技术落后、研发困难的阶段。2020 年新冠肺炎疫情暴发，我国的经济产业在新冠肺炎疫情影响下受到了巨大的冲击，尤其是中小微型企业，其在面对新冠肺炎疫情时，如何解忧纾困成为一个棘手的问题。2022 年上半年，上海市新冠肺炎疫情的暴发更是严重影响了长三角地区乃至全国的企业。在这样的背景下，对长三角地区企业进行调研，探究企业韧性与纾困政策将是一项具有启示性意义的工作，可以为更多企业提供良好样本。

新冠肺炎疫情对各类企业的生产经营活动均会产生不同程度的影响，主要体现在停工停产拖延生产进度、原材料等供应链供给跟不上、订单执行延后等方面。现有调查研究显示当前企业面临的问题主要集中在三个方面：一是停工停产带来不同程度的损失；二是市场需求在一定程度上出现萎缩；三是有资金需求却融资难。在2022年上海市新冠肺炎疫情中，政府加大了对中小企业，尤其是科创型企业的减税降费措施力度。上海市出台了《上海市加快经济恢复和重振行动方案》，全力助企纾困和推进复工复产复市，其中助企纾困主要涉及阶段性缓缴"五险一金"和税款、扩大房屋租金减免范围、多渠道为企业减费让利、加大退税减税力度以及发放援企稳岗补贴等内容。同时为了帮助科技企业渡过难关，上海市科委与市财政局共同实施了"科技助企专项行动"，包括纾困减负行动、提质增效行动、引才育才行动等三个部分。

在政府的引导下，企业韧性及其针对性纾困政策能够更好、更快地帮助企业应对新冠肺炎疫情冲击与贸易风险，这也是我们这次调研的主要目的。我们针对长三角地区不同类型的企业，重点选择了四家生物医药类企业、两家教育科技公司以及一家审计咨询服务公司进行调研，希望通过访谈各类企业来深入了解它们的处境与现状，了解它们对于相关政策的期望，了解新冠肺炎疫情带给它们的不同挑战与机会，从这些公司的实际经验中得到启示，给新冠肺炎疫情冲击下部分行业企业提供一定的参考。生物医药行业发展是中国"十四五"规划的重点，我们希望能详细考察中国生物医药行业的优势以及劣势，通过交流分析来找到弥补劣势、发展优势的方法，进而能够帮助中国生物医药行业打开思路，找到短期和长期的发展目标与方向，在这次机遇中把握机会，从而提高国际竞争力与话语权。

二、调研方案与实施

（一）调研方案

1. 调研目的

通过访谈长三角地区各企业，了解企业面对新冠肺炎疫情时的企业韧性与纾困政策，给新冠肺炎疫情冲击下部分行业企业提供一定的参考。

2. 调研内容

通过问卷调研、在线访谈等方式与企业负责人进行交流，了解企业面对新冠肺炎疫情冲击时的应对策略及纾困政策，以及未来发展计划及方向。

3. 调研方法

以线上访谈为主，以问卷调研、文本访谈为辅，形成问卷答卷、企业访谈录等调研结果；采用 Tableau、Excel 等数据分析软件对调研结果进行具体分析，生成调研报告。

（二）调研对象

长三角地区企业。

（三）调研任务分配

表 1　调研任务分配

职责	任务分配	人员
联络工作	对接调研指导教师	石梓岩
	对接各公司负责人	聂少佩、石梓岩、周蓁媛、陈斯义、张尧、贺钰雯
	进行宣传	陈亚楠、李雨璐、陈奕帆、王昊
过程管理	搜集公司信息	陈斯义、石梓岩、黄相儒、周蓁媛
	主持会议	庄新坤、李雨璐、聂少佩、张尧、贺钰雯、陈斯义、周蓁媛
	做访谈会议记录	石梓岩、司秦睿、姚欣颖、烟雨佳、黄相儒、陈亚楠、姚欣颖
文字撰写	调查纪要、调查简报撰写及访谈推送制作	陈斯义、庄新坤、司秦睿、黄相儒、烟雨佳、姚欣颖、陈奕帆、王昊
	撰写新闻稿	石梓岩
	撰写调研报告	全体成员

（四）调研工作时间安排

表 2　调研工作时间安排

时间	安排	备注
6 月 15 日—7 月 11 日	（1）确定研究内容 （2）完成资料收集 （3）联系访谈企业 （4）撰写访谈提纲	前期准备
7 月 12 日—7 月 20 日	（1）7 月 12 日上海文汇审计咨询管理中心 （2）7 月 14 日上海帕斯统教育科技有限公司 （3）7 月 16 日上海药明康德新药开发有限公司 （4）7 月 19 日元化医疗咨询服务（上海）有限公司 （5）7 月 20 日上海鲁匠教育科技有限公司 （6）7 月 20 日柏维力生物技术（安徽）股份有限公司 （7）上海沛凝健康科技发展有限公司（文本访谈）	中期采访调研

续　表

时间	安排	备注
7月21日—9月4日	（1）完成调研纪要、调研简报 （2）完成访谈推送制作及新闻稿 （3）完成调研报告 （4）完成典型案例报告 （5）完成决策咨询报告 （6）整理打包所需材料	后期总结报告

三、问卷调研结果统计分析

（一）纾困政策基本观点

1. 上海文汇审计咨询管理中心——周经理

周经理认为新冠肺炎疫情确实威胁到企业的现金流，企业只有正确认识自身财务状况并建立相应的应对机制才能渡过难关。周经理表示目前的纾困政策只能起到一个短期的作用，尤其是对于民营企业来说，其本身的创新能力和可持续发展能力更为关键。他还提到在新冠肺炎疫情下受现金流影响，新产品研发可能会放缓，但是企业的创新能力并不完全等于新产品的研发，企业的创新力在新冠肺炎疫情下还能够保持甚至进一步发展。除此之外，他还建议延长资金在本企业的留存时间，以保证企业的现金流。对于纾困政策，周经理表示长远的、针对各个行业的纾困政策是中小企业所需要的。针对审计行业，周经理表示对财务方面或者项目管理方面进行更严格的管控会对审计咨询行业有更长远的利好。

2. 上海药明康德新药开发有限公司——严经理

公司希望政府部门对于新冠肺炎疫情防控的措施更加细致，例如大企业和小企业需要有不同的方案来执行新冠肺炎疫情防控任务，同时公司希望政府部门有一个3人左右的团队专门和公司进行对接，从而避免在申报补贴等过程中的一些麻烦。

3. 上海鲁匠教育科技有限公司——张总

张总认为新冠肺炎疫情确实影响了公司主营业务，很多创业项目被搁置、无法落地，影响了盈利状况，但同时也有服务贸易类的业务为公司带来营收。新冠肺炎疫情确实更大程度影响的是中小企业的生存，而对于政府的纾困政策，张总表示希望政府能更加主动地到一线提供服务，帮助有困难的企业，同时更希望市场能够恢复常态，无论是从短期看还是从长期看，都更利于企业自身的发展。

4. 上海帕斯统教育科技有限公司——张总

张总认为该企业获得了政府减免税款以及房租补贴等纾困政策支持，同时建议政府可以筛选一个政策适用名单，对中小型企业进行针对性扶持。

5. 元化医疗咨询服务（上海）有限公司——唐总

在新冠肺炎疫情影响下，该公司采取了线上办公的形式，同时上海市政府还下发专项资金补助，公司以现金方式将补助发放给了上海员工作为慰问金。另外，上海金融办也帮助企业增加了银行授信额度。但是该公司希望政府可以开放更多人才公寓的名额，同时加大其他利好政策的宣传力度，让企业及时得到帮助。对于未来的市场，该公司十分有信心，也始终坚信，竞争力是来自不断创新和不断超越同行业的竞争对手，做到更好地服务大众。

6. 柏维力生物技术（安徽）股份有限公司——凌总监

在新冠肺炎疫情期间，政府对于公司的税费进行了减免以及延缓缴纳扶持，同时还对企业进行了岗位补贴。企业对于未来有很大的信心，下一步准备上市等相关事宜。

7. 上海沛凝健康科技发展有限公司——刘总监

目前企业受到的影响就是人员招聘问题，企业需要通过与学校进一步合作、增加见习岗位等来提高人员招聘数量。

（二）纾困政策现状分析

面对突发的新冠肺炎疫情，企业面临的困境各不相同。在我们的调查问卷中，对企业目前面临的主要问题进行了分析，得到了如图1所示的词云图，可以看到，所有公司主要的问题体现为市场需求的减少和经营成本的上升，不少公司也出现了现金流方面的问题。针对各类困难，政府出台了各种帮扶措施，例如减费降税、"五险一金"相关缴纳政策、新冠肺炎疫情防控支持、企业防疫支出补贴政策、金融和融资服务支持等。

图1　企业面临问题的词云图

四、后疫情时代企业现状分析

基于所获取的 137 份规范问卷结果，在此对后疫情时期企业的现状进行描述分析。

（一）后疫情时期企业的营销现状分析

本次调研的企业对象主要为非外贸直接相关企业（47%）和外贸生产企业（18%），其总占比高达 65%，而在所有问卷中与外贸相关的企业调查量占比为 31%。除此之外，还调查了 22% 的其他类型企业，主要包含互联网、建筑、教育等行业的企业，如图 2 所示。

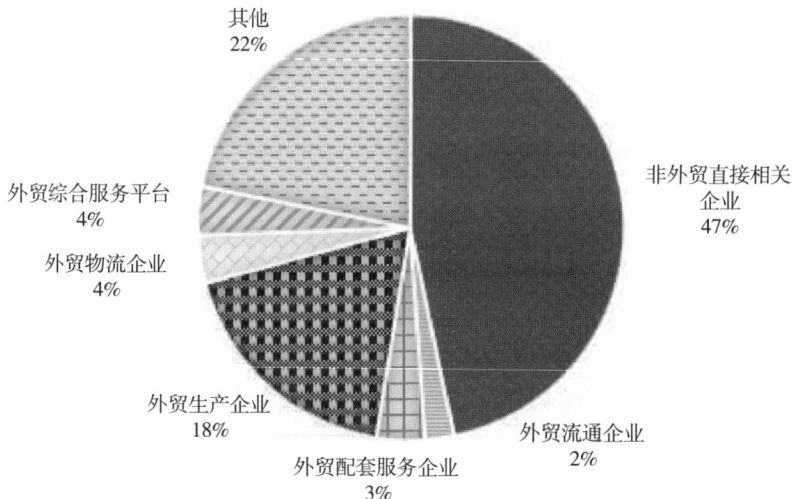

图 2　企业所属类型占比

在此次新冠肺炎疫情期间，受到影响而停工的企业占比将近 60%，如图 3 所示。同时，全年营收目标受到影响的企业数量达到 92 家，如图 4 所示。这些均表明新冠肺炎疫情对企业营销影响较大。

在新冠肺炎疫情逐渐好转之后，企业通过复工等各种方式逐渐保证其营收恢复。如图 5 所示，对于国有及国有控股企业和外资企业来说，绝大部分企业的营收已经完全恢复，其占比分别为 83.3%、65.0%，其余部分企业亦恢复较好。而对于民营企业、集体所有制企业以及其他企业来说，大部分均保持在 50% 及以上的恢复情况。这些均能让我们很明显地感受到，我国企业在后疫情时期虽然仍受新冠肺炎疫情影响，但其营收韧性情况乐观。

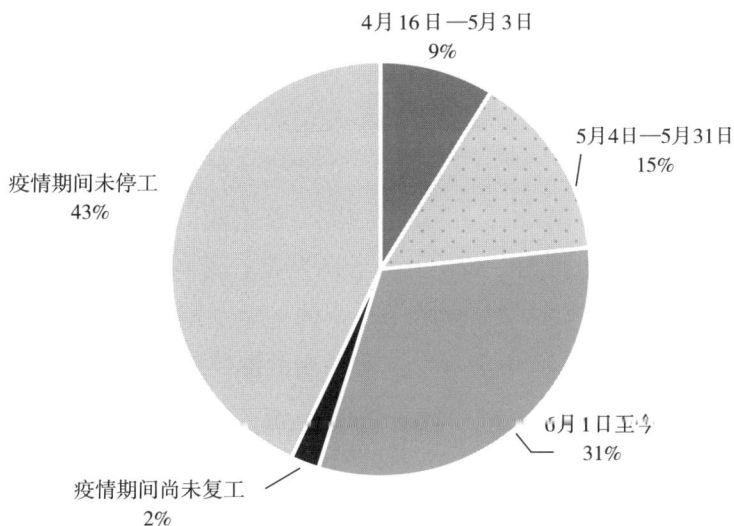

图3 新冠肺炎疫情期间企业复工时间

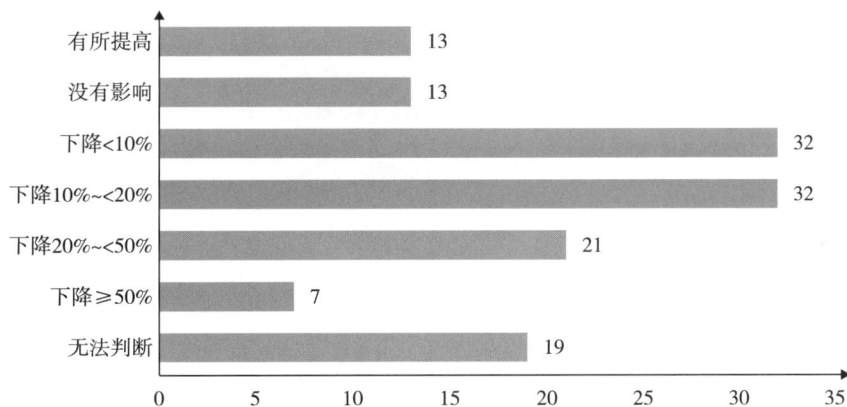

图4 新冠肺炎疫情对企业全年营收目标影响

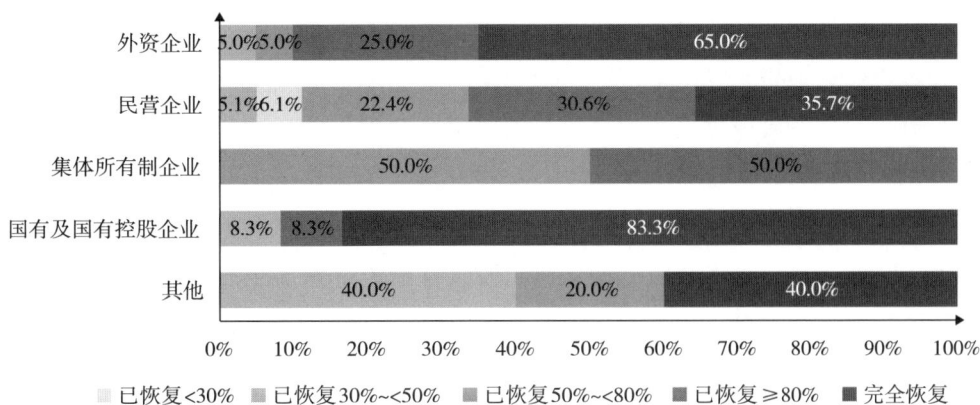

图5 企业营收恢复情况

（二）后疫情时期企业的恢复途径现状分析

通过访谈，我们对受访企业在新冠肺炎疫情影响下的表现和纾困举措有了更加深刻的了解。如图 6 所示，在后疫情时期，企业受到的影响主要包括由订单下降而引起的经营收益减少、限制开工、由新冠肺炎疫情造成的生产成本增加，其占比分别为 23%、17%、16%。同时，12% 的企业认为人工成本负担过重成为新冠肺炎疫情期间影响企业运转的重要因素。而仅有 1% 的企业觉得信用和债务危机有着一定的影响，这表明我国企业对于自身资金流和信用的把控较为良好。

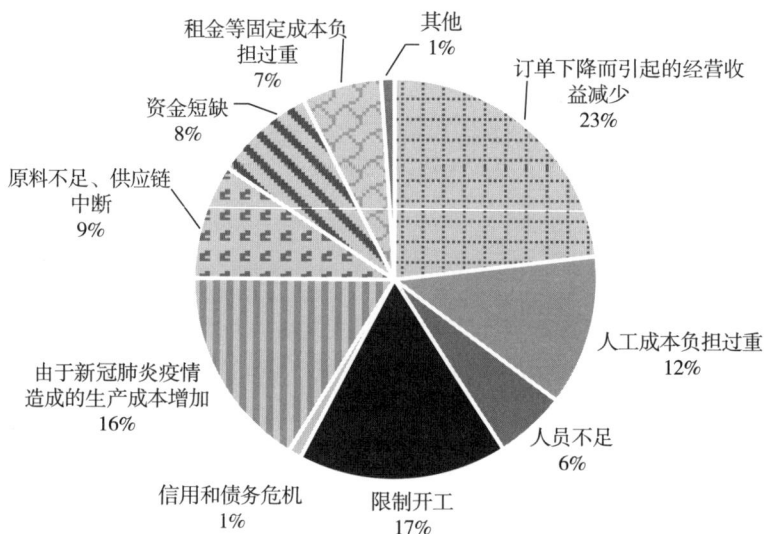

图 6　企业受新冠肺炎疫情影响的表现

面对出现的问题，企业亦需要采取对应措施进行挽救，进而保证其自身运营的恢复。在受访企业中，73.7% 的企业均重视员工的心理健康问题，安抚员工克服恐惧，让他们能够保持良好的心理状态。由于新冠肺炎疫情期间各类成本的增加，在一定程度上给企业带来了资金压力，64.2% 的企业加强对现金流的重视，选择进一步减少开支，以达到压缩成本的目的。还有 55.5% 的企业运用灵活用工的途径来保证企业的正常运营，通过短工、远程办公等方式，在保证员工安全的情况下，选择适当的方式让企业可以稳定发展。除了这些常用的措施以外，企业亦会选择通过弹性生产、开拓市场、寻求政府支持、抱团取暖等措施来保证企业的恢复，如图 7 所示可以看出我国企业维持发展的途径具有多样性。

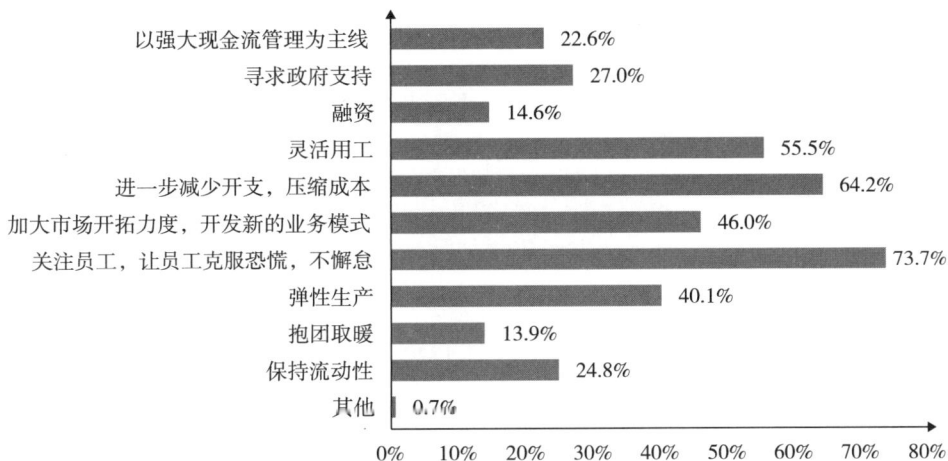

以强大现金流管理为主线 22.6%
寻求政府支持 27.0%
融资 14.6%
灵活用工 55.5%
进一步减少开支，压缩成本 64.2%
加大市场开拓力度，开发新的业务模式 46.0%
关注员工，让员工克服恐慌，不懈怠 73.7%
弹性生产 40.1%
抱团取暖 13.9%
保持流动性 24.8%
其他 0.7%

图7 企业应对新冠肺炎疫情所采取的恢复途径

（三）后疫情时期企业的纾困政策认知现状分析

对于国家政府的各项纾困帮扶政策，不同的企业有着各自的看法，尽管评分有高有低，但企业对各政策的平均评价均在 50～60 分，表明我国各项纾困帮扶政策的实施力度属于中等偏上水平，但仍存在一定的不足。

从企业类型来看，国有及国有控股企业对国家纾困政策的评价最高，均在 60 分以上，其中对减税降费政策的平均评分最高，为 67.50 分；最低评分为 62.83 分，即对金融和融资服务支持政策的评价。而外资企业对国家纾困政策的评价相对较低，其中最高平均评分仅为 52.00 分对应减税降费政策，而对金融和融资服务支持政策的评分才达到 40.55 分，如图 8 所示。由此可以看出，不同类型的企业对国家不同的

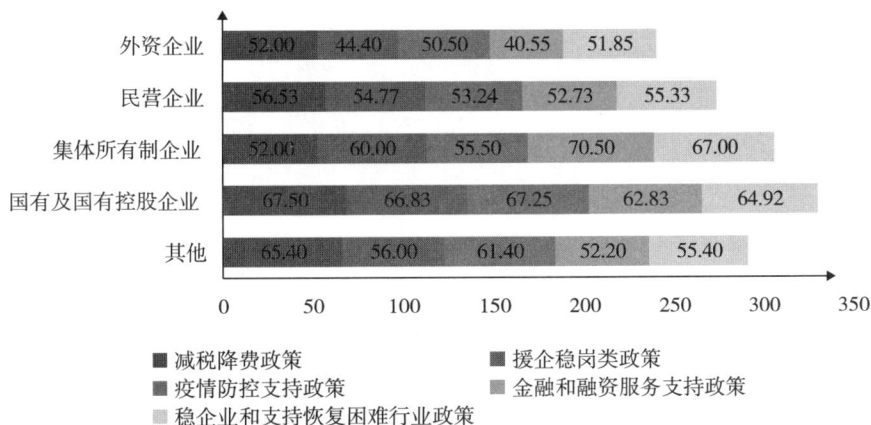

图8 不同类型企业对政府各项纾困帮扶政策力度评分

纾困政策的需求力度并不相同，故而国家政府需要依据各企业类型对相关政策进行适当调整，以达到效益最大化处理。

　　就金融和融资服务支持政策而言，在受到政府支持之后，绝大部分企业的现金流得到了有效恢复，总占比为76%，其中42%的企业现金流运转恢复到正常水平。但仍存在24%的企业在新冠肺炎疫情期间受到帮助后现金流并没有得到明显恢复，如图9所示，表明国家政府在此方面仍需加大帮扶力度。

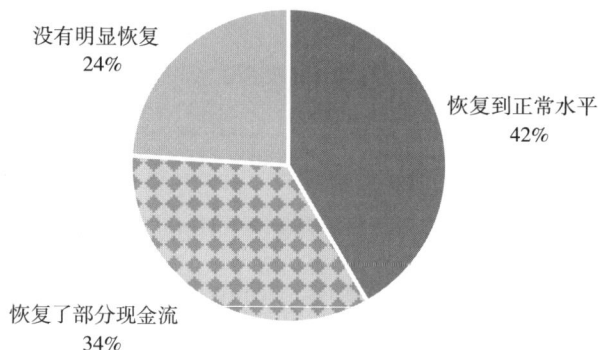

图9　受帮扶后企业的现金流变化情况

　　从企业角度分析它们所需要的纾困帮扶政策，在一定程度上更能了解到企业对政府纾困政策的认同与支持。从受访企业中可以看出，77%的企业更为看重税收优惠方面的支持；企业对成本补贴和利息减免等方面的帮扶也较为重视，其占比分别为53%、44%；同时，在新冠肺炎疫情期间，商品货物的流通亦存在较为重要的影响，因此有31%的企业希望能够在国家防疫安全的情况下恢复交通物流通道，亦有20%的企业希望国家能够开通进出口绿色通道，如图10所示。

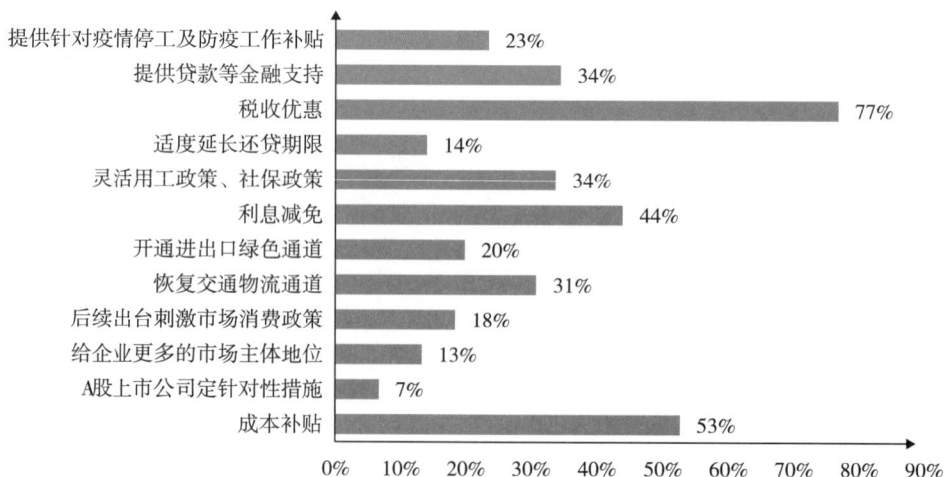

图10　企业最需要的纾困支持

五、长三角地区企业新冠肺炎疫情影响及纾困政策分析

我们基于7份有效统一动作问卷进行分析，其中包含4家生物医药产业链相关企业、2家教育行业企业与1家咨询服务公司，将对新冠肺炎疫情对于企业的影响、企业所采取的措施及后续期望政策进行分析。

（一）新冠肺炎疫情对长三角地区企业影响情况

如图11所示，从7家企业的调研发现，本次新冠肺炎疫情对大多数企业（占比86%）都造成了影响，其中受到比较严重影响的企业占绝大部分（占比43%）。对于一些超大型或者大型企业，由于其在行业发展中已经具备市场势力，因此新冠肺炎疫情对整个公司的影响比较轻微；但是对于处于初创、成长或者发展中的企业而言，新冠肺炎疫情则在一定程度上阻碍了企业的发展，而这其中又根据企业的不同业务方产生不同的影响。

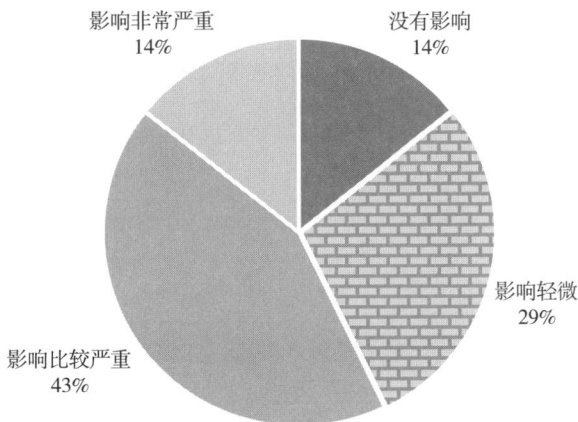

图11　新冠肺炎疫情对企业所在行业发展影响程度

如图12所示，现阶段对于企业经营绩效产生制约的因素有：员工问题（老员工返岗或新员工招聘等问题）、下游市场需求不足、上游原材料供应问题、物流问题、大宗商品价格上涨、资金链、现金流问题等。其中4家企业表示，员工问题（占比28%）是现阶段共同存在的问题，可见新冠肺炎疫情期间的防控政策对于企业发展产生的影响最大。总而言之，本次新冠肺炎疫情对于企业经营绩效产生制约的因素主要是员工相关问题与同一产业链间企业的相互影响。虽然新冠肺炎疫情暂时得到缓解，但是本次上海市突发新冠肺炎疫情对于企业发展的影响却是持续存在的，如图13所示，多数企业认为员工招聘计划推延（占比24%）将受到最强烈的

影响，另外新冠肺炎疫情防控等方面成本增加（占比 19%）、原有生产经营进度受影响（占比 19%）、对外投资、扩大项目计划推延（占比 14%）也是预期会受到影响的方面，因此企业在之后的发展中要着重解决这些方面的冲击来应对后新冠肺炎疫情时代的发展。

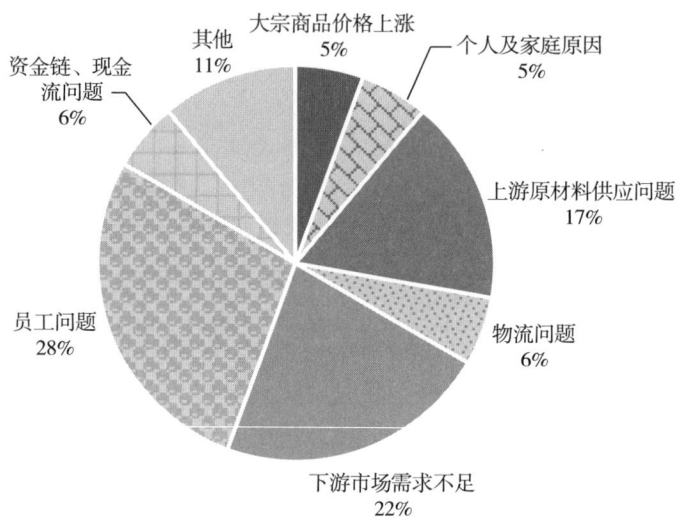

图 12　现阶段制约经营绩效的主要因素

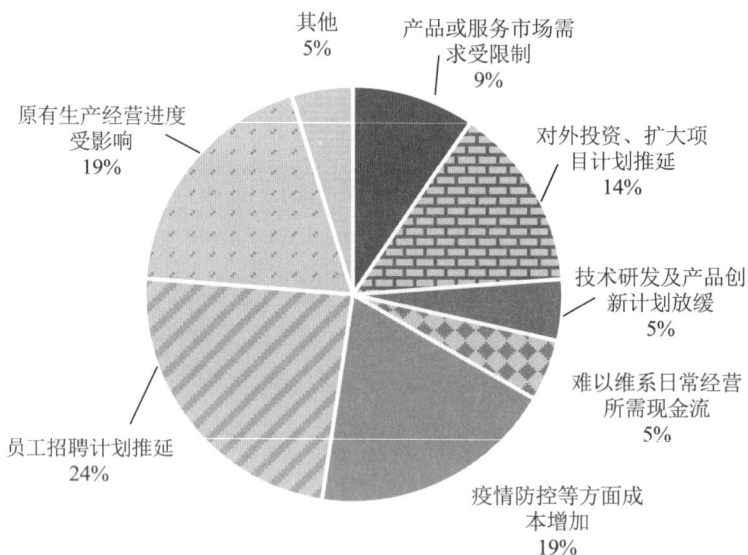

图 13　预计新冠肺炎疫情对企业后续发展的影响

（二）长三角地区企业所采取纾困政策

如图 14 所示，灵活用工与加大市场开拓力度、开发新的业务模式是大部分企业选择应对新冠肺炎疫情管控的内部调整措施。与前文分析的新冠肺炎疫情对员工问题与产业链业务影响最为严重相对应，应用灵活用工，企业在新冠肺炎疫情期间可以提高效率，避免用工浪费；对于产业链上游原材料供应问题与下游市场需求不足的问题，企业可以加大市场开拓力度，开发新的业务模式。

如图 15 所示，接受调研的 7 家企业，全部都采取了居家办公等远程协作模式来进行短期调整。

新冠肺炎疫情的暴发使企业迅速采取应对措施，维持正常运转，那么短期采取的措施也会对企业的未来发展规划即长期纾困政策产生影响。如图 16 所示，快速调整心态迎难而上，将危机转为机会是企业长期发展不可缺少的因素。对于所有的中大型企业而言，加大数字化建设力度及加快智能制造进程势不可挡，此次新冠肺炎疫情期间的居家办公及远程培训考核等短期应对措施都体现了其必要性。同时快速调整经营预算，改变经营思维，寻找新兴机会也是企业长期纾困政策中的重要思维。因此，企业在长期发展中应该将数字化转型与企业发展思维相结合，来做好长期疫情化办公准备。

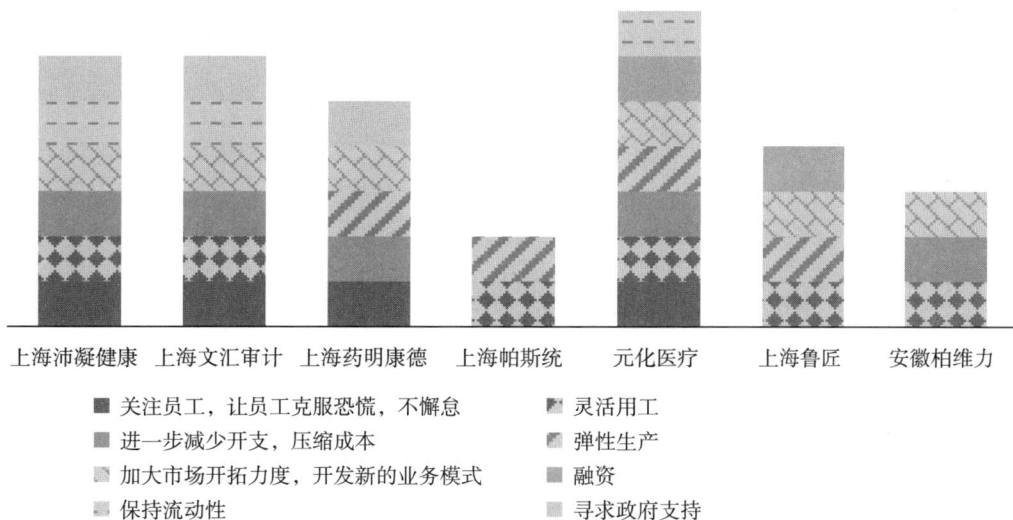

上海沛凝健康　上海文汇审计　上海药明康德　上海帕斯统　元化医疗　上海鲁匠　安徽柏维力

- ■ 关注员工，让员工克服恐慌，不懈怠
- ■ 进一步减少开支，压缩成本
- ■ 加大市场开拓力度，开发新的业务模式
- ■ 保持流动性
- ■ 灵活用工
- ■ 弹性生产
- ■ 融资
- ■ 寻求政府支持

图 14　企业采取的纾困措施

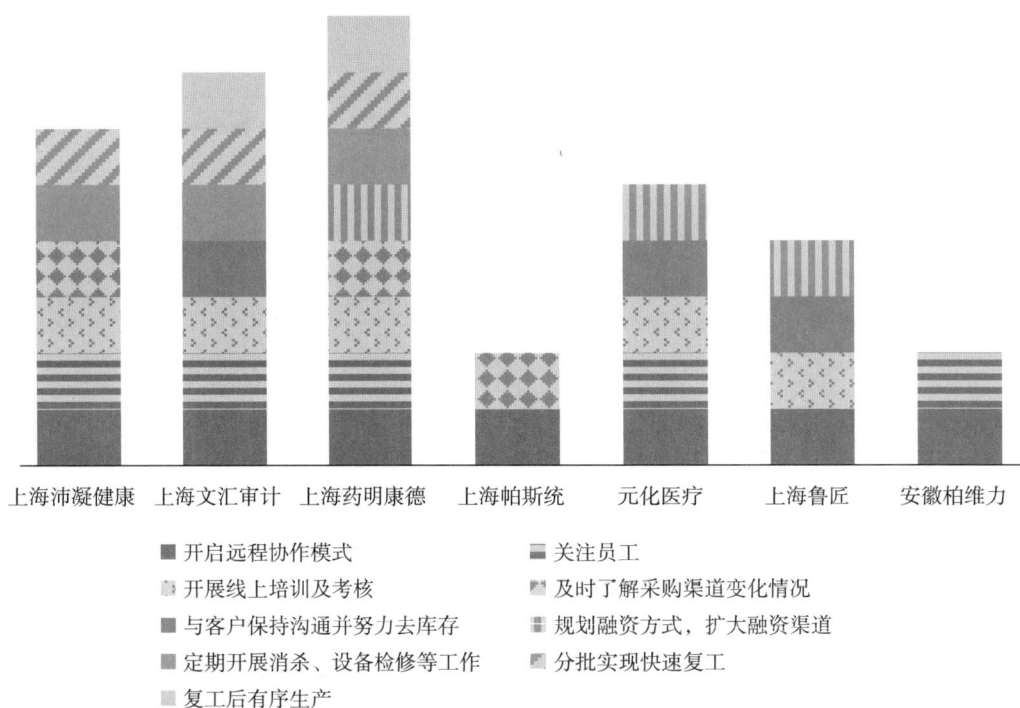

图例：

- 开启远程协作模式
- 开展线上培训及考核
- 与客户保持沟通并努力去库存
- 定期开展消杀、设备检修等工作
- 复工后有序生产
- 关注员工
- 及时了解采购渠道变化情况
- 规划融资方式，扩大融资渠道
- 分批实现快速复工

图 15　企业采取的短期纾困政策

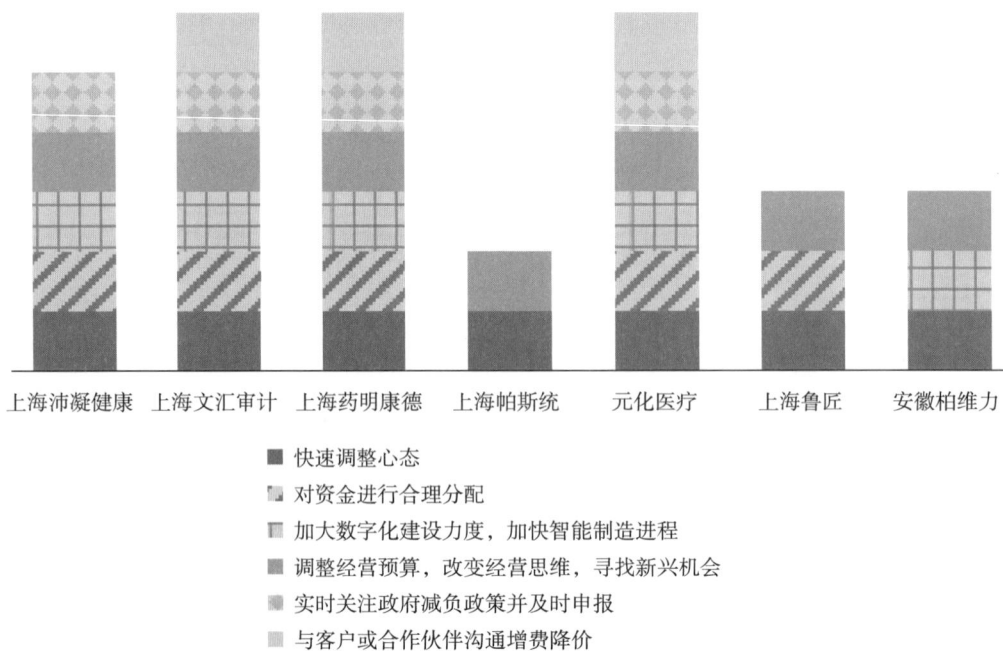

图例：

- 快速调整心态
- 对资金进行合理分配
- 加大数字化建设力度，加快智能制造进程
- 调整经营预算，改变经营思维，寻找新兴机会
- 实时关注政府减负政策并及时申报
- 与客户或合作伙伴沟通增费降价

图 16　企业采取的长期纾困政策

（三）企业对于纾困政策的更多期望

7 家企业对政府各项减负纾困帮扶政策力度进行评分（总分 100），如图 17 所示，大部分企业对于减税降费政策的评分比较均匀（位于 65～85 分较多），说明政府对于减税降费政策的扶持力度比较大，每个企业都得到了相应补贴。其余的减负纾困帮扶政策则在不同的企业之间存在着不同的影响力。比如对于元化医疗咨询服务（上海）有限公司而言，其得到了更多的金融和融资服务支持，这与其公司的经营内容为医疗中间服务密不可分。而上海药明康德新药开发有限公司则更多地感受到了援企稳岗类政策的帮扶，这与其企业规模较大（员工人数在 2000 以上）密切相关，对于超大规模企业而言，援企稳岗类政策是最为重要的因素。

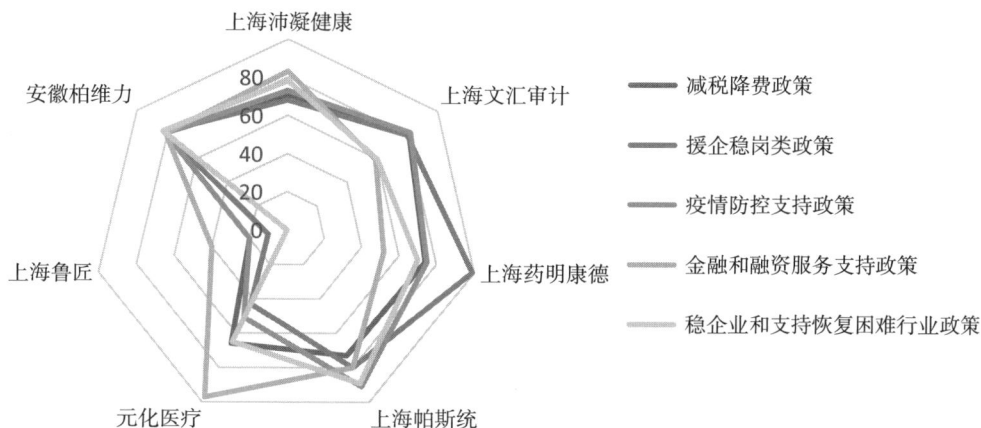

图 17 政府纾困政策及企业评分

之后我们小组请企业对政府各项减负纾困帮扶政策力度的不足提出建议，企业大多认为政府对于政策的宣传力度不够，企业对政策知晓度不高，另外政府对政策解读不到位，部分内容不明确也导致企业可能没有得到相应的政策帮扶。因此，政府应加大对企业帮扶政策的宣传力度，同时可以组织企业进行政策解读，从而实现"精准、有力帮扶"。

六、结论与建议

（一）结论

我们从调查分析可以看出，许多企业正在亏损经营，而且在寻求帮助方面也遇到了许多困难，这都是不容忽视的问题。

（二）建议

1. 政策的宣传要加大力度

我们在调查中发现，有许多企业并不知道政府出台的相关帮扶政策，导致企业即使面临困难也无法寻求帮助，所以政府应该加大宣传力度，最好确定重点帮扶名单，有针对性地对企业展开帮扶。

2. 重点帮扶小微企业

在新冠肺炎疫情这种特殊时期，小微企业在风险抵抗能力上远远不如大型企业，所以政府在制定政策时应该重点关注小微企业，帮助它们渡过难关。

同时政府应兼顾大中型企业，虽然它们在资金流和融资方面有许多优势，但是也并不代表它们可以顺风顺水地经营下去，所以在将重点放在小微企业的同时也应该关注大中型企业的一些诉求。

附录　调研感悟

（一）指导教师调研感悟

汪建新

中国的不断对外开放为同学们的成长、成才和成功提供了一个广阔的舞台，同学们是实现中华民族伟大复兴的栋梁之材。

我衷心地希望，同学们能够把读书时和调研中学到的知识、经验运用到以后的工作中，终身学习，学有所得、学有所长、学有所用。让我们齐心合力、携手同行，为建设繁荣昌盛的祖国添砖加瓦，为伟大的"中国梦"增光添彩！

（二）团队成员调研感悟

1. 石梓岩

历时两个多月的暑期调研活动马上就要接近尾声了，这一路走来，我经历了很多也学会了很多。在本次调研中，一开始在两位老师的指导下，我们选择了海关部门提供的选题，我们小组所有的成员都开始了解相关内容进行学习，在项目组提供问卷的基础上，又提出了十几个问题，得到了两位老师的认可。但是在之后与企业进行联系的过程中我们遇到了一些困难，在与小组另一位队长商量之后，我们做出了改变选题的决定，回归项目组的原始选题：新冠肺炎疫情下企业韧性与纾困政策。在改变策略之后我们的项目圆满完成了。

小组的调研完成离不开汪老师和谢老师的精心指导，同时也离不开小组成员的努力配合，感谢老师和同学们的认真努力。经过这次实践，我从中学到了很多：首先就是做事情一定要有自己的条理；其次就是调研工作内容很多，要学会合理安排，大家都有工作，才能配合良好；最后就是与人沟通的能力，在这次活动中我与指导老师、小组成员、企业负责人进行沟通，提高了沟通能力，之后在学习、工作中都将受益匪浅。

2. 陈斯义

本次调研是我进入大学以来最有意思、最有感触的一次实践经历。在调研之初，我们信心满满地选择了海关的题目，但是这样我们要参访的企业就限定在了生物医药行业。但是，找到 7 个生物医药行业的企业并非想象中那么容易，在成功联系上学校提供的两家生物医药行业企业后，我们的调研进程就停滞了。我决心主动打破这个困境，在与各位同学与老师沟通之后，我们换回了原来的课题。自此以后，我们的调研便顺利多了。我们与不同企业的负责人深入聊天，了解了不同行业、不同规模企业在新冠肺炎疫情下的发展情况及其应对策略。在这次调研活动中我收获了很多，也明白了许多道理：第一，要有决策力；第二，所有事情都有主次；第三，做事情时不是只有做与不做，还有与他人商量；第四，身在哪个岗位就要肩负起这个岗位带来的义务与责任，要对得起别人的期待，要有责任心；第五，一个团队最为重要的是凝聚力；第六，书本上的知识背得再多终究是纸上谈兵，只有亲自实践才能彻底领会理论知识，再结合自己的理解进行消化转换才是属于自己的知识。

3. 陈奕帆

长达近三个月的调研终于要落下帷幕了。在这次调研中，我了解到了在面临突发的新冠肺炎疫情时企业用工、物品运输、现金流的困难，也了解了政府机关为了解决企业的困难所做出的努力，我试图想一些办法让企业在面对困难时更加得心应手。总体来说，这是一次非常有意义的调研活动，我从商业方面了解了国家面对疫情时的方式方法，也体会到了企业的韧性。唯一的遗憾是没有能线下调研企业。

4. 王昊

在本次调研活动中，我们通过问卷和采访等方式了解了企业在新冠肺炎疫情下所做出的努力，我也有机会和企业近距离接触，体会到企业面对新冠肺炎疫情的些许无奈，更感受到企业韧性和改变业务模式的努力，以及国家政府方面纾困政策的帮助，让企业在新冠肺炎疫情后能重新充满动力。同时我也了解到企业为了防止紧急情况出现所做的保护措施，比如提前准备银行信用额度，向智能化数字化转型，加强线上业务实施。本次调研的遗憾就是没有参与实地调研，没有面对面了解企业，希望以后能弥补上这些遗憾。

5. 聂少佩

对我而言，此次访调研过程充满挑战。一次次公司资料整理、选题的确定与调整在小队合作下紧张又有序地进行着，这让我们的调研多了很多线上互动和思想的碰撞。在线上访谈企业负责人的过程中，我了解到新冠肺炎疫情之下，部分行业企业受创是普遍存在的，日后的发展策略不仅要靠纾困政策支撑，而且需要企业自身的创新力与实力基础。这是我在选题确立时没有想到的，但多个企业在访谈中都反映了这一点。

虽然本次线上调研的暑期社会实践还有很多不足与遗憾，我们的策略建议对公司来说或许微不足道，但在调研过程中我们将理论与实践相结合，在实践中收获成长，在实践中发挥自己的才能，在实践中锻炼自己，在实践中肯定自身的价值，在实践中认识自身的不足，有意识地将自己的知识通过实践化为力量服务于社会，这是最珍贵的。

6. 张尧

本次参与"访万企，读中国"社会实践活动，从前期联系企业，邀请企业填写线上问卷，进行线上采访开始，到后来整理收集到的数据、访谈内容，进行"典型案例报告"的写作与整理……在过程中我们遇到许多挫折与困境——受邀企业拒绝参加活动，受访企业推辞采访，写作过程中数据缺失，但好在有各位同学与老师的帮助，种种难题最终也得到解决，我的表达能力、沟通技巧、团队协作能力也在调研过程中潜移默化地有所提高。再次感谢向我们提供帮助的各位老师和同学，感谢和我并肩作战的小组成员们！

7. 李雨璐

回顾这两个多月的时间，虽然由于新冠肺炎疫情，我们的活动只能通过线上进行，而缺少了线下锻炼，但对于我来说是收获颇丰的。通过此次社会实践，我了解到团队和信息的重要性。最重要的是，在这两个多月的实践下，我脱离了书本世界，真切地了解到新冠肺炎疫情冲击下企业的状况。

新冠肺炎疫情冲击下的高新技术企业韧性与纾困政策

李梓涵　陈文昊　陶玙瑶　涂舒扬　俞欣蕊　阮羽涵　濮恒炫　范书涵　唐嘉洋
凌　悦　王若晨　黄子歆
指导教师：刘素贞　孟　园

摘　要

　　2022 年 3 月上海暴发的新一轮新冠肺炎疫情，对长三角地区企业，尤其是上海市企业的生产经营活动造成了严重影响，订单下降、限制开工等问题无一不对企业的发展造成极大冲击。面对新冠肺炎疫情常态化危机，企业如何重构自身抗风险能力以提升自身韧性、如何快速有序推进恢复发展等关键问题亟待解决。

　　因此，本次调研通过深度访谈与问卷调查相结合的方法，对新冠肺炎疫情影响下高新技术企业的企业韧性与纾困政策展开研究，目的在于掌握高新技术企业在新冠肺炎疫情下的自救措施与政策需求，为企业在新冠肺炎疫情下的发展提供可借鉴的经验，为相关政策帮扶与配套服务支持提供政策参考。

　　关键词：高新技术企业；新冠肺炎疫情冲击；纾困政策

一、调研背景和意义

（一）调研背景

　　2020 年 1 月新冠肺炎疫情的暴发，对我国的经济发展造成强烈冲击，全国范围内的企业，尤其是高新技术企业面临着生存空间受限、需求收缩、发展停滞、供应链中断和原材料短缺等问题。2022 年上半年，突如其来的上海新冠肺炎疫情再次对长三角地区的高新技术企业造成强烈冲击。在新冠肺炎疫情逐渐常态化的后疫情时代，加大创新驱动力度、利用科技赋能，成为众多高新技术企业的主要转型方针，因此，加快企业的数字化转型刻不容缓。

面对来自新冠肺炎疫情的压力，科学的发展已然成为推动经济主要的内在动力。2016 年我国出台实施《高新技术企业新认定管理办法》，旨在引导企业调整产业结构，自主创新，提高科技创新能力，在面临突发情况时依然稳步向前。因此，企业如何正确凭借科学创新突破新冠肺炎疫情限制，在维持原有生产的基础上，打造适应新冠肺炎疫情时代的新生产模式，是当下众多企业面临的主要难题。

（二）调研意义

新的发展实践呼唤新的发展理念。随着改造世界能力的日益增强、实践水平的不断提高，人类实践活动中的创新性成分越来越多，创新发展在新时代的进程中也发挥着越来越重要的作用。高新技术企业在社会进步与生产发展中也承担着越来越重的责任。

本次调研主要选取长三角地区的高新技术企业为调查对象，客观全面地展现科技创新对企业抗击新冠肺炎疫情的实际影响，挖掘科技赋能的真正潜力以及其潜在问题。同时，也为后疫情时代下其他各类企业树立模范标杆，对于新冠肺炎疫情常态化后中国企业推动创新实践具有重要借鉴意义。

二、调研方案与实施

（一）调研方案

1. 调研目的
探寻在新冠肺炎疫情形势下，高新技术企业面临的发展困境和自身韧性，梳理政策有效性，为后疫情时代下的高新技术企业发展提供经验。

2. 调研内容
从新冠肺炎疫情冲击对企业的影响、我国产业链的国际竞争力、企业韧性和企业恢复路径等多个角度出发，完成与 7 家长三角地区高新技术企业相关负责人的深度访谈交流，同时结合调研问卷结果，梳理总结新冠肺炎疫情下高新技术企业的自救措施与政策需求，最终完成相关报告的撰写。

3. 调研方法
在采访调研阶段，采用问卷调查与线下深度访谈相结合的方法，对众多高新技术企业中具有代表性的来自不同领域的 7 家企业进行调研。

在总结报告阶段，运用统计分析、对比分析等方法对问卷数据进行深入剖析，并通过绘制扇形图、柱状图等形式可视化呈现分析结果；此外，运用案例分析法将多个案例进行比较，考虑多个案例中共同存在的焦点现象以及案例之间的相同点和不同点。

（二）调查对象

长三角地区大中小型高新技术企业。

（三）调研任务分配

表 1　调研任务分配

职责	任务分配	人员
联络工作	对接调研指导教师	李梓涵
	对接统计与信息学院	李梓涵
	进行宣传	第 15 小队全体成员
过程管理	主持会议	李梓涵、俞欣蕊
	管理资料	李梓涵
	录音、录屏、截屏	李梓涵、俞欣蕊
	新闻及推送制作	第 15 小队全体成员
文字撰写	撰写论文报告	第 15 小队全体成员

（四）调研工作时间安排

表 2　调研工作时间安排

时间	安排	备注
7 月 10 日—7 月 20 日	（1）前期工作调研 （2）确定企业访谈时间 （3）撰写访谈提纲	前期准备
7 月 21 日—8 月 31 日	（1）7 月 22 日——A 公司 （2）7 月 22 日——B 公司 （3）8 月 3 日——C 公司 （4）8 月 7 日——D 公司 （5）8 月 15 日——E 公司 （6）8 月 22 日——F 公司 （7）8 月 26 日——G 公司 （8）新闻宣传材料整理并制作	中期采访调研 （采访前完成访谈提纲、采访当天做好访谈纪要和整理工作）

续　表

时间	安排	备注
9月1日—9月5日	（1）完成调研报告 （2）完成政策建议专报 （3）完成典型案例报告	总结报告

三、问卷调研结果统计分析

（一）样本基本情况

截至 2022 年 9 月 1 日，调研共收集 537 份有效规范问卷，其中内部问卷 137 份（含本组调研的 7 家企业填写的有效规范问卷）、外部问卷 400 份。

根据选题及问卷题目设置情况，本文使用 12 家国家级"专精特新"企业、30 家省级"专精特新"企业、41 家正在审核的"专精特新"企业，以及 4 家本组调研的非上述"专精特新"的高新技术企业，共计 87 家企业作为高新技术企业，与全部 537 家被调查企业进行对比研究。首先从企业主业所处行业与企业所处产业链两个方面对样本总体特征进行描述。

企业主业所处行业、企业所处产业链的分布特征分别如图 1、图 2 所示。可以看出，全部被调查企业涵盖行业领域较为广泛，但以制造业为主，占比高达 70% 以上，同时，高新技术企业与全部被调查企业的行业分布趋势大致相同。从企业所处产业链来看，现代服务业产业链（48.60%）和新材料产业链（33.71%）在全部被调查企业中占比较高，其他类型产业链占比均不足 15%；而高新技术企业的产业链分布趋势则较为不同，处于新材料产业链的企业最多，占比高达 35.63%，现代服务业产业链占比则大幅下降，仅为 19.54%，此外，人工智能产业链占比有所提高，达到了 17.24%。

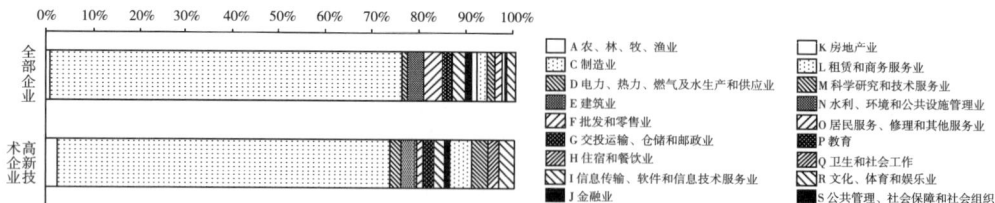

图 1　全部企业和高新技术企业主业所处行业

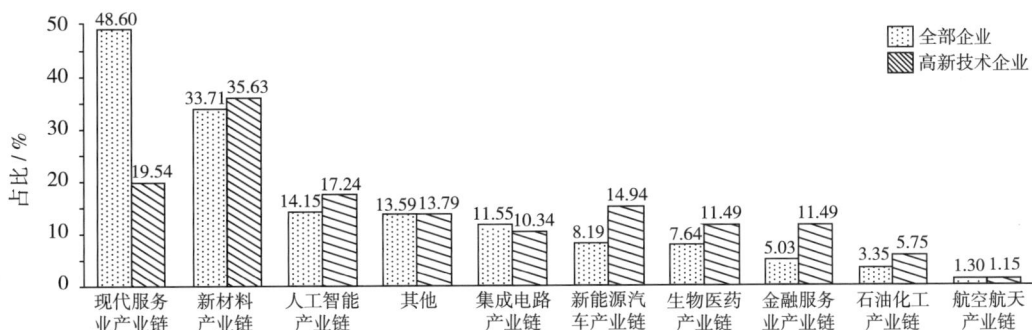

图2　全部企业和高新技术企业所处产业链

（二）企业家观点

1. 创新、学习新技术是新形势下企业的生存之道（A 公司——孙总监）

在谈到新形势下企业的生存之道时，孙总监认为：企业要想发展好，就要找准定位，就要有核心竞争力和不断适应时代发展的创新能力，包括技术创新和管理创新；同时要充分利用现有的新技术，包括本行业技术和作为工具的互联网技术；另外，要充分研究国家政策、战略发展等宏观战略。因此，企业要有自知之明，并在此基础上不断创新、学习新技术，才能在多变的形势下不断发展前进。

2. 做好准备，应对一切突发情况（B 公司——杨经理）

B 公司能免于遭受 2022 年新冠肺炎疫情带来负面影响的主要原因在于提前做好准备。杨经理提到，2020 年，武汉分公司受到了新冠肺炎疫情的影响，是其他兄弟子公司和子品牌公司的帮助使得影响没有扩大。于是基于 2020 年的情况以及全球新冠肺炎疫情的发展趋势，公司提前做了一些准备工作，并及时根据实际情况调整计划。在如今的大环境下，企业要想保持稳定发展，就需要做好预案，以避免造成大量损失。

3. 政府和企业要各司其职，政企联动，共渡难关（C 公司——肖副总）

针对后疫情时代的企业发展，肖副总表示：企业要坚持品质至上，以客户为中心，不断精进客户服务；砥砺创新，培养创新型人才，引进先进技术；不断完善管理模式，适时调整经营计划。同时，肖副总希望政府继续发挥宏观调控作用，营造良好营商环境，加大开放市场的力度，并有效监管市场。此外，政府和企业可以对市场数据进行整合分析，互相促进、互通有无，对于市场的管理趋向科学化、系统化，实现政、企、民三方共赢。

4. 特殊时期企业力求稳健发展，争取稳中求进（D 公司——孙经理）

在本轮新冠肺炎疫情中，D 公司遇到了诸如创新进度受阻、市场需求下降、运输不便等问题，导致销量和利润大幅下滑。孙经理表示，在特殊时期，企业需要观察市场动向、谨慎决策、开源节流——控制或减少不必要的开支，同时积极寻找新的外部客户；此外，努力寻求政府资金支持，以渡过难关。

5. 利用科技赋能，定期投入智能创新（E公司——薛副总）

薛副总认为，企业生存之道的重点在于建设专业型、技能型的核心科研团队，加大创新驱动力、提高科研竞争力，持续研发创新产品。E公司每年都会投入一定的经费用于智慧施工、智慧管理程序的研发，致力于研发和设计出更适合企业、更高效、更环保的施工管理程序。

6. 创新力是企业的核心竞争力（F公司——许总监）

许总监提到，我国的外贸企业已经从刚开始改革开放时候的模仿制造升级为创新型制造，同时，外贸企业的智能化制造水平也已经达到很高的程度。所以，未来我国的外贸出口企业需要在产品的创新、制造的智能化方面有所突破，才可以与越南、印度等国在成本上有竞争的可能性，因为就F公司多年的外贸出口经验而言，公司丰硕的成果和成本、供应链、质量都是息息相关的。

7. 做好自己工作，切勿急功近利（G公司——宋总）

针对我国半导体行业的发展，宋总提出了五点想法：第一，利用我国优势产业发展半导体相关全产业链，补齐短板、发挥长处（封测）。第二，对全产业链的关键环节做到完全独立自主，对比较重要的环节做到适度可控。第三，半导体行业是带有政治因素的行业，所以从来不是纯粹的市场竞争。第四，国家应加大对民营企业的支持力度，给予更多机会。第五，减少急功近利，培养全产业人才，特别是自然科学方面的人才。

（三）新冠肺炎疫情冲击的基本情况

自2022年3月上海暴发新一轮新冠肺炎疫情以来，长三角地区企业受到了不同程度的影响。调查显示，一方面，新冠肺炎疫情对66.67%被调查企业的发展造成了严重影响；而另一方面，只有3.91%的企业没有受到影响。与全部被调查企业类似，67.82%的高新技术企业认为新冠肺炎疫情对其经营与发展造成了严重影响，而免受新冠肺炎疫情波及的高新技术企业占比仅为6.90%，如图3所示。由此可见，本轮新冠肺炎疫情对以上海市为中心的长三角地区企业的影响不可忽视，所以研究新冠肺炎疫情冲击下企业的基本情况与恢复路径是很有必要的。

根据企业受到新冠肺炎疫情影响的程度，本小组有针对性地调查企业受到严重影响（即影响非常严重与影响比较严重）的具体表现，结果如图4所示。可以看出，全部被调查企业受到的最大影响表现在"订单下降、经营收益减少"方面，占比高达 53.82% ，此外，较多企业也有"限制开工""人员不足""原料不足、供应链中断""由于疫情造成的生产成本增加"等方面的影响，占比均达 25% 以上。与全部被调查企业类似，高新技术企业在上述前 3 点具体表现上的占比均超过 25% 。

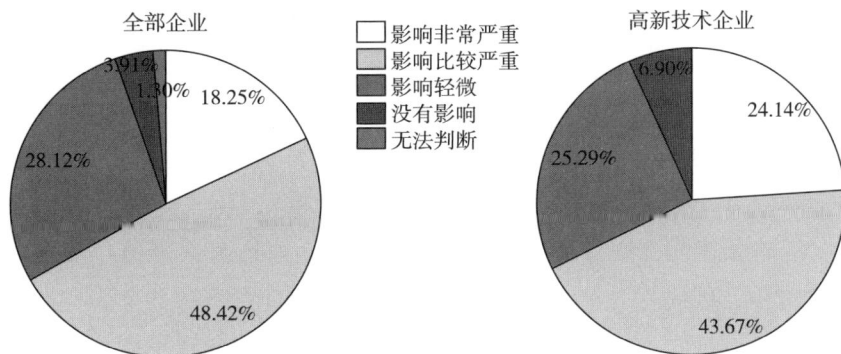

图3　新冠肺炎疫情对全部企业和高新技术企业发展的影响程度

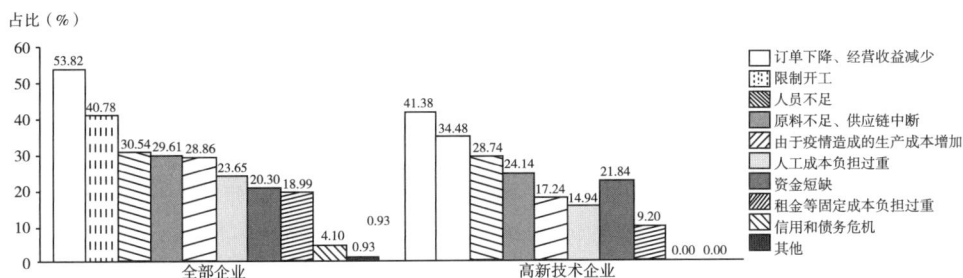

图4　新冠肺炎疫情对全部企业和高新技术企业造成严重影响的具体表现

为了详细分析企业受到新冠肺炎疫情冲击的情况，本文将从现金流、订单量、产业链方面依次进行分析。

1. 现金流

现金流维度的研究从企业账面现金流可持续时间入手，结果如图5所示。可以看出，全部被调查企业与高新技术企业的相似点在于，可持续 6 个月及以上的企业占比均为 1/3 左右，约 1/4 的企业可持续 1~3 个月（不含 3 个月）；而不同点则在于，可持续 1 个月以内的全部企业不足 10% ，而高新技术企业则接近 15% 。此外，全部企业与高新技术企业在可持续 3~6 个月（不含 6 个月）这一选项上存在着大约 10% 的差距，这可能与高新技术企业的样本存在一定误差有关。

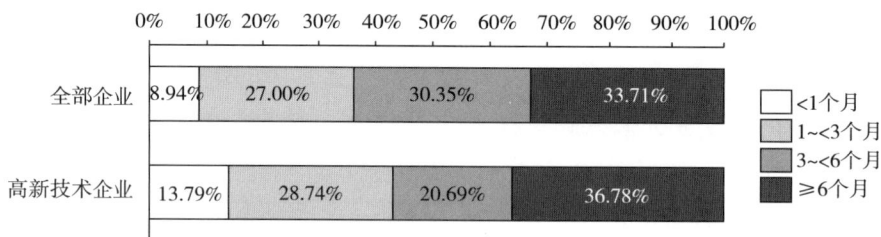

图5　全部企业和高新技术企业账面现金流可持续时间

2. 订单量

订单量维度在 2022 年一季度与二季度企业订单量较上年同期的变化情况，结果如图 6 所示。由于本轮新冠肺炎疫情在 3 月暴发，上海市大部分地区在 4 月与 5 月仍处于管控之中，因此，一季度仅一个月受到影响，而二季度则至少有两个月受到较大影响。图 6 结论与之对应：一季度订单量与上年同期相比下降 5% ～20%（不含 20%）的占比最大，全部企业为 26.26%，高新技术企业为 24.14%，其次为基本持平（浮动 <5%），全部企业与高新技术企业占比分别为 25.88% 和 21.84%；而二季度订单量与上年同期相比占比前二的则为下降 5% ～20%（不含 20%）和下降 20% ～40%（不含 40%），具体表现是：全部企业二季度订单量与上年同期相比下降 5% ～20%（不含 20%）占比高达 30.35%，下降 20% ～40%（不含 40%）占比为 25.14%；高新技术企业二季度订单量与上年同期相比下降 20% ～40%（不含 40%）占比最高，为 26.44%，其次为下降 5% ～20%（不含 20%），占 22.99%。总体来看，企业二季度订单量下降幅度显著高于一季度，企业在二季度受到的新冠肺炎疫情冲击更为显著，与实际情况相同。

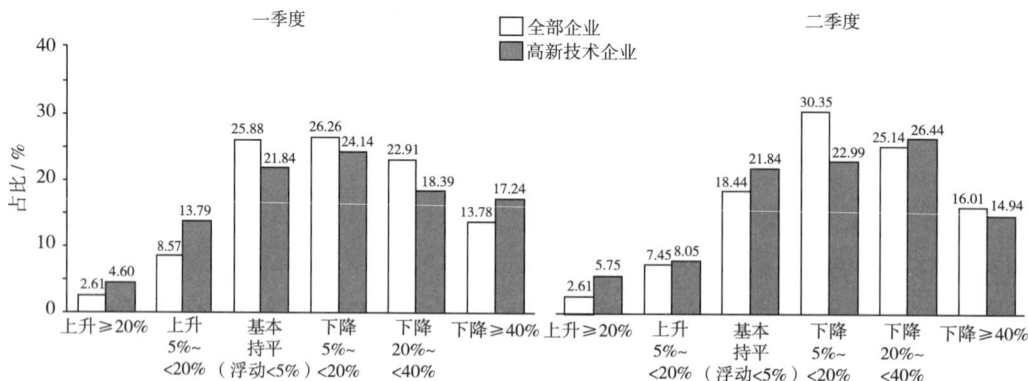

图6　全部企业和高新技术企业季度订单量与上年同期相比变化量

3. 产业链

本文将从产业链供给端和产业链消费端两个方面来分析产业链维度受到新冠肺

炎疫情冲击的影响。

（1）产业链供给端

产业链供给端的研究共分为四个维度——原材料、技术、自主创新和订单产能，并分别下设三至四个具体问题，每一个问题可根据困难程度选择 1～5 中的任意整数，其中 1～5 为程度从最弱至最强。本文分别计算每家企业每个维度下设具体问题的困难程度得分的算术平均数，并据此绘制各维度下的直方图和核密度曲线。

全部被调查企业和高新技术企业在产业链供给端面临的困难分别如图 7、图 8 所示。可以看出全部企业所处产业链受到新冠肺炎疫情影响的情况：绝大部分企业在原材料和订单产能上有很大困难，而在技术和自主创新上则呈现出两极分化趋势，这可能与企业所处行业有较大关系。高新技术企业所处产业链的情况则略有不同：四个维度中没有任何一个维度使企业面临很大困难，但是绝大部分企业在原材料和订单产能上有较大困难，而在技术和自主创新上则呈现出更为显著的两极分化趋势，这体现出高新技术企业对技术与自主创新的需求更高、对他们的变化更敏感。

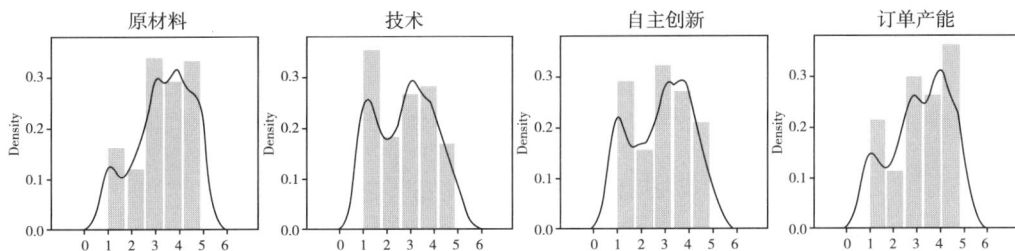

图 7　全部企业产业链供给端面临的困难

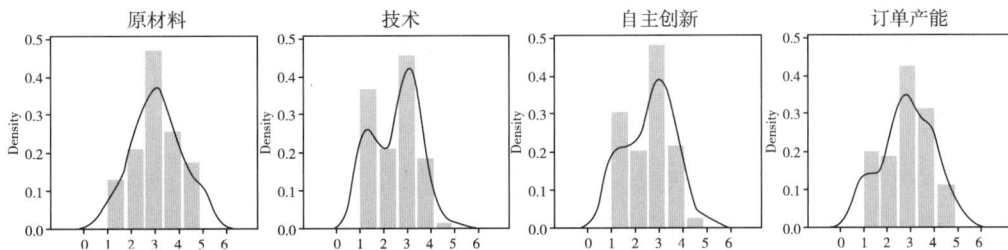

图 8　高新技术企业产业链供给端面临的困难

（2）产业链消费端

与产业链供给端类似，产业链消费端的研究共分为两个维度——市场需求和物流，并分别下设三个和四个具体问题，问题困难程度计数规则和计算方法与产业链供给端相同，最终绘制出各维度下的直方图和核密度曲线，全部被调查企业与高新技术企业在产业链消费端面临的困难如图 9 所示。

可以看出，在市场需求上，全部企业和高新技术企业均面临较大困难，且不同高新技术企业在这一维度的困难程度更为接近；而在物流上，高新技术企业面临的困难程度略低于全部企业，可以看出高新技术企业对物流的敏感程度属于全部企业的中下水平。

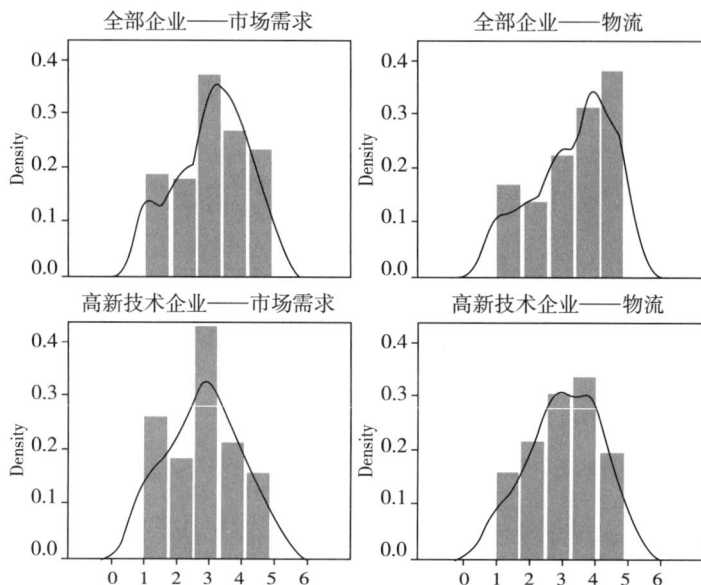

图9　全部企业和高新技术企业产业链消费端面临的困难

（四）我国产业链的国际竞争力

我国产业链的国际竞争力将从五个维度进行度量，分别为研发、生产、销售、增值服务、其他。其中，前四个维度分别下设三至五个不等的具体衡量指标，其他维度则从企业规模、品牌形象、资源禀赋、流动资金四个不相关的指标入手，对我国产业链的国际竞争力进行度量。每一维度下设指标得分规则如下：－2、－1、0、1、2，分别表示竞争力明显较低、偏低、大致相当、偏高、明显更高。

前四个维度的国际竞争力通过分别计算指标得分的算术平均数，并绘制各维度下的核密度曲线来进行衡量，其他维度的四个指标则分别直接绘制核密度曲线。

我国产业链前四个维度的国际竞争力得分如图10所示，其他维度四个指标的得分如图11所示，两图均同时展示了全部被调查企业和高新技术企业。由图10、图11可知，由于全部企业众多，所涉产业链也众多，所以其分布多为双峰，甚至有三峰的情况；与之相比，高新技术企业所涉产业链则更为集中，所以多为单峰分布，偶有双峰分布的情况发生。因此，比较两条核密度曲线可以得知高新技术企业在全部企业的各维度或各指标位次情况：在全部企业中，高新技术企业在研发和销售方面的水准较高，在国际上均有较高竞争力；在生产和增值服务方面的水准较为一般，在国际上的竞争力也相当，既没有太大优势，也没有太大劣势；而其他维度四个方面的竞争力在全部企业中则属于较低水准，在国际上的竞争力也一般。

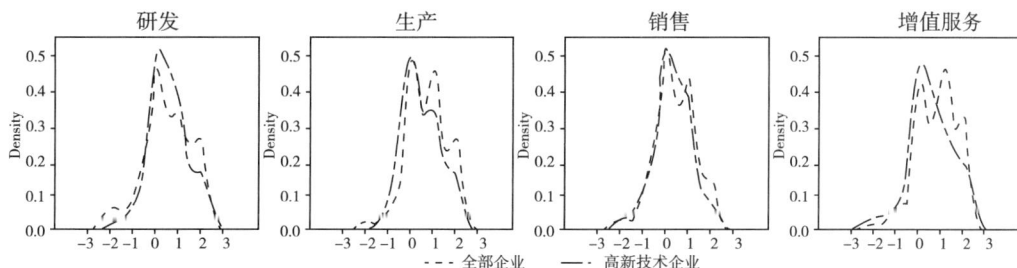

图 10　与国际同类产业链相比，全部企业和高新技术企业所处我国产业链的竞争力情况 I

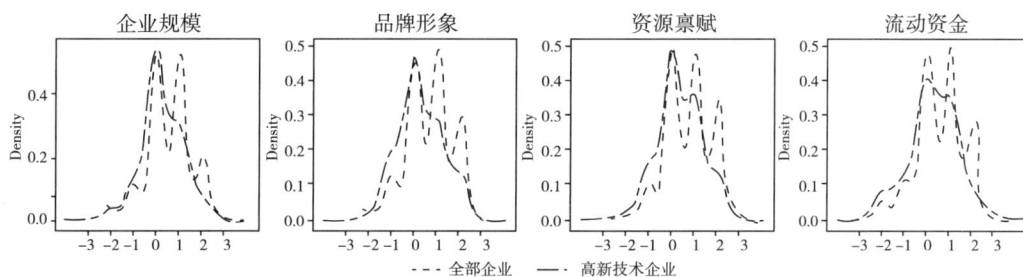

图 11　与国际同类产业链相比，全部企业和高新技术企业所处我国产业链的竞争力情况 II

（五）企业韧性

1. 企业韧性

如图 12 所示，从企业韧性来看，全部企业的完整性得分（79.47）最高，其次是敏捷性（76.50），最后是鲁棒性（76.09）。高新技术企业的鲁棒性（68.89）得分最低，说明企业在遇到危机时的稳定性、抗风险性不够好，敏捷性得分 70.42，说明企业采取行动迅速，完整性（74.79）最高，说明企业很重视内部部门和员工。

2. 企业能力

如图 13 所示，在关系资本方面，全部企业内部关系资本得分（78.57）高于外部关系资本得分（75.00）。非高新技术企业得分高于高新技术企业得分，可见非高新技术企业的关系资本更好。高新技术企业内部、外部关系资本的得分分别为72.18、68.89，说明比起企业间的关系，企业更重视企业内部的部门间关系。

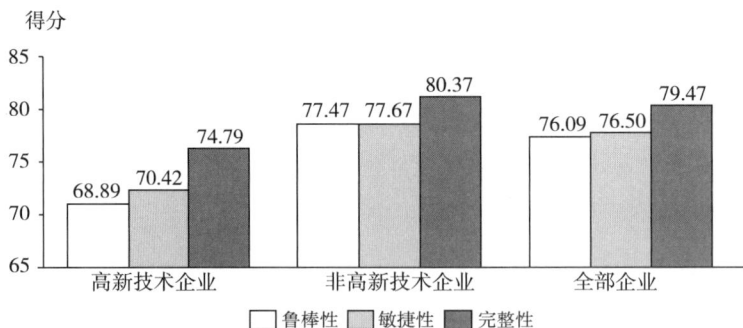

图 12　高新技术企业、非高新技术企业和全部企业的企业韧性得分

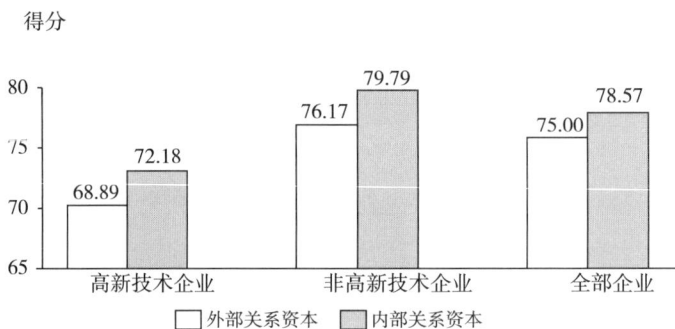

图 13　高新技术企业、非高新技术企业和全部企业的关系资本得分

如图 14 所示，在网络能力方面，全部企业关系管理能力得分（77.36）最高，其次是网络规划能力（75.80），最后是资源管理能力（75.52）。非高新技术企业的得分比高新技术企业的得分高，可见非高新技术企业的网络能力更高。高新技术企业的资源管理能力得分（69.71）最低，说明企业对合作伙伴的资源获取较少；关系管理能力得分（71.21）最高，说明企业与合作伙伴的沟通、管理能力比较高；网络规划能力得分 70.75。

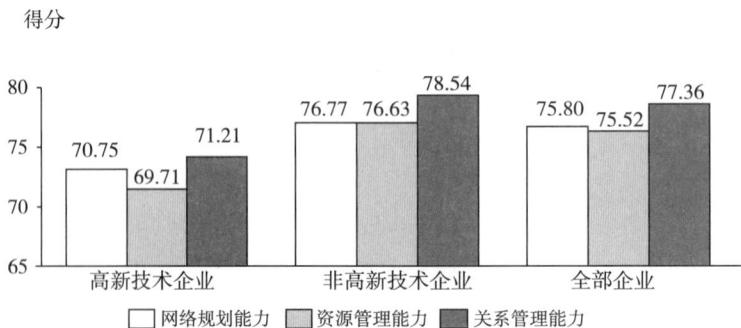

图 14　高新技术企业、非高新技术企业和全部企业的网络能力得分

如图 15 所示，在供应链柔性方面，全部企业交付柔性得分（77.57）最高，然后依次是产品柔性（74.89）、时间柔性（73.35）、资源柔性（73.03）。非高新技术企业的得分比高新技术企业的得分高，可见非高新技术企业的供应链柔性更好。高新技术企业的交付柔性 72.26，说明企业交付率高；产品柔性 70.88，说明企业能够根据客户需求提供合适的优质商品；时间柔性 69.96，说明企业可以根据需求及时变化；资源柔性 67.74，说明企业在开发资源、资源共享方面还有待改进。

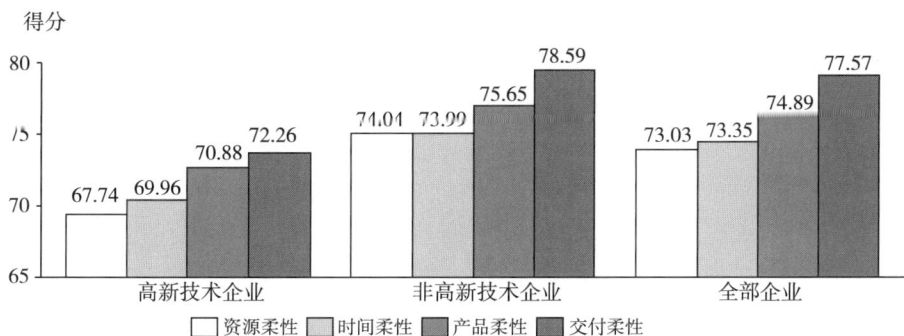

图 15　高新技术企业、非高新技术企业和全部企业的供应链柔性得分

如图 16 所示，在环境动荡性方面，全部企业技术动荡性得分（70.09）比市场动荡性（67.74）得分高。非高新技术企业的得分比高新技术企业的得分高，可见非高新技术企业的环境动荡性更大。高新技术企业的技术动荡性得分为 65.36，说明企业受行业技术发展影响较大，但也会有更多机遇；市场动荡性得分为 62.53，说明企业的产品更新不是很快，所处行业的市场动荡不大。

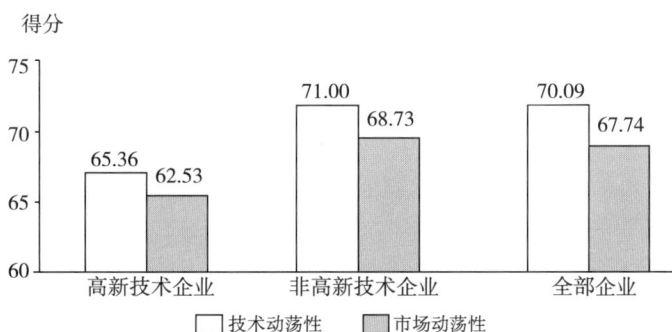

图 16　高新技术企业、非高新技术和全部企业的环境动荡性得分

（六）企业恢复路径

1. 新冠肺炎疫情期间企业所采取的措施

如图 17 所示，在接受问卷调查的全部企业中，有 79.67% 的企业选择通过"关

注员工，让克服恐慌，不懈怠"的方法来恢复企业元气，是占比最高的选项，可见大部分企业非常重视员工的家庭状况与心理状态。67.84%的企业选择"进一步减少开支，压缩成本"，62.29%的企业选择"灵活用工"。高新技术企业与非高新技术企业的恢复路径有所不同：82.76%的高新技术企业选择"关注员工，让克服恐慌，不懈怠"，占比较非高新技术企业大；其次是"灵活用工"（56.32%）和"进一步减少开支，压缩成本"（54.02%），占比较非高新技术企业小；选择"寻求政府支持"的高新技术企业占比较小（14.94%），说明它们更愿意自己解决问题。

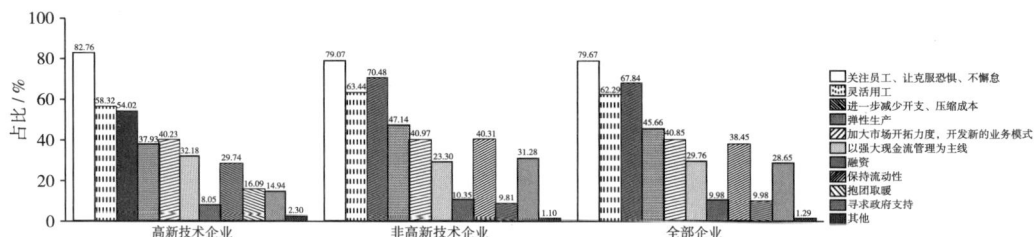

图 17　高新技术企业、非高新技术企业和全部企业应对新冠肺炎疫情采取的主要措施

　　如图 18 所示，从短期应对措施看，70.24%的全部被调查企业更倾向于选择"关注员工身体情况、行踪轨迹、居住地防疫政策"。在此基础上，高新技术企业还会选择"开启居家办公等远程协作模式"，两者占比均为65.52%，"针对员工开展各类线上培训及考核工作"的占比（49.43%）偏小，选择复工相关选项的占比也偏小，说明高新技术企业在短期内对复工的想法较弱。由此看来，短期的应对措施会更关注应对新冠肺炎疫情本身。

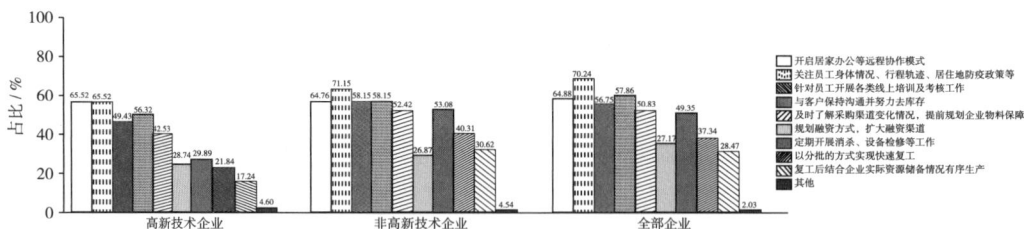

图 18　高新技术企业、非高新技术企业和全部企业应对新冠肺炎疫情采取的短期措施

　　如图 19 所示，从长期应对措施看，80.41%的全部被调查企业选择"快速调整心态迎难而上，将危机转为机会"，70.11%的高新技术企业选择了此选项，占比较非高新技术企业小。由此看来，长期的应对措施会转为关注企业运行状况，将新冠肺炎疫情产生的危机转变为机会。

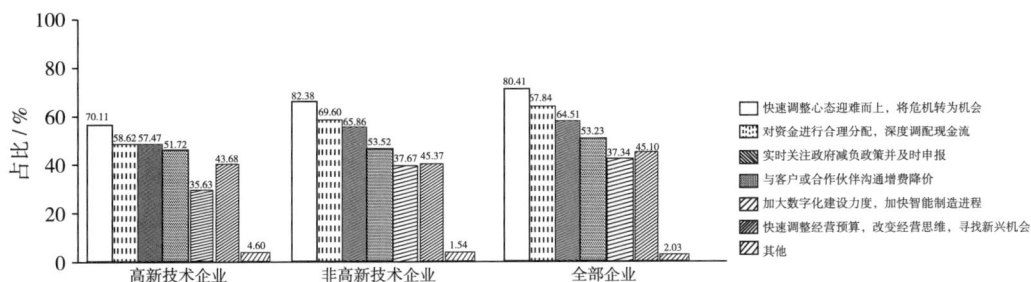

图 19   高新技术企业、 非高新技术企业和全部企业应对新冠肺炎疫情采取的长期措施

2. 面对不同问题所采取的具体应对措施

如图 20 所示，在面对新冠肺炎疫情造成的资金链短缺时，大部分企业选择"降低运营成本（如裁员或降薪）"，在全部企业中占 66.36%，在高新技术企业中占 47.13%；也有很多企业选择"向商业银行贷款"，在全部企业中占 59.89%，在高新技术企业中占 47.13%。42.53% 的高新技术企业选择"股权融资（新增股东或原股东融资等）"，说明高新技术企业更偏向使用股权融资的方式来解决资金问题。由此看来，在面对资金链短缺时企业更倾向于采取诸如裁员和降薪等措施来降低运营成本，对普通员工的影响很大。

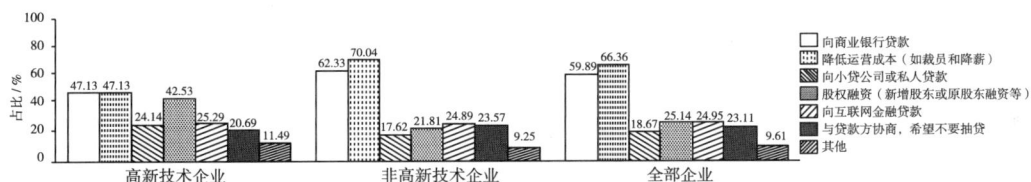

图 20   高新技术企业、 非高新技术企业和全部企业面对资金链短缺采取的措施

如图 21 所示，在面对新冠肺炎疫情造成的原材料短缺时，大部分企业选择"寻找新的采购渠道"来解决问题，在全部企业中占 75.23%，在高新技术企业中占 65.52%，两者差值较大，说明高新技术企业寻找新的采购渠道的意愿没有非高新技术企业高。与非高新技术企业不同，高新技术企业选择"延期供货"的比选择"减少生产"的占比多，由此看来，高新技术企业更倾向于不减少生产。

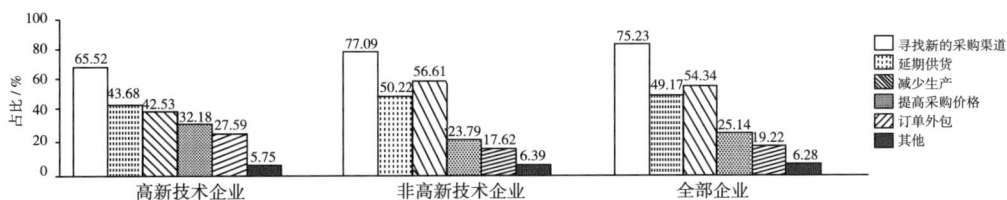

图 21   高新技术企业、 非高新技术企业和全部企业面对原材料短缺采取的措施

　　如图 22 所示，在面对新冠肺炎疫情造成的合约履约问题时，大部分企业倾向选择"双方协商，自行解决"，占比高达 88.17%，而高新技术企业的占比是 79.31%，与非高新技术企业（89.87%）差距较大，说明高新技术企业协商的意愿没有非高新技术企业高；53.05% 的全部企业选择"希望政府协调，提供明确免责协议"，高新技术企业的占比为 48.28%。高新技术企业选择"法律途径解决""支付违约金"的占比较非高新技术企业高，说明高新技术企业更喜欢采取法律途径解决问题。但总体来看，面对新冠肺炎疫情造成的合约履约问题时，比起走法律途径，大部分企业都希望能够协商解决问题，并且希望企业能够免责。

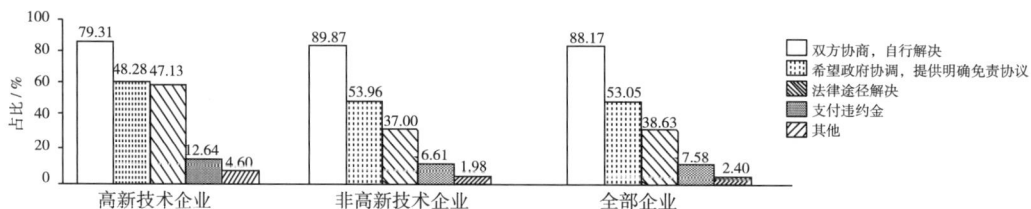

图 22　高新技术企业、非高新技术企业和全部企业面对合约履约问题采取的措施

四、结论与建议

（一）提前做好预防措施

　　在本次调查中，我们发现做好针对突发公共事件的预防措施可以减少其带来的负面影响。因此，企业应高度重视新冠肺炎疫情期间暴露的问题，重新梳理完善内部管理制度，预设分析已知和未知风险，在进行内部管理制度设计时，应将此类突发公共事件考虑在内，建立完善企业风险管理体系，特别是建立健全企业应对重大突发公共事件的应急预案，并针对此类事件完善事前预测、事中应对和事后恢复的预案。尽管突发公共事件具有不可避免的紧急性、突发性和不可预测性，但通过有组织、有计划的预案设计，应急措施的模拟实施和危机意识的强化训练，能够在一定程度上提升企业对突发事件的敏感度，并迅速制定有效、人性化且高保障的应对措施，最大化地降低突发公共事件给企业造成的不利影响。

（二）拓宽业务，确保企业韧性

　　加强生产要素保障、降低企业成本，是各地纾困的另一着眼点，尤其是企业生产所需原材料的保供稳价、物流供应链的保障等。在这一方面，企业间的相互协作尤为重要，可以通过增强行业协会、大型企业之间的合作，完善原材料保供对接服务，帮助中小微企业应对采购、销售、仓储等环节的经营风险；此外，加强市场管理部门对大宗商品的市场监管预警，打击串通涨价、价格欺诈等违法违规行为，可以极大程度促进企业间的良性竞争、维护市场稳定。

本轮新冠肺炎疫情对不同行业、不同企业均产生了前所未有的负面影响，无论是大中型企业还是小微企业，都因新冠肺炎疫情面临市场订单减少的压力，或许企业之前就存在着类似问题，而新冠肺炎疫情只是加快了问题出现的速度。在国内外市场需求受新冠肺炎疫情影响不断减少的现实条件下，企业应从长计议，努力拓宽自身业务范围，积极挖掘新机会，如外贸企业可采取转产内销的思路，高新技术企业可通过线上展会来推销自己的产品。同时还可考虑拓宽现有业务的产业链，向产业链的上下游扩张，实现全产业链布局，从而降低产品成本，在行业内争取话语权、提高市场占有率以弥补外部需求不足的问题。

（三）加强企业信息化建设

信息化建设指将计算机技术应用到企业的各个层面，通过信息系统对企业进行全面管理，将标准化、重复性的工作实现由"人治转向法治"，从而提升企业核心竞争力、提高企业经济效益。要实现企业的信息化管理，首先，企业高层必须认识到信息化管理的重要性，不仅是审批同意购买信息化系统，还应亲自参与设定企业的信息化管理目标并确定信息化管理流程模式；其次，各部门应当明确自身在流程中所发挥的作用与所需完成的工作，企业的信息化建设需要各部门间相互合作、互相融通，才能搭建出完整有效的信息化系统，实现数据共享、管理协同；最后，企业应依据政府引导以及自身的内在需求，有重点、有计划、有选择地实施信息化建设，不断提高企业信息化水平。

（四）政府提供有效帮助

在本轮新冠肺炎疫情中，政府的帮助主要体现在直接补贴与减少税收上，但是补贴的金额对于一些企业来讲是微乎其微的；而在新冠肺炎疫情期间，企业同时面临着订单下降和原材料成本上升的双重压力。所以从政府的角度来看，可以根据企业规模和困难程度进行有效补贴：对于中小微企业，可以直接给予防疫补贴；对于遇到极大困难的企业，可以赋予企业申请进出口绿色通道的权限，以扩大企业的订单销路，或者政府提供贷款来帮助企业渡过难关；对于一些特殊企业，如高新技术企业，可以增加额外补贴，并提供相应的技术支持。

（五）时刻关注员工情况

员工在新冠肺炎疫情期间无法正常上班，但是不建议企业因此扣除员工的全部工资，企业如果确实存在困难，可以与长时间无法工作的员工协商，适当降低其工资。但企业一定要时刻关注员工情况，对家里有困难的员工及时给予帮助，可以通过给员工发放物资的方式来帮助其渡过难关。此外，可以定期了解员工的家庭情况以及心理情况，确保员工不因新冠肺炎疫情产生恐慌心理，保证员工对企业有信心，一起共渡难关。

附录　调研感悟

（一）指导教师调研感悟

1. 刘素贞

"访万企"，就是要打破高校与社会之间的屏障，让师生走出校园，走出课堂，在直面企业生存发展中结合专业知识提出解决思路；"读中国"，就是要在深入社会实践中真正读懂中国式现代化，以及表现出上经贸人在民族复兴之路上的担当与作为。2022年项目的推进经历了重重阻碍，我们调研队的调研过程也经历了很多困难，但是大家团结一心完成了任务，有很多收获。"访万企，读中国"项目要持续办好，引导师生真正走向经济建设主战场，扎根中国大地做研究，用研究成果助力经济社会发展，担负起时代使命。

2. 孟园

面对新冠肺炎疫情的不确定性，2022年的访谈主题显得格外有意义。同学们通过深入调研，亲身感受到了企业在疫情环境下的痛点和难点，听到了企业想要"活下去"的心声。通过整合所有项目组的调研资料，小组以87家高新技术企业和537家其他企业为样本，形成了详实规范的调研报告、典型案例等重要成果，希望这些成果能助推企业转型发展，并为上海和国家相关部门提供决策参考。

（二）团队成员感悟

1. 李梓涵

2022年"访万企，读中国"社会调查项目圆满落幕了，作为第15调研团队的队长，我全程参与了本次实践活动，无论是联系企业并确定具体访谈时间，还是使用统计软件绘制图表并进行分析，都让我解决了学习中从未有过的困难，最终收获颇丰。此外，由衷地感谢刘素贞老师和孟园老师给予我们的支持和帮助，也很高兴可以在活动中与不同年级、不同专业的同学一起交流、一道成长。

2. 陈文昊

我们在学校里仅仅学习到了课本的知识，但不知道这些知识究竟该怎么运用到之后的工作当中。在这次的企业访谈中，我深刻感受到了企业在新冠肺炎疫情期间遇到的种种困难，也更加明白了自己的学习目标，不应该仅仅只是死读书，更应该懂得灵活变通，很多企业在新冠肺炎疫情期间就是通过改变自己的营销策略才得以渡过难关。

3. 陶玙璠

本人十分荣幸能够参与此次"访万企，读中国"调研项目，根据指导老师的建议和同学们的讨论，本队的最终选题是探究高新技术企业面对新冠肺炎疫情冲击时的企业韧性和纾困政策。历经齐心协力的三个月，本队呈现了一份满意的答卷。在这个宝贵的过程中，我有幸结识到一群志同道合的伙伴，增长了才干，提升了技能。

4. 涂舒扬

很愉快能参与此次暑期社会实践，我收益颇丰，领悟到团队合作与沟通交流的重要性。我和本小组成员、其他小组成员、带队学姐以及指导老师合作，共同完成了对多家企业的采访调研，进一步了解新冠肺炎疫情冲击下各行业的状况，也在与企业对话中认识到时代飞速发展的当下要目光放远，不断学习。

5. 俞欣蕊

"访万企，读中国"社会调查实践项目圆满落幕了，回顾整个项目历程，我收获颇丰。联系企业、做访谈主持人对于我来说都是巨大的挑战，但我也成长了很多。在撰写报告时，对问卷调查的结果进行统计分析是我对专业知识的一次实际运用，实现了理论与实践的统一。最后，感谢带队的刘素贞老师和孟园老师，祝愿全体成员前程似锦。

6. 阮羽涵

新冠肺炎疫情对全球的冲击体现在生活中的方方面面，对于企业来说，管控带来了一定程度的打击。但通过这次调研我了解到，没有一个企业的成长是一帆风顺、一马平川的，只要能脚踏实地地走好自己该走的每一步，不要小聪明、不想"弯道超车"，扎实打好基础，总会有旭日东升的一天，也总能等到属于自己的一个"时代"。

7. 濮恒炫

在本次调研中，我参与了调研工作中的每一项程序，知晓了新冠肺炎疫情状态下企业的发展。这次活动通过与企业面对面进行调研访谈，帮助我们打破了与社会之间的屏障。通过联系企业、深入企业、访谈企业等，我们锻炼了独立思考和与人沟通的能力。本次"访万企，读中国"活动让我了解到了社会发展的趋势，读懂今日之中国。

8. 范书涵

很荣幸有机会参加 2022 年"访万企，读中国"社会调查项目。在此期间，我们调研小队相互合作，完成了从联系企业到编写调查报告等一系列工作，可谓收获颇丰。"纸上得来终觉浅，绝知此事要躬行。"此次宝贵的经历，让我更深刻地体会到实践的重要意义。同时，也提升了我们的团队协作和沟通能力，对于新冠肺炎疫情下如何帮助企业纾困解难也有了更深刻的理解。

9. 唐嘉洋

2022 年暑假，我参加了上海对外经贸大学"访万企，读中国"专项社会调查实践活动，两个月的调研经历让我受益匪浅：在调研中，我不仅看到了社会的真实一面——企业在新冠肺炎疫情冲击下的现状，还学习到了企业顽强拼搏的精神。很感谢两个月以来和团队成员及老师们的携手努力与付出。

10. 凌悦

2022 年暑假，我参加了"访万企，读中国"社会调查实践活动，有幸和其他专业、其他学院的小组组成了第 15 小队，遇见了两位很优秀的老师，最重要的是深入调查了几家企业。在此次调研中，我感受到各企业面对新冠肺炎疫情的无奈之举，但又积极寻找应对措施的乐观态度。我深感，不论是各企业，还是我们自己，都要用一颗"我能战胜它"的心去生活、去奋斗。

11. 王若晨

很荣幸能够参与第四届"访万企，读中国"专项社会调查实践活动。虽然此次为线上调研，但是对我来说是一次特别的暑期实践经历。这次活动以团队形式开展，各小组负责不同企业的调研采访、报告撰写，同时也有指导老师和研究生学姐们的耐心指导。"艰辛知人生，实践长才干。"通过这次的实践，我对新冠肺炎疫情下的各行业企业状况有了更加深入、全面的了解。

12. 黄子歆

这次活动给了我不小的收获。作为一名汉语国际教育专业的学生，对平日里的采访和企业都所知甚少。但这次活动给了我走近企业和了解调研步骤与细节的机会。我明白了企业运转之宏大复杂，了解了社会内外种种因果的联系，知道了很多数据与结论是如何经过艰辛调研才得来的。数据的来之不易，让我意识到了调研的严谨性。通过调研结果，我也意识到了新冠肺炎疫情影响之深远。

新冠肺炎疫情冲击下长三角地区中小企业韧性实证分析

李　硕　王浩宇　余赏悦　陈紫怡　丁若冰　张梦琳　郭雨珂　李瑞琪　王兰文玉
贾江珊　聂　埭　阿迪莱　金润宇
指导教师：范彩云　朱红艳

摘 要

　　新冠肺炎疫情肆虐，目前已经波及了全世界绝大多数国家，其影响力和破坏力是前所未有的。作为我国国民经济增长推动力之一，中小企业在新冠肺炎疫情期间受到了严重影响。此次新冠肺炎疫情使我国中小企业在面临极大挑战的同时，也面临很多机遇。本文在调研的基础上，对现阶段我国中小企业现状进行实证分析，对企业韧性的影响因素进行测度，并从国家层面和企业层面就如何解决目前所面临的问题以及中小企业如何充分利用发展机遇提出了建议。

　　关键词：新冠肺炎疫情；企业韧性；中小企业；挑战与机遇

一、调研背景和意义

　　目前新冠肺炎疫情在全国范围内基本上得到了控制，但全国仍面临新冠肺炎疫情突发、反复的情况，个人及企业投资期望普遍降低，企业停工停产时客户丢失更是常态，部分企业资金链、供应链断裂使企业步履维艰，外贸企业更是深受其害……长三角作为我国最具经济活力、经济建设水平最高的地区之一，虽然企业韧性普遍更强，但不可否认的是其受到的冲击也更为明显、强烈。在新常态下我国经济进入高质量发展阶段，内外冲击使我国经济及企业都面临着更加严峻的挑战，企业韧性研究顺应时代需求成为热点，而长三角地区是研究企业韧性的绝佳选择。

企业在受到新冠肺炎疫情的冲击或是面对其他艰难险阻时，韧性能够帮助企业快速恢复。本文探寻并研究新冠肺炎疫情冲击下长三角地区中小企业的韧性。新冠肺炎疫情给长三角地区乃至全国企业带来的影响绝非是一时的，因而本文的研究极具现实意义。

二、调研方案与实施

（一）调研方案

1. 调研目的

探究新冠肺炎疫情冲击下长三角地区中小企业的韧性，并研究有效的纾困政策帮助企业长远发展。

2. 调研内容

通过与相关企业负责人的访谈交流及问卷调研，分析在新冠肺炎疫情冲击下长三角地区中小企业及其产业链所受到的影响，了解和分析企业采用的应对新冠肺炎疫情的措施以及在政府的纾困政策出台后企业的恢复状况。

（二）调研对象

长三角地区中小型企业。

（三）调研任务分配

表1　调研任务分配

职责	任务分配	人员
联络工作	对接调研指导教师	李硕、陈紫怡
	对接统计与信息学院	李硕、阿迪莱
	对接调研公司联络	聂墣、贾江珊
	进行宣传	李瑞琪、王兰文玉
过程管理	主持会议	丁若冰、张梦琳
	管理资料网盘	王浩宇、余赏悦
	录屏	郭雨珂、金润宇
	新闻及微信制作	李硕、陈紫怡

（四）调研工作时间安排

表2　调研工作时间安排

时间	安排	备注
7月3日—7月9日	（1）前期工作调研 （2）确定所有企业访谈时间 （3）设计自选问卷 （4）撰写访谈提纲	前期准备
7月10日—8月20日	（1）7月10日淮安华顶鞋业有限公司 （2）7月12日上海永辉超市有限公司 （3）7月16日淮安威尔博服饰有限公司 （4）7月19日上海杰尔威网络科技有限公司 （5）7月29日上海玛歆纺织品有限公司 （6）7月30日上海求创科技有限公司	中期采访调研（提前四天提交访谈纲要、采访当天做好访谈纪要和整理工作）
8月21日—9月4日	（1）完成调研报告 （2）政策建议专报 （3）典型案例报告 （4）整理打包所需材料	分析数据，撰写总结报告

三、问卷调研结果统计分析

（一）样本数据分析

本文采用上海对外经贸大学所有团队的整体调研数据，测度新冠肺炎疫情对中小企业的影响和企业韧性情况。截至2022年9月1日，共回收有效问卷537份，问卷填写的对象为企业家本人和企业管理层等。调研对象涵盖了长三角地区城市，如图4所示。样本企业涵盖类型较为广泛，包括非外贸直接相关企业、外贸综合服务平台、外贸物流企业等，其中非外贸直接相关企业占比超过半数（72.4%），如图1所示。从企业股权性质来看，在受访企业中，89.2%为民营企业，如图2所示。调研企业所处行业涵盖制造业、建筑业等，其中制造业占比75.4%，如图3所示。调研企业员工人数大多集中在200~300人（不含300人），如图5所示。此外，在所调查的企业中高达18.2%的企业面临亏损的风险，如图6所示。由此可见新冠肺炎疫情带来的危害不容小觑。

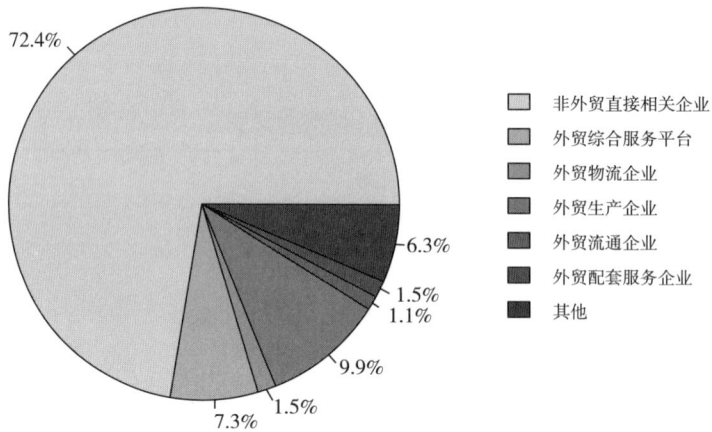

图 1　企业所属类型

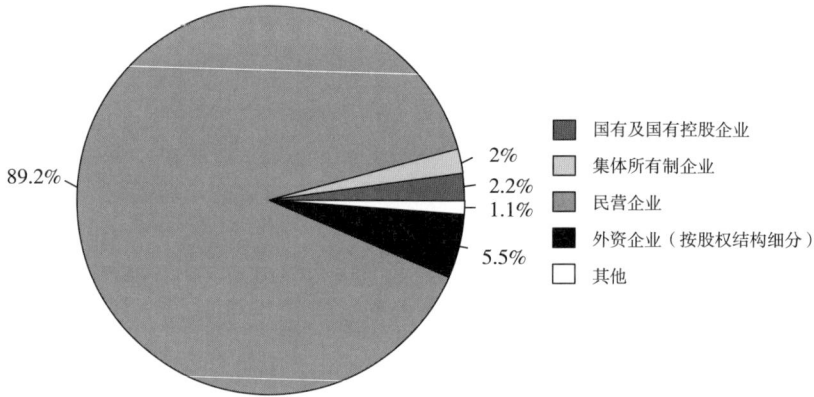

图 2　企业股权性质

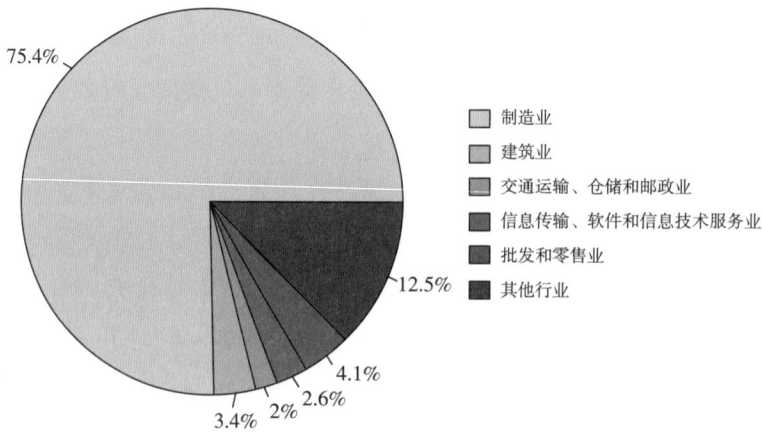

图 3　企业主业所处行业

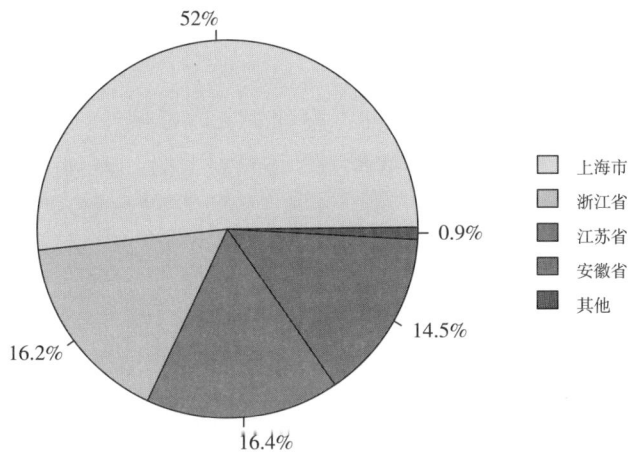

图 4　企业所属地区

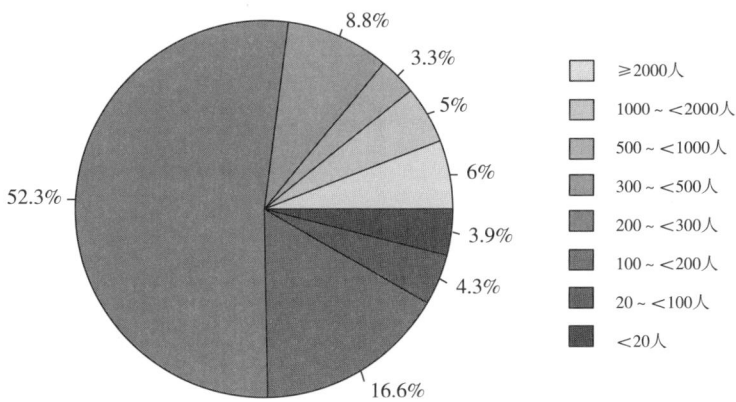

图 5　企业员工人数

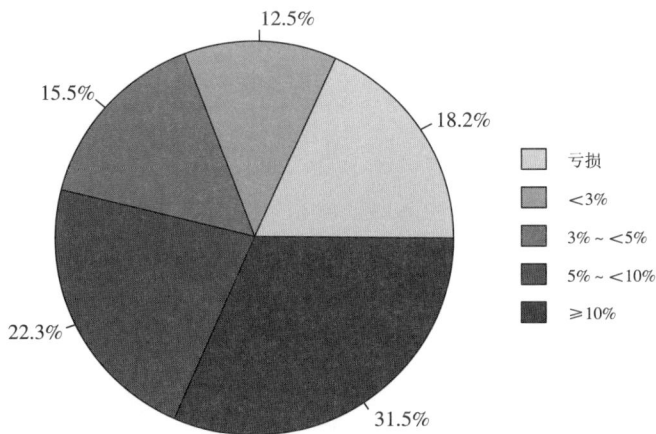

图 6　企业平均年利润率

（二）企业韧性情况

本文以长三角地区企业为研究对象，综合企业内部韧性（鲁棒性、敏捷性、完整性）和外部韧性（关系资本、网络能力、供应链柔性、环境动荡性），以及客观韧性测度（复工时间、复产水平），将这些指标等价加权作为企业韧性的综合测度。通过对所收集问卷数据的分析，提炼刻画企业韧性的维度，探寻企业韧性的影响因素，以期能够对企业韧性定量方面的研究进行拓展。

本部分描述不同因素对企业平均韧性的影响大小，采用综合企业韧性指数的均值作为企业韧性的评判标准。如图 7 所示，收到政策帮扶后现金流恢复到正常水平的企业平均韧性要明显高于部分现金流恢复或者没有明显现金流恢复的企业。这侧面验证了在新冠肺炎疫情之后政策帮扶对中小企业的重要性。

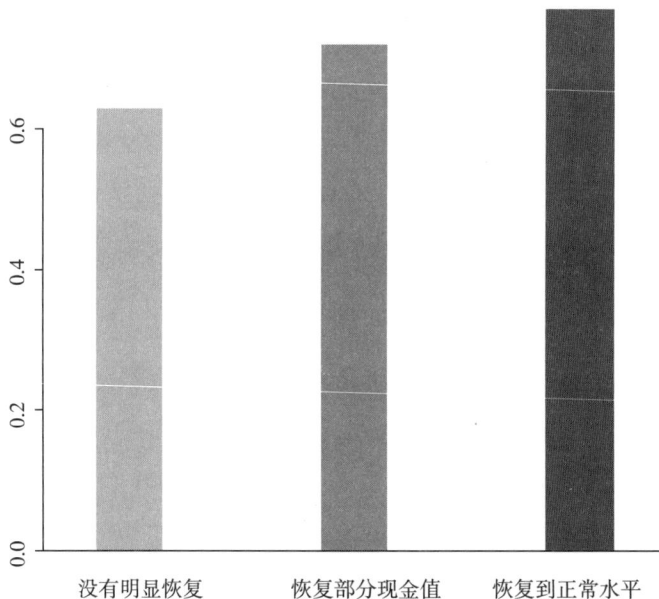

图 7　政策帮扶后不同现金流恢复水平的企业韧性

此外，现金流维持时间越长的企业，企业韧性就会越强，如图 8 所示。这是因为，在面对新冠肺炎疫情的冲击时，现金流较多的企业拥有丰富的资源、较强的资源重组能力以及更容易获得政府政策帮扶，也能更好地利用政府政策，减少新冠肺炎疫情给生产带来的损失，并发现新的盈利机会，化危为机，所以现金流维持较长时间的企业表现出更强的韧性。

2022 年新冠肺炎疫情在第二季度暴发，因此第二季度各企业的订单量也会影响到企业韧性。随着新冠肺炎疫情期间订单量的不断减少，企业韧性也在不断降低。但是订单量增加的企业（比如口罩制造商）的平均韧性就会明显高于其他行业，如

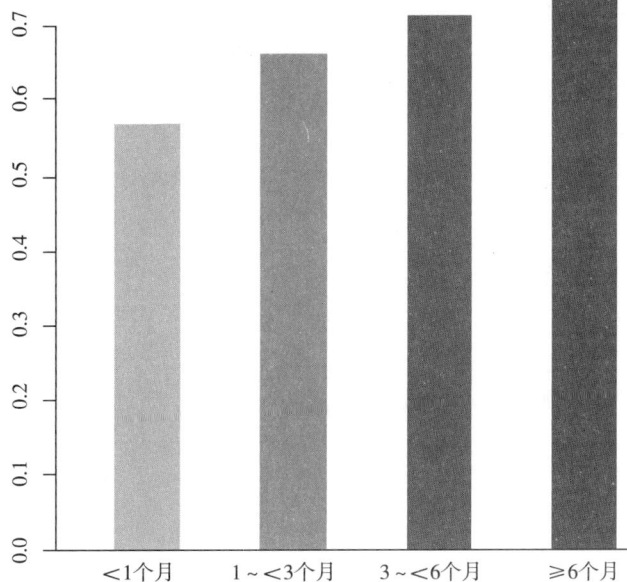

图 8　不同现金流维持时间的企业韧性

图 9 所示。外贸、餐饮等行业由于受到新冠肺炎疫情防控的影响，订单量明显减少，相应企业在面对新冠肺炎疫情时的韧性就会显得很低。

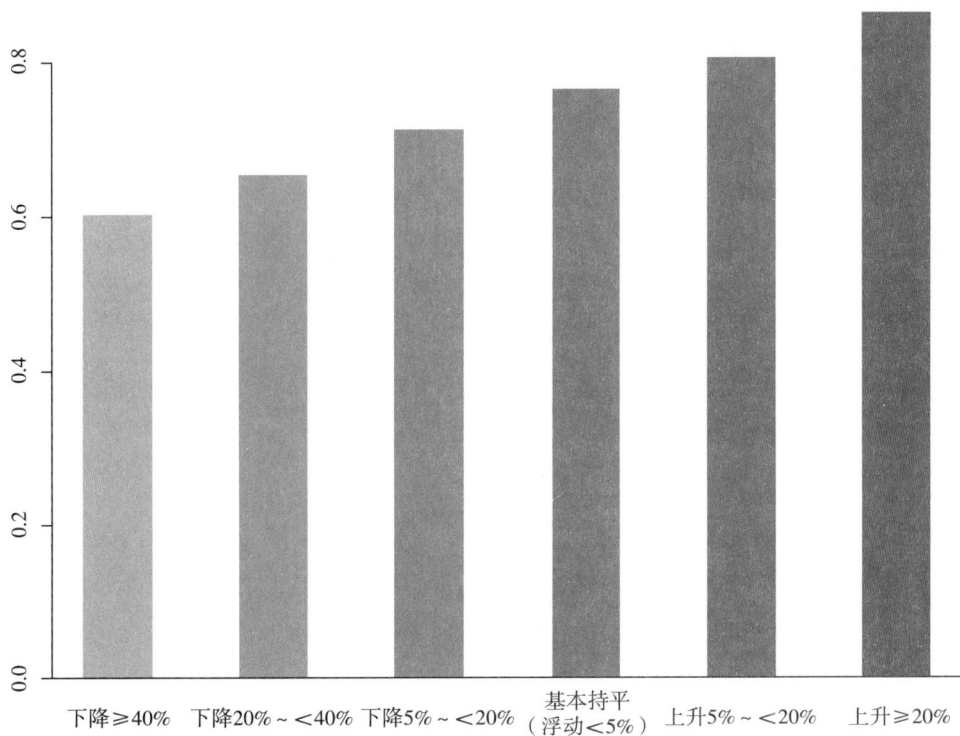

图 9　第二季度订单量变化的企业平均韧性

（三）影响因素回归建模分析

1. 数据预处理

对问卷数据进行预处理，将类别型数据以整数形式赋值（1，2，3……）并归一化，对数值型数据进行标准化处理，去除量纲的影响。

2. 变量设定

（1）被解释变量

①企业韧性的主观测度

使用李克特量表法得到主观测度分数（Q33 与 Q34）。其中 Q33 包含了衡量企业内部韧性的 3 个大类（鲁棒性、敏捷性、完整性）9 个条目，用李克特五点量表"非常同意""同意""不确定""不同意""非常不同意"进行度量，分别赋值 5、4、3、2、1。

Q44 包含了衡量企业外部韧性的 4 个大类（关系资本、网络能力、供应链柔性、环境动荡性）37 个条目，同样使用李克特五点量表对其进行测度与赋值。

②企业韧性的客观测度

为了保证企业韧性测度的稳健性，本文还从复工时间（Q14）和复产水平（Q15）两方面度量企业韧性。这是因为企业在遭受破坏性事件后对环境的适应需要一定的时间。企业的恢复时间越短，企业韧性越强；企业实际的恢复水平越高，企业韧性越强。复工时间取值为新冠肺炎疫情期间未停工、4 月 16 日—5 月 3 日、5 月 4 日—5 月 31 日、6 月 1 日—9 月 1 日、新冠肺炎疫情期间尚未复工，分别赋值为 2、1.5、1、0.5、0。恢复水平用企业的复产水平度量，复产水平取值为完全恢复、已恢复 80% 及以上、已恢复 50%~80%（不含 80%）、已恢复 30%~50%（不含 50%）、已恢复 30% 及以下，有取值区间的按中间值处理，分别赋值为 100、90、65、40、15。

最后将每项归一化处理后，把主观客观测度进行等价加权，得到综合企业韧性指数 Er 作为被解释变量。

③企业韧性综合指标的构建

之前构建的企业主观韧性的测度主要基于企业对自我能力以及外部关系环境的主观评价，而复工时间和复产水平是可以评价企业恢复能力的客观指标，用三种变量来度量企业韧性，能够有效避免同源性偏差的问题。

最后将每项归一化处理后，把主观客观测度进行等价加权并归一化，得到综合企业韧性指数 Er 作为被解释变量，以此来建立回归，判断各解释变量对企业韧性的综合影响。

（2）解释变量

企业所属类型（Q1），企业股权性质（Q2），企业所处行业（Q3），企业所属地区（Q4），企业年限（Q5），企业 2021 年营收范围（Q6），企业员工人数（Q7），企业的账面现金流（Q12），需求变化（用新冠肺炎疫情期间两季度订单量的变化 Q16、Q17 来衡量），产业链所遇困难（Q23）及产业链国际竞争优势（Q24），政策扶持力度（Q49）。其中政策扶持力度（Q49），用在受到政策帮扶之后的企业现金流变化来衡量。

各变量的设定见表 3。各变量的原始数据描述性统计分析见表 4 和表 5。

表 3　变量设定

变量名称	变量符号	说明
企业韧性	Er	将主观测度分数（Q33 与 Q34）、复工时间（Q14）、复产水平（Q15）每项归一化处理后，进行等价加权
企业所属类型	Q1	分为非外贸直接相关企业、外贸综合服务平台、外贸物流企业、外贸生产企业、外贸流通企业、外贸配套服务企业及其他
企业股权性质	Q2	分为国有及国有控股企业、集体所有制企业、民营企业、外资企业（按股权结构细分）及其他
企业所处行业	Q3	分为制造业，建筑业，交通运输、仓储和邮政业，信息传输、软件和信息技术服务业，批发和零售业及其他行业
企业所属地区	Q4	分为上海市、浙江省、江苏省、安徽省及其他地区
企业年限	Q5	选取每个选项的中位数（单位：年）
企业 2021 年营收范围	Q6	选取每个选项的中位数（单位：百万元）
企业员工人数	Q7	选取每个选项的中位数（单位：人）
企业的账面现金流	Q12	选取每个选项的中位数（单位：月）
一季度订单量变化	Q16	选取每个选项的中位数（单位:%）
二季度订单量变化	Q17	选取每个选项的中位数（单位:%）
产业链所遇困难	Q23	加总求和，每个小点 1～5 分别为程度从最弱至最强
产业链国际竞争优势	Q24	加总求和，每个小点从 -2～2 分别表示竞争力从低到高
政策扶持力度	Q49	在受到政策帮扶之后企业现金流的变化

表4　分类型变量描述性统计

变量名称	变量符号	分类	样本量	样本占比/%
企业所属类型	Q1	非外贸直接相关企业	389	72.44
		外贸综合服务平台	39	7.26
		外贸物流企业	8	1.49
		外贸生产企业	53	9.87
		外贸流通企业	6	1.12
		外贸配套服务企业	8	1.49
		其他	34	6.33
企业股权性质	Q2	国有及国有控股企业	12	2.23
		集体所有制企业	11	2.05
		民营企业	479	89.20
		外资企业（按股权结构细分）	29	5.40
		其他	6	1.12
企业所处行业	Q3	制造业	405	75.42
		建筑业	18	3.35
		交通运输、仓储和邮政业	11	2.05
		信息传输、软件和信息技术服务业	14	2.61
		批发和零售业	22	4.10
		其他行业	67	12.48
企业所属地区	Q4	上海市	279	51.96
		浙江省	87	16.20
		江苏省	88	16.39
		安徽省	78	14.53
		其他地区	5	0.93
企业在产业链中的环节	Q22	上游	187	34.82
		中游	233	43.39
		下游	93	17.32
		其他	24	4.47
政策扶持力度	Q49	恢复到正常水平	142	26.44
		恢复了部分现金流	202	37.62
		没有明显恢复	193	35.94

表5　连续型变量描述性统计

变量名称	变量符号	最小值	最大值	平均数	标准差
企业韧性	Er	0.22	0.91	0.68	0.12
企业年限 （单位：年）	Q5	1	50	12.25	11.11
企业2021年营收范围 （单位：百万元）	Q6	3	800	129.2	217.94
企业员工人数 （单位：人）	Q7	20	2000	506.9	423.69
企业账面现金流 （单位：月）	Q12	1	6	4.02	1.82
一季度订单量变化 （单位:%）	Q16	−40	20	−14.07	17.15
二季度订单量变化 （单位:%）	Q17	−40	20	−16.29	16.95
产业链所遇困难	Q23	28	140	87.37	29.01
产业链国际竞争优势	Q24	−33	38	11.01	13.93

3. 相关性分析

绘制相关系数矩阵图如图10所示，被解释变量Er与企业所属地区（Q4）、企业账面现金流（Q12）、新冠肺炎疫情期间两季度订单量变化（Q16与Q17）、产业链国际竞争优势（Q24）、政策扶持力度（Q49）有着较强的正相关关系。而在解释变量之间，企业2021年营收范围（Q6）与企业员工人数（Q7）、两季度订单量的变化（Q16与Q17）、产业链所遇困难（Q23）及产业链国际竞争优势（Q24）的相关系数较大，可能导致模型出现多重共线性，可在后续对其进行多重共线性检验来判断。

4. 回归分析

（1）多元回归建模

使用上述变量进行多元回归建模，得到回归分析表见表6，由表可知，模型中企业所属地区（Q4）、企业2021年营收范围（Q6）、企业的账面现金流（Q12）、新冠肺炎疫情期间第二季度订单量变化（Q17）、产业链国际竞争优势（Q24）、政策扶持力度（Q49）较为显著，模型的调整 R^2 为0.4277，说明模型对被解释变量Er的变化有着42%左右的解释能力，说明模型具有一定的解释能力。

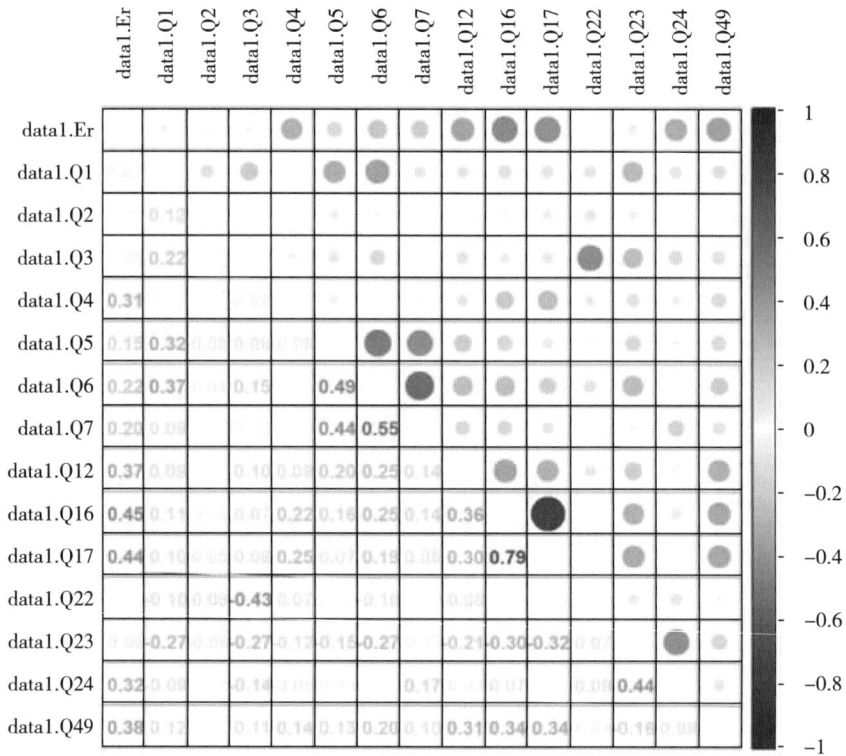

图 10　相关系数矩阵图

表 6　全模型回归分析表

变量	估计值	P 值	VIF 值
Q1	− 0.00831832	0.14989	1.318083
Q2	0.0012291	0.80972	1.031019
Q3	− 0.0101863	0.08251 .	1.358139
Q4	0.0339091	3.38e − 10 ***	1.110594
Q5	0.0094816	0.12560	1.513099
Q6	0.0140686	0.04641 *	1.967223
Q7	− 0.0007789	0.90518	1.691814
Q12	0.0262806	4.10e − 06 ***	1.262167
Q16	0.0149946	0.08067 .	2.907562
Q17	0.0278010	0.00105 **	2.820782
Q22	− 0.0069993	0.21562	1.262602
Q23	− 0.0021254	0.74346	1.668898
Q24	0.0470963	9.66e − 15 ***	1.381343
Q49	0.0244174	1.58e − 05 ***	1.243619

续　表

变量	估计值	P 值	VIF 值
C	0.6996400	< 2e – 16 ***	
N（样本量）	537		
调整 R^2	0.4277		
DW 检验	P 值：0.142		
NCV 检验	P 值：0.0099821		
备注：显著性水平："***"：99.9%　　"**"：99%　　"*"：95%　　"."：90%			

绘制回归的拟合值与残差值的图像如图 11 所示，这些图像可以用来初步判定模型的一些性质。由图 11（a）可知残差与标准化残差都在拟合曲线的两侧均匀分布；由图 11（b）可知，标准化残差的正态 Q - Q 也基本拟合在对角线上，说明残差符合正态分布，满足古典假定；图 11（c）可用来检查等方差假设，可见散点基本拟合在一条有略微向下趋势的线上，说明可能存在异方差性，可在后续实验中使用相应检验来具体判断；残差与杠杆值的图 11（d）可进行强影响点的识别，一般认为高杠杆值且高残差值的点是强影响点，可用 cook 距离来判断，如果 cook 距离大于 4/（n - k - 1），则表明其为强影响点（其中 n 为样本个数，k 为解释变量个数），经计算，虽然有在图像中较为离群的点，但其未大于给定 cook 距离，可以认为没有强影响点存在。

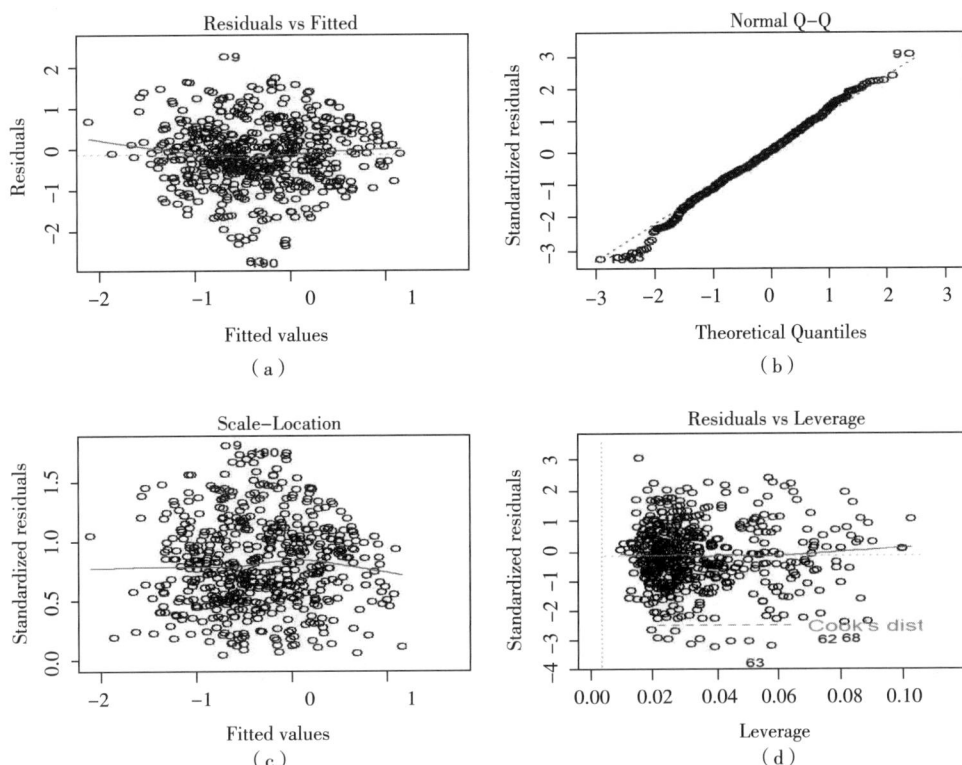

图 11　全模型回归残差图

　　（2）模型的古典假定检验

　　①多重共线性检验

　　使用方差膨胀因子 VIF 进行多重共线性判别，公式为：

$$VIF_j = \frac{1}{1 - R_j^2}$$

其中 R_j^2 是 X_j 对其余 p－1 个解释变量建立辅助回归的可决系数，R_j^2 越大说明 X_j 与其他解释变量之间的相关性越强，变量间多重共线性越严重。一般地，如果 VIF＞4 就存在多重共线性，模型的多重共线性检验结果见表 6，可见模型的解释变量之间没有明显的多重共线性。

　　②自相关检验

　　使用 DW 检验来对模型进行自相关性的检验，模型的自相关性检验结果见表 6，P 值大于 0.05，可认为没有证据拒绝原假设，表明随机误差项不存在自相关性。

　　③异方差检验

　　使用 NCV 计分检验来对模型的异方差性进行检验，模型的自相关性检验结果见表 6，P 值小于 0.05，可以拒绝原假设，表明随机误差项存在异方差性。异方差性即代表随机误差项不是等方差的，被解释变量真值围绕回归线的分散程度随样本点的不同而不同。

　　异方差性产生的原因可能是模型中省略了某些重要的解释变量，模型设定误差，测量误差或者截面数据中总体各单位具有差异。

　　异方差可能会导致模型的参数估计量不再具有有效性，使变量的显著性检验失去意义（异方差导致 t 统计量变化），还会使模型的预测失效。为了处理异方差性，可以使用 box－cox 变换的公式对被解释变量进行转化。

　　box－cox 变换的公式为：

$$y(\lambda) = \begin{cases} \dfrac{y^\lambda - 1}{\lambda}, \lambda \neq 0, \\ lny, \lambda = 0 \end{cases}$$

　　通过最大似然估计的方法，找到使似然函数最大的 λ 值，从而调整被解释变量，计算得到 λ 值为 1.49，用新的 y（λ）重新建立回归模型，并进行异方差检验，结果见表 6，P 值大于 0.05，无法拒绝原假设，可认为变换后的模型没有异方差性。得到新的回归分析表与各项检验结果见表 7，可见模型依然显著，并且调整 R^2 有所提升。

表7　box-cox变换后模型回归分析表

变量	估计值	P值	VIF值
Q1	-0.006430	0.156429	1.213794
Q4	0.029576	1.61e-11 ***	1.090150
Q5	0.006884	0.155564	1.385622
Q6	0.012225	0.015291 *	1.492772
Q12	0.021386	3.99e-06 ***	1.245012
Q16	0.012520	0.073505 .	2.882810
Q17	0.024273	0.000425 ***	2.770278
Q24	0.039072	< 2e-16 ***	1.036604
Q49	0.019201	3.08e-05 ***	1.233632
C	-0.269928	< 2e-16 ***	
N（样本量）	537		
调整 R^2	0.4415		
DW 检验	P值：0.156		
NCV 检验	P值：0.44586		

备注：显著性水平："***"：99.9%　　"**"：99%　　"*"：95%　　"."：90%

绘制回归的拟合值与残差值的图像如图12所示。图12（a）可见残差与标准化残差都在拟合曲线的两侧均匀分布；图12（b）可见标准化残差的正态 Q-Q 也基本拟合在对角线上，说明残差符合正态分布，满足古典假定；图12（c）可见散点基本拟合在一条水平的曲线上，并且已由之前检验判定不存在异方差性；最后一张残差与杠杆值的图像可进行强影响点的识别，一般认为高杠杆值且高残差值的点是强影响点，可用 cook 距离来判断。如果 cook 距离大于 4/（n-k-1），则表明其为强影响点（其中 n 为样本个数，k 为解释变量个数），经计算，虽然有在图像中较为离群的点，但其未大于给定 cook 距离，可以认为没有强影响点存在。

5. 结论

我们使用回归分析的方法，对可能影响到企业韧性的变量建模，并使用逐步回归法进行变量选择，以及使用 box-cox 变换来消除异方差性。最后得到的回归方程为：

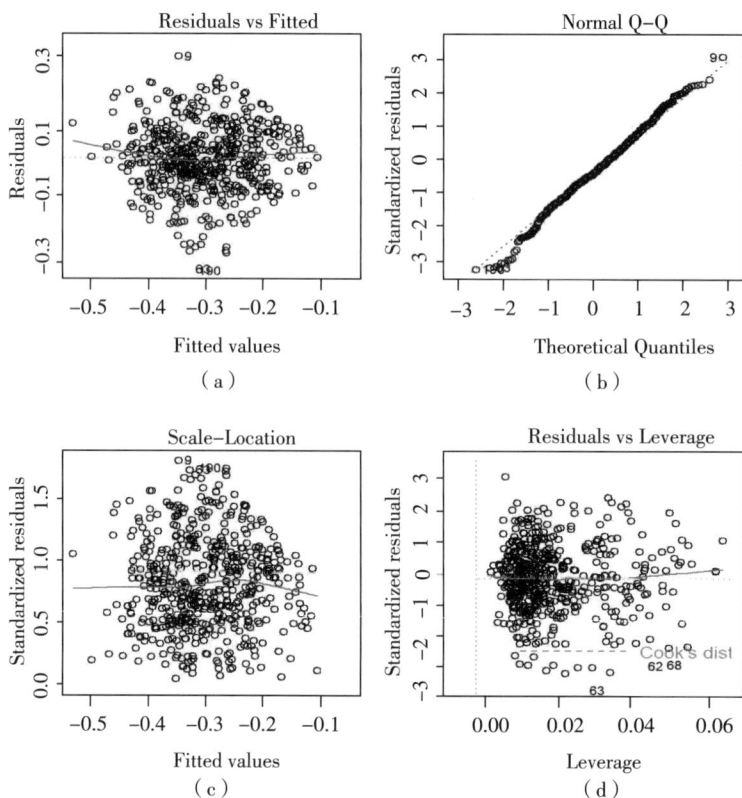

图 12　box - cox 变换后模型回归残差图

$$\frac{Er^{1.49} - 1}{1.49} = 0.269928 - 0.006430Q1 + 0.029576Q4 + 0.006884Q5 +$$

$$0.012225Q6 + 0.021386Q12 + 0.012520Q16 + 0.024273Q17 +$$

$$0.039072Q24 + 0.019201Q49$$

由回归结果可知企业韧性会受到企业所属地区的影响，其与企业 2021 年营收范围、企业的账面现金流、需求变化、产业链国际竞争优势、政策扶持力度呈正相关关系。可以看到新冠肺炎疫情期间第二季度的订单量变化比一季度订单变化更为显著，间接说明了新冠肺炎疫情对订单需求的影响主要产生在第二季度。由此可见较大规模的公司（营收较高，账面现金流充裕）具有较强的企业韧性，能很好地应对新冠肺炎疫情冲击。企业所在产业链具有国际优势的，也能将其优势在新冠肺炎疫情中体现。最后，政策扶持真正有效的企业（主要反映在扶持后现金流的变化）确实可以更好地应对冲击挑战，所以帮扶政策的落实到位是改善新冠肺炎疫情期间中小企业困境的有效手段。

四、影响因素的简要分析

新冠肺炎疫情影响中小企业企业的因素主要有：企业所属地区、企业 2021 年营收范围、企业的账面现金流、需求变化（新冠肺炎疫情期间订单变化）、产业链国际竞争优势、政策扶持力度（扶持后企业现金流变化）等。

不同地区产业结构具有不同的特点，并且不同产业受到新冠肺炎疫情冲击的程度不同，面对困难的类型也不同。企业所属地区不同，受到的影响也不尽相同，需要针对不同的产业精准施策，保证政府财政和资源的合理有效分配，同时防止政策套利的出现。在新冠肺炎疫情对企业营收状况的预计方面，企业总体认为短期影响较大，接近半数企业认为新冠肺炎疫情对企业本年营收影响在 20% 以上。对于中小企业来说，面对突发情况如何尽可能减少现金流冲击是十分重要的。现金流量风险是影响中小企业生存发展的重要因素，不合理、不稳定的现金流会使企业面临财务危机，影响企业信誉，甚至导致企业破产。企业要形成合理的现金流危机管控体系，在面临外部经济形势变化和内部需求变化时，做到及时预警、合理防控。在风险管控中，既要管控又不能过度，要对资金进行严格的管理，保证企业的资金正常周转、资金合理配置、资金增值机会。受新冠肺炎疫情影响，中小企业销售收入锐减、经营成本增加。我国采取控制措施，对居民的消费需求造成了一定影响。新冠肺炎疫情和未来全球经济不确定性导致国际贸易和投资活动在短期内大幅减少。总需求链受到严重破坏，也进一步影响了企业的生产链、供应链、销售链，企业短期生产能力被动压缩，阻碍重重叠加，大幅降低了企业的销售收入。同时，企业在不能正常复工、没有营业收入的情况下，仍需支出不低的成本。厂房设备、门面租金和利息等都是刚性成本，对于大部分中小企业来说，这些都是一笔不小的开支。此外，严格的新冠肺炎疫情管控措施导致大部分物流运输停止，造成企业原材料供应困难、防疫物资缺乏，进一步增加了企业的经营成本，导致企业盈利下滑，给企业的生存与发展带来巨大压力。受此影响，中小企业的国际竞争优势下降，因此在夯实中小企业参与经济全球化的新优势、提升国际竞争力等方面需要进一步的政策创新。为了扶持中小企业，政府制定了一系列纾困政策。各地政府出台的政策，基本都涵盖加强金融支持这一方面，具体包括信贷支持、降低担保和反担保费用、实施贷款风险补偿政策、产融对接等举措。从财税的角度，各地提出加大减税和帮扶中小企业的政策力度，具体包括财政贴息、减免中小企业税费、延期缴纳税费、减免租金等举措。这些纾困政策有效地帮助了中小企业渡过新冠肺炎疫情难关，减少了企业运行成本，增加了销售收入，企业现金流恢复正常，缓解了中小企业的生产经营压力。

五、建言献策

（一）企业层面

（1）企业所属地区的选择影响了企业的韧性，在选址时应该综合考虑不同地区的帮扶政策和风险因子，以规避可能的风险。此次所采集的样本主要集中于长三角地区（江苏、浙江、上海、安徽），在此次数据分析中，上海企业的韧性测度较低。其原因主要是2022年年初上海的大规模新冠肺炎疫情使企业经营出现困难。另外，由于各地方政府政策工具使用的偏好不同，政府政策的制定方向、政策条目主题也不尽相同。不同地区的帮扶政策不同，企业受到的新冠肺炎疫情所带来的影响程度也会不同。因此，企业选址应该考虑如贸易环境、政府政策等多方面因素。

（2）提高企业的抗风险能力。对数据进行分析后可以得出企业韧性与企业2021年营收范围、企业的账面现金流和需求变化有关。中小微企业在面临新冠肺炎疫情冲击时，在短期内存在成本增加、订单需求减小和收入降低的问题，导致现金流短缺。因此，在面对如新冠新冠肺炎疫情一类的突发状况时，企业的抗风险能力尤为重要。在常态化日常经营中，管理层应当注意企业的现金流问题，保证良好的现金储备。如果出于新冠肺炎疫情等原因，现金流问题已经出现，企业就应当遵循"开源节流"的原则来缓解现金流困境，即在获取政府帮扶和金融支持的同时注意降低成本及开支。

（3）打造企业文化，凸显企业优势，保持企业竞争力。在此次研究分析中，产业链国际竞争优势与企业韧性展现出密切的联系，比如研发投入、成本结构、营业收入、售后服务、企业文化等。问卷结果显示中小微企业对自身的企业竞争力不够重视，企业很少顾及到了所有方面。只有全面提升核心竞争力，企业才会在危机的冲击中、在历史的洪流中屹立不倒。

（二）国家层面

（1）针对不同地区提供精细化政策支持。新冠肺炎疫情暴发以来，国内各地区在不同时期受到不同程度的影响。2020年春武汉受新冠肺炎疫情影响最为严重，而此次数据分析中2022年春上海地区相对于周边地区受到打击更为严重，中小企业的韧性相对较低。地方政府应解当地中小型企业经营状况，中央政府应联合地方政府出台针对性政策，帮助处在不同困境中的地区渡过难关。

（2）对于不同行业的中小企业做出分类支持。对于中国庞大的市场，不同类型企业之间受新冠肺炎疫情影响各不相同，在新冠肺炎疫情冲击下，对环境变化敏感的旅游业无疑是受损最严重的。随着国家对新冠肺炎疫情的有效控制，旅游业得到了一定的恢复，但不断暴发的小规模新冠肺炎疫情还是要求这类中小企业进行转型升级来提高抗压能力，出于体量的原因，国家在此过程中要提供积极的政策，主动帮助企业解决问题。对于粮油等变化不大但关乎民生的行业，在新冠肺炎疫情背景下寻求的更主要的是求稳，保证供给。而对于因为新冠肺炎疫情而迅速发展的医药等行业，要及时控制其扩张速度，防止新冠肺炎疫情基本控制后带来的产能过剩对企业造成冲击。通过此次调研我们发现以淮安威尔博服饰有限公司为例的中小型制造企业受到新冠肺炎疫情打击较为严重，而以上海求创科技有限公司为例的网络科技公司受到的直接影响较小。由此看来，分行业提供政策支持也是很有必要。

（3）保障中小企业供应链的稳定与劳动力，加快企业的复工复产。由于新冠肺炎疫情的高传染性，面对新冠肺炎疫情时各地都不得不采取一些交通、生活管制措施。不同地区之间复工程度不同，造成了劳动力的转移，增加了新冠肺炎疫情地区中小企业的复工成本。与此同时，不同地区的防疫政策差异致使区域之间物资流动的时间以及经济成本加大，对此不同区域的地方政府之间应加强政策互通，加强运输通道，以此保证供应链的稳定。产业链的国际竞争优势也是影响企业韧性的一大因素，在保障中小企业供应链稳定的同时，政府也应将政策转向产业链的国际优势，为进出口相关产业提供相应关税减免等政策，提供良好的营商环境，促进中国企业更好地走向世界。

（4）提供金融支持，金融是助推经济发展和保障社会稳定的重要因素。在新冠肺炎疫情中，由于供应链的不稳定与消费市场的不断变化，企业需要不断改变自身发展策略来应对市场变化，加大了对于资金的依赖。一方面，政府在金融方面要稳定企业的资金链，如积极的信贷政策，延长还贷时间、减免逾期利息等或者由政府牵头并担保以财政为主体成立对中小企业的帮扶资金，吸引社会资金对中小企业的投资。另一方面是降低企业的生存成本，减少水电、赋税等对企业的压力，对企业进行适当的免税或减税。在上述数据研究中我们发现，企业现金流的多少对企业韧性有一定程度的影响，而政策扶持后企业现金流是否调转落实到位也是影响企业韧性的一大方面。所以政府在出台信贷政策、减税降费政策等金融支持的同时，也需要积极监管并后续跟踪政策的落实情况，精准有效地帮助中小微企业。

六、回顾与总结

本次"访万企，读中国"社会实践活动从六月初开始到九月初结束，贯穿整个暑假。活动中我们共详细调研了五家企业并了解其他若干家企业，每次访谈结束后我们都认真总结复盘，撰写访谈录、访谈纪要、推送等。现在活动已接近尾声，我们将对三个月以来做的所有工作进行汇总，全面分析新冠肺炎疫情下长三角地区企业所面临的共性问题、考验、挑战、机遇，并基于不同行业的特点为企业提出可行的决策建议，希望企业能在未来迎难而上、蓬勃发展。最后再次感谢所有参访企业的配合，感谢指导老师的指导建议，感谢小组成员的辛勤付出！

参考文献

［1］Butler, L., Morland, L. A., & Leskin, G. A. 2006. Psychological Resilience in the Face of Terrorism.

［2］Godschalk, David R. Urban Hazard Mitigation：Creating Resilient Cities ［J］. Natural Hazards Review, 2003, 4（3）：136 – 143.

［3］姜晓萍，吴宝家. 新冠肺炎疫情防控中的中小企业支持政策：扩散特征与核心议题——基于省级"助企纾困"政策的文献计量分析［J］. 行政论坛，2020，27（03）：63 – 71.

［4］牛大勇，吕飞红，王春爽. 新冠肺炎疫情下精准帮扶中小企业政策效力研究［J］. 价格理论与实践，2022（5）.

调研感悟

团队成员调研感悟

1. 李硕

回顾本次访谈全程，从三个月前小组会议确定调研的方向以及组内分工，到后续排除万难进行访谈，再到最后整合工作成果撰写报告，我们在每个阶段都有收获。在这个过程中我们充分认识到"疫情下没有一个人是座孤岛"的道理，企业也是如此。企业与企业、企业与人民、企业与国家有着相互依赖的关系，一家企业可能会因为其客户遇到困难而受到冲击，也可能在政府及合作伙伴的支持下化危机为机遇。

2. 陈紫怡

我们在本次活动期间真正感受到了企业的难处并通过各种途径去积极探索破解之道，我们期待并相信"访万企，读中国"活动将给在困境中的企业生的希望，将让同处困境的企业相濡以沫、齐头并进。活动的结束并不意味着困难的终结，我们将在今后的学习生活中以不一样的眼光看待问题、激发灵感，以日臻成熟的思想交出更加完美的答卷。

3. 丁若冰

自新冠肺炎疫情以来，大中小型企业都受到了不同程度的冲击。在访谈和问卷中，我们只能了解到冰冷的数字和用几句话就概括的状况，企业家的焦虑和奔波是我们不能从这些数字中获得的。与此同时，国家减税降税免税政策为企业争取了更多机会。但国家普惠性支持终究是杯水车薪，在疫情肆虐的当下，个体企业唯有各自坚持、团结互助才能跨越重重山岗，走向胜利彼岸。

4. 余赏悦

整个过程从开始到结束，我们经历了挫折，在自选企业时，找不到合适的采访对象或合适的企业不接受我们的采访。十分感谢指导老师对我们的帮助，从采访企业到案例报告的完成，两位老师一直陪伴着我们。有过挫折才会成长，整个团队相互帮助、相互鼓励，最后此次活动才可以圆满结束。

新冠肺炎疫情背景下物流企业韧性调研

韦　婷　林佳莹　周诗睿　张子玮　李　珂　李宛芯　李韫琪　莫妮嘉　倪君晔
沈倍羽　宋思颖　汤诗琪　徐含笑　俞菁涛　臧健翔
指导教师：刘　慧　徐　昕

摘　要

　　2022 年新冠肺炎疫情的再度侵袭，使上海及长三角地区的企业措手不及，特别是上半年的防控措施加剧了市民对于物资的需求，全市以及周边地区的物流行业都受到了影响。物流企业如何在新冠肺炎疫情当下生存、谋求发展是值得关注的问题。本次调研邀请到 7 家物流企业进行采访，通过发放并收集调研问卷、线上采访等方式，与企业共同探讨新冠肺炎疫情环境下企业的韧性和企业面对突发状况的应对能力、现阶段企业纾困政策的实施情况、新冠肺炎疫情背景下企业未来的发展计划，并依照企业切身需求提出政策建议。

　　关键词：新冠肺炎疫情；长三角地区；物流企业；政府帮扶；纾困政策

一、调研背景和意义

　　物流作为各个地区的连接枢纽，从源头工厂到千家万户，上中下游任一环节的停滞都会给整个行业造成影响。数据表明，物流行业需求量逐年增长，2021 年物流总额同比增长 9.2%，达到 335.2 万亿元，社会物流需求保持较快规模增长。上海、南京等长三角城市均位居中国物流竞争力榜单前十，由中心城市向外围辐射的物流格局带动了周边经济的提升。物流行业的发展前景光明，其覆盖面广、智能化优点突出，各游段未来会不断完善、迈向新高度。目前物流行业可对接电商平台，电商平台的发展迅猛，受众群体趋于年轻化，也将进一步助推物流行业的发展。

　　但受本次新冠肺炎疫情影响，首先，上海多数物流企业中的某些环节无法正常运转，一个环节的缺失就会导致整条线路无法运行；其次，管控期间市民的需求量大大增加，但物流工作人员的减少导致在岗人员超负荷工作；最后，各地区的信息不对称导致物流过程受阻等许多问题。新冠肺炎疫情的冲击侧面反映出企业的韧性和面对突发状况的适应程度，2022年政府出台的新冠肺炎疫情纾困政策也在一定程度上解决了企业眼下的问题。随着新冠肺炎疫情防控进入常态化，物流企业正面临着后新冠肺炎疫情时代带来的种种挑战。物流企业应着眼于完善企业机制、考察企业韧性，在政府纾困政策的帮扶下取得进一步发展。

对于新冠肺炎疫情冲击下的企业应对方式，我们将通过线上问卷及采访的形式，主要研究长三角地区企业的现状、面临困境与恢复路径；研究企业面对突发状况的应对能力，测度新冠肺炎疫情冲击下物流企业的韧性，探究企业韧性的主要影响因素；经过突发状况的检测，企业的韧性一目了然，了解企业内部安全系统、员工的基本权益与福利保障，以及如何与社会接轨使企业业务免受新冠肺炎疫情的严重打击；在新冠肺炎疫情期间也能够有足以保障企业生存的措施，在面对新一轮的未知挑战时有所准备；立足企业视角考察现阶段减负纾困政策实施情况，探究政府纾困政策是否能够有效帮扶新冠肺炎疫情下的企业，分析帮扶力度与落地政策，梳理当前亟待满足的纾困增效政策需求；另外，通过以上举措观察长三角地区物流行业的危机应变能力，总结政府应改善的纾困政策。

本次调研是我们较为深入认识物流行业的机会，更有助于行业内企业重新审视自身，梳理内外需求。

二、调研方案与实施

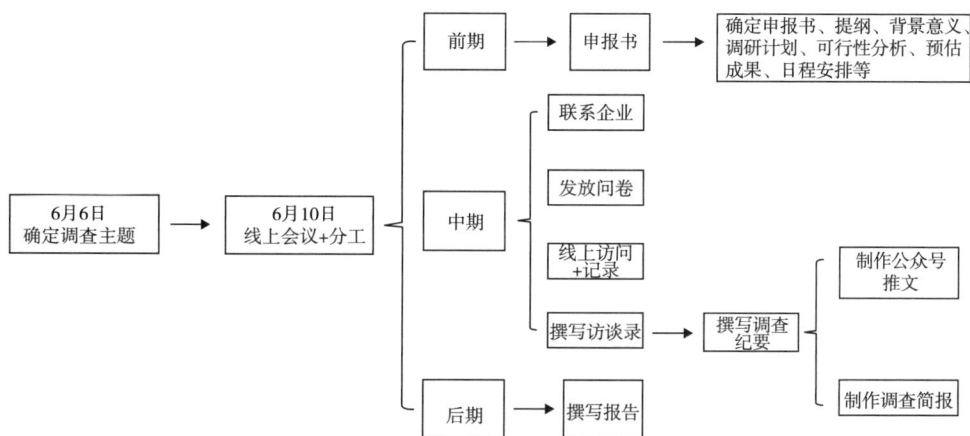

图1　调研方案及流程

（一）调研方案及流程

如图 1 所示，本次调研共分为三个阶段：前期、中期、后期。前期主要负责确定调研方向及主题、确定调研提纲、撰写申报书、日程安排等。中期主要负责联系企业、采访以及撰写访谈录等工作。后期主要负责汇总及报告的撰写。

1. 调研对象

调研对象为物流行业相关的 7 家公司，名单如下：递易（上海）智能科技有限公司、上海欧恒物流有限公司、申通快递有限公司、上海圆通速递（物流）有限公司、鲸灵智能有限公司、上海同华物流有限公司、大福（中国）物流设备有限公司。

2. 调研内容

（1）企业概况及背景

①主营业务。

②经营规模与经济效益。

③成本结构。

④物流行业潜力及发展趋势（行业困境及长远发展）。

（2）新冠肺炎疫情影响与复工复产情况

①基本运转状态调查（停工停产、复工复产时间、资金流等）。

②受新冠肺炎疫情的影响及应对措施（订单生产困难等）。

③受新冠肺炎疫情影响成本的变化及应对措施（交通运输、人力资源成本等）。

④上下游境况及稳定措施。

⑤遇到的危机及解决措施。

3. 抗疫措施

①线上办公及成效。

②网络信息安全系统及改进。

③新冠肺炎疫情恢复状况（应对新挑战的方式）。

4. 纾困政策

①享受到的纾困政策（减税降费、援企稳岗等）。

②减免政策（减免房屋租金等）。

③政府存在的问题（需要增加哪些纾困政策）。

（二）调查任务分配

此次任务分为前中后期。前期重在任务的分配以及时间节点的安排，中期负责采访与相关文档的撰写及整理，后期负责报告及相应成果的撰写，见表 1。

表 1　调查任务分配

时间段	人　员
前期 （访谈提纲、申报表）	韦婷、徐含笑、莫妮嘉、李韫琪、臧健翔、李珂、周诗睿、张子玮、林佳莹、俞菁涛、倪君晔
中期 （联系企业、参会及会议记录等）	全员
后期 （报告等）	全员

（三）工作时间安排

此次活动的采访时间主要集中在 2022 年 7 月、8 月，各企业的详细采访时间见表 2。为统计方便，本文中的所有表将企业名称省略，以表 2 中的序号指代。

表 2　工作时间安排

序号	企业名称	采访时间	访谈录等时间段
1	递易（上海）智能科技有限公司	7 月 6 日	7 月 6 日—7 月 13 日
2	申通快递有限公司	7 月 15 日	7 月 15 日—7 月 22 日
3	上海圆通速递（物流）有限公司	7 月 15 日	7 月 15 日—7 月 20 日
4	上海欧恒物流有限公司	7 月 17 日	7 月 17 日—7 月 21 日
5	上海同华物流有限公司	7 月 22 日	7 月 22 日—7 月 25 日
6	鲸灵智能有限公司	7 月 25 日	7 月 25 日—7 月 29 日
7	大福（中国）物流设备有限公司	8 月	8 月 29 日截止

三、问卷调研结果统计分析

（一）样本基本情况

本次问卷调查收集到了包括递易（上海）智能科技有限公司、申通快递有限公司、鲸灵智能有限公司、上海欧恒物流有限公司、上海圆通速递（物流）有限公司、上海同华国际物流有限公司、大福（中国）物流设备有限公司在内的 7 家企业答卷。

1. 行业与规模分析

本节总结了所调查的 7 家企业的外贸类型、所处行业、所处产业链的环节以及规模情况（包含企业类型和主要业务），见表 3。

表 3　调查企业所处行业与规模分布

序号	外贸类型	所处行业	所处产业链环节	规模情况	
				企业类型	主要业务
1	外贸物流企业	交通运输、仓储和邮政业	中游（仓储运输）	中型交通运输企业	多式联运和运输代理
2	外贸配套服务企业	交通运输、仓储和邮政业	中游（仓储运输）	中型交通运输企业	多式联运和运输代理
3	其他：国内国外物流企业	交通运输、仓储和邮政业	中游（仓储运输）	微型交通运输企业	多式联运和运输代理
4	外贸物流企业	交通运输、仓储和邮政业	中游（仓储运输）	中型交通运输企业	装卸搬运和仓储
5	外贸综合服务平台	交通运输、仓储和邮政业	中游（仓储运输）	大型交通运输企业	多式联运和运输代理
6	外贸生产企业	制造业	提供设备制造	大型设备制造企业	专用设备制造
7	非外贸直接相关企业	信息传输、软件和信息技术服务业	上游（研发设计）	小型信息技术服务业	软件和信息技术服务

2. 盈利分析

本节总结了所调查的 7 家企业的盈利情况，包含平均年净利润率、新冠肺炎疫情影响程度以及影响方面三个因素，见表 4。可以看出有 6 家企业依然保持着盈利状态，其中 2 家平均年净利润率可达 10% 及以上。有 3 家企业受到新冠肺炎疫情的影响较严重。

表 4　调查企业盈利情况

序号	平均年净利润率	新冠肺炎疫情影响程度	影　响
1	5% ~ <10%	影响比较严重	订单下降、经营收益减少；限制开工；租金等固定成本负担过重；人工成本负担过重
2	3% ~ <5%	没有影响	—
3	≥10%	影响比较严重	订单下降、经营收益减少；由于新冠肺炎疫情造成的生产成本增加（劳动防护、物流运输等）；物价上涨

续　表

序号	平均年净利润率	新冠肺炎疫情影响程度	影　　响
4	3% ~ <5%	影响轻微	—
5	≥10%	没有影响	—
6	5% ~ <10%	影响比较严重	原料不足、供应链中断；由于新冠肺炎疫情造成的生产成本增加（如劳动防护、物流运输等）
7	亏损	影响轻微	—

（二）新冠肺炎疫情环境下企业韧性分析

1. 生产现状

本项目的调查问卷主要包含了 7 家物流行业相关企业复工时间、产能恢复情况和制约经营绩效的主要因素，统计结果如图 2、图 3 和图 4 所示。

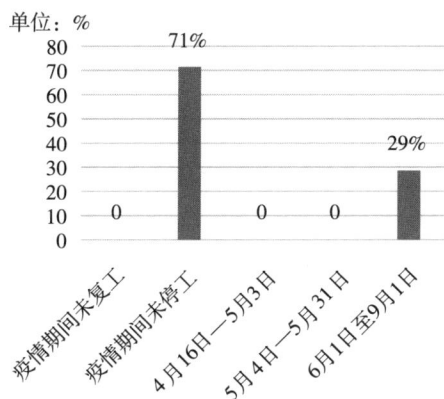

图 2　物流企业复工时间

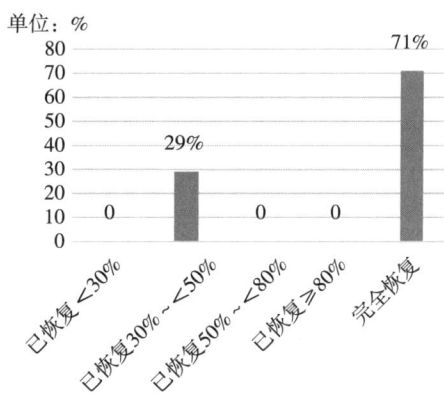

图 3　物流企业产能恢复情况

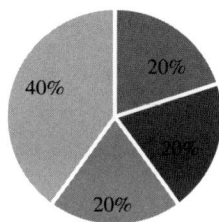

图 4　现阶段制约物流企业经营绩效的主要因素

根据调查结果可知，7 家物流企业中 5 家企业在新冠肺炎疫情期间未停工，2 家于 6 月 1 日复工复产；在产能恢复问题中，5 家企业已完全恢复产能，2 家企业恢复

30%~50%（不含50%）产能；在现阶段制约物流企业经营绩效的因素主要聚焦在物流问题、贸易壁垒、员工问题上，其他制约因素包括订单下降、海运需求下降等。

在线上访谈过程中，本组主要了解了各企业在新冠肺炎疫情防控阶段的现状和困境，测度新冠肺炎疫情冲击下上海及长三角地区物流行业的企业韧性，探索企业韧性的主要影响因素。

（1）递易（上海）智能科技有限公司

递易（上海）智能科技有限公司在新冠肺炎疫情下，大物流端受到限制，无法在线销售，供应链的仓库有很多阻力，人力成本、房租等经营压力以及出口订单暂停等情况使企业上半年的经济效益受到一定冲击。

（2）上海欧恒物流有限公司

上海欧恒物流有限公司在新冠肺炎疫情期间整个物流都没有停工，受新冠肺炎疫情影响开工率有所下降，困境首先是人员流通上的困难，其次是进口的货物受到防疫限制，最后是过度防疫导致运输效率变差。

（3）申通快递有限公司

申通快递有限公司在上海新冠肺炎疫情期间210个网点几乎都被暂停，物流基本停摆，业务量减至20%。受访者表示影响是完全负面的，需要一段时间消化。

（4）鲸灵智能有限公司

鲸灵智能有限公司在新冠肺炎疫情期间总体影响不大，但许多商家没有产出、线下品牌活动无法正常开展等因素，对企业有间接的影响。

（5）上海圆通速递（物流）有限公司

受上海新冠肺炎疫情影响，圆通速递曾短暂停工约半个月，5月上旬复工以来，各项相关工作正积极有序推进，现金流满足企业正常运转。

（6）上海同华物流有限公司

新冠肺炎疫情以来上海同华物流有限公司的生产状况与经营难题集中在线上作业遇阻和业务减少。这种情况直至4月下旬，得到了车辆支援后才有所好转。但是部分客户对上海港口的业务、码头以及运输能力的恢复没有信心，使同华的货量减少了20%~30%，造成了较大损失。

（7）大福（中国）物流设备有限公司

大福（中国）物流设备有限公司在新冠肺炎疫情期间面临的困境主要为发货时间长、线上办公不便，由于所处行业周期较长，因此订单现场落实安装受到影响，并且预计2023年订单量将会下滑。

2. 应对措施

在新冠肺炎疫情期间，调查问卷中物流企业应对原材料短缺、资金链短缺、新冠肺炎疫情造成的合同履约问题应对措施统计结果如图 5、图 6 及图 7 所示。

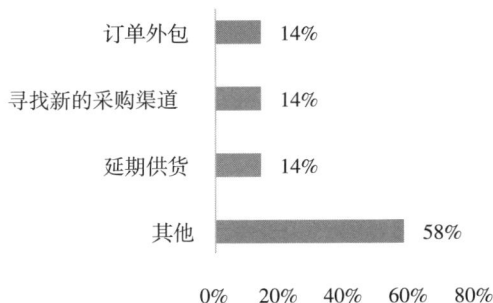

图 5　样本物流企业应对原材料短缺措施

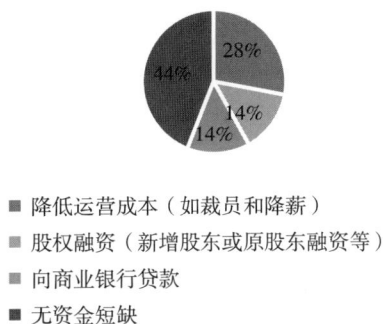

图 6　样本物流企业应对资金链短缺措施

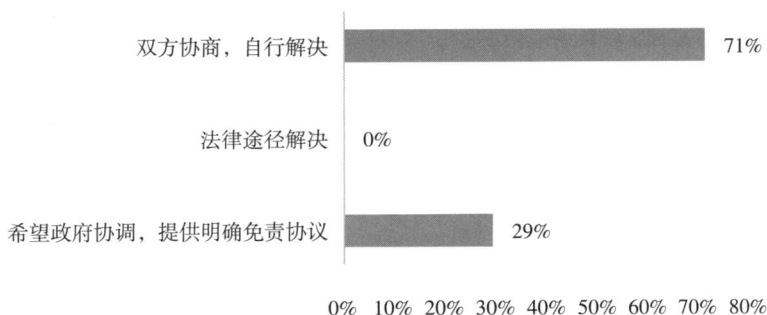

图 7　样本物流企业应对合同履约问题应对措施

　　根据调查结果显示，在应对原材料短缺措施方面，分别有 14% 的物流企业采取订单外包、寻找新的采购渠道和延期供货的方式，剩余 58% 的物流企业不涉及原材料短缺问题；在应对资金链短缺措施方面，44% 的物流企业无资金短缺情况，14%的物流企业主要通过股权融资（新增股东或原股东融资等）的方式，14% 的物流企业主要通过向商业银行贷款方式解决资金链短缺问题，而 28% 的物流企业采取降低运营成本（如裁员和降薪等）的方式；对于疫情期间产生的合同履约问题，71% 的受调查物流企业采取双方协商、自行解决的方式，29% 的企业表明希望政府协调，提供明确的免责协议。

3. 未来发展

（1）发展计划

　　各企业的未来发展计划如图 8 所示，7 家物流企业中 3 家企业选择保持现状，3家企业未来将采取扩张战略，1 家企业不确定。

（2）开支计划

　　在本次线上访谈过程中，本小组对物流行业相关企业新冠肺炎疫情期间的成本结构进行了深入调查，了解企业当前所处的困境，如图 9 所示。

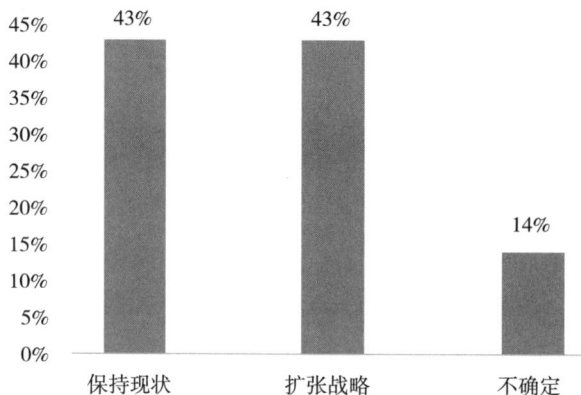

图8　样本物流企业就目前经济形势未来发展计划

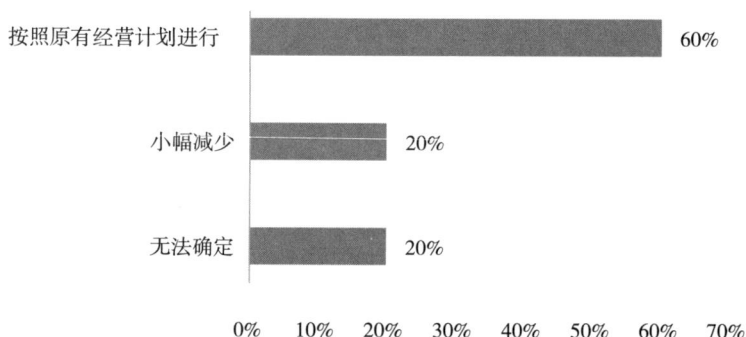

图9　样本物流企业未来开支计划

①递易（上海）智能科技有限公司：主要成本结构为人力成本、研发成本等；困境为末端成本较高，目前困境为无法兼顾"最后一公里"的派送问题。

②上海欧恒物流有限公司：主要成本结构为人员开销、场地司机的办公场所、停车场包括作业的消杀场所和固定资产投入。困境首先为国际油价上涨，汽油采买成本上升；其次为开工率不足，作业规模化无法体现，造成其他方面成本上升。

③申通快递有限公司：主要成本结构为固定成本支出和经营成本；困境为人员流失以及油价上涨导致车辆的运营成本激增。

④鲸灵智能有限公司：主要成本结构为维系品牌和维系客户，即公司所对接的商家店主和团购的团长；困境为上下游对接以及发货受到疫情影响。

⑤上海圆通速递（物流）有限公司：主要成本结构为运输成本、操作成本和人力成本；困境为订单减少、员工离职、货车运输费用上涨，导致成本提升，并且面临从劳动密集型向技术密集型的转型。

⑥上海同华物流有限公司：主要成本结构为管理成本和服务客户过程中产生的业务成本；困境为国际形势的变化对国际供应链也产生了较大的影响，上半年经济

效益未达预期。

⑦大福（中国）物流设备有限公司：主要成本结构为管理费用、操作费用；困境为工厂无法开工，货物积压。

（三）从样本企业视角看纾困政策实施情况

1. 帮扶力度

本组调查了7家企业认为政府帮扶的力度情况，包含减税降费、援企稳岗、疫情防控、金融融资四个方面。综合来看，企业普遍认为政府对政策的宣传不够，导致企业对政策的知晓度不高；政府对政策的解读不到位，涉及的事项办理较为繁琐，这都是政府亟待改进的地方，需要简化办事流程，提高办事效率。同时部分企业认为帮扶力度不够大，再担保费率较高，优惠政策的门槛较高、范围较窄。

2. 落地实效

调查结果显示，5家企业经帮扶后现金流恢复到正常水平，其中3家企业营业利润能增加10%以内。对于金融服务优惠政策，4家企业表示基本缓解现金流压力，见表5。

表5　调查企业中政策落地实效情况

序号	现金流变化	营业利润变化	金融服务优惠政策
1	恢复到正常水平	增加10%以内	基本缓解现金流压力，可正常运营
2	恢复到正常水平	增加10%以内	基本缓解现金流压力，可正常运营
3	没有明显恢复	没有作用	没有效果
4	恢复到正常水平	增加10%以内	基本缓解现金流压力，可正常运营
5	恢复到正常水平	没有作用	基本缓解现金流压力，可正常运营
6	恢复到正常水平	没有作用	没有效果
7	没有明显恢复	没有作用	没有效果

（四）纾困增效政策需求最需支持方面

样本企业纾困增效政策需求最需支持的方面聚焦于新冠肺炎疫情后的成本补贴包括租金成本、人工成本等，其余主要为交通运输恢复政策、进出口政策、减税降费政策等，见表6。

表6　政策需求最需支持方面统计

选项	小计	比例/%
成本补贴（租金成本、人工成本等）	5	100
开通进出口绿色通道	2	40
恢复交通物流通道	2	40
利息减免	2	40
税收优惠	2	40
灵活用工政策、社保政策	1	20
提供贷款等金融支持，降低企业融资难度，拓宽融资渠道	1	20

　　同时，本小组在与物流行业相关企业访谈过程中立足企业感受，考察现阶段减负纾困政策实施情况，分析帮扶力度和落地实效，梳理当前物流行业相关企业亟待满足的纾困增效政策需求。

　　1. 递易（上海）智能科技有限公司

　　（1）房屋租赁减免政策支持；

　　（2）水电气方面减免政策支持；

　　（3）社保率下调；

　　（4）减税降费政府帮扶；

　　（5）担保费率、贷款率下调。

　　2. 上海欧恒物流有限公司

　　（1）合理管控人员流动政策支持；

　　（2）针对性补偿机制政策支持；

　　（3）希望政府在制定政策方案时将特殊行业也纳入考量，出台细则措施，并且保证推进与执行的力度；

　　（4）公开调控措施，避免信息落差。

　　3. 申通快递有限公司

　　（1）用工补贴；

　　（2）申请贷款贴息；

　　（3）营收的奖励补贴；

　　（4）移动中心和网点的新冠肺炎疫情消杀补贴。

　　4. 上海圆通速递（物流）有限公司

　　（1）房屋租金减免；

（2）加大快递业的税收优惠力度，扩大增值税免征范围；

（3）对养老保险、失业保险、工伤保险、住房公积金等予以一定比例的减免；

（4）建议加强治理以价格战为代表的恶性不正当竞争。

5. 上海同华物流有限公司

（1）低息小额贷款的利息能够更低，额度能够更大；

（2）期待中国的政策能够更加开放；

（3）希望政府能够推出更完善的人才培养政策，促进求职者的就业，帮助企业解决人才不足、员工年龄结构老龄化等问题。

6. 大福（中国）物流设备有限公司

（1）补贴具体化；

（2）政策能够尽快真正落实。

四、现存问题分析

通过上述的调研结果统计分析，并结合企业访谈情况，我们对所调研的 7 家企业在新冠肺炎疫情中所面临的困境进行总结，并分别从每个企业出发，分析它们所遇到的困境和挑战。

1. 上海欧恒物流有限公司

上海欧恒物流有限公司从产业链来说主要负责进出口报关，包括物流运输、国外采购等。欧恒公司负责的是上海口岸的整个进出口业务，在贸易的一端以货物集装箱运输为主，从属于港区物流。在新冠肺炎疫情的巨大冲击和考验下，欧恒公司主动调整了很多方面来适应新的政策，但是仍然遇到了一些问题。

（1）人员流通困难

因为新冠肺炎疫情的冲击，参与公司日常业务的人员减少，流通效率也大大降低。

（2）政策不完善

由于新冠肺炎疫情初期，政府没有太多实际经验，而且上海新冠肺炎疫情较为严重，导致部分政策不能应用于实际生活中。虽然企业享受了一些优惠补贴政策，但由于处于中间服务行业，政府政策落实过程中也存在着一些时空落差和偏向性，最终落到实处的并不多。

（3）过度的防疫限制

企业主营进出口贸易，进口的货物受到防疫限制，导致操作能力下降，货物进口的效率降低。新冠肺炎疫情期间行业要求等级增加，因此出现了开工率不足、运输效率差等实际问题。

（4）物流行业下游不稳定

受新冠肺炎疫情影响，居民大量囤货，售卖率波动大。

2. 申通快递有限公司

申通快递在提供传统快递服务的同时，不断积极开拓新兴业务，为客户提供一站式物流服务。申通快递积极投入建设全球海外仓服务体系，为全球跨境电商提供头程运输、清关、仓储管理、库存管控、订单处理、物流配送和信息反馈等一条龙供应链服务。在此基础上，作为家喻户晓的快递公司，申通在面对新冠肺炎疫情时也受到了很多挑战。

（1）快递运输效率大大降低。

（2）政策与快递公司的需求没有很好地契合。

3. 递易（上海）智能科技有限公司

从财务的角度来说，递易的主要业务分为产品和服务。公司一方面在国内外都能提供各种各样智能末端设备，另外还有支撑这些智能硬件设备的一些末端辅助设备。简言之是做了快递行业的聚合，给各个快递公司做末端派送服务。在新冠肺炎疫情冲击下，遇到的问题主要有以下几点。

（1）大物流端受到限制

供应链的仓库有很多阻力，人力成本、房租等经营压力以及出口订单暂停等情况使企业上半年的经济效益受到一定冲击。

（2）末端成本很高

目前无法兼顾"最后一公里"的派送问题。

（3）水电气方面的减免政策暂未享受

一方面目前水电气方面使用的成本率不是太高，另一方面园区可能会有政策执行顺序，是先执行房屋租赁的减免政策，后期物业才可能跟进。

4. 鲸灵智能有限公司

作为一个互联网企业，鲸灵属于私域电商，服务于微信等平台的店主或者团长，作为中间的桥梁对接商家和客户，与公域电商相比作用于不同的客户群体。在新冠肺炎疫情冲击下，鲸灵遇到了以下的问题。

（1）产业链的下游出现隔阂

下游即对接的客户可能会出现隔阂，并且与客户的线下活动次数和到场人数大幅减少，上游商家的溯源活动也同时减少甚至几乎没有，间接影响用户对新兴产品、品牌的信任度。

（2）客户对接出现问题，用户无法正常收货

（3）用户和商家并不非常需要中间商

团购形式逐渐兴起，有一部分平台抽取的提成较少，销售量较大。

5. 上海圆通速递（物流）有限公司

圆通拥有圆通速递（600233）和圆通速递国际（06123）两家上市公司，主营业务为国内快递、航空运输、国际货代、国际快递及国际供应链，是一家集快递物流、科技、航空、金融、商贸等于一体的综合物流服务运营商和供应链集成商。在新冠肺炎疫情冲击下，圆通出现了以下的问题。

（1）从劳动密集型向技术密集型的转型。

（2）部分纾困政策未得到享受或享受力度不大。

建议加大快递业的税收优惠力度，扩大增值税免征的范围，同时对养老保险、失业保险、工伤保险、住房公积金等予以一定比例的减免。

（3）面临一线人员流失和业务量激增的难题。

圆通总部通过免息资金支持、考核调整支持、防疫派费支持、超重派费支持、防疫物资支持、统一核酸检测支持等六大措施，抗击新冠肺炎疫情以确保生产。

6. 上海同华物流有限公司

上海同华物流有限公司成立于 1997 年，是隶属于上海同华国际物流（集团）有限公司供应链板块的子公司。其主营业务包括与进出口贸易海运物流、仓储等相关的供应链，有时还兼顾通关、报关和一些国内运输服务。在新冠肺炎疫情期间，同华遇到了以下问题。

（1）线上作业遇阻

对于海关申报、港口仓库等作业，同华都采用了无纸化形式，但单证或海运的提单仍需纸质版本，管控使纸面文件的流通受到了很大影响。

（2）业务减少

因为新冠肺炎疫情，部分客户对上海港口的业务、码头以及运输能力的恢复没有信心，会选择将货物运往天津、大连、宁波、深圳等其他港口，使同华的货量减少了 20%~30%，造成了较大的损失。

7. 大福（中国）物流设备有限公司

大福于 2002 成立于上海，是日本株式会社大福的独资子公司。大福从事全自动洗车机、半自动洗车机销售及服务。虽然是日本的独资子公司，但大福的大部分业务面向国内客户，基本没有对外销售，但也会承包一些国内企业在海外建厂的出口业务。在新冠肺炎疫情期间，大福遇到了部分问题。

（1）积压的货物导致公司运转不顺利

4 月到 6 月期间，上海呈管控状态，大福的工厂无法开工，积压的货物也无法按时出货，公司运转得十分不顺利。

（2）帮扶措施未落到实处

解除管控后，当地政府积极与大福总务部联系，询问帮扶事宜，但是没有说明有哪些具体的补贴，各种政策还没有真正落到实处。

五、结论与建议

（一）调研结论

快递行业作为服务业的先导行业，是在 2022 年席卷上海的新冠肺炎疫情中后期最先复工复产的行业之一，也是农业、制造业、医药行业和电商网购业等多个行业的基础设施和支撑保障。2022 年的新冠肺炎疫情，对中国经济按下暂停键，再按下加速键。对于中国快递业而言，必须把握时机，加快转型发展。新冠肺炎疫情过后，经济发展转向新环境，快递业走向新格局。中国物流寄递业务，应该承担更大的历史责任。

在线上访谈过程中，本小组主要访谈了新冠肺炎疫情下长三角地区物流行业的多家企业，了解新冠肺炎疫情防控阶段长三角地区物流行业企业现状和面临困境，测度新冠肺炎疫情冲击下长三角地区物流行业的企业韧性，探索企业韧性的主要影响因素。综合来看，企业普遍认为政府对政策的宣传不够，导致企业对政策的知晓度不高；政府对政策的解读不到位，部分内容不明确；政策涉及的事项办理较为繁琐，办理时间较长，这都是政府亟须对服务工作进行改进的地方。同时部分企业认为帮扶力度不够大，优惠政策的门槛较高、范围较窄。这些需要政府针对不同的企业对症下药，能明确并制订更完备详细的计划。

（二）建议

从行业层面来说，面对各种不确定性，提升自身实力是根本。只有全面提升管理、科技、组织等实力，全面对标，查漏补缺，才能应对未来的不确定性，并推动物流行业的发展，帮助各个公司顺利渡过新冠肺炎疫情难关，从容面对种种考验。

1. 明确商业定位，确定发展战略

快递主要支撑商家至个人的商业模式运转，以个人至个人的政务件、商务件，商家至个人的电商快递件，以及电商自建物流的仓配件为例，三种模式的组网模式、成本构成以及客户群体、客户需求有着天壤之别，因此不同的企业要对症下药，建立适合自己的商业模式，找准自己的定位，才能更好地渡过新冠肺炎疫情的难关。

2. 创新激励机制，萌生发展动力

从业人员工作的积极性、主动性和创造性，对于逐渐进入精细化管理阶段的快递行业而言至关重要。当前，快递物流行业中已有邮政的众创众享、准加盟制和创业经营三种模式，顺丰的伙伴计划和创业计划，中通的同建共享，德邦的事业合伙人，京东物流的 Big Boss 激励机制，三志物流的阿米巴经营等，快递物流行业外的案例更是不胜枚举。在快递物流行业已经进入行业增速下降通道、科技竞争日趋激烈、资本加快介入的发展阶段，企业运营的内生动力将是区别企业生存和发展能力的关键因素之一。

参考文献

［1］张功. 快递行业深度剖析：看懂行业的 β + α. 2022.

［2］芦哲. 如何刻画疫情对供应链的冲击. https：//pdf. dfcfw. com/pdf/H3_AP202204211560607879_ 1. pdf？1650543449000. pdf. 2022.

［3］张永立，史铭伟，高晗. 新冠肺炎疫情对经济影响测度分析［A］. 2020 年（第七届）全国大学生统计建模大赛优秀论文集［C］，2020.

［4］何诚颖，闻岳春，常雅丽，耿晓旭. 新冠病毒肺炎疫情对中国经济影响的测度分析［J］. 数量经济技术经济研究，2020（05）.

调研感悟

（一）指导教师调研感悟

1. 刘慧

2022 年的"访万企，读中国"活动在疫情中启动，对大家都有着特殊的意义。"访万企，读中国"活动的迷人之处在于从一个个或大或小的企业中，能看到中国经济的一个个真实缩影。虽是"管中窥豹"，但是真实的案例远不同于教材或者新闻。在疫情的冲击下，哪些企业更有信心？哪些企业能活下来？哪些企业能更上一层楼？暑期的调研是我们深入思考这些问题的起点，是一株"扎根中国大地"的研究萌芽，在未来或能开花结果。

2. 徐昕

本次活动历时整个暑假，团队成员在此过程中克服各项困难，认真、圆满完成了调研任务，高质量地撰写了调研报告，实践和研究能力都得到了有效提升。期待

调研结果和撰写的报告能够切实对物流企业更好地发展贡献力量。

(二) 团队成员调研感悟

1. 韦婷

首先我非常荣幸可以参与此次调研活动,并担任队长一角。六月至八月正是企业复工繁忙之际,感谢所有参与我们活动的企业,共同为此次深度调研出谋划策。同时也感谢刘慧、徐昕两位老师在调研过程中提供的指导。希望"访万企,读中国"的活动能走入更多城市、更多行业,让来自一线的真实数据、调研中产生的深度思考为以后各类决策提供更多的帮助。

2. 林佳莹

我很荣幸参与这次的课题研究。本次新冠肺炎疫情期间,快递的停摆让更多人感受到物流行业的便捷性和重要性,作为终端的客户对运力的需求也使物流行业难以外迁,因此,物流企业在新冠肺炎疫情后的运营生产也存在不少难点。在本次研究过程中,我对物流企业的数字化组织管理的提升方向有了更多的了解,也通过访谈更深刻地理解了物流行业对纾困政策的现实需求。

3. 李珂

首先我非常幸运能参此次调研,通过对长三角地区物流企业的采访调查,我对此次新冠肺炎疫情对物流行业的影响、新冠肺炎疫情期间物流产业链的运作、后疫情时代物流企业自身复工复产、政府与相关部门的扶持政策有了更清晰的认知。资料的收集与整理,也有利于我们进一步针对目前物流企业存在的问题向相关部门提出有效建议,助推物流行业更好地发展。

4. 李宛芯

我负责的任务主要是进行公司采访,整理访问笔记以及对组内的各种文件进行整合。"纸上得来终觉浅,绝知此事要躬行。"这次暑期实践活动使我了解到新冠肺炎疫情背景下上海各个快递公司的政策和应急措施,对我来说受益匪浅。

5. 沈倍羽

我很荣幸能够在2022年暑假参加本次社会调查项目。通过线上访谈的形式,我们对新冠肺炎疫情冲击下的物流行业企业进行调查,了解到企业的压力、困境和政策落实,并且立足企业实际提出相关发展、政策的建议。本次活动不仅使我收获到了访谈、实践方面的经验,也是一次关注、聚焦社会的机会,使我受益良多。

6. 莫妮嘉

参与学院的活动,让我加深了对新冠肺炎疫情后物流企业所处现状以及纾困政策的认识,能将自己的所学知识运用到实践中是一件具有重要意义的事。我希望以后还能继续参与这样的活动。

7. 汤诗琪

通过此次"访万企，读中国"调查项目，我对新冠肺炎疫情防控阶段上海及长三角地区企业现状有了更深的了解，希望通过对政策帮扶力度和落地实效的分析，向政府提出惠企举措的政策建议，给疫情影响下的企业带来有利的恢复途径。我希望今后还能继续参与这类活动。

8. 臧健翔

我非常荣幸能够有机会参加"访万企，读中国"专项社会实践活动，线上面对面地获取企业在新冠肺炎疫情冲击下的实况反馈。首先感谢我们组的两位负责老师刘老师与徐老师在访谈实践过程中为我们指点迷津。同时感谢各企业的支持与配合，耐心全面的分享让我们深刻了解到物流以及相关企业在新冠肺炎疫情冲击下的企业现状、困境，以及政府推出相应的纾困政策。

9. 李韫琪

在本次活动中我更深地体会到了物流企业在新冠肺炎疫情中的困境与挣扎，在与各物流企业经理的交流和沟通中也感受到他们工作的辛苦与繁忙，这让我与社会的联系及对社会的认识更近一步。

10. 宋思颖

通过这次"访万企，读中国"活动，我了解到新冠肺炎疫情背景下物流企业的管理模式现状，探究不同企业对于危机的处理方式以及政府的纾困帮扶政策，开阔了眼界，深度了解了当今社会的难题。这是一次非常有意义的体验。

11. 周诗睿

我很高兴和团队的小伙伴一起参加了"访万企，读中国"的调研活动，在调研过程中我深入了解到了新冠肺炎疫情期间企业的经营状况、遇到的难题以及解决方案，也在徐昕老师、刘慧老师的指导下一次次完善调研报告和推送。总体而言，我在调研中收获了很多，也希望2023年可以继续参加。

12. 俞菁涛

通过此次调研，我自身的能力得到了锻炼提高，同时我充分认识到自己知识的不足、眼界的有限。我需要在学习时更加刻苦努力，拓宽知识面，还要用不同的眼光看待问题。通过组内交流商讨，我对事物的认识更加全面、客观、科学。

13. 张子玮

我很荣幸能够参加此次调研活动。通过线上访问等形式，我们小组实际了解到了物流行业的多家企业面对疫情的实际现状、困境、应对举措以及政策等相关方面。看到各家企业克服新冠肺炎疫情困难的积极举措，政府、银行等的暖心帮助，我深感在重大困境下社会集体相互协作、团结互助的重要性。

14. 倪君晔

在本次"访万企，读中国"的实践活动中，我和其他几位伙伴通过线上的方式先后访问了几家物流公司。在访问的过程中，我们感觉到这些平常看起来遥远的物流企业，其实与我们的生活息息相关，我们看到的服务是它们内部精心推演了很多次的结果。这次活动让我从外部旁观者的角度切换到内部知情者的角度，加深了我对于新冠肺炎疫情背景下物流企业的生存环境和相应纾困政策的印象，让我收获满满。

15. 徐含笑

我很荣幸能参加这次"访万企，读中国"社会调研活动。新冠肺炎疫情当下，许多物流企业都或多或少遭受了困境，我们小组对于递易、圆通等上海地区的物流企业做了深度调研和采访，了解了其复工状况、面临难题、未来预期发展等。在这过程中我也更了解物流企业的运作及相关知识，拓展了数据分析、文献整理等相关技能，收获了一群有能力的伙伴。在新冠肺炎疫情肆虐的情况下参加这次活动，不仅是对自身能力的考验，也体现了作为上外贸一份子的我们对社会所做的积极贡献。

新冠肺炎疫情下内部控制对汽车制造业企业韧性的影响因素及经济后果研究

潘 欣 屠美晶 沈志伟 陈博远 李嘉骏 沈兆峰 李蕙兰 刘人玮 李雨瑶
向文霞 杨晨洁 康乃馨
指导教师：孟怡珺 刘关福

摘要

2022 年，以上海为中心的新一轮新冠肺炎疫情防控管理，给汽车制造业造成了不小的冲击，长三角作为汽车产业链的聚集地区，受到的冲击尤为明显。在此次突发卫生事件中，企业韧性起到了关键的作用。为了探究内部控制对汽车制造业企业韧性的影响及经济后果，本次针对长三角地区的四家上市汽车制造业企业进行了问卷与访谈形式的调研，并对数据进行分析，结果表明内部控制与制造业企业韧性存在显著关联性，其中资产安全与报告可靠层级相关性最高。本文根据访谈与数据分析结果，为企业提高韧性、应对新冠肺炎疫情提出了内部控制方面的建议。

关键词：汽车制造业；企业韧性；内部控制

一、调研背景和意义

2022 年，以上海为中心的新一轮新冠肺炎疫情防控管理对上海经济的发展造成了极大冲击。根据上海市统计局公布的数据，2022 年上半年上海全市生产总值 19349.31 亿元，同比下降 5.7%，除此之外，其他几个经济指标也在集体下滑，第二产业增加值同比下降 13.7%，社会消费品零售总额同比下降 16.1%。由此可见，此次新冠肺炎疫情对上海的经济影响是深远、重大的。由于新冠肺炎疫情冲击所导致的防控管理、停工停产等问题，使上海地区的汽车制造业的正常生产经营面临前所未有的挑战。同时，我国大部分汽车配套的零部件生产厂商聚集在长三角地区，在长三角地区形成了产业链，因此此次新冠肺炎疫情不仅仅只是影响了长三角地区，甚至全国的汽车制造业都受到了波及。我国的汽车制造业企业面临着订单下降、固定成本负担过重、人员沟通不畅，以及可能带来的信用和现金链短缺等困境。

面对复杂的外部环境，如何调整企业内部控制要素使企业本身能够拥有足够强大的韧性来克服困难是企业首要的斟酌方向。企业韧性强调企业有能力应对突发事件和非常态环境，使企业迅速恢复到原始平衡状态甚至超越原始状态，它是每个企业都应该具备的积极状态。内部控制是企业重要的内部治理机制，有助于企业及时发现内部各方发生的不具主观故意性的随机错误，内部控制通过对企业原有代理成本较高的合约进行改变和重构，使得委托人限制代理人自利行为的成本不断降低，从而缓和代理问题，降低企业风险。

本次调研通过对四家长三角地区汽车制造业企业进行访谈，对企业内部控制模式及面对新冠肺炎疫情所采取的措施进行充分调研。

二、调研方案与实施

（一）调研方法

（1）文献归纳法。基于对国内外文献的归纳整理，初步了解企业韧性以及内部控制相关理论，分析两者的相关性，为后期访谈以及数据分析打下理论基础。

（2）问卷与访谈调查法。通过向目标访谈企业进行问卷调查与访谈，了解企业与行业相关情况，调查企业为应对新冠肺炎疫情所采取的措施，以及受新冠肺炎疫情冲击造成的损失与恢复情况，为后期数据分析获得一定的倾向性。

（3）数据分析法。通过选取样本数据，使用灰色关联度分析法，研究内部控制质量与汽车制造业企业韧性之间的相关性，从而提出有针对性的建议。

（二）调查对象

特百佳动力科技有限公司、奇瑞汽车股份有限公司、上海玖行能源科技有限公司、淮安宏能集团有限公司等长三角汽车制造业企业及相关负责人等。

（三）调研任务分配

表1　调研任务分配表

职责	对接单位或人员	人　员
联络工作	调研指导教师	孟怡珺、刘关福
	统计与信息学院	孟怡珺、刘关福
	宣传	潘欣
过程管理	线上访谈会议主持人	潘欣、李嘉骏、康乃馨、杨晨洁
	资料网盘管理	潘欣
	线上访谈会议录屏	李嘉骏
	线上访谈会议录音、截屏	向文霞、康乃馨、杨晨洁
	新闻稿撰写及微信公众号推送制作	刘人玮、李雨璠、康乃馨、沈志伟、屠美晶
文字撰写	论文报告	（基本信息）李嘉骏、沈兆峰、刘人玮、李蕙兰 （结论分析）潘欣、李雨璠、向文霞、康乃馨、杨晨洁、陈博远、屠美晶、沈志伟

（四）调研工作时间安排

表2　调研工作时间安排表

时间	安排	备注
6月10日—7月3日	（1）前期工作调研：确定研究内容 （2）确定所有企业访谈时间 （3）设计自选问卷 （4）访谈提纲撰写	前期准备
7月5日—8月1日	（1）7月6日调研访谈奇瑞汽车股份有限公司 （2）7月23日调研访谈特百佳动力科技有限公司 （3）7月26日调研访谈淮安宏能集团 （4）8月1日调研访谈上海玖行能源科技有限公司	中期采访调研（采访前四天需提交访谈纲要、采访当天做好访谈纪要和整理工作）
8月5日—8月25日	（1）完成调研报告 （2）政策建议专报 （3）典型案例报告 （4）整理打包所需材料	总结报告

三、问卷调研结果统计分析

2022 年，上海新冠肺炎疫情对长三角汽车制造业企业造成了巨大的影响，同时也波及产业链的其他环节。本文通过调研样本基本信息以及受访者对新冠肺炎疫情下企业发展的观点引申出新冠肺炎疫情下汽车制造业企业的发展现状，并结合访谈内容总结出内部控制措施对于提高汽车制造业企业韧性的作用。在新冠肺炎疫情背景下，对风险进行准确评估、采取有力的控制措施，并且快速传递有效信息、做好信息沟通的企业能够表现出极强的韧性，新冠肺炎疫情过后也能够快速恢复活力。

（一）样本基本信息

针对研究主题，我们选取了四家企业，分别是：奇瑞汽车股份有限公司、淮安宏能集团有限公司、特百佳动力科技有限公司、上海玖行能源科技有限公司。这四家企业都位于长三角地区，是汽车制造业以及相关上下游企业，通过访谈这几家企业能从微观视角了解长三角地区汽车制造业整体情况，了解新冠肺炎疫情对长三角地区汽车制造业企业所造成的冲击。同时，通过了解这几家企业所采取的应对新冠肺炎疫情措施以及后续恢复状况，可以获得一定倾向性，为后续研究内部控制与企业韧性关联性提供支持。

1. 上海奇瑞汽车股份有限公司

上海奇瑞汽车股份有限公司成立于 1998 年，主要业务是汽车生产和销售，还有造船、地产、服务等其他板块业务。目前公司资产为一千多亿元，年销售额为一千亿元左右，自主汽车出口销量排名第一。目前公司最大成本在于汽车生产制造材料，还有经销商成本、固定费用、财务费用等。公司产品覆盖乘用车、商用车、微型车等领域。

2. 淮安宏能集团有限公司

淮安宏能集团有限公司成立于 2002 年 8 月 29 日，位于江苏省淮安市，为江苏苏电集体资产运营中心成员，是一家以从事科技推广和应用服务业为主的企业。主营业务涉及新能源汽车充电站设施的建设、安装、设计、维护、运营。从事两千伏及以下电力工程的施工、运维、检修、不停电作业，以及十千伏及以下电力工程设计综合能源服务，是淮安地区唯一具有国家电力工程施工总承包一级资质的企业。

3. 特百佳动力科技有限公司

特百佳动力科技有限公司成立于 2016 年 5 月 30 日，经营范围包括一般项目：技术服务、技术开发、技术咨询、技术交流、技术转让、技术推广；电子专用设备销售；工业自动控制系统装置销售；电池销售（除危险化学品）；新能源汽车整车销售；新能源汽车电附件销售；新能源汽车换电设施销售；蓄电池租赁；采矿、冶金、建筑专业设备制造（仅分割、焊接、组装）；纯电动（EV）产品、混合动力（PHEV）产品、客车AMT产品、直驱系统（整车控制+驱动电机）产品、智能高压配电盒生产和销售；专用设备修理；电气设备修理；仪器仪表修理。

4. 上海玖行能源科技有限公司

上海玖行能源科技有限公司是一家专门从事新能源电动汽车充电设备研发生产、充电站运营服务及相关领域业务的高新技术企业，致力于电动汽车充电领域"互联网＋"产品的开发，以及构建基于物联网的电动汽车充电和运营服务网络生态云平台。公司产品涵盖智能车载终端、交/直流充电桩、移动物联网/云平台，通过人、车设备、云平台间的互联互通与互动，将公司打造成为新能源汽车产业领域一流设备制造商和充电运营服务商。

（二）企业家观点

1. 上海奇瑞汽车有限公司

公司财务部长曹先生表示，在新冠肺炎疫情影响下，虽然企业订单受到新冠肺炎疫情影响，但企业已经采取多种措施增加销量。目前面临新形势，企业采取新的销售政策、增加许多防疫措施、复工复产过程中重视现金流、应对大宗商品的价格波动采取很多强有力的措施；在政府政策消息获知方面，获知途径也是网络上颁布的政策信息和政府官网的通知，以及参加政府政策解读会，公司内部有专门的人员进行这方面的工作，以达到与政府之间的良好沟通。对于政府出台的减税降费、援企稳岗、新冠肺炎疫情防控、金融支持等政策，曹先生坦言，援企稳岗是帮助非常大的一个政策。

2. 淮安宏能集团有限公司

李总经理表示，受新冠肺炎疫情影响，电力工程建设市场规模萎缩，企业营收目标受到了一定的影响，目前积极的措施是拓展业务、提升技术创新能力；在新冠肺炎疫情背景下，企业服务于城市公交的充电业务受到运营影响，充电量下滑25%；在政策方面，希望国家大力支持电动车发展，建议对充电设施运营提供补助，提升企业参与新能源建设的积极性，同时希望政府提供指导性行业规划，成立新能源行业协会，为该行业提供一定便利。

3. 特百佳动力科技有限公司

在面对新冠肺炎疫情发展现状方面，黄总主要从原材料成本、订单与生产以及现金流运转方面讲述了一些问题。从原材料成本角度上来看，黄总指出，磁钢、磁材、锂材的波动对公司的影响较大，最主要的问题还是物流问题，物流的成本接近之前的三倍，总成本进而增加了 5%，企业对此也是采取了一定的措施。从现金流运转的角度来看，黄总指出，公司对资金的需求是比较大的，拓展了一些融资渠道，包括和银行的合作，形成了较好的资金需求，最近也是完成了融资的确定，形成稳定金融的保障。他进一步指出，国家的政策对于企业融资和现金流运转有着重大的帮助。同时，黄总对国家的政策也提出了一些建议，希望国家贷款利率能有更多优惠，发放贷款能够更快速精准地给到企业；对公司员工快速的返岗，提供一些精准的支持。

4. 上海玖行能源科技有限公司

王曦钊先生表示，在新冠肺炎疫情期间遇到的困难都是很具体的，由于工人和供应商无法到位导致生产受到影响；目前面临新形势，企业的经营目标还没有做太多的调整，但是希望通过扩大产能、提高产量来弥补一部分损失，尽量把产品做好、提高产品的性能来恢复发展并增强竞争力；在政府政策方面，具体的获知途径也是网络上颁布的政策信息和政府官网的通知；王先生表示，部分长期研发出台的政策局限性较大，部分补贴很难申请到；针对本次上海新冠肺炎疫情还是有很多帮助到企业的政策，比如帮助企业解决通行问题；公司对市场环境很有信心，会用心做好产品和服务，期待整个行业的蓬勃发展。

（三）新冠肺炎疫情冲击下企业基本现状

产业链中断放大了新冠肺炎疫情对长三角地区汽车制造业影响程度。上海拥有上海大众、上汽通用、特斯拉等多家重要整车工厂，博世、采埃孚、安波福等国际供应商亦扎根于此，管控措施影响零部件进出和整车运出（包括出口）；苏州、无锡、常州等地区有着更为密集的供应商布局，因此，江浙沪在我国汽车供应链中占据重要地位。国家统计局数据显示，2021 年长三角地区（江浙沪皖）汽车产量全国占比为 21.6%，汽车工业增加值全国占比更是高达 31.2%。

1. 供给侧

（1）供应链

6 月 28 日，工业和信息化部装备工业一司汽车管理处处长吴锋在"2022 中国汽车供应链大会暨首届中国新能源智能网联汽车生态"大会上指出："稳定产业链和供应链是汽车产业健康发展的基础，当前我国汽车产业链短板、弱项依然存在，上下游的供需信息也不够通畅，部分企业供应链管理水平还有待提升。"在企业资源供给方面，国内汽车行业供应链比较复杂，很多供应商来自上海，新冠肺炎疫情防控管理导致供应链"停摆"，影响整车企业生产。新冠肺炎疫情期间，物流运输受

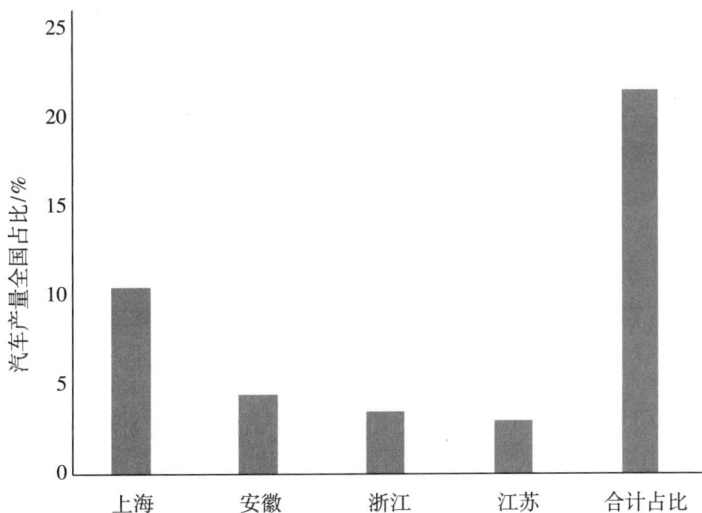

图 1 江浙沪皖汽车产量全国占比

数据来源：华福证券研究所。

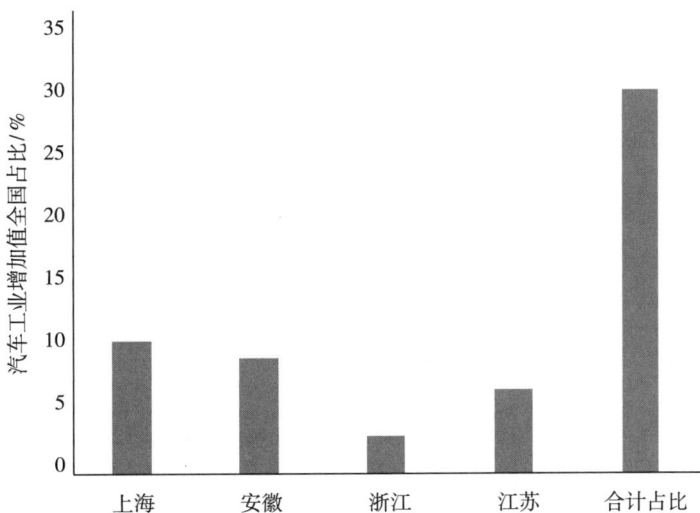

图 2 江浙沪皖汽车工业增加值全国占比

数据来源：华福证券研究所。

阻，限制了货物及生产资料的流动和配置，进口汽车零配件的减少对于协同性有高要求且依靠进口原材料的汽车制造业生产有一定抑制作用，而且人员居家办公也影响企业生产进度，因此造成了汽车行业供应链短期断裂。此外，在行业高速发展的过程中企业也会有经营层面的一些风险，比如整个重建投入比较大的供应链以提高产能。

（2）成本

上游原材料涨价让汽车制造业承压。如图 3 所示，2022 年 3 月以来，钯金的现货价格涨幅一度超过 5%，最高涨至 3174 美元/盎司，年内涨幅超过 65%。同时，如图 4 所示，铜、铝等燃油车主要使用的金属价格也增长明显，其中 4 月 12 日铜的现货价格涨至 7.58 万元/吨，月涨幅达 3.36%。如图 5 所示，今年碳酸锂价格一度飙升至 51 万元/吨，一年多时间涨幅超过 10 倍。比如奇瑞汽车股份有限公司，其原材料成本上涨的幅度在 10% 左右，拉低了企业的利润水平。对此，企业采取的措施是，从技术手段上减少贵金属在汽车上的应用，并且通过采购手段用期货的方式对冲价格波动；同时企业与供应商之间也制订了相应措施，使价格更加透明，一定程度上保证了供给充足。在人员方面，新冠肺炎疫情防控管理也导致人员流通不畅、缺勤率增高。另外，新冠肺炎疫情防控管理也导致芯片材料短缺，对此一些企业提出了改进方法，对供应链进行整合、做好保供工作、采用替代方案，使供应商以及替代供应商能够灵活供应。

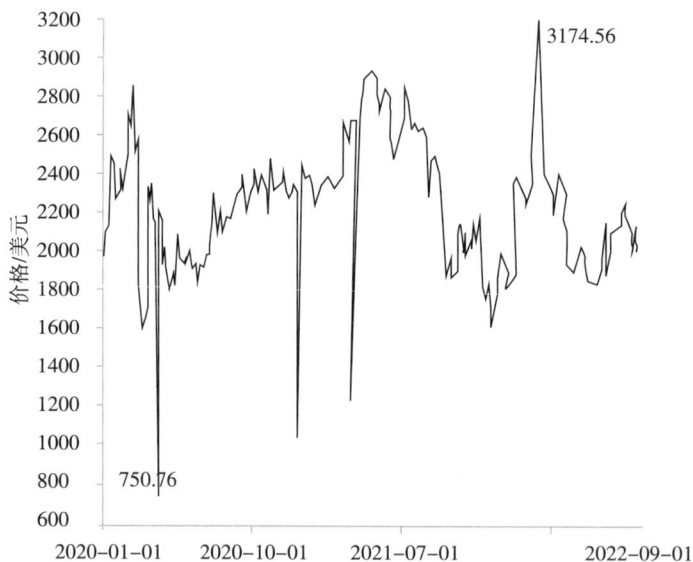

图 3　伦敦期货交易所钯金每盎司收盘价格走势

数据来源：Choice 数据。

除了原材料成本上升，物流成本也是企业在新冠肺炎疫情期间的一大难题。此时就需要企业对未定风险进行预判，提前储备物资并与供应商保持稳健合作，这是解决物流成本问题的重要方式，稳定的货源对于生产促进起着较为关键的作用。企业可以以风险控制为手段，对企业成本管理运行过程进行风险识别、评估，根据风险威胁度来发现其中存在的问题，并根据威胁度高低来选择问题解决的优先顺序，

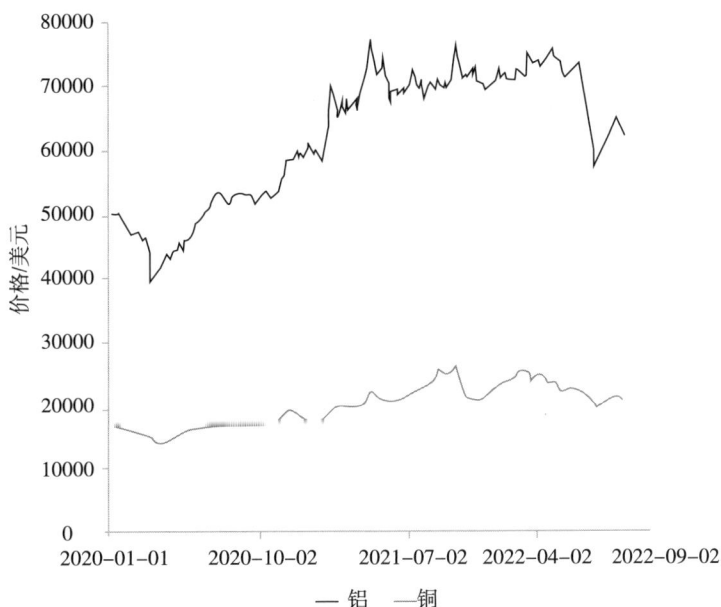

图4　铝、铜现货价格走势

数据来源：Choice 数据。

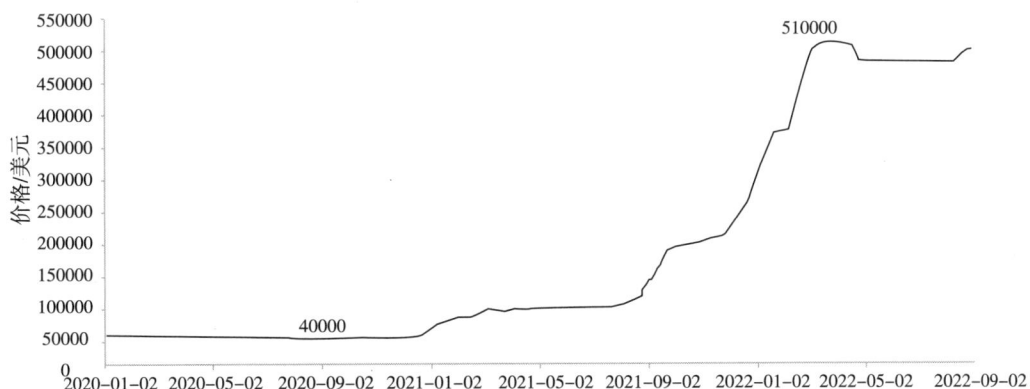

图5　碳酸锂每吨价格走势

数据来源：Choice 数据。

规避风险。特百佳动力科技有限公司受访人表示："我们公司供应链位于上海，这次新冠肺炎疫情中很多进口货物滞留，就需要相应的高价运力去吸引物流，物流成本相应提高了三到四倍，整体上看，原则的成本增加了大概5%。"此外，研发成本也是成本中重要的一环，如图6所示，消费者对电动汽车的期待是增加公共充电桩（63%）和提高续航能力（56%），汽车制造企业要平衡二者，需要更多地将成本投入至研发中。

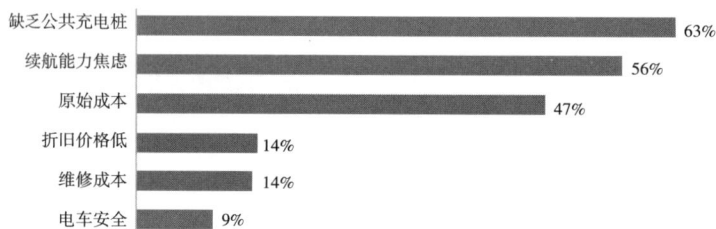

图6　消费者对电动汽车行业的认知

数据来源：emobility. hexagonmi. com。

（3）技术

我国汽车装备制造业的发展是一个曲折的过程，在引入了大量先进装备与技术之后，才形成了较为完整的体系，但和发达国家的汽车制造业相比，仍然有一定的差距。我国汽车装备制造业的技术水平相对落后，无法满足汽车产业的发展需求，在车身激光焊接等核心技术上，依旧需要国外的支持。现在人们对汽车装备的要求越来越严苛，汽车制造企业一般会选择国外装备，只有精度要求低的设备才会考虑国内的装备。我国汽车装备技术基础较薄弱，研发新的技术需要大量的成本，许多企业为了避免风险，往往会采用引进或仿制的方法对汽车非关键部位的装备进行技术改造。

2. 需求侧

本次新冠肺炎疫情波及范围广、影响程度大，供应链短缺导致市场需求不振。从2022年1月至7月的乘用车零售数据和出口数据来看，不仅是国内市场需求在新冠肺炎疫情期间触底，海外市场也受到本次新冠肺炎疫情波及。

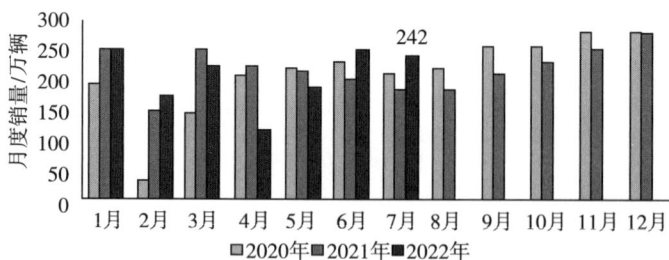

图7　2022年1-7月汽车国内销售数量

数据来源：中汽协。

对于市场需求，国家在政策层面给出了比较明确的方向，即电动化和能源的绿色化。如图11所示，在现在的市场环境下，新能源汽车的渗透率不断提高，存在比较广阔的市场空间。由于油价上涨对燃油车冲击，市场对新能源汽车的需求增长非常大。以奇瑞集团为例，2022年新能源汽车的国内市场增幅达到200%，在出口方

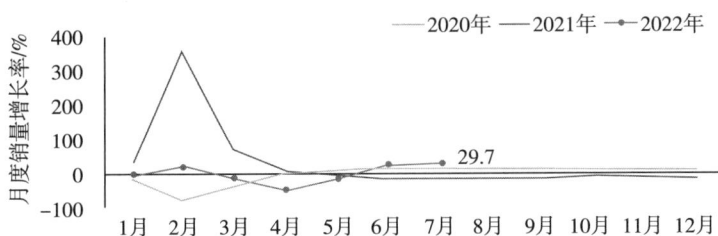

图8 2022年1-7月汽车国内销售数量增长率

数据来源：中汽协。

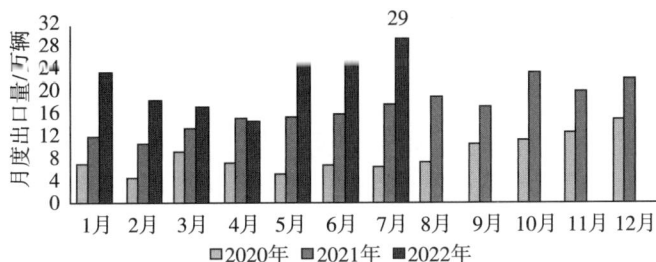

图9 2022年1-7月汽车出口数量

数据来源：中汽协。

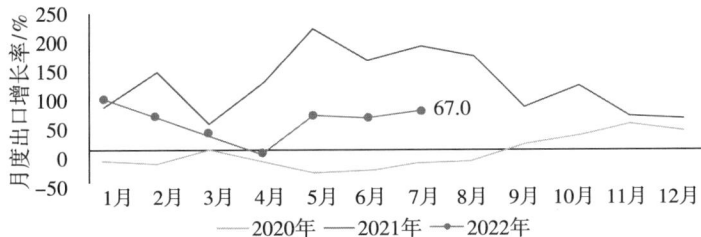

图10 2022年1-7月汽车出口数量增长率

数据来源：中汽协。

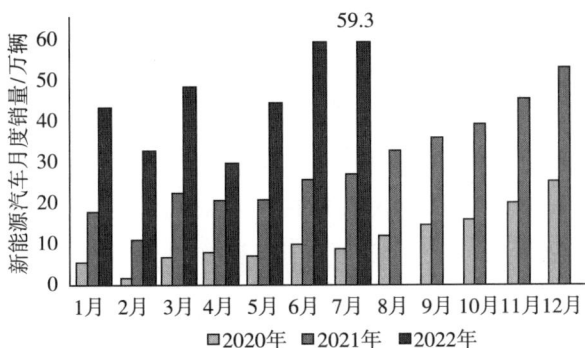

图11 2022年1-7月新能源汽车市场情况

数据来源：中汽协。

面也持续增长，但国内市场因购置税减免仍需观察一段时间。在这个市场新形势下，负责新能源汽车充电桩设施安装完善的企业负责人指出，目前从事充电桩充电业务的企业并不多，但是这个业务很有可能成为国家发展的一个重要方面，政府要行使好行政职能，指导新能源企业的发展。在大宗商品的价格波动中，上下游企业也都进行了沟通，涨价时相互承担，避免了下游企业的利润压缩与订单流失。

（四）企业内部控制措施

1. 风险反应

本次新冠肺炎疫情多点暴发，在上海新冠肺炎疫情逐渐扩散时，上海部分企业凭借敏锐的判断，提前储备现金流、原材料和相关物资保证生产供应，同时提前做好员工的安排。特百佳动力科技有限公司受访人表示："企业对于原材料成本上升提前做了预判，提前储备了物资，将重要的物资储备运到工厂来，所以我们有充足的货源来保证生产，并且保持正常价格。针对新冠肺炎疫情，我们提前做了预判，将一些关键岗位的人员派出去，保持了和客户的互动，包括技术支持、业务支持、售后服务等，同时和核心供应商进行谈判以期达到合作共赢，并形成战略协同的关系。新冠肺炎疫情过后我们又去拜访了一些重要的客户，稳定合作关系。"上海玖行能源科技有限公司面对突如其来的新冠肺炎疫情，提前安排员工住在工厂，大概住了两个月。

2. 控制活动

新冠肺炎疫情淘汰了很多缺少内生力量的企业，但拥有核心技术的企业即使受新冠肺炎疫情影响也不会轻易退出这个市场。企业只有不断改良技术、不断尝试创新，才能建立技术壁垒，提高市场占有率。特百佳动力科技有限公司主要是兼顾技术和商务，学习外企开发、工作流程、产品测试等方面，同时将自己的快速反应机制、本地化成本的优势加以利用。此外，特百佳动力科技有限公司还邀请专家、高级工程师来开发产品，将电机和电控优势结合在一起。特百佳动力科技有限公司受访人认为："企业生存有两方面，一个方面是产品的竞争力，另一方面是形成技术壁垒。面对新进入者以低价竞争的方式，企业在商务上会采取一些保护措施，通过运营模式的创新，增加与客户的粘度，增加客户对我们的依赖性、合作的粘性。对于用户需求，我们会做很多场景需求定义，保证产品更符合客户的期望。其次是进一步挖掘成本的空间。"淮安宏能集团有限公司在业务拓展方面，目前正在尝试EPC工程总承包以及设备模块化租赁的方式的研究。

上海处于长三角地区的核心位置，也拥有占全国较高比重的供应商，所以上海本次新冠肺炎疫情对于汽车制造业供应链的影响也是非常大的，波及周围的苏浙皖，乃至全国。奇瑞汽车股份有限公司选择抢工抢产，采用替代供应商灵活供应原材料，并且加入新的营销策略帮助整合供应链。由于贵金属价格上涨，奇瑞汽车股份有限公司首先从技术手段上减少贵金属在汽车上的应用，其次通过期货的方式对冲贵金属的价格波动，但效果可能只占10%。另外，物流也是新冠肺炎疫情中遇到的一大问题。特百佳动力科技有限公司的物流成本大概是平时的三倍，总成本加成在5%左右。而上海玖行能源科技有限公司则协调各种资源开通行证，解决一部分物流问题，并将产能逐渐放到贵阳，保证交付。

此外，新冠肺炎疫情期间的人力成本也不可忽视。从我们的访谈结果可以看出，企业在新冠肺炎疫情期间都按照企业自身情况不同程度地调整了人员薪资，以帮助企业渡过难关。

3. 信息沟通

众所周知，在信息不对称的市场中，占领了信息上风的企业往往更容易获得超额利润，因此在企业内部控制活动中，信息沟通是非常重要的一个环节。在新冠肺炎疫情期间，由于物流限制加上企业自身可能储备不足，汽车制造业受到了不小的影响，但是一些企业比如特百佳动力科技有限公司能够联系产业链上游核心供应商进行谈判以期达到合作共赢和战略协同，可见这些企业不仅在技术上不断创新、在生产中不断克难，而且在信息沟通上也具有前瞻性。也有一些企业，如淮安宏能集团有限公司，和客户进行沟通，加快回款速度，以保证企业的现金流。

经过上文对四家企业的访谈以及分析，我们发现内部控制措施对于提高企业韧性具有一定的积极作用，使得上述几家汽车制造业能够更好地应对新冠肺炎疫情造成的冲击，增强抗性，并更快恢复。

四、企业韧性分析

为了进一步分析汽车制造业内部控制对企业韧性的影响机制，本文使用灰色关联度方法探究两者之间的关联性。

（一）样本选取

本文选取2021—2022年度长三角地区A股汽车制造业上市企业数据作为样本，用于研究内部控制质量与企业韧性之间的相关性。内部控制质量数据来源于迪博数据库，企业相关财务数据来源于wind金融终端。为了研究的科学性，将部分存在缺失值、异常值的企业剔除，最终样本量为43。

（二）变量定义

1. 被解释变量

史丹和李少林（2022）将企业受新冠肺炎疫情冲击后的损失程度与恢复时长用于衡量企业韧性，具体使用的指标有净资产收益率、总资产报酬率、销售净利率、营业收入同比增长率、净利润同比增长率，用以反映企业的盈利能力与成长能力情况。本文数据分析是以上海发生的新冠肺炎疫情防控管理为背景，时间跨度较短，因此本文将企业受新冠肺炎疫情冲击的损失程度与后续恢复水平作为衡量企业韧性的标准。2022 年一季度企业受到新冠肺炎疫情冲击，2022 年四月以来企业陆续复工复产，因此本文将 2022 年半年报作为恢复后的数据。损失程度 =（2022 年一季度各指标比率 – 2021 年报各指标比率）/2021 年报各指标比率，恢复水平 =（2022 年 2 季度各指标比率 – 2022 年 1 季度各指标比率）/2021 年报各指标比率。

2. 解释变量

本文解释变量部分选取迪博数据库中各企业的内部控制质量指数，用以反映各上市企业内部控制质量。迪博内部控制质量指数是依据内部控制五大框架，对企业内部控制五大目标，即战略、经营、报告、合规、资产安全的实现程度做出的综合评价，指数越高，代表企业内部控制质量越高。

3. 控制变量

本文考虑员工人数与固定资产作为控制变量，员工人数反映了企业劳动力方面的投入，固定资产一定程度上反映了企业的投资水平与规模；不同规模的员工人数与固定资产的企业在面临新冠肺炎疫情冲击时可能存在不同的抗性。

（三）灰色关联度分析

1. 数据清理

（1）对于某行中指标元素都为 0 或空置，剔除该行数据；

（2）对于纵列中某列数据缺失采用均值代替处理；

（3）对于定量变量数据采用 min – max 标准化处理消除量纲影响并将范围列数据限制在［0，1］内。

2. 灰度关联分析

（1）对数据求母序列（对比序列）和特征序列之间的灰色关联系数值；

（2）求解灰色关联度值；

（3）对灰色关联度值进行排序结果如表 3 所示。

表3 母序列和特征序列关联系数结果

企业序号	综合指数	员工总数	固定资产
1	0.99369	0.97983	0.97595
2	0.96464	0.98341	0.99324
3	0.96589	0.90059	0.97066
4	0.99135	0.99236	0.97845
5	0.99687	0.93163	0.94667
6	0.97550	0.93894	0.95530
7	0.48205	0.46657	0.46853
8	0.93929	0.98150	0.99364
9	0.96417	0.97472	0.96924
10	0.93363	0.99151	0.99150
11	0.99175	0.96476	0.97835

3. 分析

针对 3 个评价项（内部控制质量综合指数、固定资产、员工总数）以及 43 项数据进行灰色关联度分析，并且以企业韧性作为"参考值"（母序列），研究 3 个评价项与企业韧性的关联度，使用灰色关联度分析时，分辨系数取 ρ 等于 0.5，图 12 为 3 个评价项与企业韧性的关联度系数图。

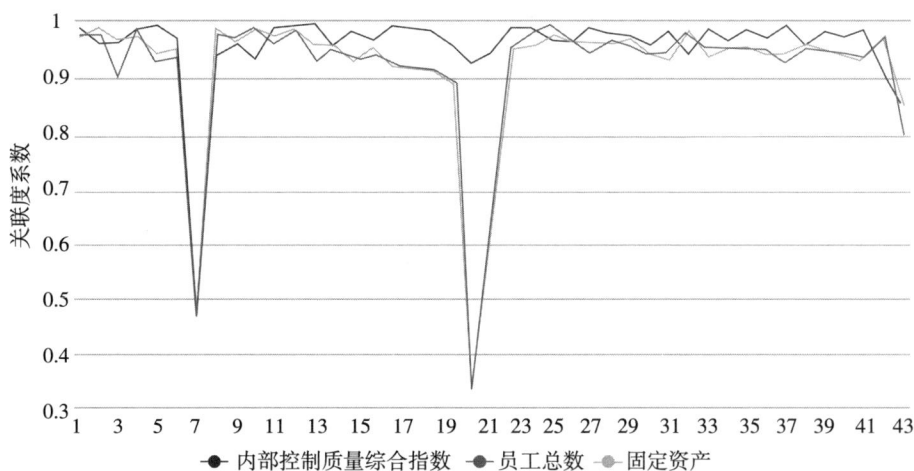

图12 43家企业3个评价项与企业韧性关联度系数

关联度表示各评价项与母序列之间的相似关联程度，其是由关联度系数进行计算平均值得出，关联度值介于 0 ~ 1 之间，该值越大表示评价项与母序列相关性越强，关联度越高，意味着评价项与母序列之间关系越紧密，因而其评价越高。结合关联度值，针对所有评价项进行排序，得到各评价项排名。根据表4所示，可以发现内部控制综合质量指数与企业韧性的关联度较高，固定资产与员工总数关联度相对较低，表明内部控制质量与企业韧性有较强相关性，结合上文访谈成果，初步认为较高的内部控制质量可以提高企业韧性。

表4 3个评价项与企业韧性关联度平均值排名情况

评价项	关联度	排名
综合指数	0.96	1
固定资产	0.921	2
员工总数	0.919	3

4. 进一步分析

为了进一步探究内部控制质量与企业韧性的内在联系，本文使用来源于迪博数据库的内部控制质量指数的五个分项指数，包括战略层级指数、经营层级指数、报告可靠指数、合法合规指数与资产安全指数，分别反映了企业内部控制五大目标的实现程度，以进行进一步的关联度分析，结果如表5所示。

表5 各评价项与企业韧性关联度系数

索引	员工总数	固定资产	战略层级指数	经营层级指数	报告可靠指数	合法合规指数	资产安全指数
1	0.97990	0.97601	0.98265	0.99460	0.99216	0.99567	0.98745
2	0.98348	0.99331	0.95566	0.97607	0.96365	0.97305	0.95102
3	0.90065	0.97072	0.99097	0.95672	0.95760	0.95725	0.97932
4	0.99242	0.97852	0.99863	0.99373	0.99241	0.98178	0.99425
5	0.93169	0.94673	0.98149	0.99049	0.99895	0.99484	0.99560
6	0.93900	0.95536	0.96091	0.98073	0.98253	0.97135	0.98153
7	0.46660	0.46856	0.47951	0.48249	0.48399	0.48066	0.48361
8	0.98157	0.99371	0.94515	0.93142	0.92912	0.95598	0.92968
9	0.97478	0.96930	0.98929	0.96871	0.95570	0.95585	0.96455
10	0.99157	0.99156	0.93111	0.93965	0.93724	0.92696	0.93674

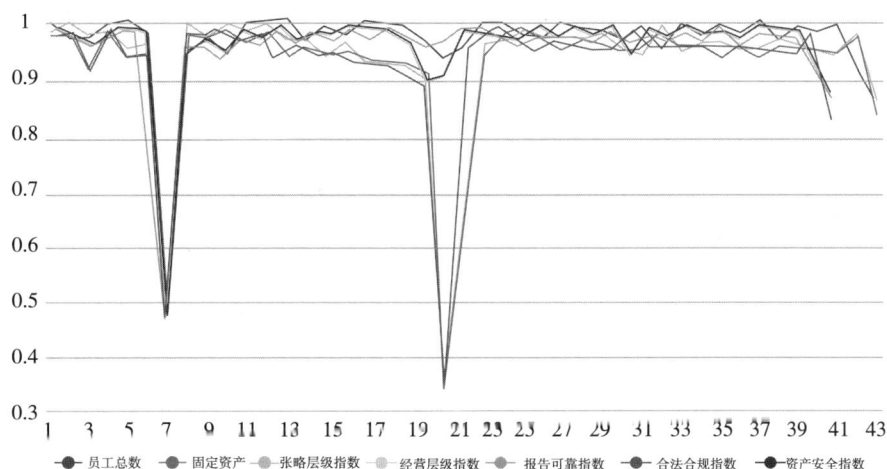

图 13　各评价项与企业韧性关联度系数

通过表 6 可以发现，在各分项指标中资产安全指数与报告可靠指数关联度最高，其次分别为经营层级、合法合规与战略层级指数。由此可推测，新冠肺炎疫情管控属于突发性卫生事件，导致原材料断供、存货积压等情况，不利于资产安全，因此采取针对性的内控措施，进行风险识别与控制，有利于降低新冠肺炎疫情带来的冲击。

表 6　各评价项与企业韧性关联度平均值排名情况

评价项	关联度	排名
资产安全指数	0.961	1
报告可靠指数	0.961	2
经营层级指数	0.959	3
合法合规指数	0.958	4
战略层级指数	0.952	5
固定资产	0.921	6
员工总数	0.919	7

五、结论与建议

（一）资产管理

灰色关联度分析结果表明，资产安全指数与企业韧性关联度最高，而资产安全指数与内控中的资产管理密切相关。在本次调研中，我们发现，汽车制造业的资产管理主要聚焦于其存货和原材料的管理，同时固定资产和无形资产的管理也对企业有一定影响，所以为提升企业韧性，对资产管理有以下建议：

第一，加强存货与原材料管理，主要与供应链相关。新冠肺炎疫情期间，多家汽车制造企业由于运输问题和关键供应商"卡脖子"引起生产零部件紧缺，最终导致生产无法及时完成。企业面临这种突发情况，应该及早做出准备。

第二，提升企业对固定资产管理的风险意识，摒弃掉以往"重效益、轻管理"的想法，切实防范和化解固定资产风险。汽车制造企业的固定资产需要从安全性、生产产品质量等方面进行全面考察。企业需要全面树立员工对固定资产风险管理的意识，设置专门人员定期对固定资产进行盘点、检查，并搭建固定资产信息化平台，并在此基础上提高横向业务信息化水平。

（二）财务报告与信息系统

灰色关联度分析结果表明，报告可靠指数与企业韧性也有极高的关联度，而报告可靠指数又取决于财务报告的编制和企业信息系统的控制。在本次调研中，我们发现，新冠肺炎疫情对企业内部信息的沟通影响严重，特别是信息化水平较低的企业，间接导致了财务报表的及时性和可靠性受到了影响。为从报告可靠角度提升企业韧性，企业可以从以下方面做出改进：

第一，定期更新设备，保障信息及时更新。汽车制造企业应当加大信息化建设，定期购置先进的信息技术设备，确保信息传输的及时性和准确性。

第二，建立高效的信息沟通制度。汽车制造企业应当建立高效的信息传递流程，倡导扁平化管理，减少管理层级，并将各管理系统结合起来，使企业内生产部门与职能管理部门之间高效传递、共享信息，为各部门的生产、管理和决策提供及时、准确、全面的信息支持，实现高效运营。

参考文献

［1］Elena Alexandra Mamouni Limnios，Tim Mazzarol，Anas Ghadouani，Steven G. M. Schilizzi. The Resilience Architecture Framework：Four organizational archetypes［J］. European Management Journal，2014，32（1）.

［2］Syed Ainuddin，Jayant Kumar Routray. Community resilience framework for an earthquake prone area in Baluchistan［J］. International Journal of Disaster Risk Reduction，2012（2）.

［3］ Denhard J，Denhard R. building organizational resilience and adaptive management ［M］. Reich J W，Zautra A J，Hall J S. Handbook of adult resilience. New York，The Guiford Press，2010：333 – 349.

［4］ Ashbaugh – Skaife H，Collins D W，Kinney W R，et al. The Effect of SOX Internal Control Deficiencies on Firm Risk and Cost of Equity ［J］. Journal of Accounting Research，2010，47（1）：1 –43.

［5］ 史丹，李少林. 新冠肺炎新冠肺炎疫情冲击下企业生存韧性研究新冠肺炎新冠肺炎疫情冲击下企业生存韧性研究——来自中国上市公司的证据 ［J］. 经济管理，2022（1）：5 – 26.

调研感悟

（一）指导教师调研感悟

1. 孟怡珺

这一调研活动让我们更真切地了解到新冠新冠肺炎疫情背景下企业所面临的困境与机遇，同时对我们思考如何将教学变得更加"落地"方面也有很大帮助。

2. 刘关福

在访谈前期，学生们逐一联系访谈企业、沟通访谈时间与事项的情景仍历历在目。这一调研活动不仅锻炼了学生的表达能力与沟通能力，更成为学生与社会之间的纽带，使学生将书本知识与社会实践相结合。

（二）团队成员调研感悟

1. 陈博远

对我而言这次调研最大的收获就是团队意识，组长协调合理的分工让每个人都能各司其职，研究生与本科生之间的优劣势互补让团队更加流畅运转。

2. 屠美晶

受新冠肺炎疫情影响本次调研只能转为线上调研，加之起初与企业联系频频受挫，小组成员曾一度迷茫。但是经过努力，我们争取到不少的访谈机会，艰难地迈出了调研的第一步。

3. 潘欣

作为队长，我需要统筹整个队伍，使之有序、高效地运行，这个任务无疑是艰巨的。但感到艰难无疑是进步的过程，在整个过程中，我们共同提高了协调沟通能力，在时间安排上也更加井然有序。

　　4. 沈志伟

　　调研期间，有很多点点滴滴都让我记忆犹新、印象深刻。通过此次调研，我对于企业的内部控制有了更深层次的理解。

　　5. 康乃馨

　　这次活动让我们都重新对自己的能力有新的评价，许多我们没做过的事情不代表我们做不好，我们需要给自己一个大胆尝试的机会，并相信自己。

　　6. 向文霞

　　对于我们大一学生来说，这是一次很好了解现实社会以及外贸企业的方式，同时也锻炼了我们的人际交往能力。

　　7. 李雨璠

　　这次活动带给我们更多的是经历与体验，让我们有机会走出校园去了解企业现状、与企业家进行交流，相信这些经历能够给予我们很大帮助，让我们未来能够更加从容地步入社会。

　　8. 杨晨洁

　　这次"访万企，读中国"活动让我收获了很多技能，与企业的对接增长了我的才干，让我在面对企业高管时能够从容淡定、大方表明自己的想法。

　　9. 李嘉骏

　　通过这次调研，我理解了新冠肺炎疫情对行业的冲击，也学到了协调企业和学校间关系的技巧。

　　10. 刘人玮

　　这次"访万企，读中国"社会实践活动给我感触极深。新冠肺炎疫情期间，企业效益直线下降，尤其是汽车制造业以及其相关产业，迫于对供应链高度协同的要求，企业面临严峻的挑战。

　　11. 李蕙兰

　　在本次"访万企，读中国"活动中，通过访谈调研，我深入了解了各企业的韧性所在。尽管在整个活动过程中遇到了部分阻力，但慢慢克服阻力的过程对于我来说也是一种倒逼式成长。

　　12. 沈兆峰

　　通过参加此次"访万企，读中国"活动，我受益良多。通过实践活动，我进一步加深了对自己的了解，理论与实践都有所提高，为将来的工作积累了一些宝贵的实践经验。

困难与韧性

——数字化助力物流企业复工复产

何晓海　郭可歆　黄吉婷　严跃跃　吴诗雅　周祉圻　周秋华　章灵君　左国娇
张秋月　闫坤利　王锶锶　王明洋
指导教师：吴开尧　吕佳航

摘　要

　　2022 年 3 月，上海新冠肺炎疫情暴发，给上海乃至全国企业的生产经营活动造成了严重影响。5 月，新冠肺炎疫情进入尾声，上海企业也逐步开始复工复产。此次新冠肺炎疫情给上海带来了生产停滞、需求放缓、物流紧缩等挑战，但也是一次对企业数字化作用的测试。2020 年新冠肺炎疫情发生以来，很多企业都开始了数字化转型，但目前不同行业和不同规模的企业数字化进程差异仍较大。本次调研通过深度访谈与问卷结合的方式，研究物流企业在复工复产中所面临的问题及应对措施，以及数字化在企业复工复产中所产生的助力作用。希望通过本次调研可以为企业与政府应对新冠肺炎疫情提供决策性意见。

　　关键词：新冠肺炎疫情；数字化转型；复工复产

一、调研背景和意义

　　上海于 2022 年第二季度暴发了新冠肺炎疫情。相较于 2020 年的新冠肺炎疫情，2022 年的奥密克戎病毒变种具有更强的传染性，来势凶猛。2022 年的夏天，上海奥密克戎防疫攻坚战逐渐进入收尾阶段，大小企业的复工复产问题也逐渐成为社会最为关注的话题。在打击之外，新冠肺炎疫情也提供了新的机遇，它的持续反复，极大程度地促进了诸多行业的数字化。作为生产—销售供应链的重要环节成员，面临重大挑战的物流行业在其自身的行业性质之下，是这一数字化大潮中的领头行业之一。

高新技术的快速发展消弭了企业、大众和数字化之间的鸿沟，越来越多的企业都在向数字化迈进，希望通过信息技术改变现代商业。从百度搜索指数来看，"数字化"的搜索趋势已经超越了"信息化"。本次上海疫情引发了大众对物流行业的思考，智能仓储系统、仓库管理等数字化手段也在后疫情时代展现出数字化在稳定供应链中的价值。

本次调研，希望通过和企业进行访谈交流，充分了解上海本次疫情对不同物流业务（医疗器械、大宗商品、钢铁钢材等）造成的影响，以及对不同运输方式（航运、海运、陆运）造成的冲击；另外，以数字化作为着力点，探寻数字化在企业应对疫情影响时所发挥的作用，了解行业的数字化发展趋势和进程。本次调研旨在为企业有效应对新冠肺炎疫情提供决策性建议。

二、调研方案与实施

（一）调研方案

1. 调研目的

了解新冠肺炎疫情期间和复工复产背景下数字化技术对物流供应链企业影响情况，研究分析物流企业"如何构建稳健的物流供应链"。

2. 调研内容

通过访谈相关企业负责人及问卷调查，了解疫情期间和复工复产背景下数字化技术对物流供应链企业影响情况。结合调研数据，探索在新冠肺炎疫情背景下从构建多式联运服务体系、物流可视化、供应链韧性等方面构建更加稳健的物流供应链的实践路径。

3. 调研方法

首先通过文献调查法对物流供应链企业的发展做前瞻性了解，其次采用线上访谈调查与问卷调查相结合的方式进行调研，最后再对收集到的数据采用 R、Excel 等数据分析工具进行具体分析。

（二）调研对象

上海地区物流企业。

（三）调研任务分配

表 1　任务分配

职责	对接单位或人员		人员
联络工作	调研指导教师		吴开尧、吕佳航
	上海汉得信息技术股份有限公司 长荣国际船务（深圳）有限责任公司上海分公司 上海德利得物流有限公司 上海钢联电子商务股份有限公司 上海翔空国际货物运输代理有限公司 上海浪洪信息技术有限公司 申通快递有限公司 崖山小舍		王锶锶、王明洋、严跃跃、章灵君
	统计与信息学院党支部		周秋华
	宣传		何晓海、周秋华、左国娇、周祉圻
过程管理	线上访谈会议主持人		郭可歆、周秋华、严跃跃、左国娇、章灵君
	访问员		何晓海、黄吉婷、王锶锶
	线上访谈会议录屏、资料管理		张秋月、王锶锶、章灵君、王明洋
	线上访谈会议记录		何晓海、严跃跃、张秋月
	新闻稿撰写及微信公众号推送制作		吴诗雅、周祉圻、周秋华、张秋月
文字撰写	成果调研报告	调研背景、目的、意义及方案与实施	章灵君、郭可歆、黄吉婷
		问卷调研结果统计分析	吴诗雅、周祉圻、闫坤利
		物流企业复工复产现状分析	周秋华、张秋月、王锶锶
		数字化助力物流企业复工复产分析	左国娇、王明洋、严跃跃
	典型案例报告		吴诗雅、周祉圻、闫坤利 周秋华、张秋月、王锶锶
	决策咨询报告		何晓海

（四）调研工作时间安排

表 2　工作时间安排

时　间	安　　　排	备　注
6 月 1 日—6 月 25 日	1. 确定调研主题 2. 联系并确定访谈企业 3. 访谈提纲撰写	前期准备
6 月 26 日—8 月 30 日	1. 6 月 26 日，上海汉得信息技术股份有限公司 2. 6 月 30 日，长荣国际船务（深圳）有限责任公司上海分公司 3. 7 月 1 日，上海德利得物流有限公司 4. 7 月 2 日，上海钢联电子商务股份有限公司 5. 7 月 5 日，上海翔空国际货物运输代理有限公司 6. 7 月 7 日，上海浪洪信息技术有限公司 7. 7 月 15 日，申通快递有限公司 8. 8 月 30 日，崖山小舍	中期采访调研（采访前准备访谈纲要，访谈后做好会议记录和访谈纪要）
8 月 31 日—9 月 5 日	1. 完成调研报告 2. 决策咨询报告 3. 典型案例报告 4. 整理打包所需材料	总结报告

三、问卷调研结果统计分析

（一）样本基本情况

截至 2022 年 8 月 21 日，本次调研共收到有效问卷 137 份。如图 1 所示，受访的外贸相关企业共 45 家，占受访企业的 31.39%。其中，外贸生产企业有 25 家，外贸物流企业有 7 家。从地区分布来看，受访企业主要涉及上海、安徽、江苏、浙江、海南、广西、河南七个省市。多数受访企业为上海本地企业，另于海南、广西、河南各选一家代表性企业进行调研。从企业规模来看，本次调研以中小型企业为主，约 50% 的外贸物流企业员工规模在 300～500 人，14.8% 的外贸企业员工规模超过 1000 人；约 44.5% 的企业目前处于行业发展的成熟阶段，具备一定的市场势力。

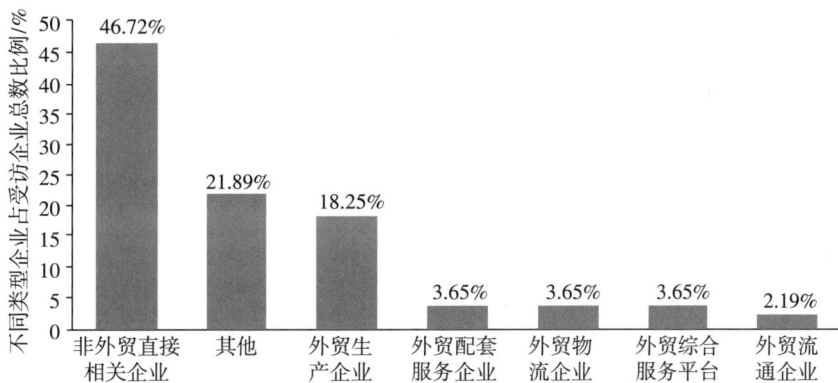

图1 受访企业类型情况

（二）新冠肺炎疫情下企业数字化转型

1. 数字化服务于实体经济

上海浪洪信息技术有限公司罗总认为：

为达到消费者追求的便利化，数字化是企业的必然要求。通过寻找行业标杆企业作为宣传手段，可以达到推广信息化的目的。数字化手段对企业起到的不是引导性作用，而是延长企业服务链、为企业降本增效的作用。数字化服务于实体经济，大环境有利的情况下，能够倒推数字化的快速发展。

2. 数字化应用于服务行业

上海汉得信息技术股份有限公司黄总认为：

数字化转型是行业发展的必然需求，所受阻力主要来自办公逻辑的转变。将数字化应用于服务业，是一种打破服务壁垒的有效手段。目前市场上的供应链主要由大中型企业组成，小型企业大都依附于大中型企业在产业链中生存，数字化应用提供了远程协作等多种联络手段，方便了员工的日常交流与工作配合。

3. 全面系统布局发展才能紧跟时代潮流

申通物流有限公司王总认为：

快递公司是组成物流系统的一部分，商业模式需要遵从市场需求进行调整，不仅要有全面系统的布局，还要勇于打破陈规，才能紧跟时代潮流，不被淘汰。

4. 追求创新等同于稳固发展

上海德利得物流有限公司张经理认为：

数字化是物流行业发展的大方向。企业的稳固发展，与坚持不懈地发展数字化、追求服务创新息息相关。上海德利得物流有限公司在疫情前就已经开展了数字化相关工作。在企业运转方面，公司聘请专业员工开发公司管理系统与物流系统，并通过签署合同等方式保障信息安全；在业务方面，公司专注于医疗器械，并在附加服务方面不断创新，力求做深业务，稳固公司发展。同时，公司重视对员工的培养与补助，增强员工归属感。当下的物流行业趋势是自我提升、发展数字化，在这样的大环境下，不断追求创新等同于稳固发展。

5. 数字化为企业高效发展提供可能

上海翔空国际货物运输代理有限公司张总认为：

上海的物流行业从 2003 年开始推进数字化，不同的企业数字化进程不同，此次新冠肺炎疫情使整个行业充分意识到数字化转型的重要性。上海翔空国际的客户由几百甚至上千的小客户组成，由于客户数量多，客户管理难以达到预期。公司尝试使用管理软件，但未达到预期效果，因此只能通过搭建客服部门加强与客户的沟通，更精准地定位客户的需求。目前，公司仍在努力寻找适合的软件与系统来高效管理客户。经济持续下行，降本增效时代到来，数字化为企业建设过程去冗提供了基础。

6. 数字化助力企业核心竞争力

上海钢联电子商务公司陶研究员认为：

上海钢联电子商务公司受到上海疫情影响较小，主要归功于公司的核心业务——钢铁资讯。钢铁资讯保证数据的及时性与可靠性，是上海钢联的核心竞争力。上海钢联通过卫星监测获取生产和物流数据，人工调研获得计划生产数据。卫星监测数据实时传输到数据库保证了资讯的及时性，人工调研在前者的基础上进一步扩充了数据的维度，这一切的实现依托于数字化。数字化时代，数据的安全性引发大量关注，对比其他传统行业，资讯、信息行业的数字化一直走在前列，上海钢联通过对数据的分级访问权限控制来保证数据的安全性。但在后疫情时代，员工居家办公时，信息安全和网络安全问题仍然值得商榷。

7. 纾困措施化危机，数字转型助发展

长荣国际船务（深圳）有限责任公司上海分公司郁经理认为：

长荣国际船务主要业务为集装箱运输，其与外贸大环境息息相关。目前全球的物流供应链供需失衡，但基于中国的保供特性，海运链整体收益大于损失。自新冠肺炎疫情伊始，上海港虽略受影响，却一直开放，保障海运正常运作；陆路交通受影响较大，长三角地区出货量在 4 月锐减 50%。在客户服务方面，公司基于已有的数字化优势，利用网络居家办公平台，通过减费、电子订单、异地发单等方式借用其他口岸有效分流分压。公司未来可以从低碳运输、数字化转型、区块链技术、电子口岸互动串联等多方面进行创新，以此来抵御经营风险。

（三）新冠肺炎疫情对企业造成的影响

如图 2 所示，25% 的受访企业在新冠肺炎疫情中都受限制开工影响，限制开工的可能原因有新冠肺炎疫情管控导致基本人员无法到岗作业、区域管控以及交通限制导致业务无法开展等。据悉，申通快递有限公司在新冠肺炎疫情比较严重的一段时间内几乎完全停运，严重限制了业务的展开；以国际航运为主营业务的上海翔空物流有限公司也因国际航线大幅取消、新冠肺炎疫情防控下机场作业难度加大、工作人员锐减等原因导致业务营收大幅下降。

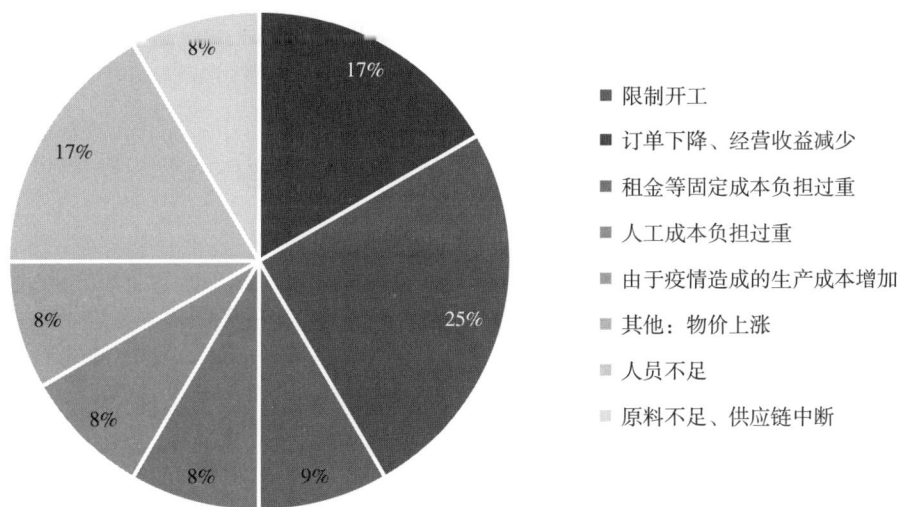

图2　新冠肺炎疫情对企业造成的影响

同时新冠肺炎疫情也会对企业造成持续性的影响，如图 3 所示，35.71% 的物流企业表示后续会导致新冠肺炎疫情防控等各方面成本增加，21.43% 的物流企业表示产品或服务市场需求受到限制。

如图 4 所示，制约经营绩效的因素中，27.27% 的企业表示是物流问题，这也是因为我们本次选取访谈的企业大部分都以物流工作为主营业务，需要依托物流展开工作，新冠肺炎疫情期间关卡层层加码，无法正常运输成为制约经营绩效的主要原因；18.18% 的企业表示资金链、现金流问题也会对经营绩效造成影响，这主要是因为新冠肺炎疫情会造成一定的流动性影响。如图 4 所示，此外 18.18% 企业表示还有存在其他原因，比如物流成本的增加。在新冠肺炎疫情期间，社会资源、人力资源非常紧缺，而油价的上涨也会使陆运的成本增加。如图 5 所示，新冠肺炎疫情会对融资、贷款等造成不同程度的影响，其中最直观的就是贷款抵押能力不足，进而影响到现金流和资金链。

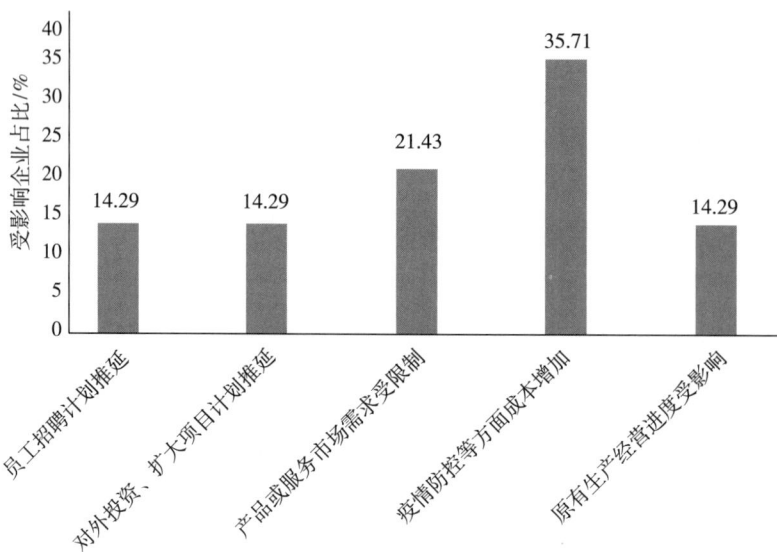

图3　新冠肺炎疫情对物流企业造成的后续影响

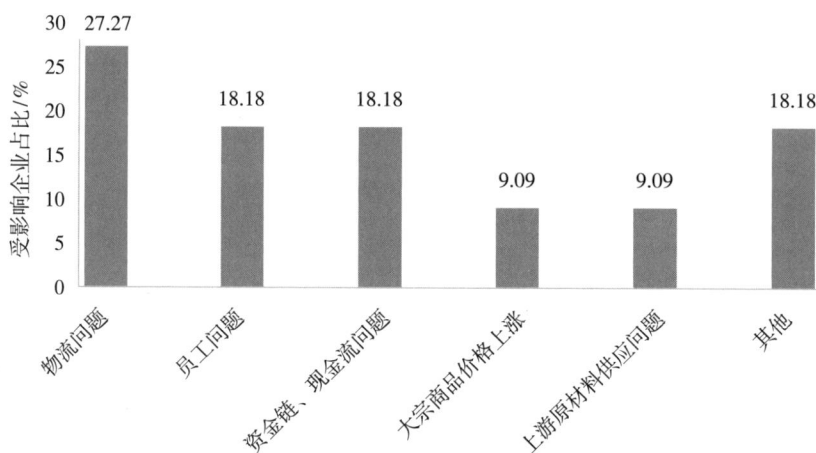

图4　制约经营绩效的因素

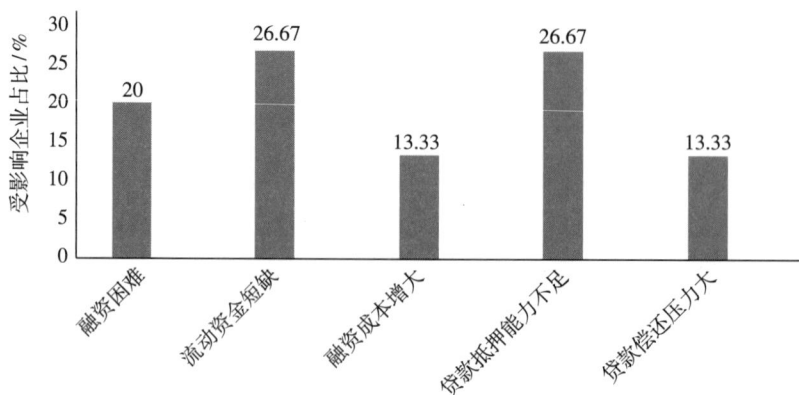

图5　新冠肺炎疫情造成的流动性影响

如图 6 显示，人员流动受限是新冠肺炎疫情带来的最直接的影响，但却不是企业面临的主要困难。从我们的访谈中了解到，这一方面是得益于企业对新冠肺炎疫情可以做出快速反应，合理及时地安排工作人员；另一方面则是得益于企业的数字化转型。上海德利得物流有限公司受访人表示，企业一直致力于开发智能仓储、智能物流系统，这对在新冠肺炎疫情中减少人员流动受限带来的影响有很大帮助。

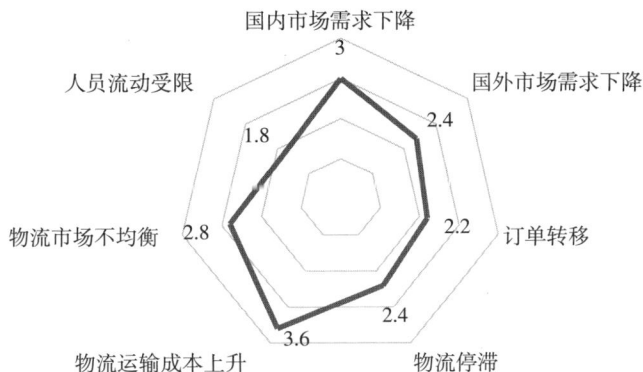

图6　新冠肺炎疫情期间物流行业产业链面临的困难

从图 6 可以看出，企业面临的困难主要来自物流运输成本的上升、物流市场的不均衡以及国内外市场需求下降，这些是整个物流行业面临的问题。要缓解这些问题，首先，物流企业要做好新冠肺炎疫情常态化管理，以应对如本次上海市新冠肺炎疫情一样的严重卫生突发事件；其次，物流企业应该积极扩展业务的开展区域，本次访问中有多家企业表示除了上海市等地区的业务受到严重影响，其余地区并未受到波及；最后，新冠肺炎疫情也会刺激一些特殊商品的需求大幅上升，上海翔空物流表示口罩、疫苗等物资的国际需求增加，抓住机会或许是企业转危为安的关键所在。

四、疫情下供应链物流企业韧性影响因素的度量

众所周知，物流企业是反映供应链稳固的温度计，供应链的特质让物流企业在业务、劳动力、市场需求和资金链等方面的韧性与其他企业有不同的表现，因此也需要提出特定且适合物流企业的韧性度量标准。在本次调研当中，被调研的几家物流企业在复工程度上各有不同，且遭受新冠肺炎疫情的影响也不尽相同。因此本文将根据企业访谈和问卷的结果，量化分析物流企业的维度，提出测度方法与实证。

（一）疫情下物流企业韧性指标——基于 2022 年二季度订单量与 2021 年同比

本次调查的企业均为上海供应链物流企业，且由于上海新冠肺炎疫情集中爆发

于第二季度，在此期间企业遭受影响最大，因此本研究选择"二季度订单量与2021年同比"这一客观统计指标来衡量物流企业韧性。物流同比订单损失越少甚至增加，企业的韧性相对更强。体现在问卷中，关于二季度订单量与2021年同比的问题选项有"上升20%""上升5%～20%（不含20%）""基本持平（浮动5%以内）""下降5%～20%（不含20%）""下降20%～40%（不含40%）"和"下降40%及以上"，分别赋值6、5、4、3、2、1。

（二）物流企业韧性影响因素的实证研究

1. 模型选择

本研究选择灰色关联分析对物流企业韧性进行实证研究。灰色关联分析是指对一个系统发展变化态势的定量描述和比较的方法，对于样本量的要求、数据的规律性要求并不高，因此较适用于本研究。基本数理计算过程如下：

首先，确定比较序列。本研究根据问卷的问题设置，选取了企业年龄、企业正常年收入、企业人数、年净利润、企业生命周期、疫情政府补贴效果、企业竞争力、金融服务帮助效果和数字化水平等9个比较序列进行分析。再确定评价标准 X'_0，其中 $X'_0 = (X'_0(1), X'_0(2), \cdots, X'_0(m))^T$。

在比较序列与评价标准无量纲化后，计算关联系数 $\gamma(X'_0(k), X'_i(k))$：

$$\gamma(X'_0(k), X'_i(k)) = \frac{\Delta min + \rho \Delta max}{\Delta_{ik} + \rho \Delta max} \qquad （公式1）$$

其中，$\Delta_{ik} = |X'_0(k) - X'_i(k)|$，$\rho$ 为分辨系数，在（0，1）内取值，分辨系数越小，关联系数间差异越大，区分能力越强，通常取0.5。

最后，计算灰色关联序度 r_{oi}，分析计算结果：

$$r_{oi} = \frac{1}{m} \sum_{k=1}^{m} W_k \zeta_i(k) \qquad （公式2）$$

2. 实证结果

通过灰色关联分析的方法，对9项比较序列指标与物流企业韧性的关联度进行计算，具体见表3。其中，"疫情时政府补贴效果"一项，根据问卷问题47的回答进行编码统计，"恢复到正常水平""恢复了部分现金流""没有明显恢复"分别记3、2、1；"金融服务帮助效果"和"数字化水平"也由相关问题进行处理；"企业竞争力"是根据问卷问题24"竞争力衡量"，进行打分统计后算术平均的结果。

根据模型原理，关联度值介于0～1之间，该值越大代表其与"参考值"（母序列）之间的相关性越强，即意味着其评价越高。针对本次9个评价项，金融服务帮助效果最高，位于前三位的分别是金融服务帮助效果（关联度为0.852）、净利润

（关联度为 0.83）和数字化水平（关联度为 0.819）。

表3　物流企业韧性关联度结果

评价项	关联度	排名
金融服务帮助效果	0.852	1
净利润	0.83	2
数字化水平	0.819	3
疫情时政府补贴效果	0.798	4
企业年龄	0.786	5
企业生命周期	0.786	6
正常收入	0.773	7
企业人数	0.77	8
企业竞争力	0.668	9

从表3可以看出，金融服务帮助效果和净利润是与企业韧性最相关的影响因素。自身规模与核心竞争力固然是企业能够渡过难关的重要指标，但新冠肺炎疫情带来的影响是多行业、全球性的，因此政府与金融机构帮扶也是助力物流企业渡过难关、保持韧性的关键。企业数字化水平与企业韧性的关联程度排第三位，这表明物流企业的数字化程度对于企业韧性是不可或缺的一部分。因此，在这样的特殊时期，国家应当增加物流企业的政策照拂与资金支持，维护物流供应链的稳定，同时，物流企业也需提升数字化水平，当线下工作停滞时，运用数字化技术稳固订单。

五、数字化助力企业复工复产分析

在后疫情时代，新冠肺炎疫情带来的"蝴蝶效应"也开始延伸到各行各业。本次调研发现，新冠肺炎疫情对制造业、运输业、加工业等行业也造成了不同程度的影响，物流停滞、运力减少、人员管控都会打破处于动态稳定的企业产业链平衡。

（一）新冠肺炎疫情下物流企业面临的困境

如图7所示，对于物流企业所处产业链的消费端来说，受新冠肺炎疫情影响最直观、严重的就是运输成本的上升与人员、物流受限的问题。为遏制新冠肺炎疫情蔓延，全球多数经济体普遍采取防控措施，世界范围内的人员、生产要素自由流动受到限制，还有各种负面因素叠加影响，使全球产业链"断裂"风险加剧，从而造成因物流量减少或物流滞涩而带来的爆仓或无法完成订单等一系列问题。同时，物流市场不均衡也是一座需要跨越的难关。随着近几年运输业的市场化程度越来越高，竞争日趋激烈，运输供给的不平衡性表现得日益突出，由于供给与需求之间在时间空间的差异性所造成的生产与消费的差异，使运输供给必须承担运力损失、空载行驶等经济上的风险。所以，搞好生产的组织和调整、运用科学的方法提高经营管理水平、尽量调节好供需的平衡是物流企业应该关注的重点。

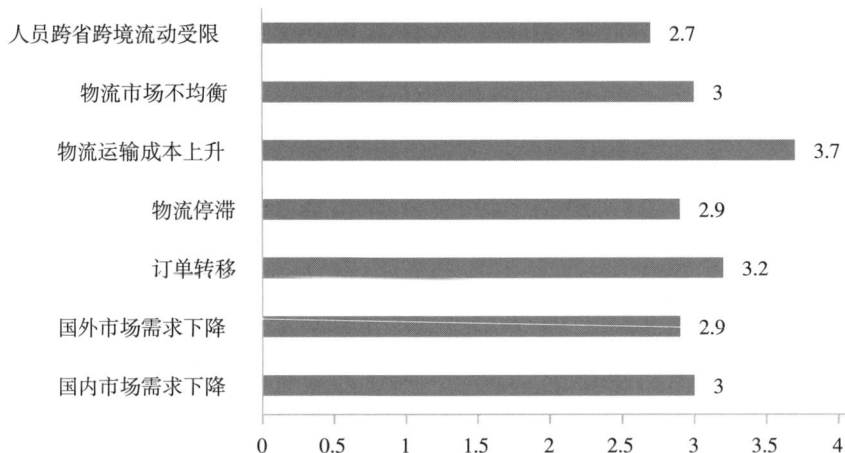

图7　新冠肺炎疫情导致物流企业所处产业链（消费端）面临的困难系数

（二）物流行业特点

如图8所示，相比国际同类产业，我国物流企业的竞争力主要在于物流速度相较更快以及客户满意度更高。首先，"快"是优势，可以体现在信息系统处理快、信息反馈速度快、物流关键装备速度快、站台装卸速度快、配送路线优化快等很多方面。在新冠肺炎疫情暴发期间，为了从根本上满足市场对于"快"的要求，在大数据指引下，合理分配仓库位置，尤其是采用前置仓的概念，物流企业就可以在几乎不增加成本的前提下，取得非常快的效果。其次，"高"是巩固和开发客户的一种手段。树立物流品牌效应，提高内部客户管理效率，进行准确的物流客户细分都是物流企业进一步智能化的体现，因此数字化转型对于物流企业来说相当重要。

（三）数字化与复工复产

新冠肺炎疫情后的复工复产问题，一直是大家关心的焦点所在，不仅要考虑复工复产的时间周期，更要考虑复工复产中所面临的一系列问题。如图9所示，67%

图8　与国际同类产业链相比，物流企业所处我国产业链竞争力系数

的企业都受到了新冠肺炎疫情的影响。复工复产问题是否处理好，会直接或间接地影响企业合作伙伴的数量与稳定性、企业在市场上的竞争力的变化以及复工复产时是否会遇到一些机遇与转变。本文针对这些问题，进行了一系列调查和研究，并得出了一些结论。

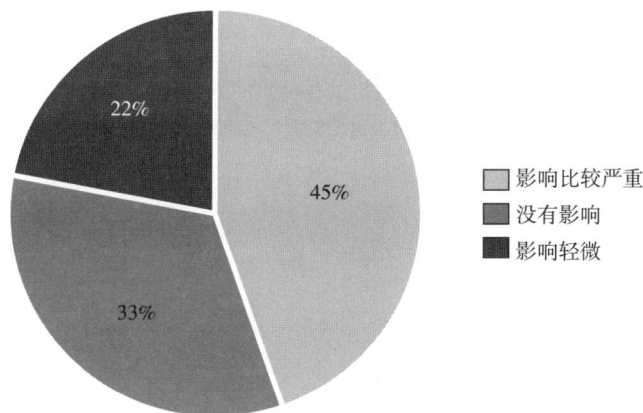

图9　新冠肺炎疫情对企业的影响程度

　　首先，针对企业本身供应链柔韧性作出调查并得出结论。我们发现在处理问题时应变能力强、根据需求变化可以做出及时调整、充分保障用户订单的完成、拥有多种分销渠道的物流企业往往会在相对较短的周期内利用数字化手段完成复工复产。也就是说，企业对问题响应的及时性、对客户需求的响应力、对资源的吸引力是企业除外力因素外能否尽快复工复产的主要影响因素。这些韧性强的企业能够在更短的时间内以更小的代价来完成企业的复工复产。同时，这类供应链韧性强的企业受新冠肺炎疫情的影响也会相对更小。

　　其次，数字化对企业复工复产的助力效果也与企业本身的规模存在一定关系。

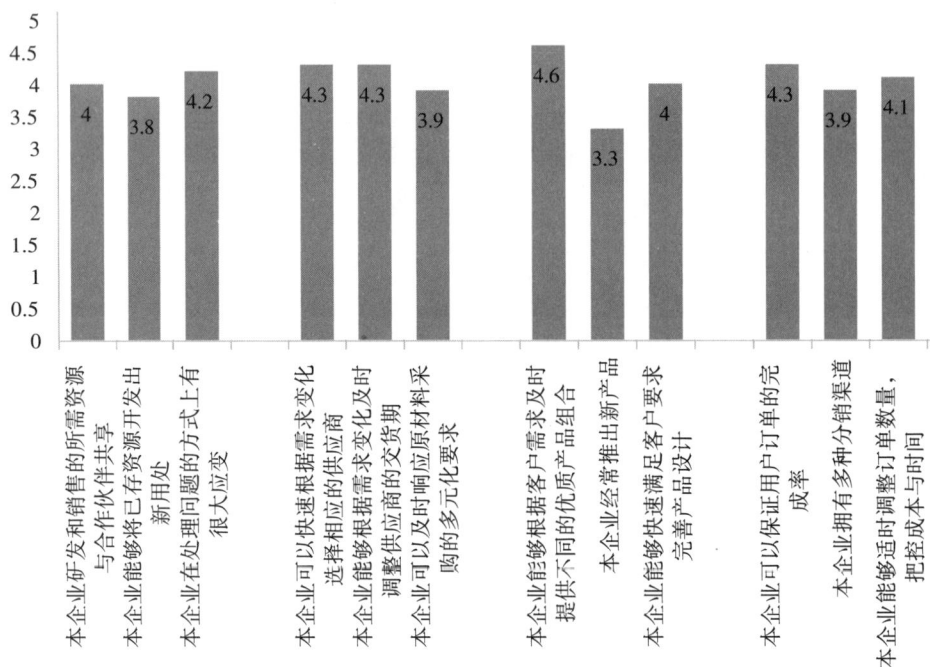

图10　企业供应链韧性

调查研究结果显示，规模越大的企业的数字化程度更高也更透彻，规模相对较小的企业应用数字化手段往往很有限。但无论企业应用数字化手段的程度如何，在复工复产问题上，数字化手段都起到了事半功倍的作用。在本次调研中，有些规模较大的企业在本轮新冠肺炎疫情中受到的影响相对较小，而这些企业往往都有非常稳定的供应链和客户资源。采用数字化手段获取资源并不受到任何场景的制约。因此，新冠肺炎疫情期间居家办公并不会影响部分业务的开展。但也会面临如无法与新客户面谈、无法与新客户建立良好的信任关系等一系列问题。

最后，数字化手段成为企业复工复产的一个"利器"。在我们所调查的企业中，拥有数字化手段的服务类企业、物流类企业、建筑类企业，在复工复产的过程中相比那些不具备数字化手段或数字化手段欠缺的传统零售类企业、传统物流类企业往往表现得更好、恢复周期更短，对新冠肺炎疫情后的市场份额占比也相对较大。

在本轮新冠肺炎疫情中，很多企业也认识到数字化手段是当前的市场红利，认为加快数字化转型、业务线上化是企业经营管理中长期规划的必要策略，如图11所示；同时，快速调整心态，迎难而上，将危机转化为机会，将更有利于新冠肺炎疫情的长期防控，如图12所示。

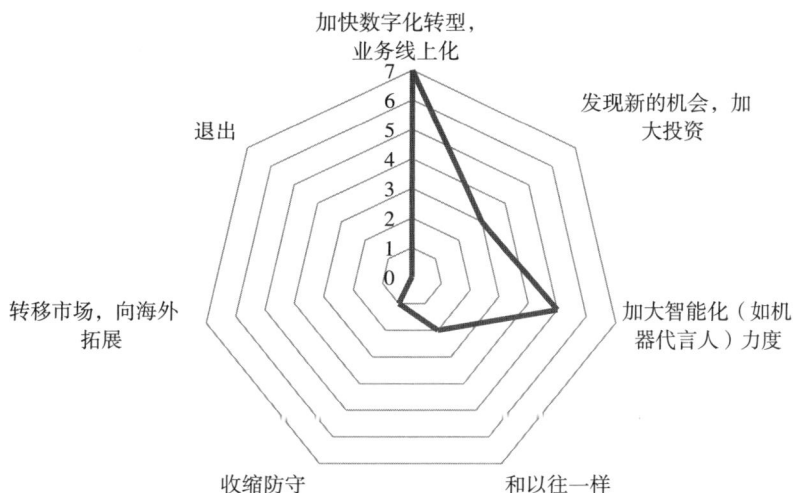

图 11　新冠肺炎疫情对企业经营管理的长期影响

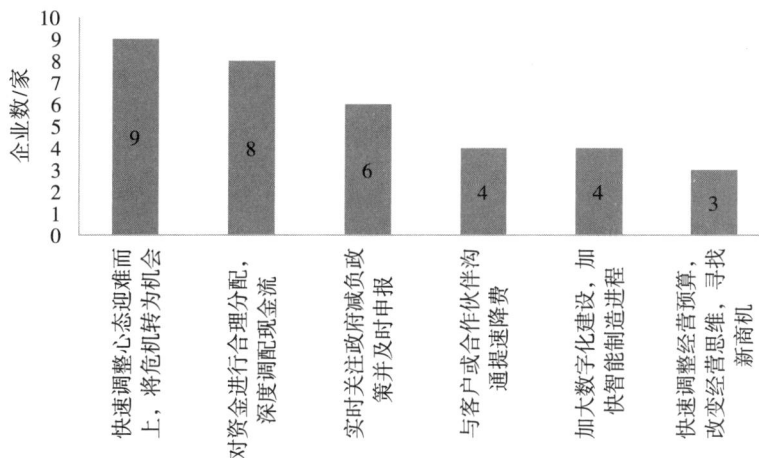

图 12　企业针对新冠肺炎疫情采取的长期措施

六、结论与建议

（一）增强企业核心竞争力

在本次受访企业中，一些企业对其未来持有乐观的态度，危机有时就是转机，能使企业看到新的发展方向。企业可以通过加大对核心业务的成本投入，突出自身的竞争优势，纵向扩展业务。上海德利得公司提及未来会在医疗器械运输这个在业内比较有竞争力的业务上继续深入扩展，增加医疗器械组装业务，培训专业的员工，即做到运输、搬运、安装到位一站式服务。由于医疗器械安装的专业性，就短期来看，人员培训的物力成本和时间成本是非常大的；但长远来看，企业的核心竞争力将会大幅提升，帮助企业获得更高的市场份额。

（二）完善管理政策，加大金融帮扶力度

对于物流企业来说，运输至关重要，本次调研中企业表示运输面临的最大"壁垒"就是区域防疫管理之间的差异，类似于健康码，全国缺乏统一的认证标准和管理，货车通行证问题也是如此。因此，为了保障紧急情况下物资供应问题，提高运送效率，不同地区政府需要做到统一性管理，避免出现"一区一证"，甚至是"一路一证"现象，最大力度保物资供应，保供应链畅通。

在新冠肺炎疫情背景下，物流企业普遍面临较大的发展困境，保障运输难、资金回笼难和流动资金难的"三难"问题拖伤甚至拖垮了很多中小微实体企业。2022年政府工作报告提出，加强金融对实体经济的有效支持，推动解决实体经济特别是中小微企业融资难题，这对于实体经济的发展是一剂"强心剂"。各地应积极推动辖内银行创新金融服务，让更多的金融活水流向实体经济，对重点企业加大信贷支持力度，助推企业转型升级，同时大力支持民营和小微企业发展，帮助中小企业破解融资难问题，让金融更好地服务实体经济。

（三）积极推进企业数字化转型

物流企业的竞争力主要在于物流速度更快以及客户满意度更高。在大数据指引下，合理分配仓库位置，尤其是采用前置仓的概念，物流企业可以在几乎不增加成本的前提下，取得更"快"的效果。同时，企业要将客户管理数据化，精确细分客户需求，在业务处理中更快更准地满足客户，提高客户对服务的满意度。当前，数字化转型已经不是选择题，而是关乎企业生存和发展的必答题。

对于中小微企业，考虑到数字化转型成本、数字化人才、自身技术水平有限等因素，可以引入相关数字化产品，将本地数据迁移至云端储存，构建数字化体系，或引入使用门槛低、技术水平高、灵活性强、成本低的中小型企业数字化产品和服务。对于有一定体量与能力的企业，要做到自主与合作并重。数字化转型涉及人才、管理、运营、技术等多个方面，企业应当识别自身的核心能力，将核心能力内化提升；对于非核心能力部分，应该秉持开放态度，充分利用外部资源补齐相应短板。企业通过自主研发与外部合作相结合，为自身的数字化转型构建互利共赢的生态体系，增强企业韧性。

参考文献

［1］ DIAKOULAKI D，MAVROTAS G，PAPAYANNAKIS L. Determining objective weights in multiple criteria problems：The CRITIC method［J］. Computer Ops Res，1995（22）：763－770

［2］ ohamInadA，Daniel N，PeterI C. Fuzzy grey relational analysis for software effort estimation［J］. Empircal Sotware Engineering，2010，15（1）：60—90.

［3］ 付雅菁，杨任农，刘晓东，等. 基于灰色关联分析的软件工作量估算方法［J］. 系统工程与电子技术，2012，34（11）：2384－2389.

［4］ 郭微，徐庆，徐晓磊等.“一带一路”区域物流供需系统协调发展的实证分析［J］. 对外经贸，2016（06）：72－76.

［5］ 陆蓉，徐龙炳，叶茜茜等. 中国民营企业韧性测度与影响因素研究［J］. 经济管理，2021，43（08）：56－73.

调研感悟

团队成员调研感悟

1. 何晓海

作为“访万企，读中国”项目的队长，我深刻认识到数字化技术在疫情期间和复工复产背景下对物流供应链企业的重要性。在访谈和问卷调查中，我们了解到数字化技术在物流可视化、供应链韧性和构建多式联运服务体系等方面发挥了重要作用。数字化技术不仅可以提高物流运营效率和客户体验，更能为物流企业构建一个稳健的供应链体系提供帮助。我们的调研结果显示，成功的物流企业需要不断进行数字化转型，并且通过实践来构建韧性更强的供应链。通过此次调研，我们更深刻地认识到数字化技术在物流企业复工复产中的重要性，为我们今后研究提供了更多的思路和方向。

2. 黄吉婷

通过此次“访万企，读中国”活动，我学到了很多东西。首先，在活动准备过程中，和队友的分工协作，促进了我们团队合作的能力；其次，通过和各企业面对面访谈，我能以更直观的视角了解当前各企业数字化转型的难点，给自己选择就业方向提供了一些参考；最后，访谈报告撰写阶段，多种文献与数据分析方法并用，提高了我的问题分析与文字撰写能力。

3. 周祉圻

通过此次调研，我认识到数字化技术在物流企业复工复产中的重要性。在疫情期间和复工复产背景下，物流企业面临着很大的压力和挑战，数字化技术的应用可以帮助物流企业更好地应对这些挑战、提高物流运营效率和客户体验。通过此次调研，我也深刻认识到数字化转型是物流企业未来发展的必然趋势，企业只有不断提高数字化技术应用水平，才能在激烈的市场竞争中保持竞争优势。

第二部分

新冠肺炎疫情背景下国际原油价格波动与精细化工产业链转型升级

——以电子化学品为例

惠思莹　林一晨　余　陈　姚　钊　楚天一凤　谭园缘　刘梦菊　李嘉莉　潘娅萍
袁光莹　刘静蕾　吴辰玥　陈越好　魏若璇　单嘉葆
指导教师：汪荣明　刘永辉　肖包兴邦

摘　要

2022 年 3 月，上海暴发了新一轮新冠肺炎疫情，人流、物流的中断给长三角地区的生产型企业带来了严峻的挑战。随着新冠肺炎疫情逐步进入常态化，企业如何进行上下游产业链整合、实现转型升级，成为越来越重要的问题。目前，精细化工行业的电子化学品正处于传统和现代的转型路口，一方面承担着国民经济的基础性制造，另一方面正在逐渐成为下游电子信息科技产品的提供端口。本次调研聚焦长三角地区的精细化工产业，以电子化学品为切入点，旨在探究其面对新冠肺炎疫情和国际原油价格冲击下所展现的韧性，以及产业链转型升级的现状，为相关政策帮扶和企业转型路径提供参考。

关键词：精细化工；电子化学品；产业链；转型升级

一、调研背景和意义

企业是市场经济的主体，是社会发展的重要推进力量。2022 年 3 月以来，作为受本轮新冠肺炎疫情影响最大的区域之一，以上海为中心的长三角城市群实施区域管控，企业的运营和生产受到阻碍，产业链、供应链受到影响。

化工行业作为我国的基础性行业，涉及的下游涵盖了汽车、医药、电子等各个领域，对社会经济有着举足轻重的作用。长三角地区由于人才集聚和科技带动，精细化工行业中的电子化学品产业发展迅猛、前景广阔。电子化学品为电子信息产业生产配套器件，具有种类多、质量高、用量精等特点，主要应用于集成电路、LED、传感器、印刷电路板等领域，是电子科技研发的重要基石。

此外，国际原油价格波动与电子化学品的关系密不可分。一方面，作为化工的原材料，国际原油价格决定了电子化学品的原材料价格；另一方面，作为重要能源，国际原油影响着电子化学品的加工制作成本。在新冠肺炎疫情影响下，国际原油价格的波动更加剧烈，不确定性因素增多。

对精细化工行业的电子化学品产业而言，新冠肺炎疫情和国际原油价格的冲击，既是挑战，又是机遇。新冠肺炎疫情背景下，电子化学品的恢复和转型情况，更应得到重视。本次调研旨在以精细化工作为切入点，重点聚焦电子化学品产业链的上下游，通过对各企业访谈，从营收、产能、恢复路径、产业链、政策需求等不同维度，了解新冠肺炎疫情背景下电子化学品企业的运营状况，深入了解电子化学品企业与上下游之间的合作，梳理长三角地区电子化学品行业产业链布局的转向、企业组织管理提升方向、未来发展的格局与治理等问题，找准复工复产痛点难点，把握纾困政策的现实需求，助推企业更好更快复工复产。

二、调研方案与实施

（一）调研方案

受新冠肺炎疫情影响，本小组采取线上访谈和问卷调查的方式，对上海市、江苏省、浙江省、海南省的部分精细化工企业进行调研，聚焦新冠肺炎疫情背景下国际原油价格波动与精细化工产业链的转型和升级，深入剖析电子化学品的现状和未来，了解企业的痛点与需求。

（二）调研对象

长三角地区及海南省共7家化工企业和1家国际贸易企业。

（三）调研任务分配

表1　小组成员分工

总体进程	细分工作	人员
企业调研	对接企业	惠思莹、楚天一凤、谭园缘、陈越好
	访谈主持	惠思莹、楚天一凤、魏若璇、刘静蕾
	访谈记录和整理	惠思莹、楚天一凤、姚钊、余陈、单嘉葆、谭园缘、刘梦菊、李嘉莉、潘娅萍、袁光莹、刘静蕾
成果总结	数据分析	林一晨、姚钊、余陈
	调研报告撰写	全体小组成员
	典型案例报告	惠思莹、林一晨、刘静蕾、潘娅萍、袁光莹、李嘉莉
	决策咨询报告	惠思莹
	推送制作	吴辰玥、刘静蕾

（四）调研工作时间安排

表2　调研工作时间安排

时间	活动内容
6月1日—6月21日	前期资料搜集、确认调研主题和方向 6月11日访谈华东理工大学刘金库教授 设计自选问卷、撰写访谈提纲
6月22日—8月16日	（1）6月22日访谈上海市某精细化工企业A （2）6月25日访谈上海市某化工企业B （3）6月30日访谈江苏省某精细化工企业C （4）7月5日联组调研浙江省某精细化工企业D （5）7月8日访谈江苏省某精细化工企业E （6）7月12日访谈海南省某石油化工企业F （7）7月19日联组调研某国际贸易企业G （8）8月16日访谈某国际化工企业H （9）制作微信公众号推送2篇
8月17日—9月5日	（1）整理调研过程中的音视频、文档等资料 （2）撰写调研报告、典型案例分析报告和决策咨询报告

三、　问卷结果统计分析

（一）样本基本情况

本次调研共收到有效问卷 537 份。如图 1 所示，在地域分布上，企业集中于长三角地区且以上海为主。如图 2 所示，在企业类型上，非外贸直接相关企业最多，占比 72%。如图 3 所示，在股权结构上，民营企业最多，占比 89%。如图 4 所示，在企业年龄上，6～10 年的企业有 175 家，11～20 年的企业有 134 家，3～5 年的企业有 100 家。如图 5 所示，在行业分布上，75.4% 的企业属于制造业。总体而言，本次问卷调研的企业集中于长三角地区、多与外贸直接或间接相关、以民营和外资为主、处于发展至成熟阶段、所属行业以制造业为主，是受到影响最大的对象，也是政策关注的重点。

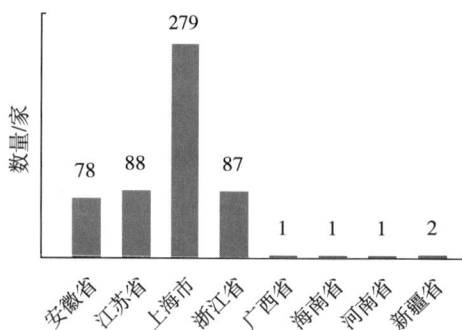

图 1　企业地域分布

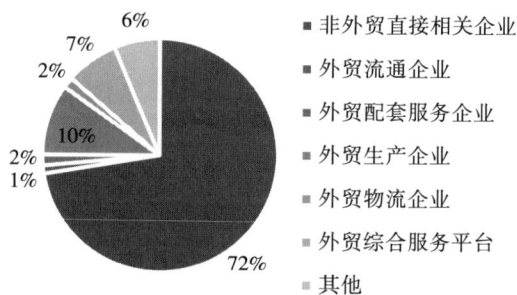

图 2　企业类型

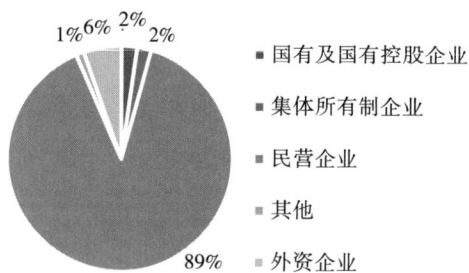

图 3　企业股权性质

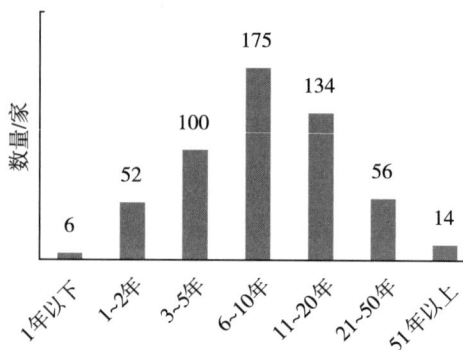

图 4　企业年龄

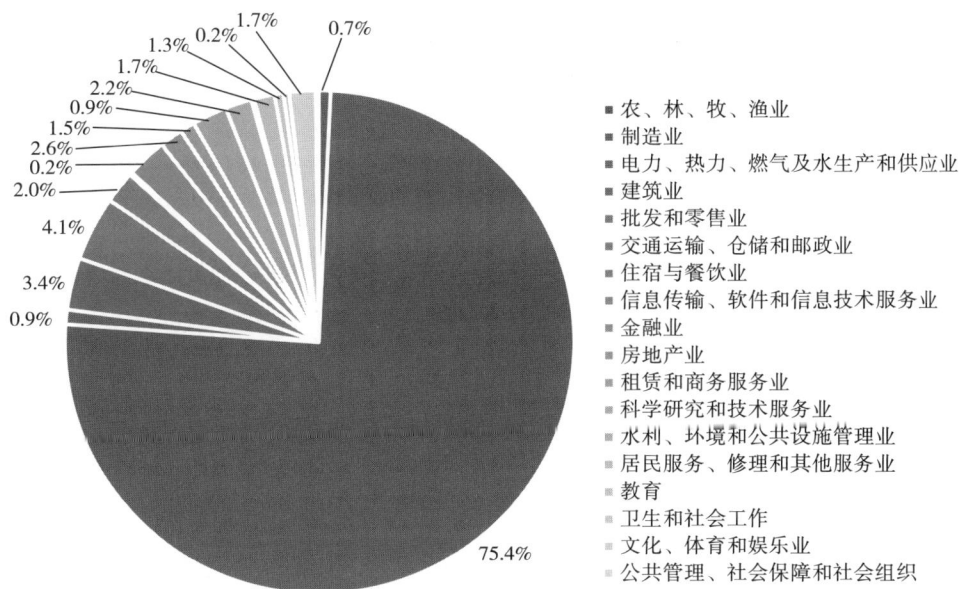

图5　企业所处行业

（二）企业韧性初步分析

多家企业高管表示，盈利能力是一家企业的生命力所在，决定了企业的长期发展能力和应对冲击的韧性。本次调研选取了企业韧性最具代表性的指标——企业利润率，并聚焦于制造业的各行业，进行异质性分析，如图6所示。

各个行业的企业利润率差异性显著。在食品、纺织这类技术附加值较低行业中，企业的利润率呈现均匀分布；在设备制造、医药这类技术附加值较高的行业中，企业利润率分布的差异巨大。化工行业则兼具了两者的特点。

四、 企业韧性测度与分析

本文从两方面对小组调研的 7 家化工类企业进行韧性的测度：一是企业韧性，体现企业各方面对抗冲击和预防不确定性事件的能力；二是产业链韧性，体现企业产业链上下游应对冲击的能力。通过对相关学者研究及访谈内容的整理，本次调研共选取了 19 个可能影响企业韧性的因素与 12 个可能影响企业产业链韧性的因素。

（一）企业韧性分析

本次调研的企业韧性分析包括以下三步：（1）采用文献研究法提取与企业韧性

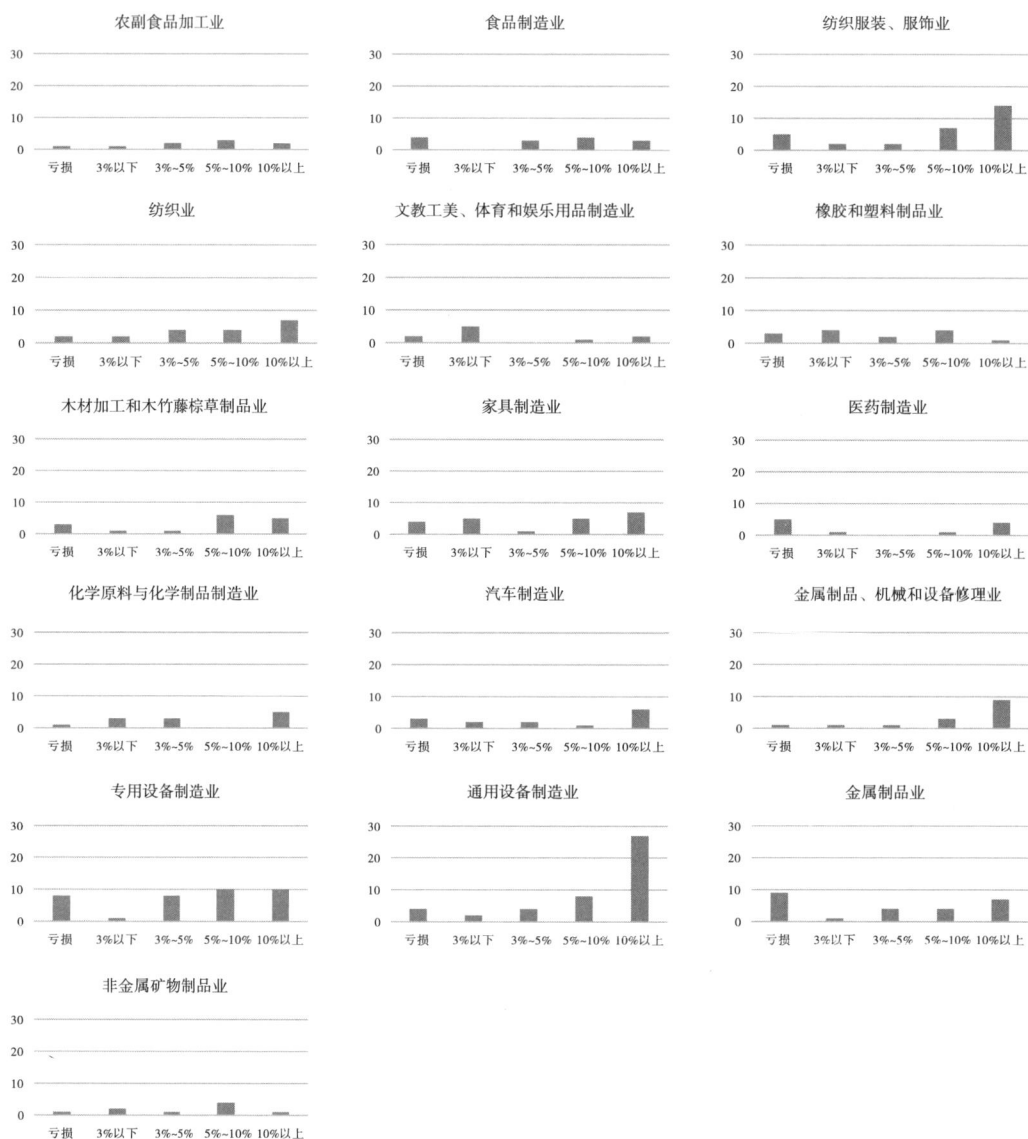

图6　2021年各行业企业利润率

高度相关因素以建立指标体系;(2)通过问卷法与专家调查法确定相应指标权重;
(3)根据计算结果对访谈企业进行排序与比较分析。

1. 指标选取

选择文献研究法提取与企业韧性高度相关的因素,建立企业韧性指标体系,测量维度和具体计算方法见表3。19个指标从总体上可以分为财务情况、资源管理情况、应变恢复情况、创新研发情况、社会责任情况五个维度。计算方法上,结合了客观指标和主观评分结果。

表3　企业韧性指标说明

测量维度	指标名称	测量方式
财务情况	企业盈利能力	企业年利润与营收
	企业现金流	企业自由现金流
资源管理情况	外部资本	量表自主评分
	内部资本	
	网络规划	
	资源管理	
	关系管理	
应变恢复情况	资源柔性	
	时间柔性	
	产品柔性	
	交付柔性	
	技术动荡性	
	市场动荡性	
	鲁棒性	
	敏捷性	
	完整性	
	企业恢复能力	冲击后的恢复时间
创新研发情况	企业创新与研发能力	企业专利数、研发投入
社会责任情况	企业社会责任	企业捐赠、员工培训

2. 权重确定

本次调研将访谈的七家企业高管作为精细化工领域的"专家",提供五级量表打分,得到各个指标重要性的整体评价。经过计算后得到各指标的权重占比,排名前三的指标见表4。企业的现金流与企业的盈利能力排名前二,可以证明资金是任何企业的命脉;同时,精细化工企业以生产化学品并销售为主,内部联系交流能力与产品的更新适配能力也十分重要。

表4　企业韧性影响因素权重排序表(前三个指标)

影响因素	权重(%)	权重排名
企业现金流	6.098	1
企业盈利能力	5.880	2
内部关系资本	5.749	3

3. 结果分析

通过上述测算的各指标权重，可计算得到 7 家企业的韧性，见表 5。指标数值区间为 1～5，1 表示企业韧性很弱，5 表示企业韧性很强。

表 5　企业韧性排序

相关企业	企业韧性	韧性排名
企业 H	4.774	1
企业 E	4.238	2
企业 C	3.823	3
企业 F	3.789	4
企业 D	3.786	5
企业 A	3.704	6
企业 B	2.874	7

企业 H 作为中国化工领域最大的外商投资企业，得到了最高的韧性评分。同时，外贸生产企业与民营企业相较于非外贸企业与国有企业，也有着更高的企业韧性。

在资源柔性方面，大型企业明显优于中小型企业，外资和民营企业略优于国有企业。在企业社会责任方面，企业规模或企业韧性的高低并不与企业社会责任的强弱存在明显的联系。韧性整体指标相对靠后的企业 A 对企业内员工和社会面的帮助支持起着带头作用，所呈现出的人文关怀能力与强烈的社会责任感可能会对其在上海"后疫情"时期的发展具有重要影响。在交付柔性方面，很大程度上受到了相关地区防疫政策的影响，防控措施使得企业 A 与企业 B 在产品的分销渠道上略显不足，而受新冠肺炎疫情影响较小的企业 E，在供应链的交付上较为出色。

（二）产业链韧性

1. 指标选取和权重确定

本次调研将企业所处的产业链韧性分为 2 个二级指标：企业所面临的困难和企业产业链在国际同类中的竞争力。前者作为负向指标，后者作为正向指标。在负向指标中，细分为产业链供给端、消费端与其他方面 3 个三级指标；在正向指标中，细分为研发、生产、销售、增值服务与其他企业基本信息 4 个三级指标。此外，每个细分的三级指标内部进行平均处理，三级指标之间进行均值化处理，并对困难与竞争力分别赋予 30% 与 70% 的权重占比。

2. 产业链韧性结果分析

经过计算得到七家企业的产业链韧性，见表 6。韧性评分区间为 1～5，1 表示企业所处产业链韧性很弱，5 表示企业所处产业链韧性很强。

表6　产业链韧性排序结果表

相关企业	所处产业链韧性	韧性排名
企业 H	4.229	1
企业 E	3.866	2
企业 C	3.824	3
企业 A	3.566	4
企业 F	2.905	5
企业 B	2.789	6
企业 D	2.729	7

上海市是企业 H 在亚太区乃至全球最重要的研发枢纽之一，所处产业链韧性在七家企业中占据第一。国有企业 B 在产业链韧性上略逊于其他民营企业。企业 D 由于自身中小型企业的特性，在产业链韧性上稍弱。

在原材料上，位于石油化工产业链中游、着眼于核心产品加工制造的企业，在新冠肺炎疫情期间所面临的原材料相关的问题并不严重；位于石油化工产业链上游、着力于研发设计与原材料加工制造的企业，均受到较大的挑战。

在订单产能上，对于地理位置劣势较大的企业 F 而言，由于其产能规模庞大，出现了缺乏生产订单、产能下降或产能过剩等问题，最终导致物流成本增加与收入确认延迟；对于上海地区的外资企业而言，封城同样严重降低了企业的产能。而对于受新冠肺炎疫情影响较小的地区，相应企业订单产能的阻碍较轻微。

在自主创新上，企业 D 与企业 A 在新冠肺炎疫情阶段出现了较为严重的科技人才短缺。同时，企业 F 也面临着技术人才流失的问题。而其他几家外资企业与国有企业，凭借其自身优势在此方面并未受到较大挫折。

五、外部影响与应对措施

（一）新冠肺炎疫情的影响

新冠肺炎疫情带来的首要问题就是物流。由于跨省跨国流通不便、各地政策要求不同、高速卡口的管制要求不同，企业的原材料采购与成品销售运输均受到严重阻碍，无法及时补充原材料与交付产品。此外，物流运输成本大幅提高，显著增加了产品的销售费用，并进一步导致订单的流失。

另一方面的影响则出现在企业的生产环节。部分地区由于封城导致停工停产、订单积压；部分企业甚至出现资金链断裂、后续连带供货期不足。在停工后的复工阶段，复工率上升存在着时间性的挑战，复工的人工成本大幅提高，化工企业的生产运营和管理将面临更为复杂和繁重的任务。

（二）新冠肺炎疫情的应对措施

1. 拓宽渠道

一是拓宽供应渠道。对于国内原材料供应，一方面，企业选择采取来自同一省份双供应商的供应方式，或是不同省份的供应商来确保供应链稳定；另一方面，部分企业推行原材料供应本土化，有条件的公司可以增加生产基地作为备用。

二是拓展物流渠道。一些企业选择联系当地物流派车取货，以此顺利将货送至客户手中；还有部分企业通过全球物流采购以降低运费。

2. 增强客户粘性

部分企业采取多种销售策略，如与当地商务局进行合作、使用数字化推广手段、与客户签订远期合同，加强客户粘性。同时，提高企业客户的覆盖面，加强与合作运输公司的良好关系，更有助于企业的客户积累。

3. 政府提供政策帮扶

对于物流不畅的问题，政府可以向企业提供运输证明。此外，政府还可以向部分企业提供与防疫相关的下游行业对接的渠道，推荐合适的客户，支持企业推广产品，打开市场。在资金问题上，对于中小型企业，政府可以发布贴息政策、提供专项资金补助；对于大型企业，政府部门可以与多家银行联合发文提供新冠肺炎疫情专项贷等利率优惠的措施。

4. 加强智能化管理

在新冠肺炎疫情影响下，智能化能够有效帮助化工产业链的企业缓解冲击，在用人很少的情况下，工厂的生产也能够继续。此外，智能化和自动化生产提高了劳动生产率，也使产品质量更稳定。

（三）国际原油价格波动的影响

首先，原油价格上涨，直接带来化工企业生产所需的原材料价格上升。其次，化工企业的生产经营离不开运输，原油价格上涨必然会导致公路、水路、航空等交通运输行业的经营成本上升。最后，原油价格上涨引发国际经济增长减速，出现国际市场需求不足，导致化工企业订单减少，影响企业产品销售。调研显示，71%的企业表示原材料价格上涨，致使利润空间受到挤压；86%的企业表示原油价格上涨导致运输费用显著增加；43%的企业表示市场需求疲软，出货量下降。

（四）国际原油价格波动的应对

面对国际原油价格波动，企业采取的应对措施主要分为三类：一是优化成本管理、以销定产，避免不必要的库存成本；二是通过期货、保险等金融衍生工具对冲价格波动带来的风险；三是从技术手段上，加大创新驱动力度，利用科技赋能，以降低成本。调研显示，所有企业都会通过以销定产，平衡市场价格，86%的企业使用了金融工具，71%的企业采用了科技赋能手段；在措施数量上，位于产业链边缘企业和未停产的企业明显少于其他企业。

（五）国际原油价格实证分析

多家企业表示，原油价格波动对于企业的影响有限。为了深入探究和验证这一问题，本小组选取了 2022 年 1 月 4 日至 2022 年 6 月 1 日的数据，对 WTI 原油价格和电子化学品股票价格进行了脉冲响应分析。如图 7 所示，横轴表示受到冲击后该变量受影响的时间的长度，纵轴表示受到影响的程度。在电子化学品的股价受到 WTI 原油价格一个标准差的正向信息冲击时，股价首先会下降，随后逐步攀升，后又会有一个小幅的下降，最终逐步收敛到 0。从响应幅度来看，WTI 原油价格对于电子化学品的影响相对较小。这与调研的结论相一致，虽然国际原油价格变化短时间会对电子化学品产生冲击，但总体来看影响有限。

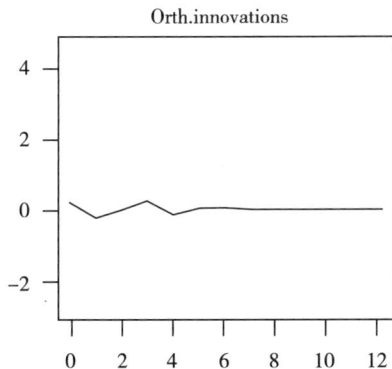

图 7　脉冲响应图

六、企业转型升级

新一轮科技革命带来了生产方式变革，加之突如其来的新冠肺炎疫情，使精细化工行业面临严峻挑战。信息化、数字化、智能化、自动化等转型升级手段正成为企业降本增效、提升运营效率、提高市场竞争力的重要途径。

（一）企业转型升级现状

在调研的企业中，86%的企业已经基本实现了自动化生产，且正在逐步推进信息化、数字化、智能化与具体业务场景深度融合。

（二）企业转型升级的内外因分析

从企业外部来看，社会影响力、客户的需求、竞争对手的提升、合作伙伴的合作模式与手段、供应商信息整合等是企业转型升级的主要驱动因素。从企业内部来看，企业转型升级能够降低成本、增加收入、提升效率，从而提高企业市场竞争力。在调研过程中，60%的企业认为内因是驱动企业转型升级的主要因素，这说明企业更多会从自身出发，拥抱数字化、智能化等新兴技术，以实现自身更长远的发展。

本小组将影响企业转型升级的外部因素分为五个等级让企业进行重要性程度评分，1分表示非常不重要，5分表示非常重要。第一是影响企业转型升级最重要的外部因素，社会影响力得分4.7，这可能是因为当下企业的社会影响力对企业拓展客户关系愈发重要，而新兴技术如数字化能够帮助企业提升品牌价值。第二是客户对于产品形态及交付方式的新需求，得分3.8。第三是与合作伙伴的合作模式与手段，得分3.7。而供应商信息整合与竞争对手提升这两方面被认为是相对不太重要的，分别得分3.3和3.2。

（三）企业转型升级计划

调研结果显示，86%的企业在未来有进一步推动数字化转型，加大对智能化投入的计划，主要的考虑在于：一是响应国家转型升级战略；二是新冠肺炎疫情使企业意识到提高数字化、智能化程度，有利于应对突发事件带来的风险；三是拥抱新兴技术，才能提高效率、降本增效，促进企业长远发展。除了数字化、智能化转型，部分企业正在寻求技术突破以及加大对新产品的投资。例如企业F有自己的博士后工作站，企业D计划向产业链下游延伸，做化妆品方面的投资。

七、纾困政策与需求

（一）纾困政策与企业需求对应

政府大力推出减负纾困的组合政策，从疫情防控、金融扶持、援企稳岗等方面为企业提供政策支持。本次调研总结了政府出台的政策支持与对应的企业需求，如表 7 所示。

表 7 政府出台的政策支持与企业诉求对应表

政策类型	措施总结	对应企业需求
疫情防控	对企业防疫给予补贴支持；支持防控创新产品研发及产业化；保障防控所需用品的供应	物资支持、财政补贴
减税降费	大规模增值税留抵退税；加大减税降费力度；延长申报纳税期限	降低费用、税收优惠
金融支持	变更还款安排、延长还款期限、无还本续贷；不抽贷、不断贷、不压贷；调整有关贷款分类评级标准；加强融资担保支持，困难企业贴息；金融机构减费让利和发挥保险风险保障作用	流动性支持、利息减免、适度延长贷款偿还期限或豁免部分债务
援企稳岗	延续执行阶段性降低失业、工伤保险费率政策；实施培训补贴、创业扶持、工会经费返还；支持和规范发展新就业形态等	成本补贴（培训、社保等支出）
复工复产	指导困难企业建立集体协商制度，调整薪酬、轮岗轮休等方式稳定工作岗位；减免小微企业和个体工商户房屋租金；优惠提供云上办公服务；直接发放复工补贴	成本补贴（租金、薪酬等支出）
支持困难行业恢复	对困难行业，如餐饮、零售、旅游、交通运输、会展业等继续实施专项扶持，并促进产业积极转型	困难行业针对性需求

（二）纾困政策的帮扶力度

本次调研将政府减负纾困政策力度分为五个等级让企业进行评分，1 分表示力度非常小，5 分表示力度非常大。调研结果显示，受访企业认为援企稳岗类政策和减税降费相关政策力度较大，分别得分 3.93 和 3.86。从营业利润变化来看，86% 的企业在受到政府帮扶之后营业利润增加 10% 以内，仅有 14% 的企业认为政策支持的作用不大。从现金流变化来看，受到政策帮扶之后，57% 的企业恢复了部分现金流，14% 的企业恢复到正常水平，29% 的企业没有明显的恢复。

部分受访企业认为，政府各项帮扶政策虽然力度比较大，但也存在不足之处，例如政策涉及的事项办理便捷度不高、贷款获取难度和综合成本高、"免申即享"事项比例较低等。因此，受访企业希望政府在以下方面加强帮扶：第一，简化政策涉及的事项办理程序、加速恢复交通物流通道，建议企业占 100%；第二，进一步降低贷款获取难度和综合成本，建议企业占 86%；第三，进一步减税降费、降低补贴类项目申请门槛、提高政策中"免审即享"事项的比例，建议企业均占 71%；第四，加强政策宣传解读力度、提高防疫工作的补贴，建议企业占 43%。

八、结论与建议

企业韧性方面，企业盈利能力被认为是最重要的指标。企业社会责任虽然并未被给予较高的权重，但在不久的将来，或将成为企业重要的竞争点。新冠肺炎疫情冲击方面，企业受影响最大的是生产和流通，并从拓宽渠道、建立完善安全有效的防控制度、增强客户黏性、政府提供政策帮扶和加强智能化管理五方面应对。转型升级方面，大多数企业已经步入自动化、智能化转型升级进程，下游企业的需求及自身品牌的社会影响力是影响企业转型升级相对重要的两方面。

此外，企业普遍反映现有政策不够便捷、减税力度和范围不够充足，转型之路上也遇到了诸多困难。由于不同类型的企业存在着差异化需求，而当前的政策并不能很好地适配这一情况。针对这一现状，本文提出以下三条建议。

（一）加快推进政策的公开化和便捷化

目前，企业普遍反映政策的宣传力度不够、申请的流程复杂，这严重影响了政策的帮扶力度。因此，政府应加快推进政策的公开化和透明化，提高企业对于相关政策的知晓程度，以便于政策的有效落实。具体而言，可在政策推行后，加强对相关企业的通知力度，或建立全面一体的政务通知平台。在申办环节上，应尽可能建立线上申办途径，并减少申办流程，缩短审批时间。

（二）提升减税力度，优化减税形式

新冠肺炎疫情期间，企业为了早日恢复产能，不得不实行闭环管理，由此产生的食宿和工资成本十分巨大。不少企业表示，为了吸引员工复工并提供相应的保障，企业不得不承担两倍至三倍于日常的用工成本。此外，由于供应链成本上升，企业的生产成本也十分巨大，利润空间受到大幅挤压。相对而言，目前的税收减免政策力度不够、覆盖范围较窄，并较少考虑到企业的用工成本。

电子化学品行业作为众多行业的上游，其影响范围十分深远。因此，政府可考虑适当加大该类企业的税收减免政策，这能在一定程度上促进诸多下游行业的发展，达到"事半功倍"的效果。在减税的具体形式上，也可实行差异化和阶梯化政策。

（三）助力智能化转型，实行分类调控

电子化学品行业的转型升级，不仅有利于化工产业链的整体发展，还将赋能长三角地区的智能制造。在新冠肺炎疫情下，企业生产不断谋求智能化和自动化，这

一过程将有助于企业在缺少工人时持续进行生产。政府可加强对该领域的扶持力度，如相关人才的优惠政策、相关企业的税收减免。而在具体的方式上，政府也可考虑分类调控，对于中小型企业和民营企业，可给予更多的帮扶政策和更广阔的市场空间；对于大型企业和国有企业，可采取更多的激励政策，推动其转型升级。

参考文献

［1］Kantur D，Say A I. Measuring organizational resilience：A scale development［J］. Journal of Business Economics and Finance，2015，4（3），

［2］蔡蔷. 企业资源视角下组织韧性的影响因素研究——以上海市餐饮企业为例［J］. 中国物价，2021（12）：103－106.

［3］刘昊昱. 关系资本与零售企业韧性的互动关系：网络能力的中介效应［J］. 商业经济研究，2022（08）：122－125.

［4］卢东宁，张希雅. 动态环境中企业韧性提升路径研究——基于企业基因资源视角［J］. 大连海事大学学报（社会科学版），2022，21（03）：74－81.

［5］魏琳，耿云江. 新冠疫情冲击下企业韧性评价指标体系的构建［J］. 当代经济，2021（08）：108－113.

［6］张哲. 公共危机情境下企业社会责任对组织韧性的作用机制研究［J］. 中国物价，2022（06）：113－115＋128.

附录　调研感悟

（一）指导教师调研感悟

1. 刘永辉

这是我第四次参加"访万企，读中国"社会调查活动，很荣幸与校长汪荣明教授、团委书记肖包兴邦老师一起担任第一调研组的指导教师。第一调研组由三位指导教师，惠思莹、林一晨、余陈和姚钊四位统计学专业的研究生，楚天一凤、谭园缘、刘梦菊、李嘉莉、潘娅萍、袁光莹、刘静蕾、吴辰玥、陈越好、魏若璇、单嘉葆等来自国际经贸学院、金融管理学院以及统计与信息学院四个专业的十一位本科生同学组成，围绕"新冠肺炎疫情背景下国际原油价格波动与精细化工产业链升级——以电子化学品为例"对七家化工类企业进行了访谈。

我清晰地记得首次访谈时同学表现出的青涩，也真切地感受到访谈第六家化工

企业时，楚天一凤等同学表现出的那种从容以及所提问题的深刻。我欣喜地看到了同学们通过"万企调查"所取得的进步，不仅包含了对新冠肺炎疫情背景下化工类企业生产、仓储物流、营销、财务、外贸等全产业链的认知，也了解了当前国际贸易新业态、新模式下外贸企业负责人的所思所想，更多的收获则是将课堂上的理论与真实的外贸企业实践相结合，实现了学校小课堂与社会大课堂的充分融合。我为第一调研组的每位同学取得的进步感到高兴，2022年的这个夏天注定会铭刻在我们的记忆中。

2. 肖包兴邦

我非常荣幸能够作为带队教师参与本次调研。近年来，国际形势复杂多变，新冠肺炎疫情、局部冲突、贸易摩擦等对我国的产业发展影响深刻，也影响着我们的工作和生活。在选取了调研方向后，我们通过对7家代表性化工企业进行线上访谈，对这一行业在新冠肺炎疫情期间的运营和转型情况有了较为深入的了解。

调研中，队员们在思想政治素养、专业实践能力上都有着显著的提升。走访中，同学们设身处地地了解国情，对国家的化工企业发展有了具体而丰富的认识；了解社会对知识和人才的需求，增强勤奋学习、奋发成才的责任感；看到了课堂教学和自身实操的不足，培养了继续探寻新知识的科学精神，激发了学习的积极性和主动性。我和我的队员们将进一步深化已获得的一手数据，力求形成具有参考价值的调研报告。

（二）团队成员调研感悟

1. 惠思莹

读万卷书，行万里路。不同于书本上的专业知识、互联网上的影视资料，"访万企"活动让我们有机会近距离接触企业一线，和行业的专家们面对面交流，这是一次精彩且宝贵的社会实践经历。在调研过程中，我们的知识边界被不断拓宽、对化工行业的了解也不断深入。通过这次活动，我结识了一批不同专业、不同年级的伙伴，我们一起讨论、一起调研、一起做分析、一起写报告，度过了一个难忘又有意义的暑假。

2. 林一晨

在与多家企业交流的过程中，我了解到许多从新闻中无法得到的信息，第一次从经营者的角度看待新冠肺炎疫情冲击所面临的困难，由此意识到自身眼界的浅薄。另外，在本次调研之前本小组并未对这类企业有过多的了解，调研活动促使我们了解到化工行业的现状与未来可能转型升级的方向，获益良多。

3. 余陈

一方面，在此次调研过程中，一系列的访谈、问卷和实地调查让我对石油化工企业的运作模式、转型升级计划及对新冠肺炎疫情、国际原油价格波动应对方面的具体情况有了深入了解。另一方面，我深刻体会到"没有调查就没有发言权"，与企业高管面对面访谈、到企业实地探访、倾听企业的实际纾困政策需求，才能更好地提出针对性的咨询建议，同时也明白了调研的重要意义所在。

4. 姚钊

因为新冠肺炎疫情的原因，此次的"访万企，读中国"活动主要以线上展开的形式进行。尽管如此，我们的热情也丝毫不减，组内经常通宵达旦地展开讨论和研究。我们小组的成员，为了能够更好地呈现效果，通常都会在线上访谈会议开始前，讨论商议清楚整个报告的流程。总之，此次"访万企，读中国"的活动中，我收获颇多，不仅结识了很多新的朋友，还学习到了相关知识。

5. 楚天一凤

此次调研让我的思维与处事方式不仅仅局限于校园内，与企业高管接触访谈为我们提供了新的视角看待问题。本小组此次访谈内容涉及我不太熟悉的领域，在查询和整理资料的过程中，我拓宽了关于石油化工的知识面，也真切体会到新冠肺炎疫情下企业韧性与纾困之间的关系。最后，在访谈过程中，我也向企业的前辈、学长学姐以及院长学习到很多处事之道，丰富了自己的人生经历。希望我可以带着这份经验走好接下来的人生之路。

6. 刘梦菊

在活动初期，我听了老师和校长的课程，学会了如何确认主题、选择方向、开展任务。在采访时，我学会了设置采访问题、与企业人员沟通，获取自己想要的信息，也学会了如何处理与提炼信息，完成访谈录、简报、微信公众号推送等材料。在活动中，我学到了很多有关精细化工与电子化学品的知识，对此类行业有了更多的了解。这次活动让我的暑期生活更加充实也更具有意义，是一次无比珍贵的经历。

7. 谭园缘

在调研过程中，我了解到了新冠肺炎疫情对于企业的影响及政府和企业的相关应对措施。我们小组组员间配合默契，积极领取工作任务，制作问卷、联系企业、设计访谈问题、访谈企业和后期整理等工作一气呵成。我在这其中也熟悉了与企业的沟通技巧和设计访谈问题的技巧。

8. 袁光莹

通过两个月的项目参与，我们与企业之间进行深度交流，提出与新冠肺炎疫情相关的问题，获得一手资料，在不断的探究之中，我们了解到企业的真实想法，不断寻找应对新冠肺炎疫情的正确方法。这让我深刻意识到，只有设身处地地去了解，才能更真实了解到一个行业的方方面面。

9. 李嘉莉

首先，在此次调研过程中，一系列的问卷、访谈的调查，加之上海的亲身经历，让我切身了解到新冠肺炎疫情对企业生产、运输和销售环节的影响。其次，我们小组每一位成员都非常积极主动、配合默契，并且高质量地完成小组任务。最后，在与企业负责人访谈的过程中，我也锻炼了与人沟通的能力。

10. 潘娅萍

从分工不明到高效协作，从不善访谈到愈发娴熟，长达两个多月的社会实践让我们的假期生活充实且有意义。在对新冠肺炎疫情背景下化工企业的韧性、国际原油价格波动及二者之间的关联的调研中，我真切地了解到产业链的转型升级对于企业发展有重大意义。总之，通过与企业正面交谈，我感悟到了理论与实践结合的价值，也提高了文字撰写能力。

11. 刘静蕾

刚开始，学姐让我们对企业提出问题，我十分迷茫、一无所知。后来慢慢在学姐的带领下，我开始成长，逐渐可以独立完成大部分任务。在这次调研过程中，我们轮流采访、做会议记录、做微信公众号推送，一起开会交流沟通。很感谢学长学姐们的悉心指导，很开心能有机会合作并拥有这段不一样的经历。

12. 单嘉葆

我主要负责撰写企业的访谈纪要，需要对照访谈实录提炼关键词，再概括被访谈者的回答，总结出简明扼要的语句。在线上访谈企业的过程中，我理解了企业在面对新冠肺炎疫情时生存的不易，为他们应对突发状况的巧妙智慧决策赞叹，也同时深入了解了政府对企业做出的相关支持。这次的实践活动让我这个大一学生对企业运作有了初步了解，这是一次非常宝贵的经历。

13. 吴辰玥

在参与线上企业的问题设计时，我学到了多方面看待问题的思考方式；在访谈企业负责人的过程中，我能够自信大方地进行提问；在制作微信公众号推送时，我向老师学习了如何总结访谈内容，并且进行提炼加工。非常感谢学姐学长的带领以及老师的指导，希望有机会能够再次合作。

14. 陈越好

在前期的调研阶段中，我主要负责联络、对接受访人，而受访人大多为企业高管，我不免心生畏惧。我为避免不必要的失误，我一次次修改沟通文案。在此期间，回收问卷的喜悦让我克服了内心的恐惧，而一连几次的碰壁又打击了我的信心，幸运的是受访人礼貌和蔼的回信传递着阵阵温暖。后期书写报告的阶段，我选择的是基础信息搜集与整理任务，它较好地提升了个人的文献阅读能力以及信息整合能力。

15. 魏若璇

在小组中，我担任的是访谈的工作，需要根据企业填写的问卷设定访谈的问题，也需要在实际的访谈中主持或是向企业家提问。在这个过程中，我锻炼了探究问题的能力，也锻炼了与人沟通的能力。同时，为了撰写报告，我查阅了很多相关的文献资料，锻炼了文献检索能力与概括能力。

产业链视角下大宗商品价格波动对中游制造业影响

——基于长三角地区加工组装类企业的调研分析

李　治　方晗玥　孙　辰　李艺凡　刘　昊　庞孟雨　穆星如　陈宇萱　张梓琪
欧慧琳　李嘉琪　胡敏君　万文婧
指导教师：何欢浪　李瑞囡

摘　要

2022 年以来，全球大宗商品价格持续上涨，叠加区域性突发疫情，给长三角地区制造业产业链带来了严重影响。在此背景下，本次调研通过深度访谈与问卷调查相结合的方法，对大宗商品价格变化导致的机电、汽车等中游制造企业成本传导效应进行探究分析。调研发现，大宗商品价格变化明显加大了原材料成本的上涨压力；除了要素成本高企之外，中游企业面临的风险成本也明显增加；大宗商品的价格波动通过原材料成本、仓储及运输成本、风险成本三方面共同影响中游制造业成本。本文在分析探究大宗商品价格传导机制的基础上，进一步提出政府应综合施策，协同企业化解风险的相关建议。

关键词：中游制造业；大宗商品；产业链

一、调研背景和意义

（一）全球经济遭遇叠加冲击，大宗商品价格频繁异动

2022 年，全球新冠肺炎疫情仍在继续，世界经济复苏动力不足，地缘政治问题进一步恶化。自新冠肺炎疫情暴发以来，全球大宗商品涨幅持续扩大、波动率持续提升的趋势至今未发生改变。2022 年 6 月美联储议息会议宣布将基准利率上

调 75 个基点，创下近 28 年来最大单次加息幅度，释放货币收紧信号，再次造成大宗商品价格的剧烈波动。与此同时，乌克兰危机的后续演化也存在着诸多不确定性，西方国家对俄制裁的不断加码使有色金属、油气等供给受阻，推动大宗商品涨价趋势。在供求失衡尚未得到有效缓解的国际环境下，下半年大宗商品价格走势仍难以预料。

（二）重点城市受到疫情冲击，增速目标面临较大挑战

在内部方面，我国当下的经济发展同样面临着需求收缩、供给冲击、预期转弱三重压力。2022 年 3 月以来，上海市及周边区域受疫情冲击，致使短期经济景气度快速下行，预计上半年经济增速与年初既定的目标差距较大。2022 年 6 月，随着长三角地区的疫情得到有效控制，并全面复工、复产、复市，经济开始进入边际回暖。对政府而言，如何在货币、财政、扩内需、畅循环、中小企纾困等方面政策的制定过程中形成合力，拾级而上，拱卫稳增长目标，将成为一大挑战。

（三）国内保供稳价效果显现，但产业链修复仍然缓慢

尽管面临输入性价格冲击的扰动，国内对应的商品市场波动相对收敛。上海原油期货 2022 年初涨幅为 38%，显著低于美油、布油；上期所沪镍合约更是在伦镍停摆的风波中经受住了考验，定价功能得到有效发挥。在一系列保供稳价政策举措的作用下，国内大宗商品价格涨幅及波动率显著低于国际水平，但长三角地区乃至全国的产业链修复仍显缓慢。从产业链的供给端来看，2022 年 3 月以来的新冠肺炎疫情扩散在一定程度上增加了长三角地区企业采购原材料及关键零部件的难度和货运成本，与此同时全球大宗商品价格变化也间接冲击了我国部分行业企业的生产和销售，造成供给收缩；从产业链的需求端来看，对全球经济下行的预期以及疫情蔓延将造成海外需求萎缩，从而对我国出口行业形成二次冲击。

（四）政府精准施策刻不容缓，企业亟须妥善应对冲击

长三角地区是我国制造业的重要基地，也是受本轮疫情冲击最严重的区域之一。全球大宗商品的价格波动给长三角地区不同行业、不同企业带来了差异化影响，对全国的产业链都产生了潜在的负向溢出效应。通过对长三角地区中游加工组装类企业的调研分析，进而探究大宗商品价格波动在产业链上层传导的原理和机制，刻画由于议价能力等不同导致产业链各个节点成本传导和利润增减的差异，并考察行业异质性与规模异质性，对于政府精准施策保障产业链安全具有重要意义。

对于承接产业链上下游的中游制造业企业而言，本次调研成果能够帮助这些企

业理解大宗原材料商品价格波动造成的负面冲击，并及时采取措施提高企业韧性，抓住机会转"危"为机。本文也给出了促进长三角地区中游企业提高危机应变能力和风险抵抗能力的建议，如优化原材料产能结构和供应商布局、加强采购和精细化运营、推进企业数字化转型和供应链智能化升级等，从而实现降本增效、保持市场竞争力。

二、调研方案与实施

（一）调研对象

1. 聚焦行业

本次调研活动聚焦的企业类别为长三角地区中游加工组装类企业。参照 2017 年国民经济行业分类标准（GB/T 4754 – 2017），选取制造业（代码 C）中的通用设备制造业（代码 34），专用设备制造业（代码 35），汽车制造业（代码 36），铁路、船舶、航空航天和其他运输设备制造业（代码 37），电气机械和器材制造（代码 38），计算机、通信和其他电子设备制造业（代码 39），仪器仪表制造业（代码 40）作为目标行业，并对属于以上工业行业的长三角地区企业进行研究。

2. 商品类别

大宗商品对外依存度是衡量大宗商品对进口依赖程度的指标，国际市场价格波动往往会对国内对外依存度高的大宗商品价格产生重要影响。本次调研初步选取了三种与中游加工组装类企业高度相关的基础原材料类大宗商品，包括黑色系的钢铁及有色系的铜、铝，探究关键性大宗商品的价格波动如何在被调研企业的上下游产业链上传导，进而会影响到哪些产业链的安全。

（二）调研方式

本次调研从长三角地区的七家典型性企业切入，通过调查问卷及线上访谈，对这些企业进行调研采访，以小窥大，由点及面，在长三角地区主要工业企业的成本变化、产能水平、供应链恢复情况以及应对原材料价格波动的手段等方面形成基础性的了解。待所有小组完成对企业的问卷收集后，对"访万企，读中国"活动组委会（以下简称组委会）提供的公开数据集有针对性地筛选、整理和分析，为本项目的最终研究提供参考。

三、调研结果统计分析

（一）基本情况说明

线上调查问卷包括两大板块，其中一个板块聚焦企业的基本情况，如企业规模、财务指标、经营绩效、所处产业链环节等内容；另一个板块关注疫情冲击对企业的影响、企业的困难与挑战及企业的预期与政策诉求等内容。根据组委会调查问卷中Q22"贵企业处于该条产业链中哪个环节"，本调研组将组委会提供的外部调查问卷中选择"中游（核心产品加工制造）"这一选项的企业筛选出来，通过对比其所属行业信息，最终得到符合本小组研究要求的样本企业，加上本小组回收的问卷，最终得到有效样本企业共计77家。

从企业所在地区看，样本企业数量呈现梯度分布：上海市最多，共计45家（占比58.44%）；浙江省次之，共有16家（占比20.78%）；安徽省和江苏省较少，均有8家（各占比10.39%）。

从企业规模看，样本企业里中型企业最多，共计60家（占比77.92%）；其次是大型企业和小型企业，分别有10家（占比12.99%）和6家（7.79%）；微型企业最少，共计1家（占比1.30%）。[①]

从企业所有制看，民营企业是研究样本的主体，共计70家，占比为90.91%；其次是外资企业，数量为5家（占比6.49%）。除此之外，国有企业和混合所有制企业均为1家（各占比1.30%）。

从企业所属类型看，有56家企业是非外贸直接相关企业（占比72.73%），而属于外贸生产企业和外贸综合服务平台类型的企业数量分别为13家（占比16.88%）和6家（占比7.79%）；其他类型的企业则有2家（占比2.60%）。

从所属行业看，样本企业中数量最多的是通用设备制造企业，其数量和占比分别是21家、27.27%；专用设备制造业、汽车制造业、电气机械和器材制造业的样本企业相对较多，分别有15家（占比19.48%）、12家（占比15.58%）、17家（占比22.08%）；铁路、船舶、航空航天和其他运输设备制造业，计算机、通信和其他电子设备制造业，仪器仪表制造业的样本企业则相对较少，分别有2家（占比

---

① 工信部等单位于2011年联合印发的《关于印发中小企业划型标准规定的通知》（工信部联企业〔2011〕300号）规定：工业中从业人员1000人以下或营业收入40000万元以下的为中小微企业。其中，从业人员300人及以下，且营业收入2000万元及以上的为中型企业；从业人员20人及以上，且营业收入300万元及以上的为小型企业；从业人员20人及以下或营业收入300万元及以下的为微型企业。

2.60%）、7家（占比9.09%）和3家（占比3.90%）。

（二）企业经营状况及疫情冲击下的成本特征

1. 大宗商品价格上涨，推高制造业原材料成本

2021年以来，国际大宗商品价格需求恢复快于供给，加之全球市场流动性宽裕、俄乌冲突等因素影响，国际市场原油、天然气等价格走高，推动国内大宗商品价格快速上涨。钢铁及有色金属是中游制造业的重要原材料，在通用设备、专用设备、运输设备、计算机通信及电子设备、电气设备（电气设备受到有色金属影响更大）的成本中占比高。国家及有关部门及时采取相关保供稳价措施，加之这些制造业原材料一般由企业在国内大宗市场采集，因此同期国内钢铁类、有色类大宗商品价格指数呈温和上涨态势，如图1所示。尽管如此，上游企业的出厂价格推升依旧给中下游企业的生产经营带来了诸多压力。

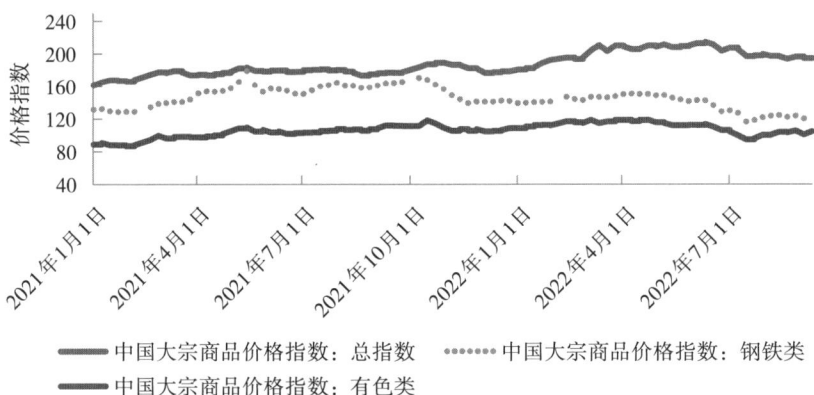

图1　部分国内大宗商品价格指数（2021—2022年）

数据来源：wind资讯金融终端。

2. 中游企业成本承压，受制两端传导略显不畅

据调研发现，中游制造业的最大成本是原材料成本。如图2所示，今年上半年黑色金属材料及有色金属材料的购进价格指数高企，这种要素价格的大幅上涨给中游加工组装类企业带来较大的成本上行压力。成本压力未必会侵蚀企业利润，但由于中游企业将上涨的成本传导至下游企业存在时滞，且成本传导能力也相对较弱，因此这个环节的企业生产经营压力较大。不过随着下半年大宗原材料商品价格回落，此类企业的成本压力在短期内应能得到有效缓解。

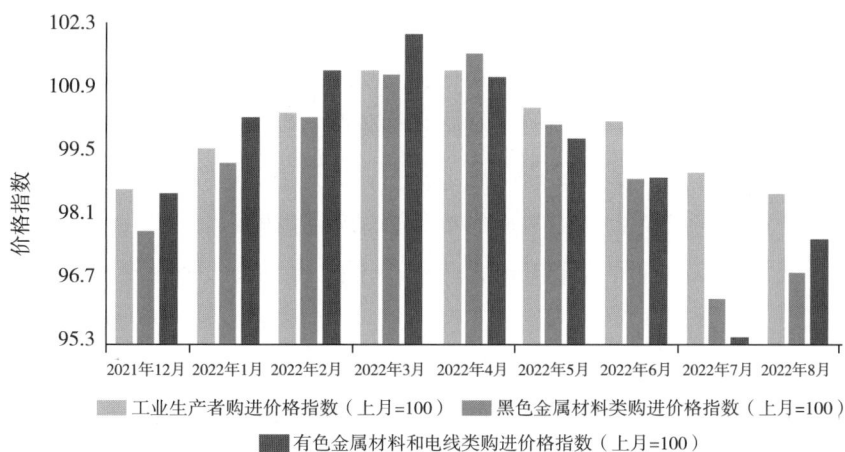

图 2　分行业购进价格指数（上月 =100）

数据来源：国家统计局网站。

3. 物流成本急剧上升，抬升企业生产经营成本

新冠肺炎疫情持续导致全球供应链受阻，多重因素叠加显著推高了国际物流成本。各国港口因疫情防控的影响出现严重拥堵和延迟，整个供应链的效能明显降低。自 2020 年下半年开始，中国出口集装箱运价指数（CCFI）便一路飙升，不断刷新历史新高。部分外贸企业因无法承受高额的海运费，只能取消或拒绝海外订单，将销售重点转移至国内。

国际物流成本急剧上涨推升了工业类大宗商品的价格，增加了企业原材料和中间品生产成本。上游原材料成本向下游传导不畅，导致中游加工组装类企业成本承压。运输成本的提升增加了延期出货成本和仓储费用，全方位抬升了企业生产经营成本，挤压了企业的利润空间。

4. 人工成本持续上涨，招工留工问题困扰企业

随着我国制造业转型升级的脚步加快，大部分企业对于技能型人才的需求旺盛，尤其是计算机、自动控制领域的技术人才，但此类人往往选择在经济发达的东部地区和一线城市就业。对于长三角地区非一线城市的制造业企业而言，受限于配套环境和薪酬支付能力，想要引进较高层次的专业技术人才显得格外困难。此外，逐渐规范的社保缴费制度和用于员工防疫的支出也给企业带来明显压力，在短期内提高了用工成本。长期来看，人口增速的放缓减少了劳动力红利，供需错配的结构性问题也会推升用工成本。

5. 流动资金压力增大，资金周转成为企业难题

在本组调研过程中，部分企业反映由于疫情防控导致的当期订单交付以及回款

周期延长等问题，致使企业的流动资金水平遭受了较大冲击。叠加原材料价格上涨所带来的采购成本上升问题，使中游制造业企业的现金流面临"雪上加霜"的困境。调查结果显示，77 家样本企业中超过半数的企业账面现金流仅能维持不到半年。新冠肺炎疫情对企业融资也造成显著影响，多数被调研企业认为企业在融资方面遇到困难，例如可融资金少、融资成本高、融资期限短等问题。从现金流压力来看，外资企业和国有企业的现金流压力明显小于民营企业；企业规模越小，企业现金流越紧绷。

6. 复工复产情况良好，未来发展前景积极乐观

　　如图 3 所示，自新冠肺炎疫情发生以来，订单数量减少、限制开工、疫情造成的生产成本增加是中游加工组装类企业面临的最大困难，原材料短缺的问题在疫情期间表现得更加突出。

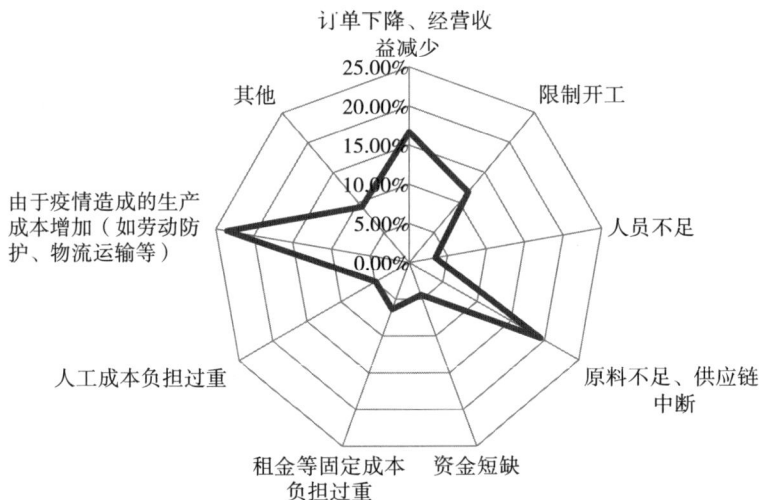

图3　疫情下企业生产经营面临的主要困难

　　随着长三角地区的疫情逐步得到控制，复工复产达产效果明显。如图 4 所示，55.84% 的样本企业产能恢复率已超过 80%，其中有 27.27% 的企业已完全恢复其产能。从规模看，企业规模越大，其复工复产情况越好。从所有制类型看，外资企业和混合所有制企业的复产率企业占比要高于民营企业。从行业类型看，位于汽车产业链的企业复工复产率情况最好。①

　　疫情冲击使企业面临的内外部环境不确定性进一步增强，但多数受访企业对于国内外经济形势持乐观态度。其中，希望在疫情后"加快数字化转型，业务线上

---

① 本文将复产率高于 80% 界定为高复产率。

化"和"发现新的机会，加大投资"的企业占样本企业的73.2%。当然，也有一部分业务受到较大冲击的企业，其预期相对较为消极，对企业在疫情后的战略持保守态度。

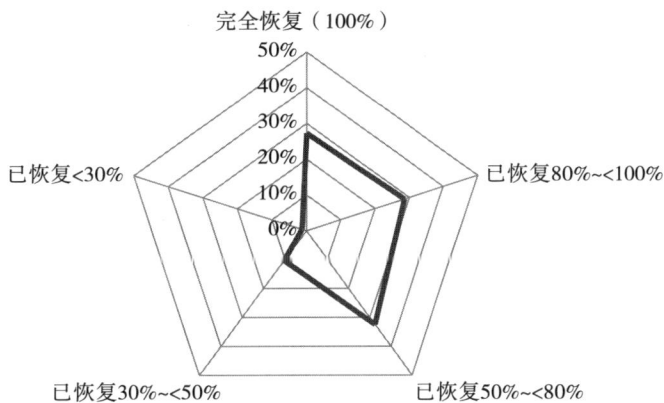

图4　样本企业的复产率分布

（三）不可预期的"风险成本"显著上升

1. 不确定性和公共风险会化为企业内部成本

前文主要分析的是在供应链视角下，企业作为微观实体所面临的要素成本。但企业的国内外环境复杂多变，面临着包括新冠肺炎疫情、大宗商品价格波动、供应链中断、逆全球化等多种不确定性。例如，疫情冲击不仅影响国内企业正常的生产经营，还影响国内的产业链和供应链。在贸易分工协作全球化的今天，全球产业链供应链也被迫中断。而在全球大宗商品市场上，无法预测的原材料价格波动也会传导到中游制造业企业的成本链条中。这是外部市场环境所带来的不确定性。

除此之外，所有的企业还要面临一种不可分散、不可转移的风险，即公共风险，在金融学中又被称为"系统性风险"。风险与收益并存，但风险也会带来隐形成本。例如，为了响应我国应对疫情这一公共风险，企业必须采取各类防控措施来保证复工复产、物资采购以及涉疫人员管理等，这些都会转化为企业内部的运营成本。

当外部环境不确定性上升或公共风险水平上升的时候，市场主体会纷纷调低预期，控制研发、投资等非必要支出。这些行动会导致宏观经济的整体收缩，进而抬升整个社会经济的运行成本。最终，企业成本也会随之提高。

2. 企业个体风险也面临外部化的可能性

个体风险同样可以演变为公共风险，变成一个整体性的风险，这是人们常说的多米诺骨牌效应，在经济学中叫作"负外部性"。例如，房地产企业或金融企业

"爆雷"，引发巨额债务风险。而这些企业又会通过错综复杂的股权、债权与其他金融机构关联在一起，进而将个体危机传导至金融市场乃至经济体系中。这样一来，微观主体的危机就可能成为一场金融危机或经济危机的导火索。但从产业链视角看，本调研小组更关注企业风险沿着产业链供应链外溢的潜在隐患。当前要素价格上涨、汇率波动、国际物流运输不畅等风险因素，都可能通过上游的关键企业向中下游企业传导，从而使整个行业的风险成本上升。如钢材、铝、铜等大宗原材料的价格波动，会影响所有中游加工组装类企业的成本，并进一步向下游传导，使产业链下游企业的风险成本上升。

（四）大宗商品价格波动对关键产业的影响

1. 大宗商品价格上涨对机电行业的影响

调研结果显示，钢材、铜、铝、橡胶、玻璃、塑料件等原材料成本约占机电企业总成本的50%～80%。机电企业处于产业链中游，是典型的加工组装类企业，行业竞争充分，议价能力相对较弱，多数企业要被动承受上游企业的价格转移。企业能否将价格变动顺利转嫁至下游，由企业所处的产业链位置、企业在行业中的重要程度共同决定。另外，大宗商品价格的提升也会间接增加机电企业的辅料成本。

2. 大宗商品价格上涨对汽车行业的影响

钢与铝是汽车整车及零部件制造不可或缺的原材料，用量较大，因此这两类大宗商品的价格上涨对汽车产业链有着较大冲击。此外，由于新能源汽车内部的布线量更大，铜价的持续上涨也增加了部分汽车整车及零部件的生产成本，企业盈利能力会被压缩。不过，少部分拥有自研技术的企业能够通过生产"价廉物美"且短时间难以替代的产品，掌握定价权并向产业链下游转嫁成本，规避大宗商品价格的冲击。

3. 大宗商品价格回落的预期影响

随着欧美等主要经济体货币政策的加速收紧，2022年5月以来大宗商品价格呈现见顶回落态势，2022年6月美联储议息会议时隔28年后再度宣布加息75个基点，引发市场衰退预期，随后原油、有色金属等国际定价商品价格相继下跌。从成本角度来看，上游原材料价格的回落，钢铁、铝、阴极铜等原材料加工行业成本有望先行回落，中游加工组装行业成本压力亦将逐步得到缓解。

（五）关键企业应对大宗商品价格变动的举措

调研结果显示，大型机电企业通常能够从前端采购、中端生产以及末端销售环节共同发力化解成本上涨危机。例如在前端，通过大量采购、长期协议价采购、套期保值等方式锁定企业采购成本；在中端，通过自主研发关键零部件，实施国产替代化方案，提升产品品质，提高产品议价能力；在后端，通过适时与上下游企业重新商议价格，构建动态调价机制，降低原材料成本上涨风险。中小型机电企业一般缺乏有效应对大宗商品价格波动的手段和意识。

本调研小组也访谈了汽车产业链上的关键零部件生产企业。多数零部件生产企业在与整车生产企业的合作中缺乏定价权，而本组访谈的这家企业拥有自主研发的汽车电子产品和空气悬架系统，相比进口同类品有价格、适配性等方面的优势，因此可以在产品定价过程中将上游原材料端的成本压力部分转嫁出去。

四、大宗商品价格传导机制探究

（一）本轮大宗商品价格上涨传导特点

1. 居民消费价格没有随大宗商品价格大幅上涨同步跟涨

2021 年以来，大宗商品价格上涨推动工业生产者出厂价格指数（PPI）一路走高，但居民消费价格指数（CPI）走势相对温和，PPI 和 CPI 的"剪刀差"不断扩大。虽然 2021 年以来我国 CPI 总体水平不高，但大宗商品价格上涨对 CPI 的影响不容忽视。

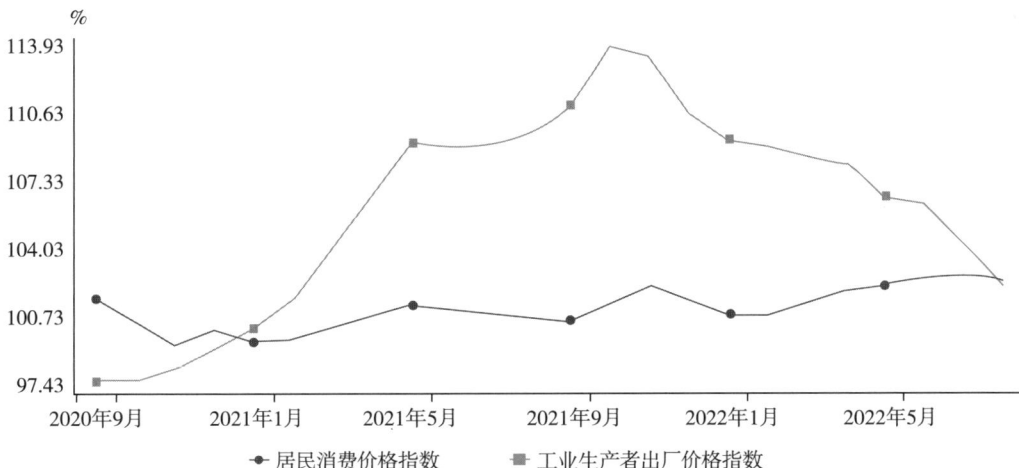

图 5　国内 PPI 及 CPI 走势图（2020—2022年）

数据来源：国家统计网站。

2. 大宗商品价格的上涨沿产业链上下游传导呈现衰减性和滞后性

本轮大宗商品价格上涨在中游制造业产业链各环节中的传导，表现出两大特征。

一是衰减性，即越是处于产业链供应链的中下游环节，价格上涨幅度越小。我国大宗商品对外依存度高，上游企业大部分是大企业，在交易中具有较强的谈判地位和议价能力，能够把大宗商品价格上涨传导到中下游，而中下游特别是终端消费品市场竞争比较充分，整体处于总供给大于总需求的格局，且大部分是中小企业，议价能力低，只能被动接受上游涨价，但又难以把这种涨价同等幅度传导给消费者。

二是时滞性，即上游大宗商品价格传导到中下游存在一定的时间差。这个时间差在不同的行业之间有所差别，一般情况下传导时滞大约为 3～6 个月，这意味着之后几个月国内物价上涨的压力还会存在。

3. 大宗商品价格上涨对不同行业传导效应不一

大宗商品价格上涨在冶金等原材料加工行业传导效应比较明显，而通用设备制造业等中游行业出厂价格涨幅较小，汽车制造业等行业出厂价格同比甚至微幅下降。

（二）基于扎根理论的定性分析

1967 年，美国学者 Glaser 和 Strauss 首次提出了扎根理论这一质性研究方法，成为质性研究方法论的基石。之后，两人基于对扎根理论的不同理解和主张，逐渐分离并催生出不同的流派，其中最具代表性的理论分支有经典扎根理论、程序化扎根理论以及建构主义扎根理论。基于扎根理论的分析方法主张以逐级归纳的方法从经验材料中创造出理论，具体来说就是通过对以访谈记录为代表的文字材料进行编码，逐级提炼出理论概念和机制。而上述扎根理论三大分支的差异由其方法论的分歧所导致，这集中体现在编码环节。

编码是对访谈材料进行整理、概括和归纳标识的基本方法，也是扎根理论分析的核心要素。Charmaz 指出："编码有助于我们从新的视角理解文字资料，有助于资料的收集，可以引导我们向未知方向前进。"本文将基于建构主义扎根理论的研究范式，参照 Charmaz 和贾旭东等人所给的建构型扎根理论编码过程，分三个步骤对企业访谈所得的质性数据进行编码。

1. 初始编码

本调研小组利用 NVivo12 软件对获得的七份企业完整访谈材料进行逐段编码。①

比如，"我们的原材料成本占到总成本的 50%，相对来说占比是非常大的。大宗商品价格的上涨和下浮直接会导致我们生产制造成本的上升和下浮。自 2021 年初

---

① 七家受访企业分别为安徽日发纺织机械有限公司、喜玛克（上海）工业装备有限公司、上海东洋电装有限公司、华太极光光电技术有限公司、上海安谱实验科技股份有限公司、上海保隆汽车科技股份有限公司、上海高施光电有限公司。

以来，大宗商品的价格都是持续走高的，所以我们制造成本的压力很大。到 2022 年开始，大宗商品的价格反而在下跌，包括钢铁、铜、铝，还有石油能源等，都在下跌。在价格下跌的时候，我们也会积极响应，就是跟我们的一些供应链去谈判。我们跟供应链之间也有相应的价格浮动机制，原材料价格涨跌到一定的幅度，我们的采购成本也会相应涨跌"，研究者将该段文字编码为"原材料成本""制造压力""供应链""谈判""价格浮动机制"。

与上述示例类似，本调研小组对每份访谈资料进行初始编码，并不断删去冗余编码缩小范围，最终共获得关于大宗商品的初始编码 156 个。

2. 聚焦编码

这一阶段，以 156 个初始编码为样本，通过编码间的对比挑选出重要的和出现频次高的编码，将概念相互联系和聚焦，建立聚焦编码，同时保持二级编码间的互斥关系。此阶段共获得 16 个聚焦编码。

3. 理论编码

这一阶段，本调研小组基于既有文献，对上阶段得到的 16 个编码的内涵进行分析，并与原始资料进行比较，共得到 6 个能统领各个类别的理论编码：供给冲击、经济总需求冲击、特定需求冲击；原材料成本、仓储及运输成本、风险成本。

在完成以上的编码过程后，本调研小组通过对各级编码之间的逻辑关系进行归纳总结，如图 6 所示，最后提出两个理论：（1）大宗商品的价格波动可以被分解为供给冲击、经济总需求冲击和特定需求冲击三部分；（2）大宗商品的价格波动沿产业链传导，并在原材料成本、仓储及运输成本、风险成本三方面共同影响中游制造业企业成本。

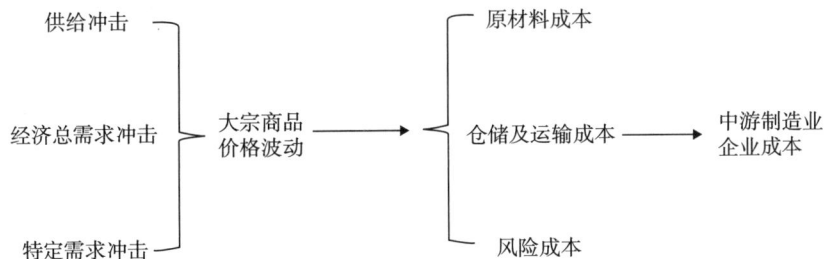

图 6　大宗商品价格波动传导路径分解

4. 结论解释与分析

首先，对理论（1）进行解释。钢铁、铜、铝等大宗商品价格的供给冲击往往是由于上游开采业管制所导致的，这类冲击可以被朴素地理解为供需关系的失衡。资源型商品一旦由于某种原因出现供给端短缺，那么就构成了此处的供给冲击。本轮大宗商品的价格上涨，主要还是由于供给侧的负向冲击，这种负向冲击的产生跟疫情导致的全球物流不畅也有较大关系。

经济总需求冲击一般是指经济环境本身所带来的冲击。正向的需求冲击一般是在繁荣的经济环境下发生的，中游制造业的产出会同步增加，对大宗商品的需求会增加，从而推动原材料商品价格上涨。当前，国内外经济表现并不相同，国内经济处于弱复苏态势，国外经济由于加息而趋于衰退，因此经济总需求冲击可以被分解为正向的国内需求冲击和负向的全球经济总需求冲击。从 2022 年下半年国际市场的表现来看，近期的经济总需求冲击是会导致工业类大宗商品价格下跌的，这一直觉性的看法也能从图 1 和图 2 的价格指数走势中得到印证。

特定需求冲击包括金融投机冲击和其他特定需求冲击。自 2021 年以来，大宗商品价格的大幅上涨与特定需求冲击关系密切，究其原因是美国实行的大大规模量化宽松货币政策造成流动性货币充足，大量的流动性货币在疫情笼罩下的实体经济领域找不到投资机会，于是流入大宗商品这一避险市场，推动了石油、钢铁、有色金属等期货市场和期权市场的投机活动上升，因此这一时期特定需求冲击的影响显著为正。

其次，对理论（2）进行解释。对于大宗商品来说，在上游黑色、有色金属矿采选业涨价后，其作为制造业基础原材料会迅速传导至加工业，即"原材料成本"；而新冠肺炎疫情的持续蔓延使得全球供应链受阻，物流效率大大降低，在原材料交付的过程中往往会由于各地防控政策产生额外的物流费用，即"仓储及运输成本"。前两类为企业的微观要素成本，而由于全球不确定性和公共风险的明显增加，企业在实际生产经营中的交易成本也会上升，即前文所提到的"风险成本"的增加。当企业置身于全社会乃至全球的产业链和价值链中，大宗商品价格波动引发的风险，最终都会转化为企业成本。

作用机制小结：供给/需求冲击—原材料大宗商品价格波动—本轮 PPI 增速上行—中游制造业企业面临成本压力—中游加工组装类企业成本传导能力薄弱—PPI 向 CPI 传导受阻—中游制造业企业利润受到挤压、经营困难。

（三）决定企业受大宗商品价格波动冲击的关键因素

尽管大宗商品的价格上涨给企业成本带来了多方面的压力，侵蚀了企业的利润空间，但不同行业、不同规模的中游加工制造企业在原材料大宗商品上涨周期中受到的影响程度并不一致，甚至部分公司还能有所受益。基于已有的代表性企业访谈录与样本企业问卷数据，本调研小组归纳总结出了决定企业受大宗商品价格波动影响程度的关键因素。

1. 企业行业地位

企业所处的行业地位越高，相对下游企业的议价能力越强。大部分中游制造业处于完全竞争状态，产品同质化严重，下游企业可进行替代的选择相对较多。企业的行业地位决定了在产业链中的议价能力，从而决定了原材料价格上升过程中成本转移的能力。

2. 行业景气度

所处行业景气度高企，整体具备较为充足的提价动力，企业需求所受到的冲击也相应较小。反之，若行业下游需求不足，企业提价决定则会较为谨慎，面临的成本上涨压力会更大。

3. 品牌效应

具有较强品牌效应的企业，向渠道商或者客户转嫁成本的空间越大。品牌效应同样衡量了一个企业相对上下游的议价能力，也同时能够保证企业具有较高的毛利率水平和净利率水平，从而具有较厚的"安全垫"。

4. 自主研发能力

在行业需求旺盛的前提条件下，若企业相对行业平均的自主研发能力越高，在本轮原材料上涨周期中就越能抵御成本压力。若行业整体进行提价，企业也就可相应进行提价，但基于相对较高的产品竞争力与附加值，其盈利空间反倒能够有所提升。

五、结论与建议

从调研的情况来看，中游加工制造企业在产业链上两端承压，不具备较好的价格转移能力，在面对大宗商品价格上涨时呈现出明显的苦乐不均的情况。因此在企业自主应对措施之外，政府必须在宏观政策上予以支持，增强企业承受经营压力的能力。

（一）以"有形之手"加强宏观调控力度，控制原材料上涨

政府要积极发挥在商品价格宏观调控方面的作用，降低原材料成本上涨对企业的不利影响。一是有序推进碳达峰、碳中和工作，对于钢铁等主要工业品，要稳步清退落后产能，合理释放先进产能，不搞"跃进式"减排；二是加强大宗商品的进出口调节，适当扩大进口、限制出口，优先保障国内供给，同时分批次在市场上投放国家储备，稳定市场供应；三是联合证监会、上期所等单位加强对国内期现货市场的联合监管，打击哄抬价格的炒作行为，引导大宗商品价格回归基本面。

（二）健全产业链供应链风险监测体系，防风险于未然

政府应时刻保持敏锐，第一时间化解可能出现的各类风险挑战。要做好重点行业、重点地区供应链运行情况的监测分析，及时发现潜在的苗头性倾向性问题，有针对地进行协调解决。要强化部门间、地区间协同和工作衔接，力争做到风险早发现、早报告、早研判，推动产业链供应链安全稳定运行。

（三）鼓励企业研发投入实现降本增效，推动数字化转型

通过对代表性企业的深度访谈，本调研小组发现在机电、汽车这两大重点产业链中，有许多关键零部件、电机、芯片都需要进口，仅有少部分实现了国产替代。政府应继续优化财税政策，鼓励企业投入研发资金，突破卡脖子技术，逐步减少重要零部件的进口依赖。

此外，政府应充分利用财政补贴资金鼓励企业实现技术突破创新，优化生产流程，提高原材料利用效率，节约原材料成本；还应推动制造业企业尤其是中小微企业进行数字化改革，提升企业数字化生产水平，形成工业互联网络。

（四）进一步完善财政政策与货币政策，增强企业获得感

政府应结合市场情况，进一步完善相关的宏观政策并积极探索政策上的创新。通过一段时期内的政策实施，增强企业活力和韧性，培育企业自主创新能力，让企业为未来难以预见的风险和挑战做好充足准备，同时增强产业链关键环节对于成本的承受能力和消化能力。

在财政政策方面，政府应在一段时间内继续积极推进减税降费举措，结合税收制度和社保体制进行完善。在货币政策方面，央行也应在解决中小微企业缺乏融资渠道、融资成本高等问题上继续发力，在贯彻落实普惠金融政策理念的基础上，充分利用大数据、云计算、人工智能、区块链等现代信息技术对接银企，更为迅速且精准地识别出中小微企业的融资需求，实现对企业的资金支持。

打通"最后一公里"，让各类政策精准直达市场主体，直接关系到政策的最终效果。因此，政府应加强政策的宣传、解读和指引，让市场主体迅速享受到该享受的政策；推动政策集成化、具体化，提升企业享受政策的便利化程度和水平，确保企业对各类奖补政策应知尽知、应报尽报、应享尽享。

参考文献

［1］CRESWELL J W，CRESWELL J D. Designing and Conducting Mixed Methods Research［M］. 5th ed. Los Angeles：Sage，2017.

［2］GLASER B G. Theoretical Sensitivity：Advances in The Methodology of Grounded Theory［M］. Sociology Press，1978.

［3］STRAUSS A L. Qualitative Analysis for Social Scientists［M］. Cambridge University Press，1987.

［4］CHARMAZ K. Constructivist and Objective Grounded Theory［M］. In N. K. Denzin & Y. Lincoln（Eds），Handbook of Qualitative Research（2nd ed）. Thousand Oaks，CA：Sage，2000

［5］CHARMAZ K. Constructing Grounded Theory：A Practical Guide Through Qualitative Analysis［M］. SAGE Publications Ltd，2006

［6］魏浩，刘佩鑫. 中国大宗商品进口价格过快上涨的原因、影响与对策［J］. 改革，2021（12）：81 – 93.

［7］黄汉权，王庆，何倩等. 大宗商品价格上涨对制造业中小企业的成本影响及应对举措［J］. 价格理论与实践，2021（08）：9 – 11.

［8］朱险峰，张小柳，刘婕. 后疫情时代大宗商品价格发展趋势研究——基于2021年初国际大宗商品价格上涨的原因及对策分析［J］. 价格理论与实践，2021（03）：11 – 14.

［9］李丹，安文翰. 警惕全球大宗商品价格剧烈波动对我国原材料行业的冲击［J］. 冶金经济与管理，2020（04）：30 – 32.

［10］王若兰. 新冠肺炎疫情对全球经济的影响及应对策略——基于全球生产供应链视角［J］. 国际金融，2020（04）：31 – 36.

［11］谭小芬，韩剑，殷无弦. 基于油价冲击分解的国际油价波动对中国工业行业的影响：1998—2015［J］. 中国工业经济，2015（12）：51 – 66.

［12］谌金宇，朱学红. 产业链视角下结构性有色金属价格冲击的行业传导效应［J］. 运筹与管理，2018，27（11）：95 – 104.

［13］卢延纯，赵公正，张学武等. 加强监测　引导预期　遏制大宗商品价格不合理上涨——国际大宗商品价格上涨及对我国的影响和应对策略［J］. 价格理论与实践，2021（06）：4 – 8.

［14］吴肃然，李名荟. 扎根理论的历史与逻辑［J］. 社会学研究，2020，35

（02）：75 - 98 + 243.

　　[15] 贾旭东，衡量. 扎根理论的"丛林"、过往与进路 [J]. 科研管理，
2020，41（05）：151 - 163.

附录　调研感悟

团队成员调研感悟

1. 穆星如

本次的调研主题是产业链视角下大宗商品价格波动对中游制造业的影响。在调研一开始，队长就做了明确的人员和工作内容安排，调研过程中老师十分关心进程，指导我们与企业的沟通，队员们也积极地互相帮助。虽然调查条件受疫情影响，组员没能参与线下实地考察，但是过程仍然非常有挑战性。从联系企业负责人到组织策划会议，记录会议内容到总结采访过程、提出建议，我们在课堂之外和企业直接交流，了解长三角地区中游加工组装类企业在疫情冲击下的现状。

我在和企业负责人交流的过程中克服了不敢和陌生人交流的问题，学会如何快速组织语言，在和队长、队员的协作过程中提升了自己的团队观念和实践意识。

2. 万文婧

我很高兴自己能在暑假参加"访万企，读中国"的社会实践活动。在本次社会实践活动中，虽然作为本科生的我经验较少且本次调研只能在线上进行，但我们团队每个人都积极地团结协作、各司其职、互相交流、互相配合，将自己的任务尽心尽力地完成。同时，我也得到了学长学姐及老师的帮助，在他们身上学习到了许多新技能、新知识、新技巧。

除此以外，为了能够更好地完成团队分配的任务，我也算小小地突破了一层舒适圈。在与企业的负责人沟通谈话、完成对接的任务，同时在对企业的调研中，我了解了疫情期间长三角地区上中游大型能源企业和初创能源企业发展状况以及不得不面临的困境，让我颇受启发。

虽然本次调研因为疫情的影响只能在线上进行，无法真正实地考察调研，但我们团队仍然努力在调研中发现问题、解决问题，让理论真正做到与实践相结合，让实地调研发挥本身教育与解决现实问题的作用。

3. 陈宇萱

在此次"访万企，读中国"活动中，通过组内和队内的合作分工，我们队内成员一起完成了这次的调研活动，这对于我们每个人来说都是一次历练和进步。由于

疫情影响，我们的调查只能通过线上形式开展，成员之间的交流也只是通过线上完成，但我还是从中收获到了很多。我们采访的都是来自各行各业的工作者，从中我深刻感受到了企业面对疫情冲击恢复发展的不易，也同时感受到了将课本上学到的知识付诸实践是一件多么不容易的事。

通过这次活动，我感受到了团队合作的重要性，也认识到了自己实践经验的不足和对于课本知识掌握的不牢靠。之后，我会继续努力，继续提升自身能力。

4. 欧慧琳

在本次"访万企，读中国"的调研活动中，我收获颇丰。本次调研活动是我大学阶段的第一次社会实践活动。在调研活动进行的过程中，我们在队长的带领下各司其职，积极完成分配到的任务。我学会了如何撰写市场调查报告，如何与企业进行调研活动的接洽以及如何主持一场企业访谈。本次调研活动的圆满成功，不仅要感谢我们团队成员的团结合作，也要感谢受访企业的配合与支持。

通过本次调研活动，我切身体会到了企业生产各个环节的不易，尤其是在疫情影响下，企业复工复产都面临着巨大的困境与挑战。在线上访谈中，我也学到了在大学课堂上所学习不到的宝贵经验。

本次"访万企，读中国"的调研活动，我既学到了知识又掌握了本领，为未来的更好发展奠定了基础。

高新技术产业链的国际竞争力

——基于"专精特新"企业案例分析

杨　晨　耿奥轩　张　妍　黄拓文　孙昕怡　郑鸿雁　鲁思嘉　王君如　李艳平
张怀月　唐霁虹　王翠凤
指导教师：高运胜　李馨蕾

摘要

本调研以"高新技术产业链的国际竞争力"为调研主题，以上海及周边城市"专精特新"企业为调研重点，探讨新冠肺炎疫情背景下企业的现状、恢复路径和政策诉求。调研结果显示，企业大多选择"稳中求进"，在确保核心技术的基础上，稳固现有客户以及时止损，但新客户和海外市场的开拓不可避免地受到影响，资金到账慢、原材料价格上涨等普遍存在的问题严重增加了企业的现金流压力。在纾困政策方面，政府一方面可以尝试创建"一站式"业务办理平台，提高审核效率；另一方面应及时感知企业现状，找准企业复工复产的痛点难点，把握产业链布局转向，助推企业更快更好复工复产，降低疫情对上海及周边城市经济发展的影响。

关键词：国际竞争力；纾困政策；高新技术产业链；"专精特新"企业

一、调研背景和意义

随着新冠肺炎疫情防控形势总体趋于稳定，"稳增长"政策的不断实施为经济发展提供了有力支撑，但受世界各国经济刺激政策收紧和地缘政治摩擦冲突延续的影响，我国外贸运行的大环境不容乐观。本调研旨在了解新冠肺炎疫情和国外发展局势对我国高新技术产业链产生的影响及新冠肺炎疫情期间我国高新技术企业的发展情况。

本调研采用定量研究方法，以线上访谈为主，辅以问卷调查收集数据信息并进行桌面研究，聚焦新冠肺炎疫情冲击下的高新技术企业尤其是"专精特新"企业，通过系统客观地收集信息并进行研究分析，把握高新技术产业发展状况及企业韧性与纾困政策，找准企业复工复产痛点难点，探讨企业自救以及政策扶助下的生存状态与出路，获知产业链布局转向，以期为面临严峻考验的高新技术产业从业者以及对高新技术产业的国际竞争领域相关问题较为关注人士提供参考。

二、调研方案与实施

（一）调研方案

1. 调研形式

本次调研采用线上调查（电子问卷＋在线深度访谈）的方式，以了解目标企业在面对新冠肺炎疫情在内的众多冲击时所受影响及在实际运营中采取的纾困政策，进而评估企业面对冲击时所具备的韧性及所在产业的产业链稳定性和国际竞争力，探寻企业未来的优化方向。

2. 调研内容

针对目标企业的行业特征，本调研从新冠肺炎疫情的冲击入手，深入了解企业在经营中的困难及应对措施，探究企业所处产业链的稳定性及国际竞争力。此外，本调研将"冲击"的概念拓宽到"中美贸易摩擦""全球经济衰退"等，综合考量企业的经济韧性并探寻可行的纾困政策，提出增强产业链国际竞争力的优化建议。

3. 项目时间

调研时间安排如表 1 所示。

表 1　暑期调研时间安排

项目阶段	工作安排	实施日期
第一阶段： 启动	筹备会议	5 月 28 日
	确定调研目标企业名单	6 月 1 日—6 月 11 日
	搜集目标企业信息	
	提交项目计划书	6 月 15 日
第二阶段： 前期筹备	与目标企业进行初次接洽、发函	6 月 16 日—6 月 19 日
	设计调查问卷	
	制定在线访谈纲要	

续　表

项目阶段	工作安排	实施日期
第三阶段： 实施调研	向企业发放问卷、回收问卷	6 月 20 日—7 月 31 日
	分组在线访谈	
	整理访谈记录、撰写新闻稿和简报	
第四阶段： 数据整理分析、 成果展现	分析回收问卷数据	8 月 1 日—8 月 15 日
	撰写调研总结	
	撰写政策建议专报	

（二）调查对象

调研目标企业（按音序排列）如下所示：

安徽益佳通电池有限公司（与 28 队联合调查）

湖州南浔新龙电机有限公司

金雪驰科技（马鞍山）有限公司

琉森国际贸易（常州）有限公司

宁波赛尔集团有限公司

上海京璞电子有限公司（与 14 队联合调查）

上海萌泰数据科技股份有限公司（与 35 队联合调查）

（三）调查项目

本调研主要通过线上访谈的方式重点对长三角地区"专精特新"高新技术企业进行以"高新技术产业链的国际竞争力——基于'专精特新'企业的案例分析"为题的调研。调研企业包括以金雪驰科技（马鞍山）有限公司、上海萌泰数据科技股份有限公司、安徽益佳通电池有限公司为代表的 7 家企业。

三、问卷统计数据及访谈结果分析

（一）样本基本情况

本次问卷调查筛选符合"高新技术"与"专精特新"的企业作为样本，共包含高新技术企业 204 家，国家级或省级"专精特新"企业 42 家，兼备两项特质的企业 17 家，共计样本企业 246 家。样本企业多集中于制造业，近半数处于产业链上游。样本九成以上为民营企业，且 75% 左右企业规模达到了 300 人以上。本组调研对象主要集中在长三角地区，企业主营业务范围包括机电及日用品产销、数码办公及数据服务等领域。

（二）企业家观点

在本组受访企业中，有约三分之二的企业主营业务的销售板块涵盖国际业务。企业负责人普遍反馈：生产运输成本与风险的上升、国际局势变换等因素为企业带来巨大的不确定性——原油价格波动造成海运费上涨、原材料价格、仓储成本增加等导致企业被动调高产品价格转嫁成本压力；面对大宗商品价格的普遍走高，企业普遍采取停产去库存，以及技术革新创新赋能的手段应对挑战；新冠肺炎疫情期间难以维系与拓展海外客户资源，企业订单量明显下滑；新冠肺炎疫情管控导致部分通航港关闭或限流，导致存货积压；国际汇率波动幅度大，欧元严重贬值，企业不得不采取锁定汇率的手段同客户协定价格；技术封锁、芯片制裁导致国内高新技术企业发展放缓，国内汽车产量连带下降——国际贸易业务受多方因素制约，新冠肺炎疫情防控局势与国际局势的变化莫测，给跨境商贸筑起层层屏障。

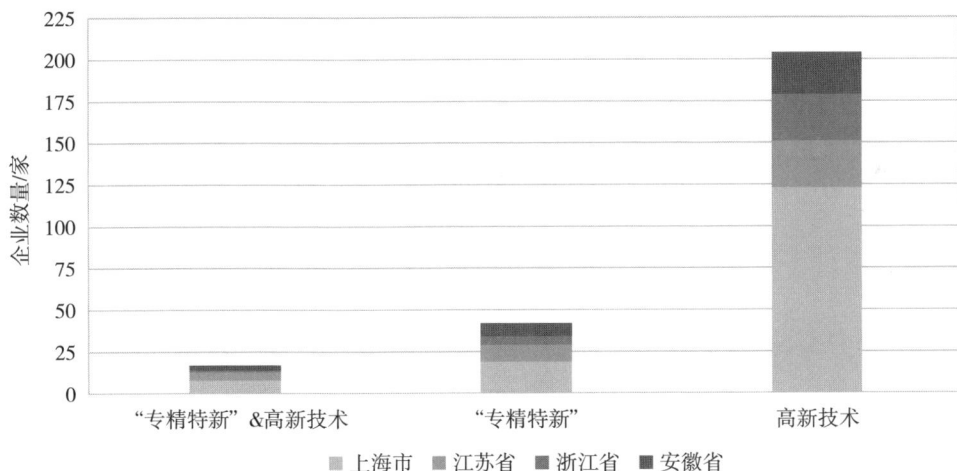

图1　样本企业类型

对于未来发展道路，大多数企业选择维稳思路，即在维持现有客户资源的前提下，提高产品性能、优化服务品质、简化工作流程、积极引入人才、完善企业架构，以此夯实企业基础，而后再大胆创新，拓展企业业务。

针对制约高新技术企业发展的"卡脖子"现象，有7家企业明确提出存在技术制约，其中5家受制于芯片断供。同时，样本企业认为在重要化工原料获取、新材料开发、工业软件应用等方面也需要更尖端的技术支持。

（三）新冠肺炎疫情冲击的基本情况

2021 年，样本企业受新冠肺炎疫情影响较严重，主要体现在订单量减少、供应链中断、生产运输成本上涨、限制开工等方面。因主营业务性质的客观差异，劳动密集型和市场导向型企业的生产和销售环节主要面临工厂停产、原材料物流运输受阻、业务拓展渠道受限、客户维护成本上涨等风险；部分技术密集型或资本密集型企业借助企业规模优势或通过远程联动办公等技术手段灵活抵挡疫情冲击，尽力保障公司的日常运营、员工的正常工作生活与团队建设。

从营收额角度看，如图 2 所示，样本企业的营收集中在人民币 2000 万 ~ 5000万元。其中，"专精特新"高新技术企业收入差距较小，不同营收区间中的企业分布数量较为平均。从利润率角度看，如图 3 所示，约 20% 高新技术企业和近 25% "专精特新"企业遭受亏损。在实现盈利的企业中，"专精特新"企业增幅集中在 0% ~ 5%，而四成以上的高新技术企业盈利增长突破 10%，展现了技术密集型企业在新冠肺炎疫情之下较强的抗风险能力。从资金流转角度看，有 65% 左右的样本企业账面现金能力低于 6 个月，运营压力较大。

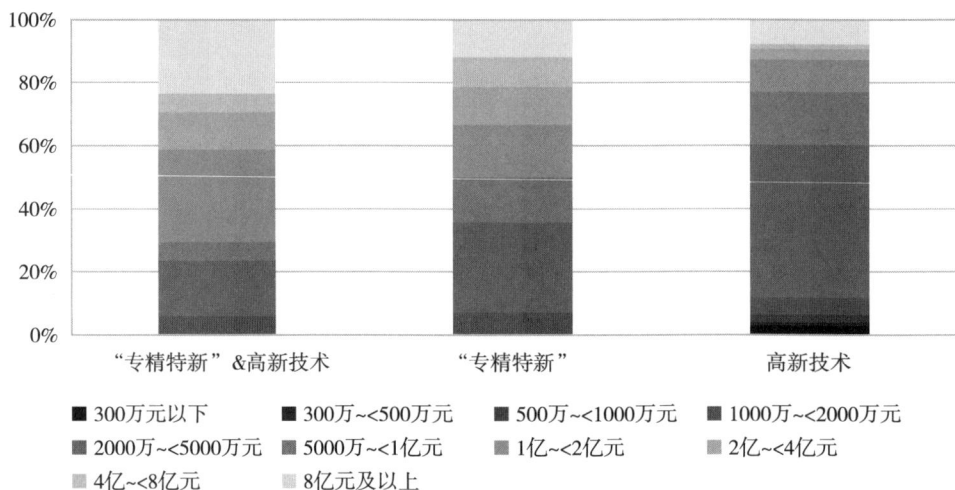

图2　企业 2021 年营业收入范围

2022 年中后期长三角地区新冠肺炎疫情得到控制，如图 5 所示，30% 左右的样本企业产能已经恢复至 80% 以上。数据显示，2022 年上半年样本企业的同期订单量仍在下降，而其中"专精特新"企业中的高收入（1200 万以上）比例达到了 55%左右，略高于高新技术企业数据，如图 4 所示。企业预计 2022 年下半年仍将面临研发或生产经营进度放缓、市场需求缩水、运营成本上升等问题。因此，八成左右的样本企业选择下调全年营收目标，实施较为稳健的发展计划。其中，"专精特新"企业的下调比例集中在10%以下，高新技术企业差异性较大，区间集中性不明显。

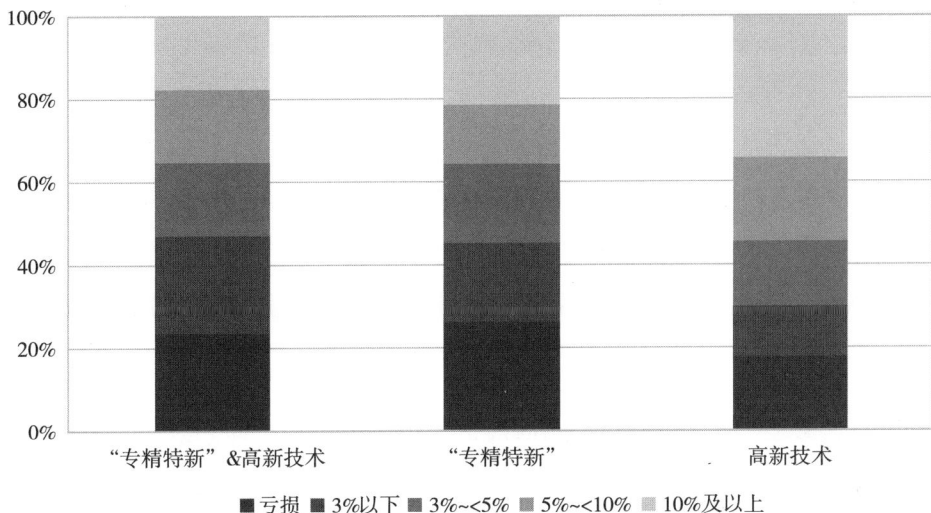

图3　企业2021年以来平均年净利润率大致范围

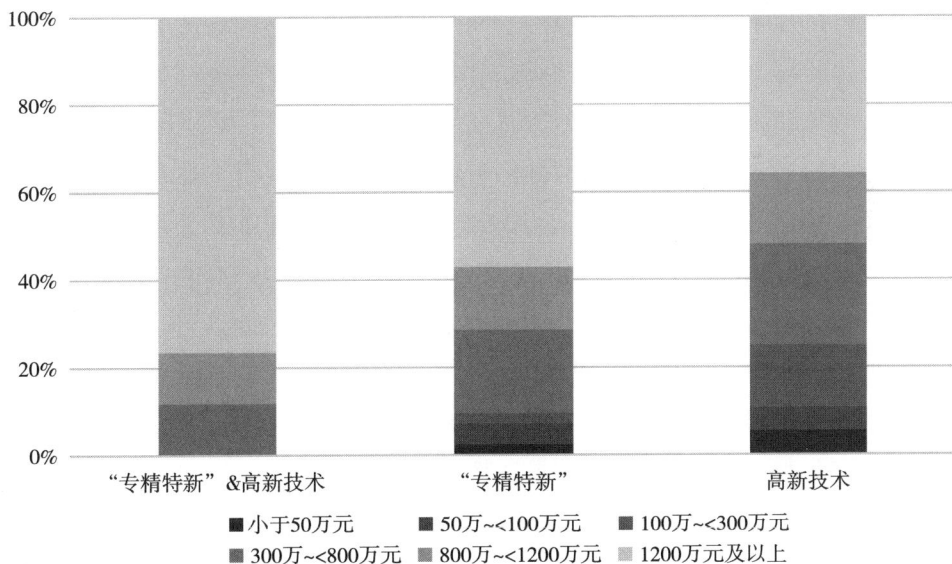

图4　2022年第一二季度的总收入

（四）企业恢复路径与难点

随着疫情防控逐渐常态化，企业对该类冲击的适应性不断提高，整体恢复良好。在246家样本企业中，"专精特新"企业有超过90%已恢复比例在30%以上，而高新技术企业则相对较为缓慢。

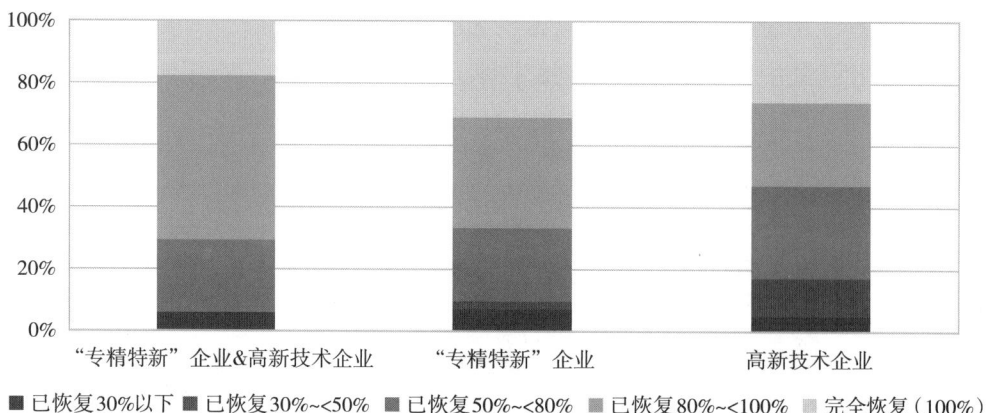

图5 目前企业产能恢复情况

企业恢复的影响因素可分为个人层面、企业层面以及外部环境三个方面。

首先，个人层面的影响因素分为企业领导人与公司职工两个部分。

对于企业领导人，其需要具备高超领导力、极强远瞻力、开拓的思维与果断的决断力。上海京璞电子有限公司负责人高瞻远瞩，企业早在2015年便利用互联网远程提供机械维护服务与办公，极大保障了新冠肺炎疫情期间的服务质量。宁波赛尔集团有限公司领导人利用已有资源开拓防疫物资业务，为企业创造了资金流入，弥补了原有订单几乎尽数取消的损失。

对于公司职工，新冠肺炎疫情的冲击导致部分企业出现用工难或员工过多的问题，如何调节优化用工是企业平稳运行的基础。73.9%的样本企业负责人表示在新冠肺炎疫情期间会更加关注员工状况。金雪驰科技（马鞍山）有限公司负责人在访谈中表示，面对新冠肺炎疫情，企业上下团结一心，积极关心员工、提供工作便利是企业能平安度过冲击至关重要的因素。宁波赛尔集团有限公司一直以来允许部分与公司联系紧密的员工成为独立法人、注册个人企业，充分调动员工主观能动性。

其次，在企业层面，企业自身的发展策略、资金链、技术研发、自身资源积累与企业规模大小等在企业产能恢复过程中发挥着重要作用。

面对冲击，企业要制定恰当的发展策略以应对困境。在维稳基础上，多数企业选择开拓业务范围，把握新机遇。湖州南浔新龙电机有限公司规划产出高端产品以稳固生产优势。但部分企业由于行业特殊而深陷僵局。宁波赛尔集团有限公司负责人表示因跨境电商行业资金流动周期较长、资金消耗较大且不确定性大，大量前期投入易造成损失，目前企业选择逐步突破，在转变市场竞争思路的基础上，摒弃无意义竞争，先释放积压存货，再考虑后续发展。对于部分规模较小、受行业形势影响大的企业，如琇森国际贸易（常州）有限公司，其规划以维稳为主。

对于高新技术企业，提升企业核心竞争力的关键在于核心技术的研发。而核心技术研发也考验着企业资金周转的能力。部分企业，如安徽益佳通电池有限公司需要更强有力的新技术来开阔市场，引导企业转型，然而大量的研发投入与新冠肺炎疫情期间行业本身的不利好导致企业资金链难以支持研发领航路线。

最后，在外部环境层面，冲击带来的外部环境改变包括大宗商品价格上涨、国际局势限制贸易及疫情停工停产等不可抗拒的作用力。此外，也包括帮扶性的外部援助等。

新冠肺炎疫情造成大宗商品价格普遍上涨，80.59%的样本企业认为成本价格攀升，挤压了企业利润空间。同时，多数样本企业还面临用工困难与经营融资贷款难等问题。大宗商品的价格上涨是通货膨胀的真实基础，预期通胀也对企业恢复形成巨大阻碍。琉森国际贸易（常州）有限公司与金雪驰科技（马鞍山）有限公司表示也面临原材料价格上涨，仅能通过选择企业自身调整与产品价格调整尽可能维持稳定营利。

国际局势对国际贸易型企业影响巨大。近期国际局势多变，地区冲突的爆发使部分企业营业惨淡。宁波赛尔集团有限公司负责人表示受俄乌冲突的影响，欧洲整体消费低迷，企业出口量暴跌且行业红利期逐渐褪去，企业难以应对不可抗因素，改变现状是企业恢复的首要难点。同时琉森国际贸易（常州）有限公司与湖州南浔新龙电机有限公司均表示冲击之下企业难以开拓新的市场，无法创造新利润。

（五）纾困政策需求

相对而言，政策帮扶给企业恢复与企业发展带来直接帮助。然而帮扶政策仍具有一定局限性，企业对于政策帮扶力度的评分多在及格线附近。帮扶政策只有与企业实际经营情况深入结合，才能进一步实现落地，进一步提升其帮扶效果。

近年来，政府为助力企业应对冲击，发布了百余项帮扶性政策。从广泛减免税款到针对性补贴，从普适性帮助到对特殊行业企业的针对性优惠政策，政府的帮扶政策类聚性与异构性并存：帮扶内容集中在减本降息、金融补贴、贷款贴息、公共服务以及直接经济补贴等，但不同省市之间有不同的内容结构与偏好选择。

从企业类别角度，本文通过对比既为"专精特新"企业又为高新技术企业的数据与仅为高新技术企业的数据，展现针对性优惠政策具备的显著帮扶效果。总体上，政府的各类纾困政策对于大型企业的帮助侧重于资金财务方面，而对于小微企业则缺乏较显著的实际帮扶。根据企业反馈，企业认为帮扶力度最大的是援企稳岗类政策，如"五险一金"相关缴纳政策等。受访企业均表示已享受到政策帮扶，其中多

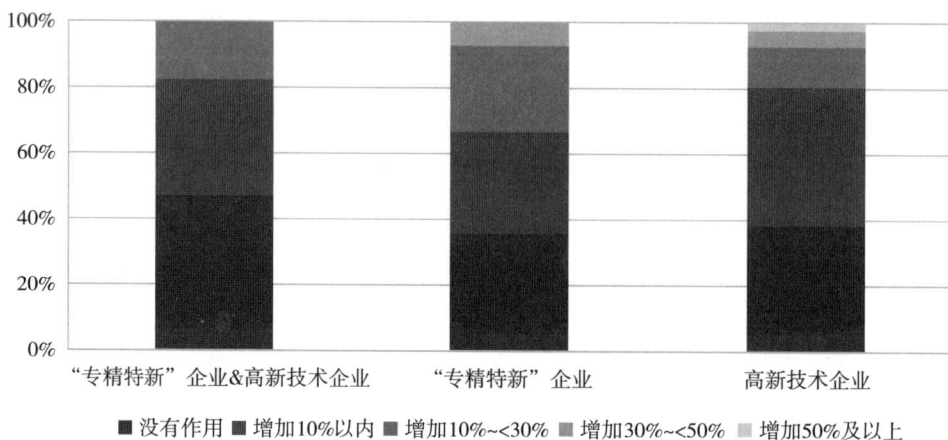

图6　企业在受到政策帮扶之后的营业利润变化

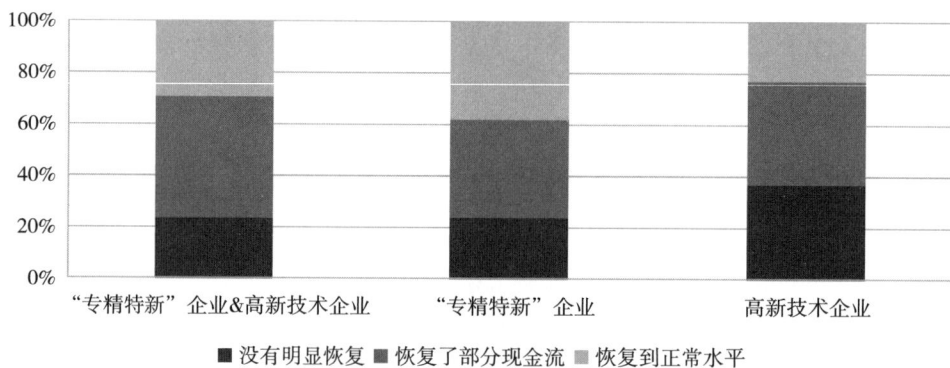

图7　企业在受到政策帮扶之后的企业现金流的变化

数企业均提到了减免税费，部分企业还享受到了针对性的优惠政策：安徽益佳通电池有限公司表示享受到的最大红利是厂房租金减免支持；宁波赛尔集团有限公司表示主要享受到了减税降利及社保减免等政策；湖州南浔新龙电机有限公司表示主要享受到了进出口关税减免、产品研发补贴及展会补贴；金雪驰科技（马鞍山）有限公司则享受到了资金链方面的贷款贴息政策。另外，地方政府也积极调研，为跨境电商行业提供了直接资金补贴。

　　据企业反馈，政府帮扶政策存在政策解读不到位、办理过程便捷度不高及宣传力度不足等问题。琉森国际贸易（常州）有限公司与上海京璞电子有限公司表示希望简化操作流程；琉森国际贸易（常州）有限公司与湖州南浔新龙电机有限公司作为出口导向型企业，希望政府促成更多对外展会以方便企业进一步开拓市场。

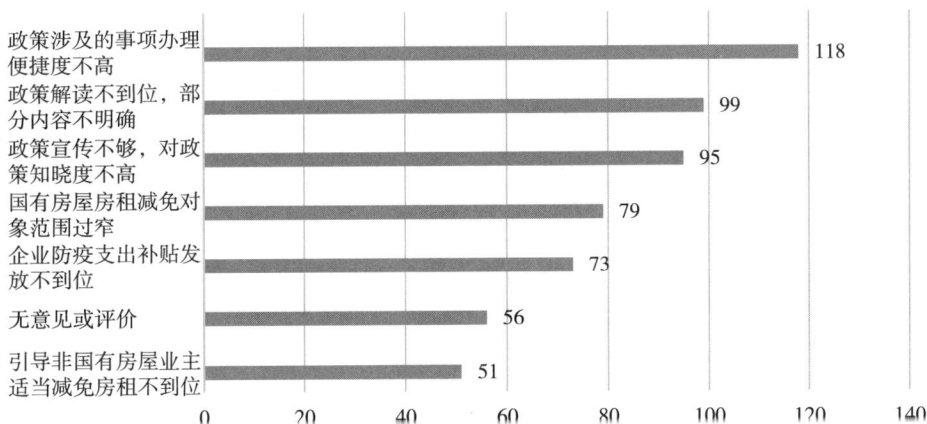

图 8　针对新冠肺炎疫情防控支持政策反馈统计

四、指数编制与影响因素分析

（一）指数编制

新冠肺炎疫情对企业的影响程度及具体表现与调研预期一致，如图 9 所示，54% 的样本企业深受疫情影响，其影响（如图 10 所示）主要表现在订单下降、经营收益减小方面。例如样本中的琉森国际贸易（常州）有限公司就面临原材料价格上涨、难以拓展新业务和新客户等问题，导致订单数量下降，收益减少。

如图 11 所示，物流问题、上游原材料供应问题、资金链、现金流问题是大部分企业经营都面临的问题，新冠肺炎疫情期间更为突出，与调研预期比较相符。受访企业中湖州南浔新龙电机有限公司和上海京璞电子有限公司都深受物流问题的困扰。

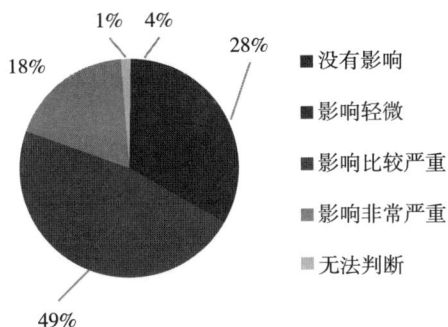

图 9　疫情对企业的影响程度

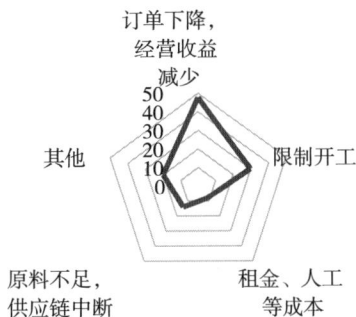

图 10　疫情对企业经营影响表现

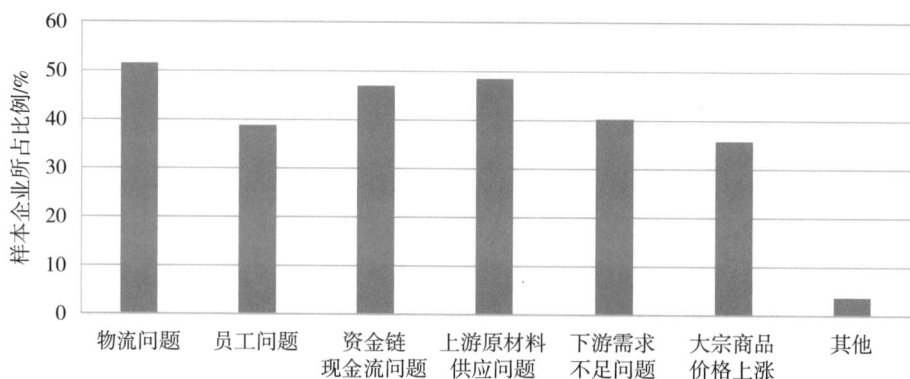

图 11　企业经营的制约因素

　　事实上，受大宗商品价格上涨影响，81.01% 的企业面临成本价格攀升、利润空间受到挤压的困境，55.68% 的企业出现融资难贷款难的问题。大宗商品价格上涨给企业造成多重压力。如图 12 所示，企业主要在税收优惠、成本补贴以及融资方面存在较大的政策诉求，与预期相符。例如，在 2022 年上半年，安徽益佳通电池有限公司享受了一定的税收优惠政策，但受原材料价格大幅上涨的影响，使企业利润空间受到一定压缩，企业现金流稳健性也受到一定冲击。

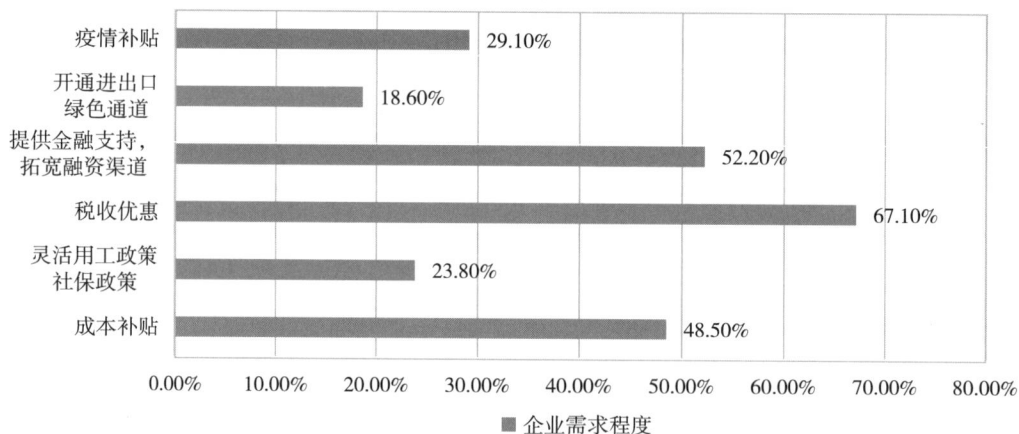

图 12　企业政策诉求

（二）影响因素分析

1. 外部影响因素

（1）疫情影响

　　新冠肺炎疫情暴发以来，部分发展国际业务的高端制造业和高新技术产业企业面临物流运输不畅、人员不足、经营成本增加（租金、人工、物流、劳动防护等成本）、产业链上下游供需矛盾、限制开工、政策流程繁琐费时、资金周转困难、大宗商品价格上涨等一系列问题。首先，新冠肺炎疫情冲击阶段，除防疫和生活物流艰难维持外，大部分物流企业无法正常运行，导致物流成本的增加，严重阻碍企业原材料与产品的进出口及配送，引发产业链上下游供需矛盾。其次，受新冠肺炎疫情防控影响，企业工作人员无法及时上岗，造成用工难、运营成本高等问题，使供给端企业生产瘫痪、消费端社会需求抑制。除此之外，因原材料价格波动较大、能源等大宗商品价格大幅上涨，而部分产品订单数量不断增加，在预付采购模式下，企业资金周转压力增大，小型企业更是面临资金链断裂风险。即便疫情得到控制，社会购买力也不会马上释放。

（2）俄乌冲突

俄乌冲突爆发后，国际金融市场反响剧烈，国际汇市出现大幅动荡，卢布对美元汇率暴跌至历史最低，欧元也出现贬值进而影响与欧元区企业合作企业的结算方式。同时，欧美对俄罗斯金融制裁加码也给国际汇市带来新冲击。航空铁路都出现一定停滞现象，很多欧洲到亚洲的航班均需绕路，运输成本提高；另外，由于很多物品运输要求高，导致货物积压，影响部分企业的运营与收益。

（3）中美贸易摩擦

一方面，中美贸易摩擦对钢铝、汽车、农业、渔业和金融等领域都产生影响，而对电子芯片、生物医药等高新技术产业的影响更为突出，使中国部分"专精特新"企业面临技术缺失问题。美国想通过加征关税影响我国企业产业结构，阻滞我国高科技产品的出口。而我国曾依赖于美国企业的高新技术受到阻碍，企业产业结构无法及时调整，会延迟中国高新技术企业进入国际产业链的速度。从"中兴事件"到"华为事件"，美方对中方施加的一系列制裁促使相关企业取消与中国企业正常的商业合作，中国企业产品创新和技术进步在国际市场上难以获得正面反馈，从而失去技术交流的平台，挫伤企业创新动力，导致中国高新技术企业错失发展机遇而失去在相关产业链的话语权和主导权。另一方面，中美贸易摩擦会导致关税上升，进而造成进口产品价格的上升和进口产品数量的下降，出口竞争力下降，企业生产产品的成本和价格上升，在全球竞争中处于不利地位。同时贸易摩擦也会造成税率的上升和资产价值的下降，促使相关企业改变结算方式，经营风险加大。中国企业虽然在出口领域具有比较优势，但是在进口和技术知识领域不占优势。这既不利于中国企业学习外界技术，阻碍了中国企业产品技术的提高，也不利于专业化企业发展。

2. 内部影响因素

（1）科技研发力量薄弱，自身创新能力发展不足行业升级离不开科技原动力，由于企业科技研发投入不足，使科技研发力量薄弱，制约了企业的创新。企业创新涉及产业创新、技术创新、布局创新、战略创新等多个方面，且这些创新是基于对企业发展的通盘考虑而形成的一种完整的、集体性的、创新性的创新。发展"专精特新"企业，离不开创新，更离不开科技力量的支撑。

（2）产业链布局有缺陷，尚不完善

由于缺乏顶层设计、产业集中度较低，使国内产业链布局不均，不仅基础产业力量依然薄弱，一些部门还存在巨大的生产过剩和生产能力闲置问题。或企业的高新技术产业未得到充分发展利用，效率与企业需求不匹配，造成企业在重要支柱方面无法转型。

（3）对供应端依赖程度过高，资金周转是难题

企业发展和控制上下游产业链，除提升战略管理和技术水平外，优质的经营管理是关键。若过度依赖供应端，企业则无法任意取得生产原料，无法确保产品质量，产品销售存在遇冷可能。企业若产品定位高端，对原材料质量要求较高，又高度依赖上游供应企业，将会导致市场竞争力下降，难以发展为"专精特新"型。

（4）体量和资金欠缺，数字化转型困难

想要实现数字化转型，企业需要进行信息化、自动化建设，且有足够的市场竞争力和高新质量产品。若企业体量小，企业生产战略不优质、不灵活，不能很好适应复杂的市场环境，则企业数字化转型困难较多；若企业资金欠缺，企业的持续发展会受到限制，产品质量无法提高，生产成本居高不下，则企业规模转型会存在困难。

（5）产业调整需求增加与创新政策环境、企业能力不足间存在矛盾

国家大力提倡增强企业科研开发能力且支持企业发展具有自主知识产权的科学技术。企业的创新能力是国家技术创新的基础，只有依靠企业的技术进步和市场竞争力的提高，才能实现国家资源的优化配置和产业链升级。而很多企业因未能跟上产业调整的步伐，技术开发中心建设不佳，导致难以为继。

（6）缺少创新型人才，人才引进难

人才战略是企业发展战略的核心，缺少人才等于缺少自主创新的能力，缺少人才会直接影响企业的发展。企业经营的各方面都需要人才，因此建立完整的人才体系非常有必要。长远看来，企业专业化、精细化、特色化、新颖化发展都离不开人才的培养。

五、结论与建议

（一）调研结论

1. 高新技术企业正在面临困境

在新冠肺炎疫情的冲击下，高新技术企业普遍在原材料价格、现金流、进出口以及国外市场的扩张等方面出现了问题。如安徽益佳通电池有限公司在2022上半年受到原材料价格大幅上涨的影响，导致利润压缩，同时其供应链的稳定性也受到疫情影响，但企业内部积极调整供货商供应体系，加之政府给予特殊的通行证，从而解决了供应链稳定的问题。在现金流方面，多家企业表示现金流的波动不足以影响企业的正常运转，即现金流方面造成的影响较小。

2. 企业对待困境采取各种策略积极面对

关于进出口，以宁波赛尔集团有限公司为例，该企业从国内采购到海运，再到国外存货，本身整个周期就比较长，受疫情影响周期变得更长，导致出口困难、资金占用率变得非常大。为最小化新冠肺炎疫情对企业产生的冲击，企业本身做了一些策略转变，如安徽益佳通电池有限公司为维持供应链稳定调整供应商体系，宁波赛尔集团有限公司为尽量化解可能出现的风险，2022年上半年实行四步走计划（国外去库存化、处理国内货物、针对未来产品做出新决策、针对体量下降及时做出调整）。

3. 政府纾困政策对企业的发展起到了关键作用

政府纾困政策对企业的发展起到一定的作用，安徽益佳通电池有限公司表示其享受到的最重要的纾困政策为当地政府厂房租金减免以及其他奖补政策，在企业转型面临精力与资金的双重压力的时候，当地政府为其提供了两个基金对企业发展起到了关键作用。金雪池科技（马鞍山）有限公司在访谈中表示，在疫情期间政府迅速给出减税、稳岗等方面的政策支持，同时还通过微信群、政府官网、月度座谈等多渠道了解企业需求与面临的实际难题，从而提供针对性的援助与解决方案。宁波赛尔集团有限公司表示政府针对所有常规企业都采取了减税降费缓税、鼓励贷款以及社保减免等措施，同时作为跨境电商头部企业，政府每年都会到其企业调研，企业也能从政府获得一定补贴。

4. 企业对纾困政策还有诉求

在访谈过程中，一些企业表示，虽然现在政府出台了一些补助政策，但申领过程提交资料十分繁琐，因此希望政府简化补贴申领步骤与提交材料，提升效率。也有企业表示，部分行业痛点和难点并非政府奖补政策能解决的，最重要的还是政府能够出台相关政策来增加企业竞争力、激发企业创新活力。

（二）政策建议

1. 完善政策扶持体系，推动产业协同发展

（1）充分考虑行业异质性，精准设计政策梯度

建议构建"中小企业—高新技术企业—专精特新企业—专精特新小巨人企业"梯队培育链条，重点推动高新技术企业向专精特新企业转化。为加强当今企业的研发、盈利、纳税、管理能力等各方面制度以及政策、标准体系的建设，政府可以通过信息技术等手段来发现企业需求并完善扶持政策。另外，政府可以成立市级专精特新中小企业培育发展领导小组及工作专班，把培育发展专精特新中小企业作为实施"智造强市"战略中主体培育"灌木丛"计划的重要抓手和有效途径。

（2）重视政策落地情况，提升政策确定性

"专精特新"中小企业的发展离不开政府部门的政策利好以及长期支持。为了能为企业营造持续稳定的经营环境与政策背景，政府应建立各级主管部门对中小企业科学合理的考察机制，并重视政策扶持的落实程度以及持续性。设立完整的考核机制调查体系能确保政策在落实的过程中不变形、不曲解。

（3）加大财税金融扶持力度，提高综合服务水平和服务效率

为拓宽"专精特新"中小企业的融资渠道，提高融资效率，政府应当为"专精特新"企业设立符合中小企业特点的工作项目体系，如贷款手续简化等金融方面的服务水平。一方面，政府要从宏观上加大对中小企业的资金支持。对企业技术改革、创新研发等融资贷款，给予贴息扶持，提高企业质押贷款比例；也可由国资组建"专精特新"基金，参与"专精特新"企业发展。另一方面，政府可以从微观层面推动相关机构积极实施金融创新以服务中小企业，进而扩大政策受益。

为促进"专精特新"企业的研发创新和市场应用，政府可适当提高研发费用的加计扣除比例，并扩大加计扣除费用的适用范围。另外，《关于印发促进工业经济平稳增长的若干政策的通知》中还提出多项支持措施，如加大中小微企业设备器具税前扣除力度、延长阶段性税费缓缴政策、加大小型微利企业所得税减免力度以及降低企业社保负担等。以后，政府还可通过税收政策来鼓励企业使用国产设备和零部件，以便"专精特新"中小企业长远获得市场职能的支持，推动我国加快进口替代，从真正意义上来解决"卡脖子"难题。

2. 加强政府引导，提升企业自身及相关机构能动性

（1）鼓励产学研联动，提升创新可能性

为提高中小企业的专业能力和水平，政府应该积极引导科研机构、高等院校等向企业开放大型科研仪器和实验设备等科技资源，并与之合作推行"专精特新"中小企业的技术人才在岗培养计划。同时，政府还应该引导"专精特新"中小企业建立企业知识产权管理体系，保障企业核心技术以及产品知识产权，如通过法律、政策等进行微观调控。此外，政府还需要鼓励"专精特新"中小企业加大研发投入和技术改造投资力度，并适当给予政策资金支持来提高企业生产技术水平。

（2）引导产业链主体加强联系，拓宽合作渠道

政府可实施专项攻关计划，促进产业集群和产业链集成，推动制造业的上下游协同发展和联动效应；加强产业链和供应链的韧性，消除产业链和供应链的瓶颈，特别是要弥补短板和升级产业链，提高制造业投资效益，促进技术改造和设备更新。另外，政府还需加快公共创新平台的建设工程，特别是关注攸关国计民生的"卡脖子"领域；鼓励"专精特新"企业进行联合协作发展；支持"专精特新"企业引进或共享高层次的创新人才；鼓励国内规模较大的同行业企业与"专精特新"企业共同设计国家重大科技研发项目。

（3）创造优质外部环境，充分调动企业主观能动性

政府应加强知识产权保护力度，加大创新激励力度，进而鼓励企业提升在创新项目上的投入资金比例，不仅持续提高企业创新能力，更要完善企业在创新项目的维护系统与管理程度；优化人才引进环境，既要引进或整合高层次创新人才，也要加强创新人才激励。此外，政府更要鼓励"专精特新"企业在"专"的基础上对企业的精细程度和细致程度两手抓，前进方向由利润最大化转向创新化、特色化。政府在专业方面也要规划好企业的进步路线，专注于市场实际需求以及未来消费者的潜在需求，不仅要实现技术创新改革，更要实现企业专业水平的高质量发展。最后，政府还应鼓励企业持续打造特色化产品，在专业细分领域上开展多元化协调发展。

参考文献

［1］王林，展端旭，舒樊. 疫情冲击企业的恢复动力学模型研究［J］. 工业技术经济，2022，41（08）：143 - 149.

［2］汤翠玲. 大宗商品涨价潮加剧全球通胀担忧［N］. 上海证券报，2021 - 05 - 13（4）.

［3］姜晓萍，吴宝家. 疫情防控中的中小企业支持政策：扩散特征与核心议

题——基于省级"助企　纾困"政策的文献计量分析［J］. 行政论坛，2020，27（03）：63 – 71.

　　［4］莫莉. 俄乌冲突对国际汇市影响几何［N/OL］. 金融时报，2022 – 03 – 04［2022 – 10 – 01］. financialnew. com. cn/hq/sc/202203/t20220304 – 240732. html.

附录　调研感悟

团队成员调研感悟

1. 杨晨

这是我第二次参加"访万企，读中国"调查实践活动，非常有幸和优秀的同伴一起共事。我感觉自己应对各种事件更加从容，一方面是我遇到了优秀的队友和两位优秀的指导老师，大家一起尽心地完成任务、优化成果；另一方面相比于上次调研，我能站在更高位置审神项目，努力为项目顺利开展做充足的准备。此外，还要感谢会务组老师和同学的多方支持，我每一次的进步都离不开大家的帮助。

2. 孙昕怡

学习与实践相结合是实现自我发展的最佳途径。本次调研过程在老师指导下，由队长、组长带领，小队成员团结协作完成企业对接、调研安排、材料记录、项目宣传等多项工作，在成果转化阶段梳理并深入分析访谈结果，深度结合企业现实情况探寻可行的纾困政策，圆满地完成各项任务，收获颇丰。

3. 张妍

我很荣幸能参与"访万企，读中国"的社会调查项目。访谈前，团队成员对企业进行深入了解，积极与企业沟通对接。访谈过程中，指导老师从旁协助。访谈后，大家综合分析企业状况并提出一些可行的政策建议。此次社会调查中，我受益匪浅，非常期待下次和大家的合作。

4. 黄拓文

我十分荣幸能和这么多优秀的伙伴们成为队友。在本次调研过程中，我能够感受到自身思考方式的局限并逐渐得到锻炼，各方面能力都有所提升。在筹备访谈及调研会议中，从未了解过的"专精特新"企业让我叹为观止。总之，这次的经历让我的知识面更加精进，感谢大家对本次调研做出的努力，期待与大家再次合作。

5. 耿奥轩

在本次调研活动中，我很开心能够和队长以及几位组员合力完成企业的访谈，很荣幸有两位老师以及各位企业负责人详细而又有耐心地解答各种疑问。我们了解了疫情下企业的发展现状以及企业所处产业链的国际竞争力，并且高质量地完成了后续的纪要、新闻稿等撰写工作，获得了老师的肯定，这些都是大家团结协作的成果。

6. 李艳平

在调研过程中，联系企业负责人、介绍访谈项目、商定访谈时间、线上访谈、撰写访谈录、整理访谈提纲、撰写访谈纪要简报等，对我来说都是探索新事物，感谢指导老师和队长的经验分享、鼓励与答疑。无论是与企业对接的沟通能力，还是团队讨论调研方案时的集思广益，都让我受益匪浅。

7. 张怀月

这是我首次参加企业调研活动，一切都是从零入手。活动以小组的形式开展，从确定调研主题到调查企业背景、参加企业访谈，再到撰写新闻稿、制作简报与推送，大家密切配合，让我充分认识到只有团队配合才能事半功倍。此外，通过深入企业一线的调查和与企业负责人的近距离谈话，我开阔了视野。

8. 唐霁虹

在本次社会实践活动中，我通过完成整理调查资料、参与访谈等各项任务，切实了解了我国高新技术产业链身处百年未有之变局中，以及不同企业面对各种外部环境因素引起的困境时的应对之法，深刻意识到我国在新时代贸易强国发展道路上的困难与动力。

9. 王翠凤

在本次活动中，选择并联系企业、企业访谈等环节让我认识到团队合作的重要性——要合理采纳他人意见，准确表明观点、及时沟通。在老师和队长的带领下，我学习到了许多技能，深入了解了企业的不易和国际形势对企业的影响。希望我们的调研能为企业发展贡献力量。

10. 郑鸿雁

在本次暑期调研中，我详尽地了解了我国企业在面对冲击下真实的现状与提升产业链国际竞争力的途径，深刻地感受到了政策极大的帮扶性，也从实际中了解到政策有待提升的部分；同时提高了访谈及沟通的技巧，并从队友及指导老师身上学习到了更多的专业知识与组织能力。在此，我要衷心感谢各位优秀的队友与指导老师在整个调研过程中对我的指导与帮助！

11. 王君如

本次调研，我们深入了解疫情之下的企业困境，以高新技术产业链为落脚点，探讨专精特新企业的发展道路和政府纾困政策的优化方案，多渠道将理论与实践相结合，充分锻炼了自身的调研能力与学术素养。我很高兴能遇到了这么多优秀的伙伴，并最终取得了优秀的成果，感谢在这个盛夏，有第八小队的各位。

12. 鲁思嘉

通过参与本次调查项目，我真正意识到了企业在疫情下的经营困境与政府政策对其的重要扶助作用，也对于企业所处产业链的国际竞争力有了大致了解。我很高兴同大家一起经历这段奇妙的经历，感谢导师们的悉心指导以及队友们的齐心协力，期待未来的再次相遇。

大宗商品价格波动对锂电池产业链的影响研究

王俊祯　朱嘉程　张恺妍　石春雷　吴懿祺　沙志敏　王　平　潘徐昊　董高豪
胡煜琳　王月君　穆婉睿
指导教师：王利娟　董　平

摘　要

本次调研通过线上访谈和问卷调查相结合的方式对大宗商品价格波动对锂电池产业链的影响展开研究，目的在于了解企业在新冠肺炎疫情环境下的营销情况以及相关策略的变化、未来发展的评估和预测等，为新能源及朝着新能源汽车方向发展的企业提供借鉴，为政府相关政策帮扶和服务支持提供参考意见。

关键词：新能源；产业链；大宗商品；锂电池

一、调研背景和意义

经过 20 多年的发展，中国已成为锂离子电池的制造和消费大国，拥有最完整的锂电池产业链，全球市场占有率已达到 52%。在碳达峰、碳中和的大背景下，新型能源成为未来能源领域的重点发展方向，其中锂电池是主要的新型能源之一。为促进锂电池行业发展，我国出台了一系列利好政策。同时，我国大力支持新能源汽车的发展，通过发布多项政策规划来发展新能源汽车产业。

2021 年，新能源汽车终端需求的暴增给锂电池上游供应链造成了巨大的供给压力，尤其是钴镍锂等金属品种原材料的价格涨幅巨大，电池成本大幅提升。上游资源价格持续高位带动锂电池原材料价格上涨，但下游电池涨价相对滞后，即使是产业链布局最为完善、成本控制最为卓越的宁德时代（锂离子电池研发制造公司）在 2022 年一季度消化完低价原材料库存后也开始面临利润大幅收窄的压力，净利润较 2021 年四季度大幅下滑，其他动力电池厂盈利压力更甚。

　　国内各大电池巨头企业虽然早已通过在全球范围内积极收购锂矿掌握全球一半的锂矿资源，但是新冠肺炎疫情期间锂电池的运输困难导致的价格波动，对国内动力电池厂商的产能仍产生了较大影响，从而波及下游新能源汽车的供应和销售。因此我们聚焦于：

　　（1）上游锂电池原材料的价格上涨对中游的锂电池厂商、下游的新能源车企的影响？

　　（2）锂电池厂商及新能源汽车企业是否存在订单转移、产能转移的情况？若存在，应如何应对、化解、保持自我竞争力？

　　（3）相关厂商和企业需要政府部门提供了哪些政策上的支持？

　　本次调研通过观察大宗商品的价格波动对锂电池产业链的影响，研究锂电池行业在新冠肺炎疫情期间所受的影响，从而分析长三角地区锂电池相关产业所面临的共同困境，并提出相应方案以供参考。

二、调研方案与实施

（一）调研方案

1. 调研目的

　　通过调研新能源汽车相关企业，由大宗商品的价格波动对锂电池产业链的影响分析长三角锂电池相关产业面临的共同困境，并提出参考方案。

2. 调研内容

　　了解新冠肺炎疫情下金属锂等大宗商品价格波动对各新能源车企领域的影响，以及企业为应对锂价格上涨而采取的措施，解读企业当前的实践经验，以及未来的规划和发展方向。

3. 调研方法

　　采取规范动作和自选动作的形式调研，以线上访谈为主、问卷形式为辅，通过R、Excel等数据分析软件对结构化问卷和非结构化问卷进行具体分析。

（二）调研对象

　　长三角地区车企。

（三）调研任务分配

表 1　任务分配

职责	对接单位或人员	人员
联络工作	调研指导教师	王利娟　董　平
	统计与信息学院	王利娟　董　平
	环球慧思（北京）信息技术有限公司	/
	统计与信息学院党支部	/
	宣传	/
过程管理	访谈会议主持人	王俊祯
	资料网盘管理	王俊祯
	访谈会议录屏	石春雷　王俊祯
	访谈会议录音、截屏	张恺妍　王俊祯
	访谈新闻及微信公众号推文制作	王俊祯　王月君
文字撰写	论文报告	吴懿祺　沙志敏　王　平　潘徐昊　王俊祯　朱嘉程　石春雷　董高豪　张恺妍　胡煜琳　王月君　穆婉睿
	典型案例	张恺妍　胡煜琳　王月君　穆婉睿
	决策咨询	王俊祯　朱嘉程　江梓柔　曾韵霏
	前期资料	全体
	访谈素材	全体

（四）调研工作时间安排

表 2　工作时间安排

时间	安排	备注
6月28日—7月5日	（1）前期工作调研：研究内容 （2）确定所有企业访谈时间 （3）设计自选问卷 （4）访谈提纲撰写	前期准备

续　表

时间	安排	备注
7月6日— 8月11日	（1）奇瑞汽车股份有限公司 （2）淮安宏能集团有限公司 （3）上海玖行能源科技有限公司 （4）特百佳动力科技有限公司 （5）上海汽车集团股份有限公司 （6）无锡信宝行汽车销售服务有限公司 （7）无锡中升雷克萨斯汽车销售服务有限公司 （8）上海融和电科融资租赁有限公司	中期访谈调研
8月12日— 9月4日	（1）完成调研报告 （2）政策建议专报 （3）典型案例报告 （4）整理打包所需材料	总结报告

三、数据分析

（一）新能源汽车动态与要闻

1. 宁德时代（2022年6月18日）

宁德时代 EVOGO 换电服务在安徽省合肥市正式启动，标志着合肥市成为全国第二座"小绿环"城市。首批换电服务有三座快换站，预计到 2022 年年底，EVOGO 将在合肥市完成 20 座快换站的投运，在合肥市区实现 5 公里服务半径。

2. 国务院常务会（2022年6月22日）

国务院常务会议确定加大汽车消费支持的政策，强调进一步释放汽车消费潜力，明确支持新能源汽车消费。车购税应主要用于公路建设，考虑当前实际研究免征新能源汽车购置税政策延期问题。

3. 宁德时代（2022年6月23日）

国内新能源巨头宁德时代正式发布了 CTP3.0 麒麟电池，系统集成度创全球新高，体积利用率破 72%，能量密度可达 255Wh/kg，可实现整车 1000 公里续航，将于 2023 年量产上市。通过全球首创的电芯大面冷却技术，麒麟电池支持 5 分钟快速热启动及 10 分钟快充。在相同的化学体系、同等电池包尺寸下，麒麟电池包的电量，相比 4680 系统提升 13%。

4. 国家能源局（2022年6月23日）

国家能源局发布的《防止电力生产事故的二十五项重点要求（2022年版）（征

求意见稿)》针对电化学储能电站火灾事故防范提出了详细要求,包括:中大型电化学储能电站不得选用三元锂电池、钠硫电池,不宜选用梯次利用动力电池;选用梯次利用动力电池时,应进行一致性筛选并结合溯源数据进行安全评估。

5. SNE Research (2022 年 7 月 4 日)

2022 年 5 月,全球电动汽车电池装机量达 33.7GWh,同比增长 58.4%,连续 23 个月保持稳定增长。从单月销量来看,宁德时代位居 5 月全球电动汽车电池装机量榜单的第一名,并且是唯一一家装机量超过 10GWh 的电池企业。比亚迪和 LG 新能源紧随其后,装机量均为 4.2GWh 且市场份额为 12.5%。不同的是,比亚迪的装机量同比增长达到 171.9%,而 LG 新能源同比减少 24.8%,并且是前十名中唯一一家装机量同比下跌的电池企业。1—5 月全球动力电池装车量 TOP10 中,六家中国企业再次以翻倍的速度快速增长,市场份额增长至 55.8%。

6. 商务部等 17 部门(2022 年 7 月 5 日)

《商务部等 17 部门关于搞活汽车流通　扩大汽车消费若干措施的通知》提出,支持新能源汽车购买使用:(1)促进跨区域自由流通,破除新能源汽车市场地方保护,各地区不得对新能源汽车产品销售及消费补贴设定不合理车辆参数指标。(2)支持新能源汽车消费,研究免征新能源汽车车辆购置税政策到期后延期问题。深入开展新能源汽车下乡活动,促进农村地区新能源汽车消费使用。(3)积极支持充电设施建设,加快推进充电设施建设,引导充电桩运营企业适当下调充电服务费。

(二)新能源汽车销量及行业价格跟踪

1. 我国新能源汽车销量高增长

2019 年,我国新能源汽车累计销售 120.6 万辆,同比下降 4.0%,占汽车总销量比例为 4.7%,销量总体不及预期,且呈现四季度旺季不旺现象,主要是补贴下调对市场产生较大影响;2020 年我国新能源汽车合计销售 136.7 万辆,同比增长 10.9%,略超市场预期,占汽车总销量比例为 5.4%,月度销售呈现前低后高走势;2021 年我国新能源汽车合计销售 352.1 万辆,同比增长 1.6 倍,占新车销售比例为 13.4%,月度销售占比总体持续提升。

2022 年 6 月,我国新能源汽车销量 59.6 万辆,销量创历史月度新高,同比增长 1.3 倍,环比增长 33.4%,占汽车总销量比例为 23.8%,占比持续维持高位。2022 年 1—6 月我国新能源汽车合计销售 260 万辆,同比增长 1.2 倍,合计占比 21.51%。伴随新能源汽车性价比的持续提升,预计 2022 年我国新能源汽车销售将达到 550 万辆。

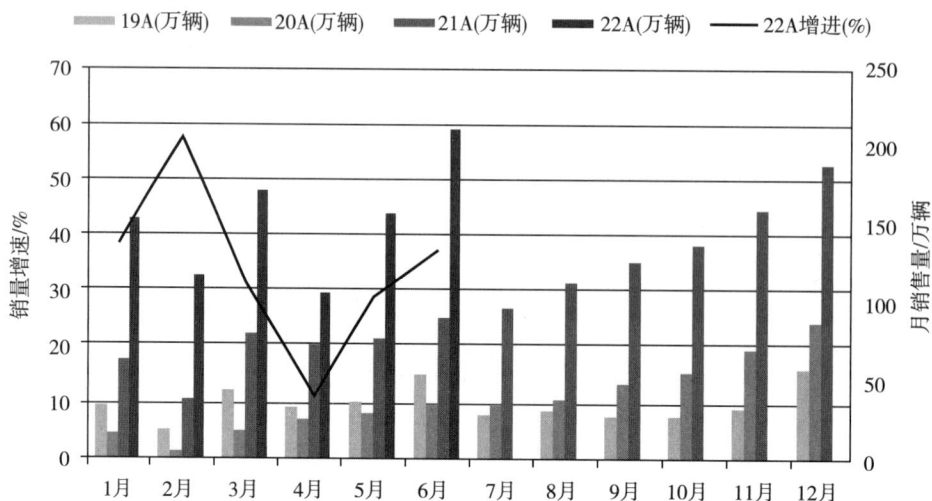

图1　2019—2022年我国新能源汽车月度销量及增速

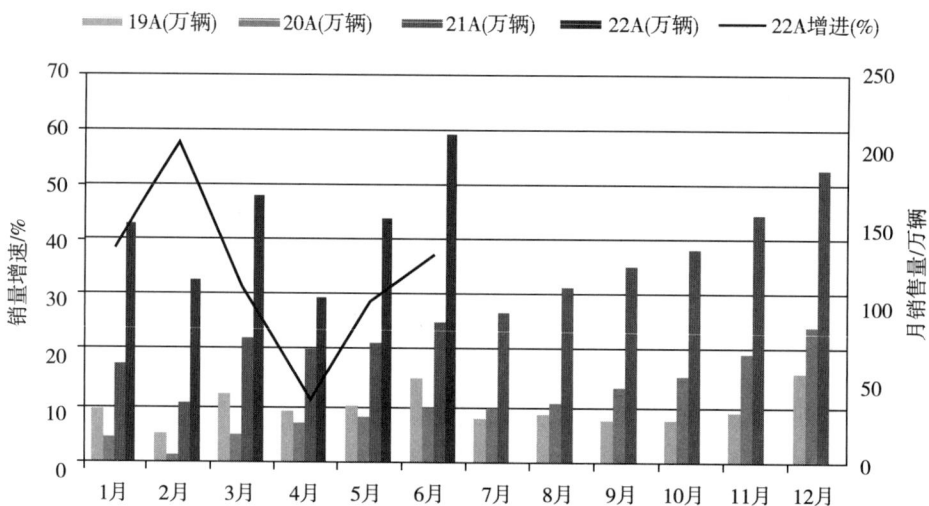

图2　2019—2022年我国新能源汽车月度销量占比

　　长期以来，我国新能源汽车坚持纯电动为主的发展战略。2019年，我国纯电动新能源汽车合计销量为97.2万辆，占新能源汽车总销量比例为80.6%；2020年，我国纯电动新能源汽车合计销量为111.5万辆，同比增长11.6%，合计占比81.6%；2021年合计销售290.1万辆，同比增长1.6倍，占新能源汽车总销量比例为82.4%。2022年6月，我国纯电动新能源汽车销售47.6万辆，同比增长1.2倍，环比增长37.2%，占新能源汽车总销量比例为80.0%。2022年1—6月我国新能源纯电动汽车合计销售206.2万辆，同比增长1.0倍，占新能源汽车总销量比例为79.3%。结合我国新能源汽车历年发展数据，预计2022年我国纯电动新能源汽车销量占新能源汽车总销量比例仍将维持在80%以上。

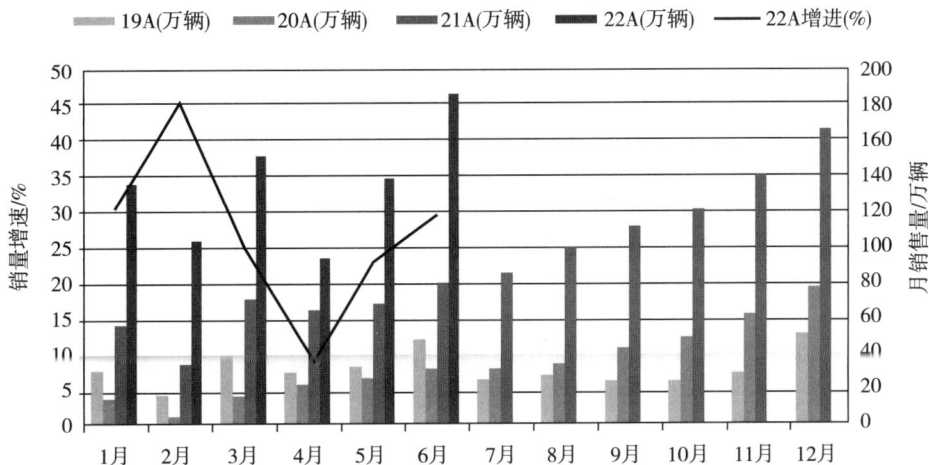

图3　2019—2022年我国纯电动新能源汽车月度销量及增速

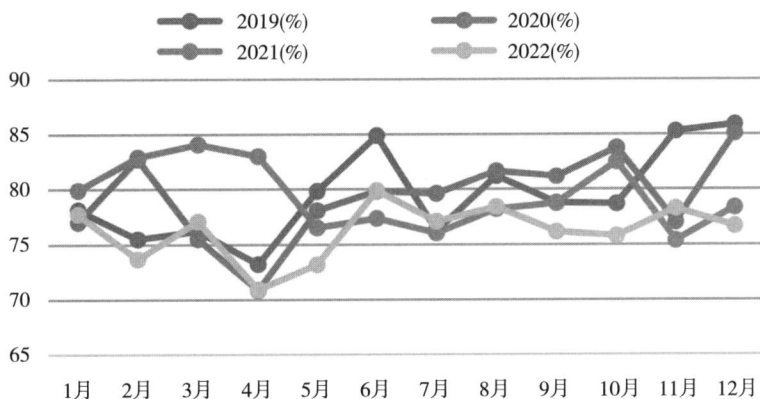

图4　2019—2022年我国纯电动新能源汽车月度销量占比

2. 行业关键价格跟踪

如图5所示，2017年电池级碳酸锂价格总体高位运行，并在11月初达到17.6万元/吨高位；2018年电池级碳酸锂价格则大幅波动，由2018年初的17万元/吨回落至12月31日的7.90万元/吨，全年大幅回落53.53%；2019年碳酸锂价格总体持续承压，由2019年初的7.90万元/吨回落至12月31日的5.00万元/吨，全年跌幅36.71%；2020年，碳酸锂价格走势先抑后扬，在7月初触底后持续回升至12月31日的5.35万元/吨；2021年以来，碳酸锂价格总体大幅飙涨，其中电池级碳酸锂由年初的5.35万元/吨大幅涨至年底的28.20万元/吨，较2021年初上涨427.10%。

　　如图 6 所示，氢氧化锂 2017 年价格总体高位运行，2017 年最高价为 15.80 万元/吨；2018 年初价格为 15.3 万元/吨，12 月 31 日为 11.65 万元/吨，较 2018 年初显著回落 27.12%；2019 年，氢氧化锂价格总体趋势下跌，由 2019 年初的 11.15 万元/吨回落至 12 月 31 日的 5.63 万元/吨；2020 年氢氧化锂价格总体趋势为震荡下行；2021 年以来氢氧化锂价格呈大幅上涨趋势，截至年底为 22.99 万元/吨，较 2021 年初的 5.30 万元/吨上涨 333.80%。结合产能释放、企业生产成本、下游需求增速及行业发展趋势，预计短期内电池级碳酸锂和氢氧化锂价格总体将维持高位震荡。

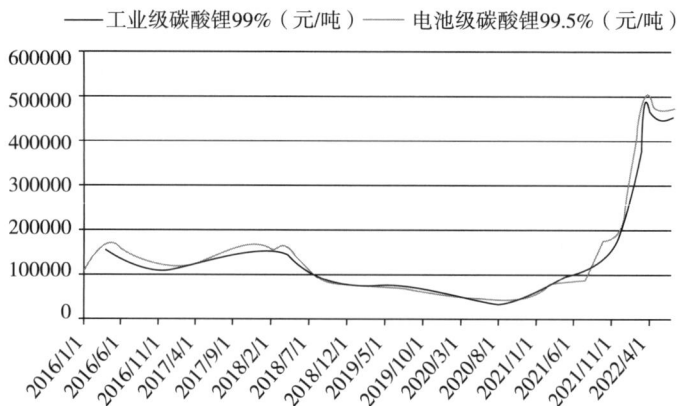

图 5　2016—2022 年碳酸锂价格曲线

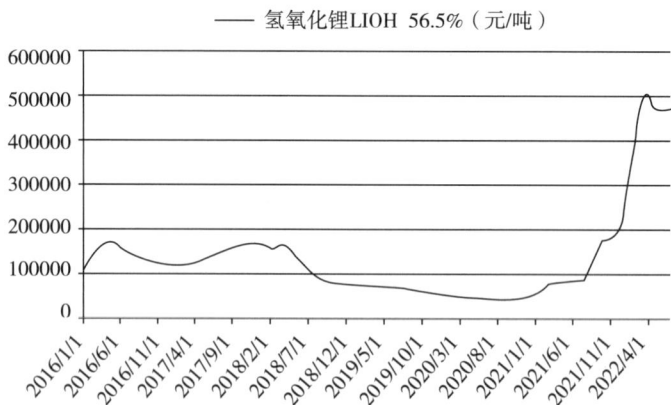

图 6　2016—2022 年氢氧化锂价格曲线

　　如图 7 所示，2017 年以来，电解钴价格持续大幅提升，由年初的 27.5 万元/吨提升至年底的 55.25 万元/吨，较年初上涨 100.9%；2018 年以来，电解钴价格总体先扬后抑，2018 年初为 58.25 万元/吨，4 月以来最高价涨至 69.0 万元/吨后持续回调，至 12 月 31 日价格为 35.4 万元/吨，较 2018 年初大幅回落 35.93%；

2019 年，电解钴年初价格为 35.4 万元/吨，上半年价格总体持续回调，并在 7 月以来触底企稳，7 月最低价格为 21.6 万元/吨，年底回升至 26.5 万元/吨；2020年，电解钴价格总体窄幅震荡；2021 年电解钴价格总体震荡向上，年底价格为49.7 万元/吨。

由于钴是钴酸锂的重要原材料，伴随电解钴价格提升，2017 年以来正极材料钴酸锂价格同样大幅提升。如图 8 所示，钴酸锂价格由 2017 年初的 21.0 万元/吨提升至 12 月底的 42.5 万元/吨，较年初大幅增长 102.4%；2018 年以来，钴酸锂价格呈现先扬后抑走势，总体走势与电解钴趋同，4 月达到年度最高价至 49.5 万元/吨，12 月 31 日价格为 29.6 万元/吨，较年初显著回落 30.35%，主要受电解钴价格持续回调影响。2019—2020 年钴酸锂价格走势与电解钴趋同，总体为区间震荡；2021 年以来，钴酸锂价格总体震荡向上，12 月 31 日价格为 42.8 万元/吨。结合电解钴价格走势，预计短期内钴酸锂价格总体高位震荡且短期承压。

—— 电解钴（万元/吨）

图 7　2016—2022 年电解钴价格曲线

—— 电解钴（万元/吨）

图 8　2016—2022 年钴酸锂价格曲线

如图 9 所示，2018 年以来，硫酸钴价格总体先扬后抑，趋势总体与电解钴价格趋同。三元前驱体主要原材料成本在于其中的钴，如图 10 所示，其价格趋势总体与硫酸钴价格趋同，2018 年以来价格走势先扬后抑。结合钴价走势和硫酸钴价格走势，短期总体预计高位震荡为主。

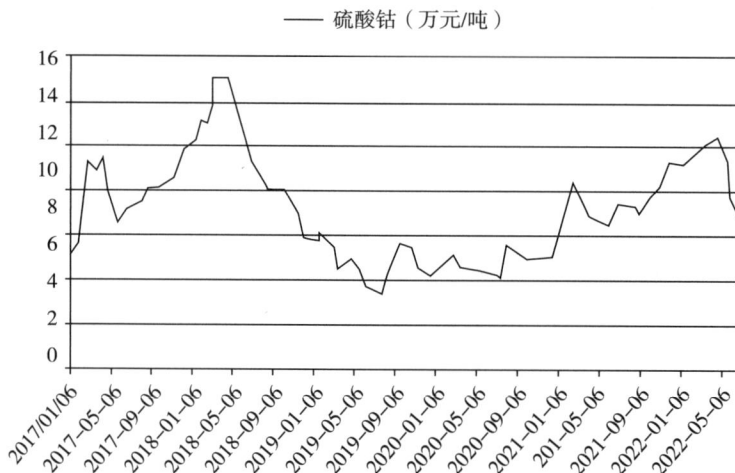

图 9　2016—2022年硫酸钴价格曲线

图 10　2016—2022年三元前驱体价格曲线

如图 11 所示，受三元前驱体价格走势影响，三元 523 正极材料 2018 年价格总体先扬后抑，2019—2021 年价格走势总体与钴价趋同。自 2018 年以来，磷酸铁锂价格总体为下降趋势，但 2020 年底，磷酸铁锂价格呈现出企稳向上特点；2021 年，磷酸铁锂价格总体震荡向上，年底价格较年初的 3.70 万元/吨上涨 189.2%。结合行业下游需求和不同动力电池技术装机特点，短期内预计磷酸铁锂价格总体将高位震荡。

如图 12 所示，2017 年以来，六氟磷酸锂价格总体持续下滑，由 2017 年初的 38.00 万元/吨降至 2017 年底的 14.75 万元/吨。大幅下滑的原因在于我国六氟磷酸锂技术进展显著，且 2017 年以来行业产能显著释放。2018—2020 年，六氟磷酸锂价格总体趋势为震荡下行，但 2020 年 8 月触底后持续回升；2021 年，六氟磷酸锂价格大幅上涨，年底价格较年初的 10.7 万元/吨上涨 414%。伴随产能逐步释放及扩产预期，以及需求增速放缓，短期内预计六氟磷酸锂价格为总体高位震荡。

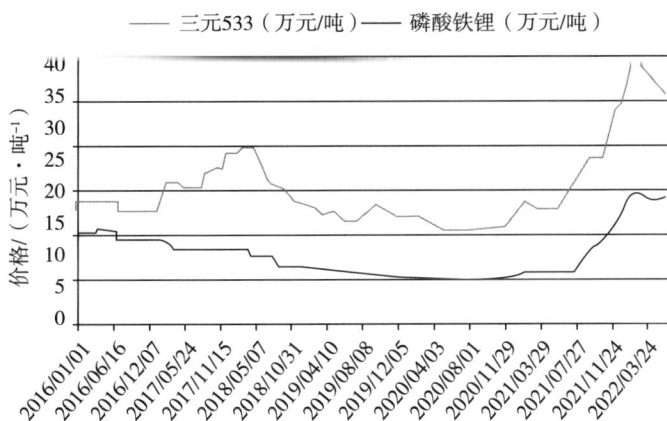

图 11　2016—2022年三元523正极材料和磷酸铁锂价格曲线

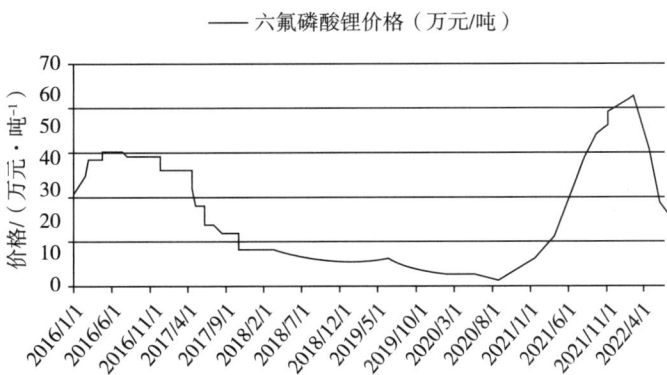

图 12　2016—2022年六氟磷酸锂价格曲线

如图 13 所示，碳酸二甲酯（DMC）为电解液主要溶剂，受环保等因素影响，2018 年以来，其价格趋势总体向上，最高涨至 10300 元/吨。总体预计为区间震荡。电解液价格主要取决于上游电解质、添加剂和溶剂价格，同时与行业竞争格局紧密相关，且不同应用领域产品价格区别较大。相应地，如图 14 所示，自 2018 年以来，电解液价格总体趋势向下，但 2020 年第三季度总体成回升状态；2021 年总体大幅上涨，年底价格为 12 万元/吨，较年初的 4.15 万元/吨上涨 189.2%。

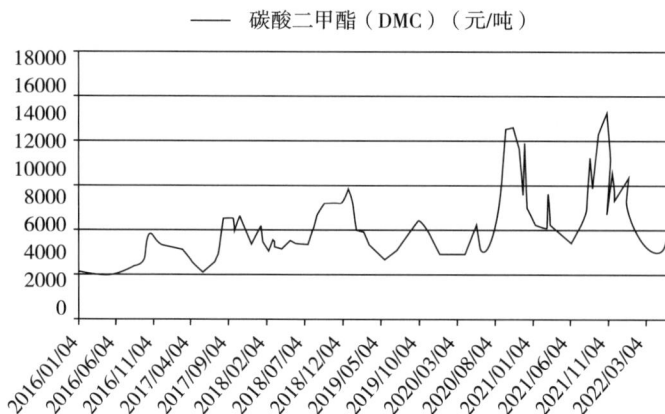

图 13　2016—2022 年 DMC 价格曲线

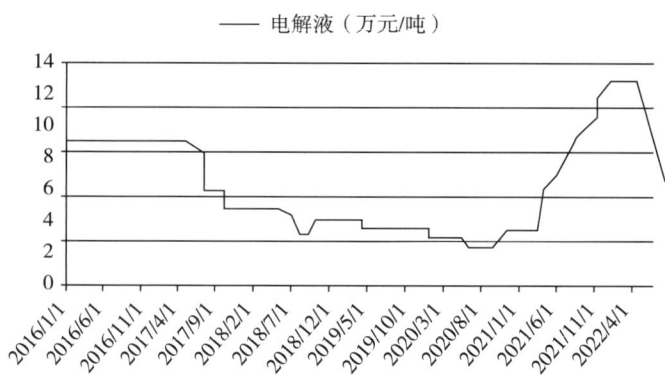

图 14　2016—2022 年电解液价格曲线

3. 动力电池装机

如图 15 所示，2022 年 5 月，我国新能源汽车动力电池装机量 18.56GWh，同比增长 90.30%，环比增长 39.90%。2022 年 1—5 月，我国新能源汽车动力电池合计装机 83.12GWh，同比增长 100.85%。

从细分市场看，如图 16 所示，2021 年乘用车合计市场占比 85.26%；2022 年 5 月乘用车装机量为 16.63GWh，占比 89.57%，2022 年 1—5 月合计占比 89.49%。就材料体系而言：三元材料 2019 年市场占比 65.56%，2020 年市场合计占比 60.64%，2021 年市场合计占比 48.21%，较 2020 年大幅回落 12.43 百分点；2022 年 1—5 月合计占比 40.93%，如图 17 所示。

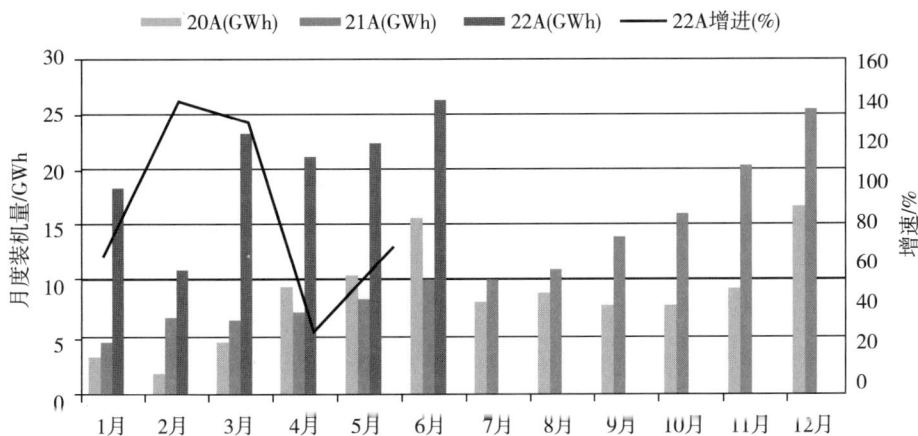

图 15 2020—2022年我国新能源汽车月度装机量及增速

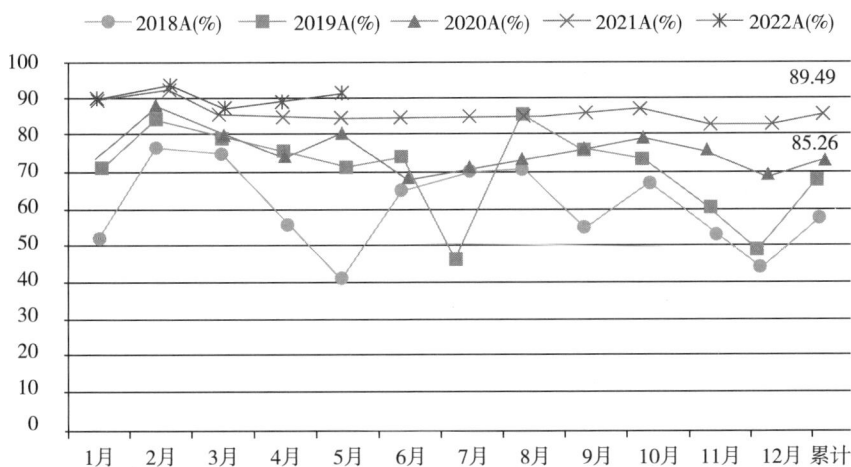

图 16 2018—2022年乘用车装机占比

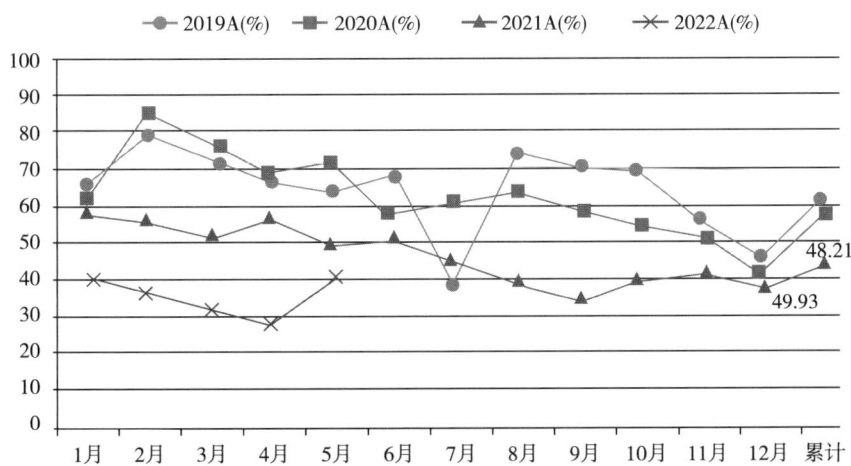

图 17 2019—2022年三元材料装机占比

（三）锂电池原材料市场价格高涨原因

供不应求是动力锂电池原材料上涨的主要原因。在供给侧，锂矿、钴矿、镍矿等主要原材料资源多集中在海外，并被头部矿业集团垄断。自 2020 年以来，受新冠肺炎疫情影响，海外矿业集团未能按照预期计划实现扩产，化工类产品产能不足、扩产周期长，导致相关原材料供应短缺。在需求侧，新能源汽车市场规模增加带动锂电池市场增加，导致国内锂电池原材料供应紧缺。供给侧与需求侧的不平衡，加剧了动力锂电池市场的短缺形势，从而导致锂电池原材料市场价格不断高涨。

（四）原材料涨价产生的影响分析

原材料涨价会产生诸多影响，如表 3 所示。

表 3　动力锂电池原材料涨价的影响分析

影响	分析
降低制造成本	随着原材料价格上涨，电池企业为了不让净利润下降，会加大研发力度来提升产品的性能和能量密度，同时提升制造和管理水平，提升自动化水平降低人工成本、优化生产工艺提高产品优良率，最终降低电池制造成本
提高产品价格	从电池价格端，部分企业会选择提高电池产品的价格，将上涨的原材料成本传导给下游客户
市场集中度将进一步提升	原材料涨价、净利润下降会进一步压缩小型电池企业的生存空间，导致动力电池市场竞争愈发激烈

四、现存问题分析

（一）上游供应链

1. 开采困难，资源有限

我国锂矿资源主要分布在四川省、西藏自治区、青海省等地。这些地区属于高海拔地区，环境恶劣，基础设施建造条件差，锂矿资源提取难度较大，因此产量较低。开采困难、资源有限的特点，导致国内锂矿资源供不应求。

2. 进口单一化，断供风险大，产能受阻

我国自身资源开采存在一定困难，因此从海外矿产资源丰富的国家进口是必要的。相比于美国成立能源部矿产资源可持续发展司以保障锂矿供应链安全、欧洲国家通过多元化进口来分散风险，我国锂矿资源高度依赖进口，断供风险较大。上游

供应不稳定，导致国内许多锂相关加工产品企业产能受阻，难以扩大本土优势。

（二）中游产业

1. 布局较晚，缺少经验

中游产业相关企业在关键材料和产品创新方面，由于布局较晚，缺少一定时间的经验积累，以及稳固的基础研发，专利内容多为实用新型和外观设计，因此真正对行业起到推动作用的发明创造较少，在国际竞争中缺乏竞争优势。国外企业构建的专利布局，主导了资源的走向，使得产业利润不断移向国外。

2. 资源回收体系不完善，产业秩序有待规范

锂资源在生活中的应用场景愈发增多但回收体系并不完善，以新能源汽车动力电池为例，锂电池回收体系尚未完全建成，废弃电池的监测成本、人力成本、时间成本居高不下。可回收锂电池的回收市场规模小，覆盖范围少，且中小微回收企业位置分散，因此回收管理的集中度低，无法充分运用二次回收的资源。在处理废旧电池的过程中，化学药剂的使用和污水的排放也造成了潜在的环境问题。

（三）下游产业——以汽车企业为例

1. 大规模企业难以快速调整发展方向

上汽集团的平工程师坦言到"大象是很难转身的"。许多传统的燃油汽车企业想要在双碳的背景下抓住时代的机遇，转而发展近几年兴起的新能源汽车，却遇到许多阻碍。传统燃油汽车向新型能源汽车的转变应是长期的、平稳的，短期内互相不可替代。企业在发展到一定规模后难以快速进行调整，其原因在于庞大的体系、成套的流程以及快速的流水线并非一朝一夕建成。

2. 公众对新能源接受度低，基础设施匮乏

双碳背景下，新能源相关产业正在蓬勃发展，随着特斯拉、比亚迪等国内外新能源企业的崛起，人们对新能源接受度有所好转，但大部分人更加偏好且习惯于传统燃油汽车。公众对于新能源汽车的接受度仍然偏低，因此市场需求并不大。除此之外，基础设施如充电站、充电桩等的建设并不完全，充电桩的数量和便利性仍不及覆盖率更广的加油站。因此相对来说，新能源汽车是缺乏竞争优势的。

3. 疫情期间停工停产，订单数量减少，总需求降低

对于下游的经销商来说，疫情期间的停工停产对企业的影响是最大的。工人由于防疫政策无法正常复工，导致企业无法复产，因此出现订单堆积、延期交付以及中上游供应链出现断供的情况。另外，疫情期间消费者延迟消费，总需求下降。

4. 产业链外迁，存在潜在的就业问题

以前，下游新能源汽车或是以矿产资源布局，或是以新技术布局。而现在有越来越多的公司采取上下游产业协同布局，以防"卡脖子"的情况发生。未来的国际产业链布局中，各个企业所在产业链的上下游布局会愈发完整，因而产业链环节的外迁和迁入都是必然的，且会有加速的趋势。

从疫情影响来看，全球的防疫措施让企业的运输成本大幅增加，原来依靠中国生产制造的外国厂商转而寻找国外的备用生产基地以延续供应链稳定。另外，中间产品市场、需求市场皆会受到影响。

五、结论与建议

（一）结论

我国的新能源技术发展前景良好，虽然存在现实层面的发展难题，但是技术发展的优势却更大更明显。中国锂资源丰富，尤其是盐湖锂占比较高，且当前产能相对领先，通过后续的发展可以弥补锂电池供应的短缺。当下我国很多地区对新冠肺炎疫情的防疫措施也在不断改良和完善，这对企业复苏起到了很大的帮助。此外，许多企业的供应链和资金链逐渐恢复，企业发展相对稳定，在当今新能源汽车的需求量不断增长的环境中，相关企业的发展前景一片光明，许多传统燃油汽车企业也在不断朝着新能源方向拓展。

通过对我国新能源汽车销量的分析，结合行业技术现状以及发展趋势，预计2022年我国新能源汽车销量为550万辆，但是由于锂电池原材料的供应对于锂电池的生产以及新能源汽车的制造至关重要，短期内仍需要关注锂电池的供应链情况。

总体上来说，我国新能源行业技术发展仍处于技术累积阶段，发展态势良好，面临的挑战较多，但前景可期。

（二）建议

（1）首先相关企业可以通过提升产品的技术指标来获得补贴。企业在提升锂电池研发技术与整车集成技术方面可以获取更多的政府资金补贴，针对上游研发水平不足的问题，确保在政策落实的情况下调整研发投入结构，从电池技术升级扩展到其他核心零件的生产。其次政府应当加强对相关企业的鼓励支持和引导，维护新能源行业的健康环境。加大对研发企业的补贴力度，鼓励企业坚持创新。最后，研发机构在领取政府补贴的同时，应不断针对新出现的问题来改进研发工艺使得技术进

步，进一步带动消费，从而形成良性循环，如加大相关化工产品的研发和优化，重点开发环保、可循环利用、耐相对极端环境的关键化合物，引进速度快、耗时少、成效高的分离提纯设备。

（2）调节供需矛盾，促进资源循环利用。在当下全球电池研发投资力度空前、短期盈利较好的情况下，电池产业与车企利益绑定、供货稳定尤为重要。对电池的长期研发需要保障性资源的稳定供应，需要安全供应链的保护。针对当今电池多层次供给不足以及原材料短缺的问题，需要强化产业生态链的供需衔接。从政府角度看，一是在国内加大勘察锂矿的力度和强度，完善基础设施建设，投放更多采矿权，鼓励企业进入正常的开采阶段，并给予相关技术人力资金等方面的支持，二是保障多元化进口渠道，和资源丰富的国家加强合作，扩大海外锂资源供应来源，避免高度依赖单一国家的进口，降低供应风险，维持供应链稳定。从厂商角度看，一方面可以发展多个上游供应商，避免供应商的地域集中，分散风险，加强矿产资源布局；另一方面可以利用物联网的科技手段，实时监测锂矿的开采，进行专业科学的评估，实现信息互通，缓解供需矛盾，促进资源循环利用。

（3）健全资源回收利用体系。加大废旧电池的回收利用，完善废旧电池的回收利用体系对于电池生产企业的长远发展十分重要。针对电池回收利用体系不完善的问题，一方面可以通过对回收企业给予政策引导，倒逼企业提升回收效率，明确责任归属来进行规范；另一方面可以在面对类似动力电池等产品的制作时，对于不同废旧电池进行分类管理及循环利用，做针对性的构建与完善，抓住短板和痛点，对于循环利用难度大的、经济附加值较低的电池采用耗时短的闭环回收流程，以实现资源的有效配置。另外，对于电池回收利用的技术层面问题，应发挥国内科研院所、龙头企业的资源优势，进行院企对接，对无害化回收、加工工艺等关键核心技术领域增加投入，为科学的回收技术体系奠定技术基础。

参考文献

［1］姜佳彤，张蒙，黄颖斐等．新冠肺炎疫情对我国产业链的影响及对策：基于关键产业链的初步分析［J］．中国科学基金，2020，34（06）：760 – 775.

［2］刘如，陈志．新冠肺炎疫情对我国产业供应链的影响与对策［J］．科技中国，2020（03）：31 – 35.

［3］罗新远，乔娜．新冠肺炎疫情对我国产业链的影响及对策［J］．渭南师范学院学报，2021，36（09）：14 – 20.

［4］马佳莹．新能源汽车新型产业生态链构建路径分析［J］．产业创新研究，

2022（12）：28 – 30.

[5] 邢佳韵，陈其慎，张艳飞等. 我国锂及其下游动力电池产业链发展探讨 [J]. 中国工程科学，2022，24（03）：10 – 19.

附录　调研感悟

（一）指导教师调研感悟

1. 王利娟

首先要感谢我们第二小组的每一位组员，特别是王俊祯组长的辛苦付出。由于调研选题的原因，我们组的调研进度一开始比较难，落后其他组很多。但是我们组的同学们并没有放弃，毫不气馁地在一家一家寻找调研企业，最后圆满完成规定的调研任务。

我们组的选题与锂电池相关，目前无线通信和消费类的电子产品水平的提升，比如蓝牙、手机等有效地带动了锂离子电池市场需求扩大。近年来，受政府对新能源汽车产业的鼓励政策影响，电动汽车销量快速增长，使动力型锂离子电池的需求大幅提升，锂离子电池行业规模不断扩大，未来锂离子电池的需求仍将继续保持较高的上升速率。

通过调研，我们深切体会了当今我国锂电池技术的发展趋势和瓶颈问题，相信我国的锂电产业会不断扩大、不断完善。

2. 董平

在整个活动中，我见证了各位同学从腼腆害羞到大气自信的蜕变，从茫然无措到豁然开朗的飞跃，从新手上路到轻车熟路的成长。新冠肺炎疫情期间，很多行业都受到冲击，我们的访谈也只能从线下访谈转变为线上交流，虽然增加了访谈的难度，但是在小组齐心协力、团结合作之下，我们仍然与一些企业连线成功。社会是最能考验人、锻炼人、培养人的"大熔炉"，访万企活动就为学生提供了这样一次接触社会的机会。此次活动也让我思考，我们的所学所知如何才能更好地服务于实际中。这是我第一次参加访万企活动，感谢王利娟老师的帮助和李佩瑾老师的指导，更感谢一起调研的同学们，青春需要的就是热情洋溢的活力，未来一定会更加美好！

（二）团队成员调研感悟

1. 王俊祯

我很荣幸能够担任第二小队本科生队长。在活动中，我们团队成员能够互相帮助、互相理解，能够对阶段性的任务有即时的反馈。在实践中，我们和许多企业家"云面对面"交流，他们作为各自行业的成功人士，通过深入浅出的讲述，为我们带来了书本之外的宝贵知识。这也是我参加活动的初衷——当理论和现实相契或相悖时，了解经济学知识在真实世界中是如何运行的。

2. 董高豪

此次调研活动，给予了我一次聆听众多企业高管畅谈的机会，使我领悟了很多书本上没有的知识。让我懂得了团队协作、互相配合、互利共赢的重要性。

此次实践调研让我更加看清社会和现实，使即将步入社会的我意识到了许多不足，同时也更加明确了自己的人生目标和方向。

3. 曾韵霏

在项目进行过程中，组员们各司其职，积极领取任务，认真进行相关讨论。此次活动的圆满完成，离不开组员的团结协作，也离不开各大企业的积极配合。通过这次调研活动，我对新能源汽车市场未来发展导向有了清晰认识，对我国制造业市场在国际竞争中的地位以及影响力有了大致了解。

通过此次社会实践，我的社会实践能力得到提升，我也认识到了社会生活与校园生活的差距。

4. 江梓柔

我们调查访问的过程主要针对车企，尤其是开发或销售新能源汽车的车企，展开相关工作。通过本次活动，我对国内的产业链及制造业市场发展有了直观的了解。对社会市场更深一步的调查了解有利于我规划日后学习与工作，使我在提升个人的同时为社会生产发展出一份力。我们应该积极参与此类社会调研活动，了解国家市场经济发展趋势。

5. 潘徐昊

在此次实践中，我开阔了视野，增强了人际交往的能力，了解到并不是每个人都会站在我的立场上考虑问题，这是我融入社会的第一步。在交流开始，我需要以简明的语言说明活动意图，消除被调查者的顾虑。在实践的过程中，我不断学习、收集经验，掌握与人沟通的技巧，尽量使对方自愿配合我们的调查活动。社会实践活动给一直生活在都市象牙塔中的我提供了接触社会、了解社会的机会。

6. 石春雷

在调研初期，我们屡屡碰壁，被相关企业接连拒绝。在克服困难的过程中，小组成员和指导教师紧密地联系在一起，逐渐成为一个真正的团队。在调研过程，我知道了如何站在企业的角度思考问题。感谢我们的指导教师，在我们一筹莫展之际，指导教师主动帮我们打破僵局，使我们顺利启航。

7. 孟育萱

通过这次调查，我对新冠肺炎疫情对经济发展的影响有了更深刻的认识。企业在新冠肺炎疫情之中的及时应对让我看到了新能源企业的强大活力。政府在复工复产等方面做出的努力让我意识到一个智慧、负责任的政府能够推动经济创新发展。

8. 胡恺元

我们聚焦的话题是新能源这一前景可期的新兴市场在新冠肺炎疫情下的影响和情况，以期帮助各企业预测和更好地加以应对潜在的风险。

在调研过程中，每一位组员都花费大量的时间精力参与其中。组长负责构思总框架、安排任务、推动进程，组员负责编写和查询资料。

9. 张恺妍

开始采访时，我们准备的问题单薄、分散。经和其他小组联合调查，吸收他们采访过程中的优点后，我们逐渐能做到问题覆盖范围广、针对性强。我的信息检索能力、语言组织能力和临场应变能力也在这个过程中得到了极大的锻炼和提高。

我们团队在摸索中统一了步调，凝聚力大大提高。在后来的文件撰写过程中，大家各司其职，大一同学负责典型案例，大三同学负责调查报告，研究生同学负责数据分析。合作的重要性开始凸显出来。

10. 王月君

此次活动，我们了解了长三角地区锂电池产业链的基本信息。通过腾讯会议等线上形式，我们探讨交流思路，初步明确了着手之处。调查过程中，我们也经历了一些困难，但成就感支撑着我们继续走下去。

11. 穆婉睿

受新冠肺炎疫情的影响，我们的调查采取了视频会议的方式，感谢各企业的分享，让我们对大宗商品价格波动对新能源产业的影响有更深理解。

在活动中，大家与企业沟通的能力和协作能力得到提高，我们的意志也得到了磨炼——即使遇到困难，我们也不会气馁，而是会调整状态、继续前进。

12. 胡煜琳

首先要感谢我们的指导教师，从寻找企业到撰写报告一直帮助我们，也很感谢队员们的合作和指导，让我学会了更多的知识，得到了很多的锻炼。

我们的访谈除了了解企业复工复产、产业链变迁及其竞争力等方面，还有高管畅谈环节。我们希望得到调研所需的内容和其他关于产业链传导的知识和经验。高管畅谈环节中，我们可以得知更多新能源汽车和锂产业链的现状和对未来的展望，其中包含的无论是专业知识还是思想经验对我来说都是非常宝贵的。

中国集成电路行业国际地位变迁与企业发展

申玉宇　倪　阳　乔　梁　李婷玉　于思淼　庞浠蔓　周劲羽　卢　易　方珂杭
沈林叶　邓彬宇　高雨晴　何泉静　王锦奕
指导教师：夏　玮　谈晓文

摘　要

中国集成电路行业起步较晚，但发展较快。2018年以来，我国开始重视集成电路行业发展，出台多项政策促进国产集成电路发展，国产集成电路进入高速发展阶段。2022年以来，国内新冠肺炎疫情多次反复，经济发展受到一定程度的影响。本文通过构建指标研究中国集成电路行业的发展：中国集成电路市场和产业规模虽进一步发展壮大，但仍处于追赶位置；产业布局虽日趋合理，但对进口依赖大；行业科技创新能力虽逐年提高，但创新能力依然是较大的短板。最后，通过调研了解相关企业新冠肺炎疫情期间的纾困政策和未来发展前景，提出政策建议：加大政策落地力度、加大行业支持力度、深化产学研一体化。

关键词：集成电路；产业链；纾困政策

一、调研背景和意义

2022年第二季度，上海遭受前所未有的新冠肺炎疫情冲击，半导体设备运输几乎停摆，供需平衡被打破，产能保障不足。另外，以"中兴事件"为开端的中美贸易摩擦不断升级，"华为断供"使我国集成电路"卡脖子"困境受到举国关注。美国《2022年芯片与科学法案》试图通过大额度的投资补贴，引导先进制造等高附加值集成电路产业环节回归本土。美国一系列"筑墙""脱钩"的做法，在严重扰乱全球集成电路供应链的同时，也使我国集成电路产业发展面临严峻的外部竞争形势。

在2022年上海突发新冠肺炎疫情和美国试图对我国实施"技术封锁"等背景

下，本研究通过构建指标研究中国集成电路行业的发展现状，调研分析地区集成电路产业遇到的问题，归纳集成电路行业支持政策，紧跟新冠肺炎疫情影响下的社会环境变化帮助政府与企业提升纾困成效，希望围绕行业技术发展现状，尝试探索一条"技术突围"之路。

二、中国集成电路行业国际地位变迁

本节研究中国集成电路行业国际地位的变迁，通过构建评价指标分析行业的演化，并进行国际比较，呈现我国集成电路行业近些年国际地位的变迁和发展；通过对集成电路企业线上访谈和线下调研，收集行业相关公开数据，归纳总结相关企业对中国集成电路行业的观点。

（一）评价指标说明

为刻画集成电路行业的发展变化，本文选取以下指标进行说明。

产业投入：产业投入是决定产业竞争力的重要物质基础。本文从产业投入的资本、劳动等要素的数量和质量等面考察产业的竞争力。

产业产出：产业产出是决定产业有效供给能力的重要基础。

产业规模：产业规模是产业竞争力强弱的集中表现，反映了产业的总体实力，是产业长期良性发展和竞争力得以保持、提升的重要基础。

产业贸易：产业贸易衡量了产业在国际间的转移情况，反映了行业在国际上的水平。

产业创新能力：产业创新能力是决定产业技术创新和应变能力的重要基础，可以考察产业的竞争力。

（二）行业演化及国际比较

为全面刻画中国集成电路行业演化，本研究从中国经济数据库、WSTS 数据库、美国半导体行业协会等收集相关数据，并进行描述统计分析。

1. 产业投入

以资产总额表示产业投入。根据中国经济数据库的数据，绘制中国集成电路2011—2018 年的资产总额散点图，如图 1 所示。

从 2011 年以来，中国集成电路的资产总额逐步增加，拟合曲线大致呈现二次多项式，增长趋势较快。特别是 2018 年以来，美国商务部将多家中国知名科技企业及实体列入"实体清单"，对中兴、华为等企业进行贸易制裁，因此中国更加重视集成电路产业发展，并出台多项政策促进国产集成电路发展，国产集成电路进入高速发展阶段。

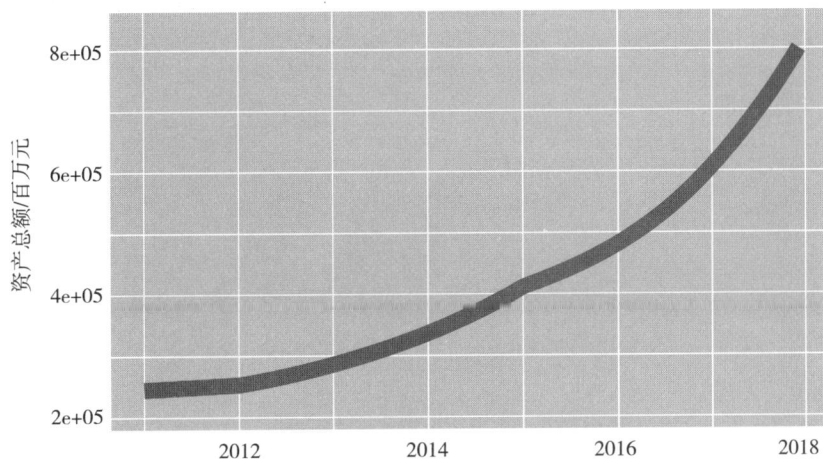

图1　2011—2018年中国集成电路资产总额散点图

2. 产业产出

以集成电路产业销售额表示产业产出。根据集成电路产业研究数据库数据，绘制2011—2021年中国集成电路产业销售额柱状图（分为设计、制造、封测），如图2所示。

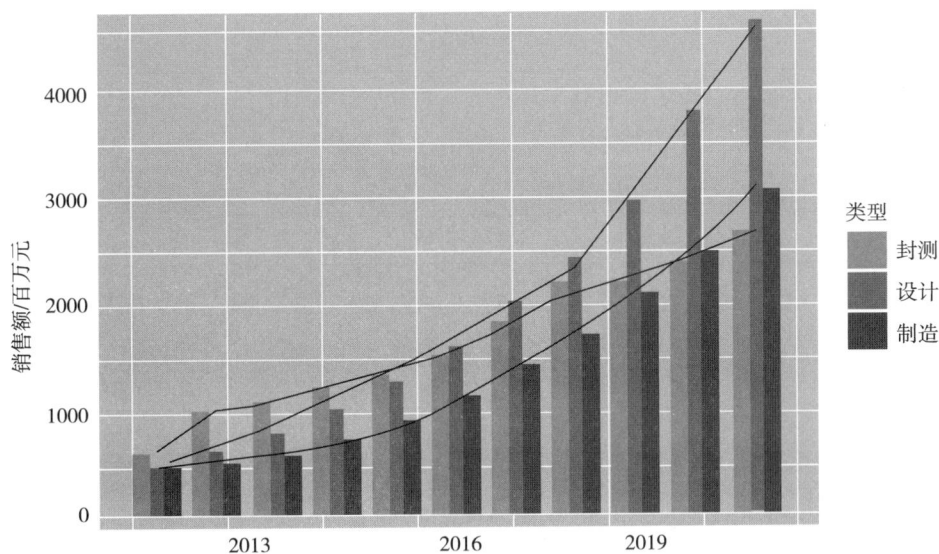

图2　2011—2021年中国集成电路产业销售额柱状图

2011—2021年，中国集成电路产业结构发生了显著变化：设计业从不到5%增

加到19%，制造业从14%增加到31%，而封装测试业比重从79%下降到50%。三
业比例约为2:3:5，逐渐趋向于国际上3:4:3的总体比例。尽管如此，我国芯
片设计业的比重较低，而封装测试业比重偏高。总体来说，中国集成电路市场销售
额增长较快，芯片设计占比逐渐提高，结构更加合理。如图3的饼图中能更加清楚
地看出增长的趋势。

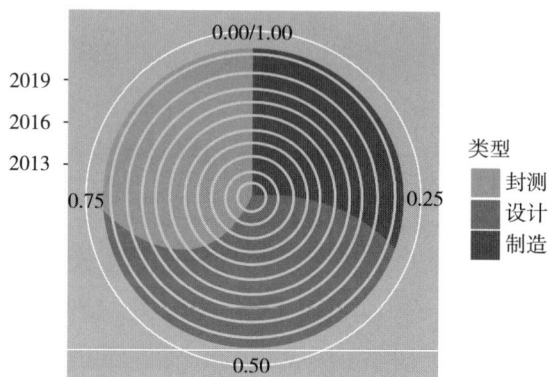

图3　2011—2021年中国集成电路产业销售额封测、设计、制造占比饼图

3. 产业规模

以市场规模（亿美元）表示产业规模。根据WSTS数据库数据，2020年全球集
成电路市场规模情况及各国家地区占比见表1所示。

表1　2020年全球集成电路市场规模及占比

国家/地区	市场规模/亿美元	同比增长率/%	占比/%
中国	1515	4.8	34.4
美国	954	21.3	21.7
欧洲	375	−5.8	8.5
日本	365	1.3	8.3
亚太其他地区	1195	5.4	27.1
合计	4404	6.8	100.0

从表1可以看出，中国的集成电路市场规模已经位居全球第一，原因在于中国
有超大规模的市场，但是集成电路市场规模增长率低于全球平均水平，反映出近几
年集成电路发展遇到瓶颈。另外，中国集成电路市场规模从2017年的5411亿元增
长至2021年的约9145亿元，其中2017—2021年复合增长率为14%。预计2026年
中国集成电路市场规模将达到22755亿元。

根据WSTS统计，2017年至2020年，全球集成电路市场规模从3431.9亿美元

提升至 3612.30 亿美元。2019 年，受到中美贸易摩擦的影响，全球集成电路产业总收入为 3333.5 亿美元，较 2018 年度下降 15.24%。随着贸易争端问题缓和，5G、物联网、人工智能、可穿戴设备等新兴应用领域持续蓬勃发展，2020 年全球集成电路产业市场规模实现正增长，预计未来将继续保持增长态势。2026 年全球集成电路市场规模预计将增长至 7478.62 亿美元，其中集成电路设计达到 2774.57 亿美元，集成电路制造达到 3834.05 亿美元，集成电路封测达到 870 亿美元。

4. 产业贸易

以集成电路产品进出口数量、数额表示产业贸易情况。根据美国半导体行业协会的数据，绘制 2017—2021 年中国集成电路产品进出口数量、总额折线图如图 4、图 5 所示。

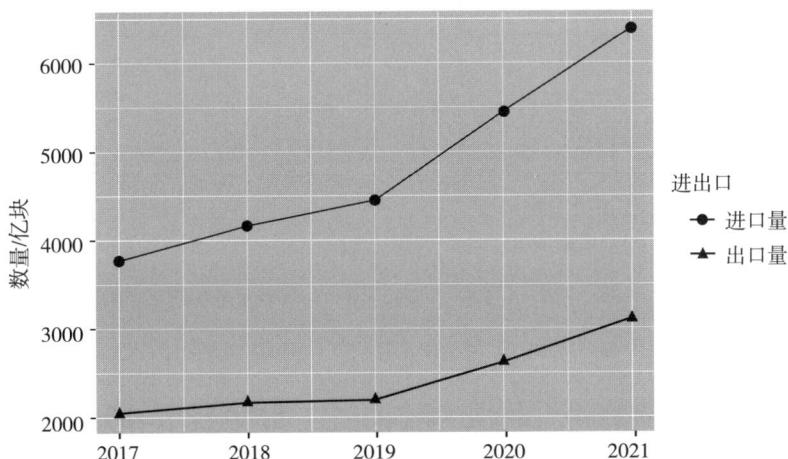

图 4　2017—2021 年中国集成电路产品进出口量

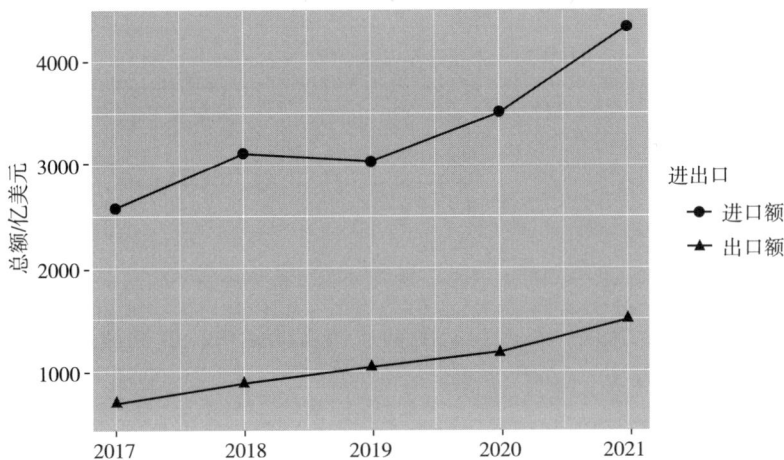

图 5　2017—2021 年中国集成电路产品进出口总额

　　从图4、图5可以看出，中国由于超大规模的市场，集成电路需求旺盛，但是自给量不足，需要大量进口，对外依赖度高，贸易逆差庞大。从折线图的趋势来看，未来中国集成电路产业贸易逆差还将进一步扩大。

5. 创新能力

　　以专利申请量、授权量、研发人员占比、研发经费占比表示集成电路行业的创新能力。根据国家统计局的数据，2002—2020年中国集成电路产业专利申请和授权数量如图6所示。

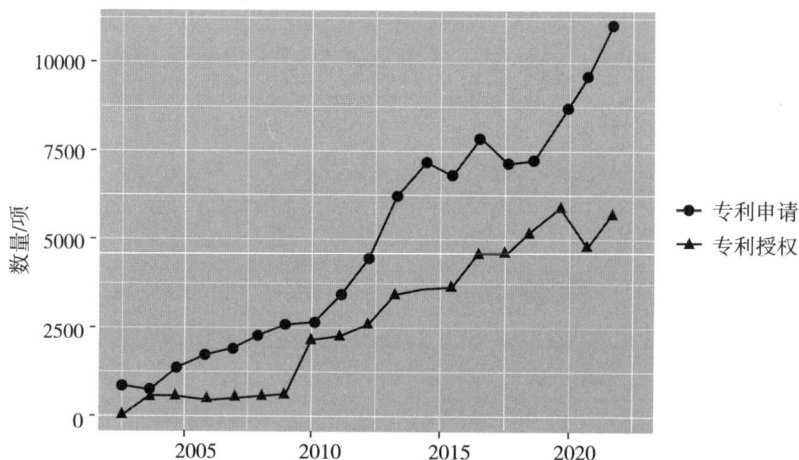

图6　2002—2020年中国集成电路产业专利申请和授权数量

　　2002年以来，中国集成电路行业专利申请数、授权数逐年增加，虽然个别年份有所下降，但总体增长较快，反映出集成电路行业不断提高创新能力。

　　根据东方财富Choice，2019—2021年中国集成电路A股企业研发人员及研发费用占比，如表2所示。

表2　研发人员及研发费用占比

年份	研发人员占比/%	研发费用占营业收入比例/%
2019	36.86	27.64
2020	53.89	23.85
2021	54.53	20.3

　　研发人员占比逐年增加，反映出行业对于研发的重视；研发费用占比逐年下降，主要是因为企业营业收入下降更多。

（三）访谈企业观点

　　本次调研结合行业情况和企业特色选取了五家企业进行线上调研与访谈，以及对上海超硅半导体股份有限公司进行线下走访和调研，其中，苏州锐杰微科技集团有限公司和艾创微（上海）电子科技有限公司，属于行业的中型企业，上海洺太电子科技有限公司属于初创的小微企业，这三个企业可作为中小微民营企业的代表；新思科技（上海）有限公司属于外企，也是世界芯片设计的头部企业，可作为外企和龙头代表；国内某封装事业部属于具有央企背景的企业，可作为具有国家军工背景的代表；上海超硅半导体股份有限公司属于集成电路的材料企业，属于支撑产业，可作为材料支撑企业的代表。

根据调研情况，各企业负责人或技术人员针对中国集成电路行业的国际地位基本观点如下：

（1）国内集成电路市场和产业规模进一步发展壮大，行业发展速度较快，但与发达国家地区相比仍然有差距；

（2）国内集成电路设计、制造、封测、设备、材料等各产业链环节亮点不断呈现，布局日趋合理；

（3）国内产量难以自给，对进口依赖大；

（4）行业科技创新能力逐年提高，但创新能力依然是较大的短板。

三、疫情纾困与后疫情时代发展

（一）疫情与纾困概况

1. 部分地区疫情突发，集成电路产业上下游短期震荡

2022年上半年，随着新冠肺炎疫情暴发，国内部分地区采取防控与管理措施，由此给集成电路产业带来不利影响，引发行业上下游短期震荡。苏州工业园区是长三角地区的重要集成电路产业基地，全球前10大封测厂有6家入驻了苏州工业园区，2022年2月底苏州突发新冠肺炎疫情，影响了集成电路行业下游的封测厂家的生产。另外，上海也聚集了许多集成电路企业，如漕河泾、张江、松江、闵行紫竹等均有大型的芯片产业片区，其余多地也有芯片公司设厂生产。2022年4月初，上海严峻的疫情形势和管控措施给集成电路产业链造成了短期的冲击，蔓延至整个集成电路的产业链。

2. 相对其他行业疫情冲击影响较小，现金流等较为稳定

本次"访万企，读中国"社会实践调查面向国内制造业、金融业、零售与服务业等企业开展调研和访谈，共回收问卷537份。如图7所示，关于新冠肺炎疫情对企业的影响程度，3.91%的企业表示新冠肺炎疫情对自身企业的运转并没有产生影

响；1.3%的企业表示受到新冠肺炎疫情的影响无法判断，说明新冠肺炎疫情对企业的冲击是具有两面性的；28.12%的企业表示受到的影响轻微；而48.42%的企业表示受到的影响比较严重；另外，还有18.25%的企业表示受到的影响非常严重，这说明新冠肺炎疫情对全行业的冲击巨大。受新冠肺炎疫情影响较大的行业主要集中在制造业、零售与服务等行业，相比其他行业，新冠肺炎疫情对集成电路行业造成的影响较小。

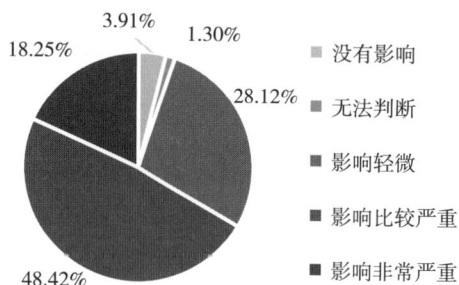

图7 疫情对企业的影响程度

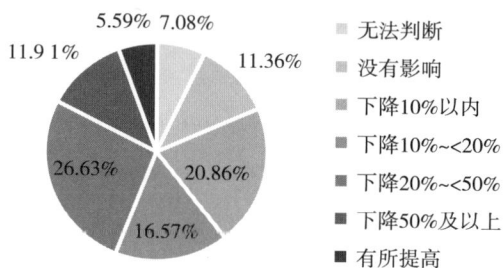

图8 疫情对企业2022年营收目标的影响程度

在新冠肺炎疫情对企业2022年营收目标的影响方面，如图8所示，7.08%的企业认为受到的影响无法判断，11.36%企业认为没有受到影响，认为营收目标下降10%以内的企业占比20.86%，认为营收目标下降10%～20%的企业占比16.57%，认为营收目标下降20%～50%的企业占比26.63%，这两项占比最大，此外还有11.91%的企业认为营收目标至少下跌了一半，说明新冠肺炎疫情对全行业营收冲击较大。但是，在新冠肺炎疫情冲击下，依旧有5.59%的企业表示企业的营收目标出现了"有所提高"的情况，在此类企业中，部分企业的主营业务是数字化类型的产品和平台，属于集成电路行业的需求端企业，据访谈了解，这些企业表示新冠肺炎疫情期间订单虽有波动但是影响不大，且对后续订单的恢复依旧保持着乐观，加之政府各类政策资金的支持，企业现金流也相对稳定。

3. 企业面临物流运输和供应链流通难以维持的双重困难

以上海为核心的长三角地区是全国集成电路产业链最完备、最成熟的地区之一，已经构建了良好的产业生态，初步形成了较为紧密的集成电路供应链体系。上海市政府为应对疫情采取的管控措施，对集成电路行业的物流运输和供应链流通造成了较大的冲击，由于现阶段我国本土设备和原材料等并不能完全支撑行业工艺设计要求，空运、海运、陆运等物流运输对行业的供应链则显得至关重要。

在海运方面，上海港作为全球第一大集装箱港口，承担起了国内与国际的集成电路原材料、零部件、设备等方面的海上转运工作。新冠肺炎疫情期间，由于许多工作人员被管控至居住地，导致上海港缺乏一定的运输能力，出现了货物"进得来，出不去"的尴尬局面，许多货物只能暂存港口，严重影响企业生产；空运方面也因人力短缺叠加燃油价格上涨等国际因素，使得运输成本大幅上升，周转效率大幅降低，出现货物积压。

在陆运方面，公路货运不仅承载了大部分的货运量，同时也是海运和空运后续的重要货运周转方式。新冠肺炎疫情管控期间，运输的时间成本、资源成本都大幅提高，企业负担加重，导致供应链无法按照原有节奏流通。

4. 疫情冲击造成终端需求增长，或重启新一轮创新周期

新冠肺炎疫情给全球各行业带来了诸多无法预知的挑战，全球整体经济的衰退也给集成电路行业的基本面带来压力，使集成电路行业出现了部分制造工厂关闭、日常业务受到干扰、供应链出现危机甚至断裂、短期内的订单下降等情况，但是新冠肺炎疫情的冲击也促使越来越多的企业开始进行数字化升级与转型，企业对技术的依赖性更加明显。尽管在新冠肺炎疫情管控期间，手机、汽车等产品的整机产量出现了短暂的大幅下滑，但从长期来看，芯片需求的强势增长和芯片国产化强力推进，叠加中美贸易摩擦的不确定性，使我国集成电路行业后续或重启新一轮的创新周期。

5. 纾困政策陆续出台，部分企业初见成效

在新冠肺炎疫情期间，国家陆续出台相关政策，如国务院促进中小企业发展工作领导小组办公室印发《加力帮扶中小微企业纾困解难若干措施》，国家发展改革委、财政部等14部门联合印发《关于促进服务业领域困难行业恢复发展的若干政策》，国家发展改革委、工业和信息化部等12部门联合印发《关于促进工业经济平稳增长的若干政策》，国务院应对新型冠状病毒感染肺炎疫情联防联控机制印发《关于切实做好货运物流保通保畅工作的通知》；长三角地区主要城市也纷纷出台相关政策，积极为企业纾困，如上海市发布了包含了21条具体举措的《上海市全力抗疫情助企业促发展的若干政策措施》，浙江省发布了包含45条意见的《关于减负强企激发企业发展活力的意见》，江苏省出台了包含40条举措的《关于进一步帮助市场主体纾困解难着力稳定经济增长的若干政策措施》，政策主要涉及减税降费、政府补助和补贴、援企稳岗、金融支持、防疫支持、行业恢复等方面。

如图9所示，根据本次对政府纾困政策需求的调研显示，41%的企业表示需要减税降费政策，紧随其后的是各有18%的企业表示需要援企稳岗类政策和新冠肺炎疫情防控类政策支持，只有9%的企业表示需要金融和融资服务支持占比最低。短期内，减税降费以及各类补贴政策能够快速帮助企业降低成本、维持现金流稳定，因此备受企业青睐。长期来看，金融和融资服务的支持对于行业的未来发展更有帮

助。企业在受到政府帮扶后，如图 10 所示，有 41% 的企业营业利润变化增加 10% 以内，有 15% 的企业增加 10%～30% 以内，甚至还有 3% 的企业营业利润提升了 50%，说明纾困政策在部分企业已经初见成效，但是也有 37% 的企业表示纾困政策没有任何作用。

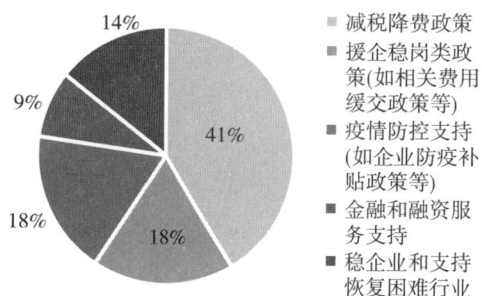

图9 图例：
- 减税降费政策
- 援企稳岗类政策(如相关费用缓交政策等)
- 疫情防控支持(如企业防疫补贴政策等)
- 金融和融资服务支持
- 稳企业和支持恢复困难行业

图10 图例：
- 没有作用
- 增加10%以内
- 增加10%~<30%
- 增加30%~<50%
- 增加50%及以上

图 9　企业对政府纾困帮扶政策需求　　图 10　企业受到政府帮扶后营业利润变化

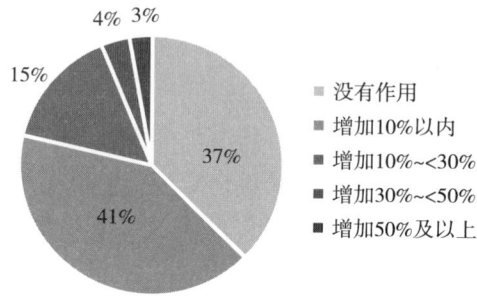

6. 政策宣传与解读力度较弱，部分政策面向主体模糊

新冠肺炎疫情期间，各地政府反应迅速，第一时间出台了"惠企"和"保民生"等纾困政策，但政策宣传与解读的力度较弱。政府在许多政策刚出台的时候召开新闻发布会，发布了一版政策解读，但是后续的宣传欠佳。

据了解，部分企业对于政府具体出台了哪些纾困政策并不清楚，政府在政策解读方面也仅仅停留在政策刚出台时的解读，并未根据后续市场主体反映情况进行针对性解读。企业在研究纾困政策时发现，部分政策的面向主体模糊，例如，上海市在减免政策中提到"'六税两费'减免政策适用主体范围扩展至小型微利企业和个体工商户"和"将科技型中小企业研发费用加计扣除比例提高到 100%"，但并未对小型微利企业与科技型中小企业进行范围界定的解释说明；浙江省的融资服务政策提到"鼓励各金融机构对因新冠肺炎疫情、国际贸易等不可抗力原因需要流动资金补充的企业，给予增加贷款支持"，可获得贷款支持的面向主体定义较为模糊，部分措施对中小微企业的定义和范围界定不清晰，并未说明判断中小微企业的具体标准等。

7. 政策申请缺乏指导，中小微企业无暇抽身

在各地发布的纾困政策中，许多政策需要企业自主申请。据企业反映，一方面，部分企业尤其是中小型企业自身对于新出台政策的申请条件往往是不了解的，政策申请缺乏一定的指导，极大降低了企业申请政策的意愿；另一方面，中小微企业在新冠肺炎疫情期间并没有多余的精力进行政策研究和申请，也无能力设置临时的专职岗位，面对申请的流程、时间以及结果的不确定性等无暇抽身，更倾向于把重点放置在更加可控的"自救"上，而大型企业才可以将"自救"与政策

帮扶很好结合起来。

（二）挑战与未来展望

1. 受制于人的基本局面并未得到有效改善

部分企业表示，现阶段国内行业受制于人的基本局面还没有得到改善，半导体的设备和原材料等各个领域虽有布局，但是与国际先进水平相比，存在高端领域缺失、工艺制程落后、细分领域发展不均衡等问题，供应链脆弱，容易受到外来冲击的影响。近几年，我国尽管加快了芯片国产替代化的进程，但是中高端芯片领域仍然较为依赖进口，核心技术依旧受制于人。

2. 供需两端此消彼长，放大行业供需不平衡

从供给端来说，全球产能紧张，以贸易、科技、知识产权等为主的地缘政治因素影响下所导致的一系列的制裁与打击破坏了全球集成电路供应链体系。在国际上，欧美为集成电路设备产能的集中地，但因受新冠肺炎疫情的影响，其设备企业出现人力严重短缺、供给能力下降的现象；在国内，由于受到美国的无端封锁，我国晶圆厂在国际上的采购受限，如 EUV 光刻机等高端设备对我国是处于禁售状态，国内企业只能被迫专注于成熟工艺设备的供给，设备方面的自我供给能力较弱，从而影响到了后续芯片等产品的供应。

从需求端来看，伴随着全球数字化的推进，作为智能终端核心的芯片，其需求也会一路水涨船高。为应对成本上升和潜在的供应链断裂风险，部分企业开始大规模采买、囤积上游原料与产品，集成电路市场将迎来一波需求的大规模增长。

现阶段，我国集成电路行业供需两端的此消彼长进一步放大了当前集成电路产业的供需不平衡，加剧了"供不应求"的局面。

3. 产学研一体化推进缓慢，行业人才供需仍存在较大缺口

在产学研一体化推进方面，我国集成电路行业存在传统成果转让模式效率较低、企业创新成果转化率较低、高校科技成果转换水平不高、产学研共享平台开发缓慢等问题，且在一段时期内出现了高校培养人才的模式与企业需求有较大差距、企业与高校沟通不畅、高新技术园区中高校参与度过低等问题。直到 2021 年 1 月，集成电路才正式被国务院学位委员会批准设置为一级学科，国内一批高校也随之相继成立集成电路学院，至今已有十几所大学建成了集成电路学院，但是构建产学研深度融合的协同创新生态仍然有很长一段路要走。

《中国集成电路产业人才白皮书》显示，我国集成电路人才在供给总量上仍显不足，2019 年只有约 12% 的集成电路相关专业毕业生进入本行业，60% 以上的毕业生选择流入其他行业。2020 年，21 万左右的集成电路毕业生，仅有 13.77% 选择进

入该行业，而 2021 年人力资源和社会保障部发布的第三季度全国"最缺工" 100 个职业排行中，集成电路/半导体岗位再次上榜。我国集成电路行业陷入了"人才荒"的局面，尤其是高端人才，大多时候只能靠从海外引进，在引进的过程中还会受到其他国家的阻挠。

4. 中美摩擦升级重塑行业格局，国产替代化上升空间大但任重道远

2022 年 8 月 9 日，美国总统拜登签署了《2022 年芯片和科技法案》，此法案为美国本土制造半导体和相关设备的公司提供 25% 的投资税收抵免，同时禁止获得联邦资金的公司在中国大幅增产先进制程芯片，期限为 10 年，这意味以美国为首的西方国家再次向我国发起无理的挑衅和技术封锁，中美摩擦进一步升级。这也意味着，我国长期以来依靠"外源式"创新获得的技术提升机会将会大打折扣，从而在集成电路关键领域实现追赶的阻碍将显著加大，但这也会进一步推动我国寻求进口替代的步伐，重新布局自主供应链体系，极大推进集成电路生产供应链的国产化进程，尤其是推进国内终端应用半导体集成电路的国产化水平提升以及设备和芯片的国产替代化。

5. 国家政策积极支持，国内市场空间广阔

2000 年，以国务院"18 号文"《鼓励软件产业和集成电路产业发展的若干政策》为起点，以中芯国际为代表的一大批企业在华投资建厂，我国集成电路技术与产量的飞速增长从此拉开序幕。自 2006 年以来，国务院、国家发展改革委员会、工业和信息化部等多部门都陆续印发了支持、规范集成电路封装行业的发展政策，内容涉及集成电路封装发展技术路线、集成电路封装发展指标等。"十四五"期间，我国一些省份也提出了集成电路行业的发展目标，制定了集成电路的发展目标和规划，助力集成电路行业高质量发展。同时，随着 5G、物联网、人工智能等新兴应用市场的不断发展，全球集成电路产业市场规模整体呈现增长趋势。根据前文的产业销售额数据显示，我国的产业销售额增速显然高于世界增速，国内市场有着巨大的潜力与空间。

6. EDA 软件国产替代化呼声较高，晶圆制造代工和先进封测为未来趋势

EDA 软件是集成电路行业的基础工具，贯穿于集成电路设计、制造、封测等环节，是集成电路产业的战略基础支柱之一。2022 年 8 月 15 日，美国商务部发布文件对 EDA 软件工具等四项技术实施出口管制，我国 EDA 国产化情绪进一步加剧，但是 EDA 的工具链非常长，还需要许多软硬件工具配合，国内企业主要从某个环节切入，短期内无法实现全覆盖的替代，但是全覆盖的替代将成为行业的重点突破方向，也会是我国未来政策的关注点。在晶圆制造方面，集成电路产业链的专业化分工趋势使纯晶圆代工市场规模逐年扩大，全球晶圆制造市场快速增长，我国虽然晶圆代工起步晚，但是发展速度较快，未来可能分割更多国际市场。在封测方面，我

国在全球封测市场中占有率较高，大陆地区的龙头企业已经进入了世界第一梯队，如长电科技、通富微电、华天科技，我国封测现阶段属于成熟期，正经历从传统封测向先进封测的转型升级。

四、政策建议

（一）提升疫情纾困政策的有效性、针对性和落地性

一是各级政府要加强主动服务意识，从企业"找服务"向政府"送服务"转变，积极调研和了解企业需求，及时出台相关政策，进一步加大减税降费和金融支持等政策的优惠支持力度，适当延长政策优惠期，扩大政策面向主体，开辟更多金融与物流的绿色通道，完善信用修复机制，统一各地防疫政策标准，取消不合理的物流运输限制，精准落实新冠肺炎疫情防控措施。二是各级政府要强化政策宣传和解读，通过多媒体矩阵、园区网站、各级政务服务中心（便民服务站）等渠道开展政策宣传与解读工作，及时公布详细的办事指南。三是各级政府要全面提升线上服务，提高"免申即享"政策比例，简化事项办理流程，积极回应新冠肺炎疫情期间企业远程办公需求，努力实现惠企政策线上兑现，打通部门之间的数据壁垒，为企业提供更加智能化、精准化、个性化的政务服务。另外，各级政府还可以在各园区和企业集中地区临时设置驻企服务员，为企业申请纾困政策提供咨询服务，提升政策的落地性。

（二）加大行业政策支持力度，把握发展规律，为不同发展阶段企业提供精准性支持工具

一是各级政府要针对产业链不同细分领域、企业和产品制定研发政策支持，在国产化程度较低的产品领域，加强对重点企业的研发支持，推动自主创新。二是各级政府要支持行业龙头企业发展和发挥"链主"作用，引领和协调设备领域更有效布局和更高效协同。三是各级政府要积极引导和支持中小型企业向专精特新"小巨人"企业发展，并给予专项资金支持和税收减免政策。

（三）深化发展产学研一体化，强化高端人才培养，构建产学研深度融合的协同创新生态

一是各级政府要发挥好管理者和中间人的作用，加强重点高校和龙头企业的合作。二是各级政府要鼓励更多中小型企业加入产学研一体化的队伍中来，鼓励不同

层次的大学与中小型企业合作，形成各种层次的协同创新效应，打造集成电路领域技术成果转化闭环生态。三是各级政府要鼓励龙头企业开设高校长期实习基地，减少高校人才培养计划和内容与企业对人才知识结构要求的差距。四是各级政府要探索构建支撑我国集成电路产业持续突破发展的系统性、动态化知识体系，动态制定符合产业需求的人才培养方案、课程设置和教学内容，强化高端人才培养。

（四）重视行业协会作用，加强行业相关标准编制工作

一是可成立由企业、地方政府、研究所和高校等元素组合的行业协会，强化企业、政府、科研机构和高校之间的交流，促进各方利益和资源的有效配置。二是行业协会要引导行业健康发展，调研行业现状并定期形成政策咨询建议上报主管部门，推动行业高质量发展。三是成立行业标准化委员会，鼓励企业、行业协会或标委会牵头制定行业相关标准，规范国内集成电路行业市场，积极参与国际标准编制工作，努力争取行业话语权。

（五）积极引导和鼓励风险投资，强化金融服务和中介服务作用

集成电路技术更新迭代快、研发成本高，因此充足的资本是产业发展的基础。我国虽已成立超过千亿元规模的集成电路产业投资基金，但对于国内的集成电路产业而言仍显不足，因此各级政府要鼓励、支持和引导各类民间市场资本的参与，作为国家主导产业投资基金的补充。长期来看，产业、创新、金融"三链融合"是集成电路产业发展的必由之路，我国需要搭建更专业的投融资平台，实现更宽松的信贷政策扶持，建设更完整的金融服务体系，为重点企业提供低息贷款支持，降低中小型企业贷款门槛，完善信用贷款和政府担保融资体系，为初创企业提供专项贷款，为企业发展配备充足的资本；鼓励发挥包括人力资源机构、财务和法律服务机构及技术转让机构等中介服务在行业发展中的作用，促进人才的有效交流和流动，降低企业成本，实现成果高效转化。

参考文献

［1］陆斐，刘小玲. 上海集成电路产业发展现状及对策建议［J］. 科学发展，2022（4）：12 - 20.

［2］丁嘉禾. 我国集成电路行业现状分析与前景展望［J］. 中国新通信，2019，21（5）：126 - 127.

［3］陈玲，薛澜. 中国高技术产业在国际分工中的地位及产业升级：以集成电

路产业为例 [J]. 中国软科学, 2010 (6)：36 - 46.

[4] 苏建南. 工业和信息化蓝皮书·集成电路产业 [M]. 北京：社会科学文献出版, 2019.

[5] 李先军, 刘建丽, 闫梅. 我国集成电路设备的全球竞争力、赶超困境与政策建议 [J]. 产业经济评论, 2022 (4)：46 - 61.

[6] 高运胜, 杜晓晴. 我国集成电路行业产学研合作模式创新发展的双重困境与突破路径 [J]. 企业经济, 2022 (4)：124 - 134.

附录　调研感悟

（一）指导教师调研感悟

夏玮、谈晓文

我国集成电路产业同时面临内部产业结构性调整、国产化的难题，以及其他国家对我国技术卡脖子、关键矿产卡资源等问题。新冠肺炎疫情加重了集成电路产业的临时性风险和突发性危机，虽然随着政府政策出台、资金补助逐渐到位而有所缓和，但更加暴露了我国集成电路产业对其他国家原材料、技术等依存度高的弊端。

（二）团队成员调研感悟

1. 申玉宇

"重大科技创新成果是国之重器、国之利器，必须牢牢掌握在自己手上，必须依靠自力更生、自主创新""人才是第一资源，国家科技创新力的根本源泉在于人"。本次对集成电路行业的调研活动让我对总书记的论述有了更加深刻的理解。在和一些实干家们的思想碰撞下，我们了解到集成电路行业的难点，也感受到行业的痛点。但我们感受到更多的是，在社会各界的支持下，有那么一大群人，正在用他们的努力谱写属于新时代的集成电路行业新篇章。

2. 倪阳

在调研过程中，我们查找资料及时学习补充相关知识，访谈时及时调整访谈策略，进一步将理论和实际相结合，了解行业动态，掌握一线生产情况。正如习总书记所说"我国发展必须依靠创新。掌握核心技术的过程很艰难，但这条道路必须走"，集成电路行业作为科技创新的先锋，我国必须突破西方国家的封锁，拥有产业链自主权。虽然我国这个行业起步较晚，但只要我们奋起直追，就一定可以取得最终的胜利。

3. 乔梁

在调研过程中，我对集成电路行业有了更多的认识，更加深刻地体会到了"卡脖子"问题的紧迫性，领悟到了"要把核心技术掌握在自己手中"的战略意义。今后我虽然不能从技术方面为集成电路行业做出自己的贡献，但是会从其他方面关注、支持我国集成电路行业的发展，希望我国集成电路行业早日步入世界一流行列！

4. 李婷玉

在"访万企，读中国"社会调查项目中，我们对我国集成电路行业国际地位变化进行研究，深切地体会到我国集成电路行业只有积极引进芯片产业人才，逐步提高芯片自给率，提升自主研发能力，避免被"卡脖子"，才能掌握话语权。新冠肺炎疫情的暴发致使我国部分地区采取管控措施，为我国集成电路行业带来了不利影响。我相信，新冠肺炎疫情终将结束，待到春暖花开时，一切会更好。

5. 于思淼

在访谈中，公司负责人表达了对我们青年学子的殷切希望，并鼓励我们抓住机会，发挥自己最大的能力。作为新时代青年，我们应在学习过程中主动探索，不断思考，提高解决问题的能力，为集成电路行业发展贡献一份力量，让青春在党和人民最需要的地方绽放绚丽之花。

6. 沈林叶

本次访万企调研是我第一次和研究生学长学姐合作完成暑期社会实践调研。我有幸在小组的访谈中，在组长申玉宇学长的帮助下担任主持工作。在访谈中，我了解到了我国集成电路行业的发展现状与光明的前景，也了解到了新冠肺炎疫情之下我国企业对于政府纾困政策的看法。总之在这次暑期调研中，我受益匪浅。

7. 卢易

半导体行业对于我国举足轻重。要想摆脱迫在眉睫的"卡脖子"问题，我国就必须成为创新驱动大国。中兴、华为的例子已经凸显出国产半导体供应链的重要性。当前，美国乃至欧洲通过立法进一步对中国"卡脖子"，实现半导体行业的国产化迫在眉睫。我们要努力做到半导体产业链的自主可控以及关键环节的国产化，实现我国的技术突破。

后疫情时代中小微企业产业链上下游协作困境及对策探索

李尚静　敖彬文　秦　旭　石树元　李梦婕　许　佳　陆一铭　徐诗涵　江育嗣
杨明丽　张雨青　努尔米娜　贺　佳
指导教师：周晓东　邹欣悦

摘　要

　　鉴于长三角地区中小微制造业企业的特殊性，以及逐步形成的高度专业化分工合作的产业链已经形成了"牵一发而动全身"的高风险传递格局，跨地区的上下游企业之间具有很高的联动性，这使得长三角地区的制造业企业，尤其是自己没有完整产业链的中小微企业，出现复工复产难的问题。基于此，我们对长三角地区中小微制造业企业在后疫情时代面临的困难和企业的韧性进行实证分析，对政策帮扶落地效果进行对比剖析。得出的结论有利于政府正确了解中小微企业在复工复产中面临的真实困境，为新一轮更具针对性的决策提供依据，有利于发掘影响企业韧性的关键因素，为实现长三角地区中小微制造业企业尽快复工复产，中小微企业如何应对相似危机提供政策参考。

　　关键词：中小微企业；产业链协作；韧性

一、调研背景及意义

　　在新冠肺炎疫情期间，我国中小微企业发展面临着严峻的国内、国际环境问题。新冠肺炎疫情暴发以来，全球经济增速放缓、中美贸易摩擦增加不确定性、疫情防控形势严峻，这些问题给我国经济环境带来了复杂性和不确定性。在此背景下出现的全球产业链"断供、断单"问题对我国长三角地区中小微制造业企业产生了巨大冲击。在此之前，我国长三角城市群在政策推动下逐步形成了联系紧密的产业链，上下游企业之间呈现出较高的联动性，间接形成了该地区在产业链协作上"牵一发而动全身"的特性。也正因此，长三角企业在复工复产过程中所遇到的阻碍和困难要高于预期。

基于新冠肺炎疫情影响，我国迅速出台了一系列复工复产政策和相应的财政政策，从多个角度为各类企业纾困解难。但是，对体量偏小的中小微企业而言，政策落实效果及政策红利仍相对有限。中小微企业仍旧面临着诸多困难：

（1）产业链重要节点产能有限甚至断裂，导致相关供需链上下游协作出现障碍。

（2）新冠肺炎疫情导致多国多地区隔离阻断，给长三角地区中小微制造业企业带来明显原料价格波动、供应不足、产品积压等一系列难题。

（3）企业员工防疫管理机制不善，复工复产受限，产能无法及时恢复，同时影响下游企业。

（4）企业生产经营惨淡，在刚性成本上升的同时，营业额较低，导致资金流不畅等。

以上诸多问题直接导致了中小微企业的生存困境，间接引出了产业链协作的问题。产业链整体运行状况如何、产业链重要节点如何维护、产业链上下游企业具体的协作机制以及协作困难的落点在哪，这些都是我们调研所需关注和探索的问题。

现有的研究更多聚焦于新冠肺炎疫情后整体企业的复工复产以及政府普适性的政策帮扶，对制造业尤其是中小微制造业企业的复工复产问题剖析较少，且缺少政策实施效果的比对分析。本次研究以定性分析为主，通过走访企业、发放问卷、采访中小微制造业的管理层等，了解最真实的产业现状及上下游企业协作面临的困境，发现痛点难点，以期提出具有参考价值的建议，促进整体中小微企业产业链协作发展。

二、调研方案与实施

我们采取问卷、实地调研、线上采访等多种形式，深入了解相关企业在新冠肺炎疫情期间所面临的实际问题以及相关政策表现出的有限作用、自身企业运作机制等多方面问题。

我们获取的信息形式包括但不限于影像记录、文字记录、详细数据。数据收集之后，我们在指导老师的帮助下，小组成员运用相关模型和统计学知识开展数据整理工作，并对数据结果加以解释，以图表、PPT、文字等形式展现我们的成果。

三、问卷调研结果统计分析

(一) 样本基本情况

我们收集到了有效问卷 234 份（含内部 83 份，本组调研的 7 家企业填写的规范问卷）。首先从企业所在行业、所属类型等方面对样本总体特征进行描述。

对本次调研中收集到问卷以及内部 83 份问卷进行统计可知，如图 1、图 2 所示，企业行业分布范围广泛。其中，非外贸直接相关企业（67.9%）与外贸生产企业（12.0%）占比较大，非外贸直接相关企业占近半数。从企业所属类型分布来看，大多数企业类型分布于制造业，其次为信息传输、软件和信息技术服务业，批发和零售业，文化体育和娱乐业，而卫生和社会工作，电力、热力、燃气及水生产和供应业企业最少。

本小组聚焦于处于产业链上下游困境中的中小微企业作进一步分析。根据 2011 年工信部发布的《关于印发中小企业划型标准规定的通知》，筛选出属于中小微企业且所属类型为制造业的企业。从新冠肺炎疫情对其发展影响程度来看，认为新冠肺炎疫情对其影响比较严重的企业数量占比最多（52%），认为新冠肺炎疫情对其影响轻微次之（40%），认为新冠肺炎疫情对其没有影响和无法判断新冠肺炎疫情是否对自身有影响的企业占比最少（各 4%）。

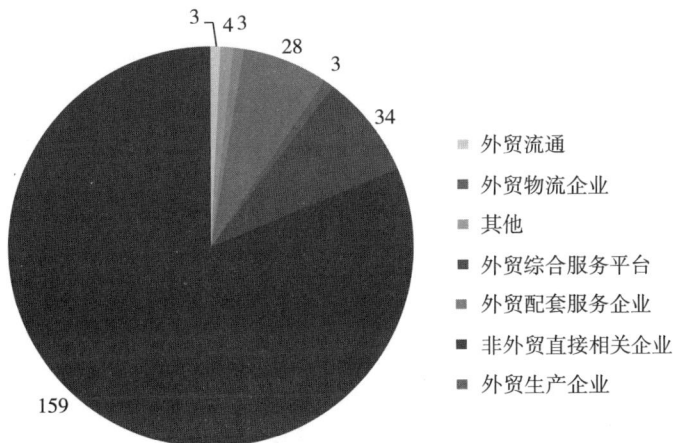

图 1　企业样本行业分布

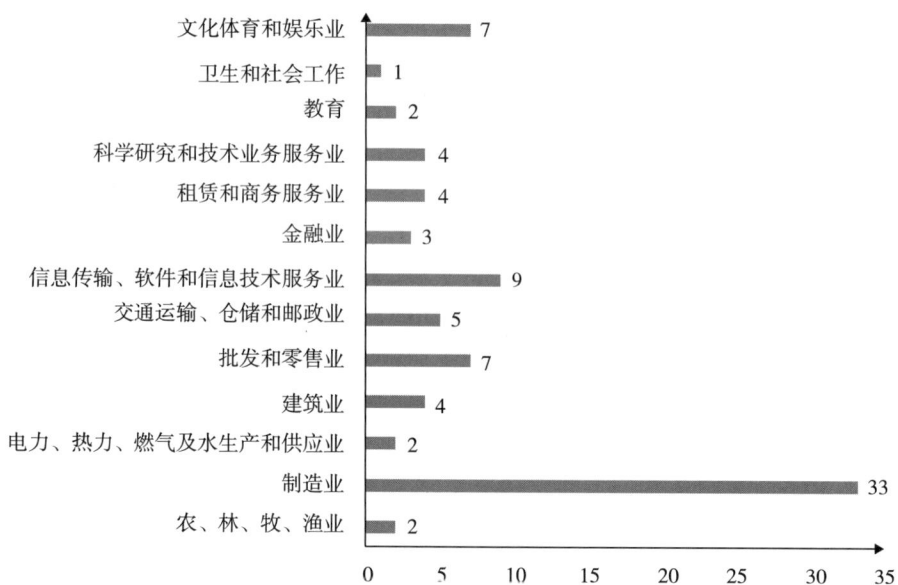

图2　内部问卷企业样本类型分布

（二）企业经营困境现状

1. 总体影响

从新冠肺炎疫情对企业经营的总体影响来看，多数企业将订单下降、经营收益减少包含在企业所受严重影响之中（84%），受相关防疫政策影响，这些企业在进出口订单上受到直接影响，导致订单量下降，进而出现直接减少经营收益的结果。与该结果同步出现最多的是生产成本的增加，例如物流运输与劳动防护等。由此可以看出，新冠肺炎疫情肆虐带来的订单骤减、海外需求低迷、原材料涨价等，使得物流成本大幅上升，也间接导致原材料运输受阻，并产生供应链中断（27%）、资金短缺（11%）与限制开工（8.3%）等严重的负面影响。

2. 制约因素

从制约经营绩效的主要因素来看，如图3所示，新冠肺炎疫情造成较严重影响企业的主要制约因素是下游市场需求不足（32%），导致产品订单量减少，对应了受新冠肺炎疫情影响较重的企业中，订单下降、经营收益减少的首要影响；在新冠肺炎疫情造成轻微影响的企业中，首要制约因素为上游原材料供应问题。

3. 政策落实

基于新冠肺炎疫情期间企业遭受的困境，如图4所示，政府随即也出台相关纾困政策，以帮助企业脱离困境。对此，企业也对相关减税降费政策落实情况在问卷中给予了反馈。

图3（横向堆积条形图）：

上游原材料供应问题　157　60
员工问题　94　37
资金链运转不周　162　36
贸易壁垒　10　6
物流问题　267　68
下游市场需求不足　179　173
大宗商品价格上涨　185　180

0%　10%　20%　30%　40%　50%　60%　70%　80%　90%　100%

■影响比较严重　■影响轻微

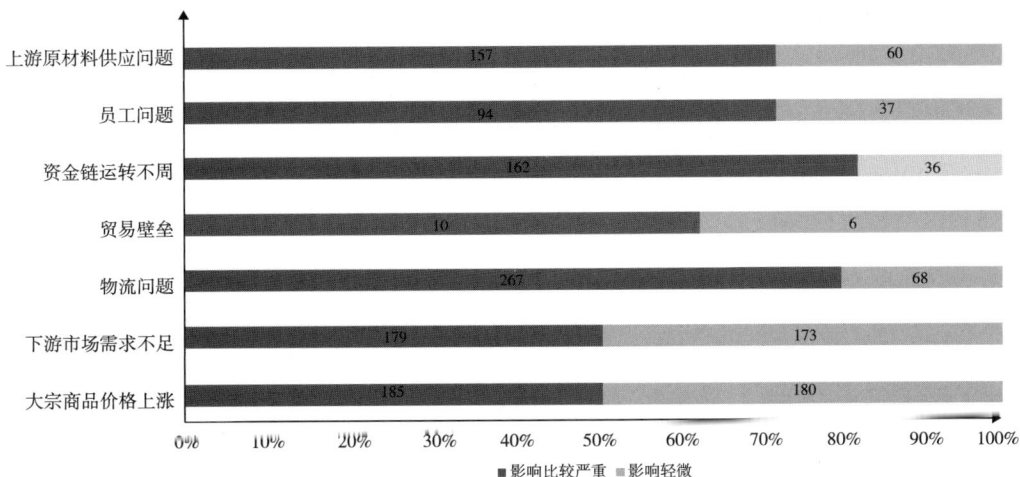

图3　制约经营绩效的主要因素

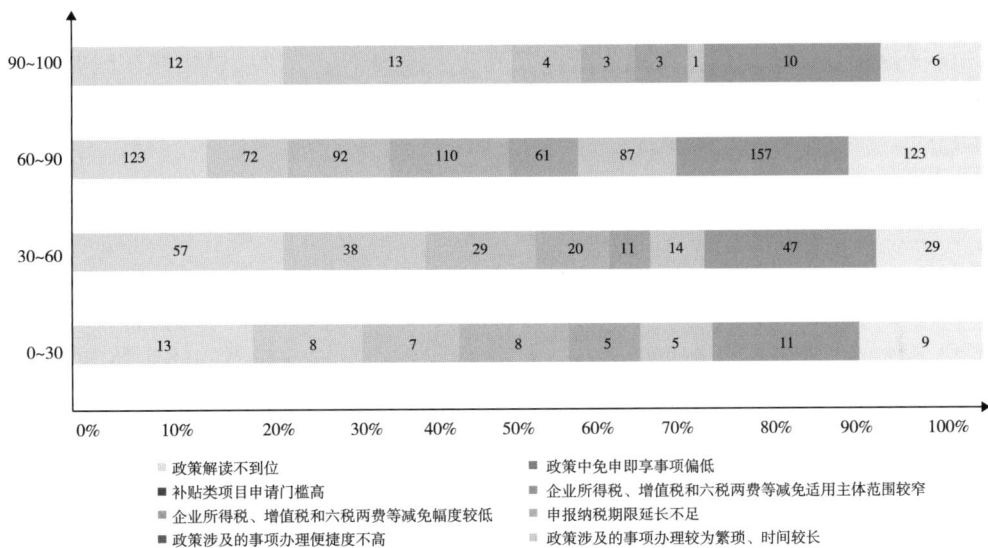

图4（横向堆积条形图）：

90~100　12　13　4　3　3　1　10　6
60~90　123　72　92　110　61　87　157　123
30~60　57　38　29　20　11　14　47　29
0~30　13　8　7　8　5　5　11　9

0%　10%　20%　30%　40%　50%　60%　70%　80%　90%　100%

□政策解读不到位　　■政策中免申即享事项偏低
■补贴类项目申请门槛高　　■企业所得税、增值税和六税两费等减免适用主体范围较窄
■企业所得税、增值税和六税两费减免幅度较低　　■申报纳税期限延长不足
■政策涉及的事项办理便捷度不高　　■政策涉及的事项办理较为繁琐、时间较长

图4　减税降费政策力度不足因素

　　本小组将企业的反馈情况（即企业的评分情况）分成四组对比：评分处0~30分档的企业认为，减税降费政策力度不足最主要体现在企业对于政策的了解度不高，政府政策缺乏一定宣传，导致企业未能享受到一系列政策帮扶；同时政策部分内容不明确，政策解读不到位也是企业认为不足方面的主要体现。

　　政策中"免申即享"事项偏少、补贴类项目申请门槛高，企业所得税、增值税和"六税两费"等减免适用主体范围较窄，成为处于30~60分档的企业减税降费政策落实情况首要不足的体现方面。中小微企业在资金流、企业规模等方面很难达到大型企业的高度，故一些政策设立的门槛过高成为部分中小微企业所面临的政策待遇力度不足的显著问题。与评分处 0 ~ 30 分档的企业相似。

60 ~ 90 分档的企业认为政策力度不足主要体现在对政策的内容与解读不准确，且对政策宣传力度不够、对政策的了解不足两方面。

四、企业困境与产业链困境

（一）企业受新冠肺炎疫情影响经济恢复发展受阻

自新冠肺炎疫情暴发以来，很多企业都受到了不同程度的冲击和影响。在受访企业中，仅有 28% 的企业从 2021 年以来平均年净利润率在 10% 以上，而 48% 的企业从 2021 以来平均年净利润率在 10% 以下，24% 的企业处于亏损状态。从受访企业受新冠肺炎疫情影响因素来看，首先最主要的影响因素是订单下降，生产经营惨淡而导致经营收益减少。中小微企业由于国内外市场需求减少、经营收入减少、生产出的产品积压，出现供需失衡的状况。其次，原料不足、供应链中断、限制开工、人员不足、资金短缺、受疫情影响生产成本增加等也是重要影响因素。因此企业复工复产困难，面临生存困境。

（二）企业发展程度低，市场竞争力弱

在受访企业中，仅有 3% 的企业已经具备市场竞争力，有 12% 的企业处于成熟阶段。而大部分企业处于初创、发展、成长阶段，还不具备完善的体系体制，在所处产业链中相关联的上下游企业较少，开拓的市场较小，所处的产业链也比较单薄、稳定性较差，因此受到冲击的影响较大，面对新冠肺炎疫情的影响，恢复发展遇到的困难也更多。

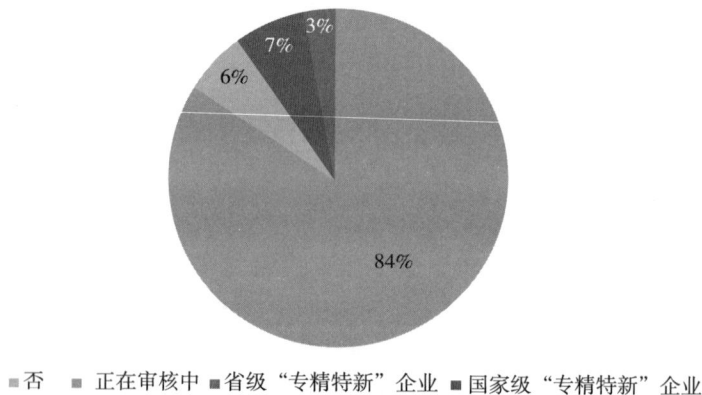

图 5 企业是否为"专精特新"企业

在受访企业中，如图 5 所示，只有 10% 的企业被认定为国家级或省级"专精特新"企业，大部分企业还不具备专业化、精细化、特色化、新颖化的特征。与国际同产业的企业相比，大多数企业在研发、技术、基础设施、资金等方面处于劣势，市场竞争力较低，在同一竞争环境下，面临成本上升、市场减小等问题。中小微企业的劣势更加显现，发展空间不断变小。

（三）员工防疫机制不完善，企业恢复发展受限

在新冠肺炎疫情对企业的影响的主要方面和现阶段制约企业经营绩效的主要因素中，如图 6 所示，41% 的受访企业提到员工问题。员工凝聚力作为中小微企业韧性的主要因素，在企业的恢复发展中尤为重要。而部分企业因未建立起完善的员工防疫机制，导致人员不足，复工复产受限而产能不足，由此造成产业链的断裂，对上下游企业都产生重大影响。

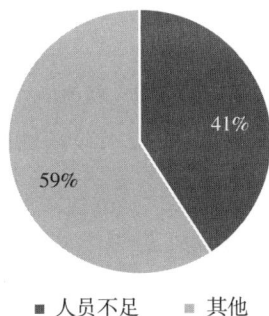

41%

59%

■ 人员不足   ■ 其他

图 6   新冠肺炎疫情对企业影响的主要方面

（四）政策红利有限，企业发展困难重重

从资金和现金流角度来看，在受访企业中，有 83% 的企业都在融资方面存在困难，主要表现在可融资金有限、融资期限较短、无融资渠道、融资成本高等。由此可见，银行等金融机构在提供金融服务时对中小微企业的帮扶力度较小、门槛较高，使企业在融资方面存在困难，导致企业可能出现现金流困难等问题。除了资金问题，据受访企业反映，在减费降税、新冠肺炎疫情防控等政策方面也存在不利于企业发展的问题。

在新冠肺炎疫情得到控制以后，为加快企业复工复产，推动经济恢复发展，国家和地方政府积极推出多项有利于企业的政策。但政策在贯彻落实的过程中，仍然存在一些问题需要被关注和解决。据受访企业反映，在国家推出的减费降税、援企稳岗、新冠肺炎疫情防控、金融融资服务等一系列政策的贯彻执行中，存在政策解

读不到位、部分内容不明确、政策宣传不够、企业对政策知晓度不高、政策涉及的事项办理较为繁琐等普遍问题。从中小微企业角度来看，部分政策的适用行业范围较窄、申请门槛较高，在政策的实施后，部分企业表示对企业的恢复发展没有明显作用。

（五）产业链断裂，制造业上中下游企业协作出现障碍

如图7所示，从受访企业在产业链中所属的环节（多选）来看，我们调查的企业涵盖了制造业的上、中、下游。如图8所示，现阶段制约这些受访制造业企业的经营效益的主要因素中，有49%的企业受到了上游原材料供应问题的制约，无法进行复工复产，产能不足；有45%的企业受制于下游市场需求不足，产量大于订单量而导致产品积压。而在此之中，运输也是重要因素之一。受新冠肺炎疫情影响，物流在部分地区出现停止状态，导致上、中、下游企业之间的资源运输无法进行。

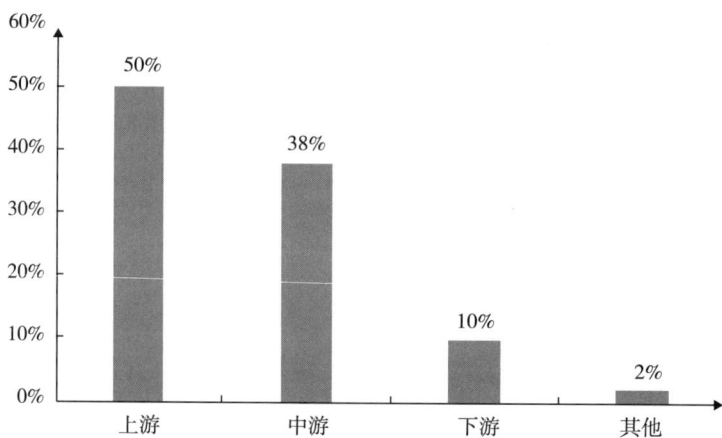

图7　企业在该产业链中所属环节

从产业链角度来看，如图8所示，企业和较少的上下游企业具有相关性，导致企业的原料来源或者消费市场较为单一，新冠肺炎疫情暴发、物流停运等容易导致企业产业链断裂的可能性增大，产业链的稳定性低导致企业的韧性水平低。

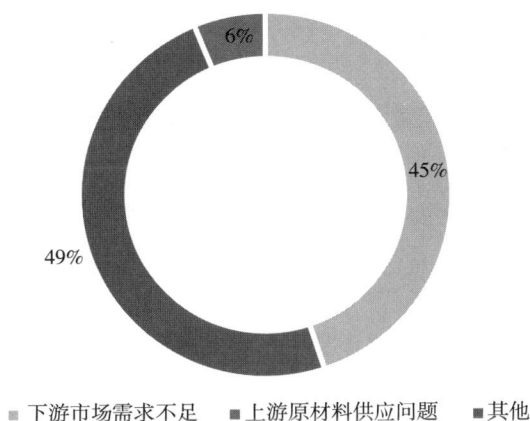

图8　企业现阶段制约经营绩效的主要因素

五、企业韧性与产业链供应链韧性

（一）企业韧性与产业链供应链韧性联系

1. 企业韧性对产业链供应链的维持作用

一方面，从多元的企业采购关系角度来看，不同企业正确评估自身情况、合理建立多方合作关系，有利于维持企业自身正常可持续的运营状态，进而助力企业产业链、供应链的稳定运行，降低企业因缺少某个环节而导致产业链、供应链出现运行受阻甚至断裂的概率。

另一方面，从合理需求规划与库存管理角度来看，企业对自身需求以及市场需求做出合理的预测和判断，对库存商品数量有较为准确的把握，能够有序接收上游原料或副产品，亦能确保下游企业的平稳运行或满足市场供给需求。

2. 龙头企业对产业链供应链的带动作用

规模较大、经营良好、运行稳定的龙头企业能为区域产业链发展提供有效助力。在新冠肺炎疫情防控常态化的大背景下，龙头企业率先复工复产，能够有效带动供应链上下游企业协同复工，稳步推进产业链供应链恢复；再者，龙头企业在数字化、智能化发展方向上起带头作用，具有相对丰富的发展经验，能引导区域内的企业乃至整条产业链的企业数字化、智能化发展。

（二）企业韧性与产业链供应链韧性影响要素

1. 企业韧性影响要素

从订单下降角度来看，企业通过建立多渠道的订单来源以降低自身产能浪费的概率，从而缓解现金流压力、维持运营；从成本角度来看，企业适当优化内部对人力资源与资金的管理协调，有助于压缩成本，提高运转能力；从限制开工角度来看，企业对员工关怀机制的建立有利于企业迅速投入生产，强化企业韧性。

从企业发展角度出发，慧云新科技有限公司的王总表示："影响企业韧性的主要因素是成本。假如一个企业碰到新冠肺炎疫情这种突发事件的时候，成本降不下来，会带来非常大的冲击。"吴江光华玻璃厂在问卷中反映："资金链的完整性和流动能力是企业发展最为重要的因素之一。"

基于外部234份问卷数据，如图9所示，在政府出台相关扶持政策后，企业营收变化情况以"没有作用"和"增加10%以内"为主。此数据表明，一方面，政府针对中小微制造企业的政策仍有相当一部分未落到实处，没有很好地助力该类企业在新冠肺炎疫情期间的恢复；另一方面，作为企业的外部条件，政府政策环境对企业韧性的强化存在一定作用。

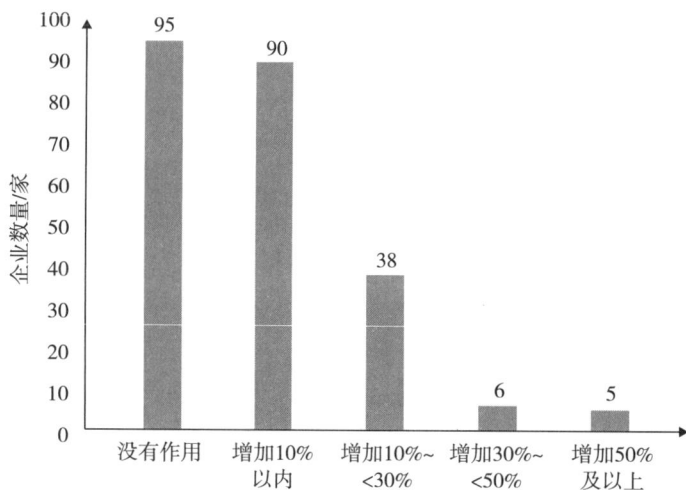

图9　政府政策帮扶后企业的营收变化情况

2. 产业链供应链韧性影响要素

产业链供应链韧性可简要概括为三点"转得动，扛得住，站得稳"。转得动，讲的是产业链供应链的流动运行，重点在于产业链供应链整体的协作程度。扛得住，讲的是产业链供应链的抗外界冲击能力，重点在于其稳定性。站得稳，讲的是产业链供应链的可持续发展能力，产业链要在国内扎稳根、做新产品，相较于国外产业链要有属于自己的优势。

六、结论与建议

（一）主要调查结论

1. 新冠肺炎疫情给长三角地区的产业链联动效应带来较大影响

长三角地区的制造业较为特殊，区域联动效应比较显著。根据对长三角及周边地区的公司调查发现，长三角地区企业之间不能互联互通会导致企业出现产业链断裂、供应端供给不足或者下游市场需求端断裂的问题。而其中任何一个产业链的问题对于企业来说都有较大影响，较多的企业反映，受新冠肺炎疫情影响，物流成本上升、产能不足或订单量缺失是其面临的主要问题。

2. 政策红利有限，不足以缓解新冠肺炎疫情带来的损失

对中小微企业来说，新冠肺炎疫情带来的资金流断裂是较为致命的打击。而一方面受新冠肺炎疫情整体经济下滑的影响，政策红利不足以给企业足够的补贴；另一方面中小微企业规模较小，往往不足以达到政策的申请标准，因而游离在政策红利之外。

3. 员工和核心竞争力成为企业韧性的重要因素

一个企业能在新冠肺炎疫情的寒冬里很好地存活下去的关键就在于企业的韧性。而企业的韧性一方面体现在企业不断推陈出新、提高核心竞争力、形成品牌文化，另一方面则体现在企业员工之间的凝聚力。员工对于企业的信任和面对突发情况的冷静判断是企业能快速恢复的重要因素。

（二）管理启示

1. 打造全产业链模式，规避断链风险

根据影响经营效益的因素来看，绝大多数企业要么受限于上游的原材料供应断裂，要么受限于下游的市场动荡带来的负面影响，使得企业牵一发而动全身。根据对上海威迩达遮阳设备有限公司的访谈，我们得知全产业链的制造业企业能有效规避风险、抓住机遇，提高经营效益。许多企业负责人也坦言，虽然打造全产业链企业是比较困难的，但正是因为提前筹备，才使得企业面对像新冠肺炎疫情这样突发的外部因素威胁时不会损伤严重。

2. 增强员工凝聚力，提高企业韧性

很多企业的负责人都提到影响企业韧性最为关键的地方就是员工的凝聚力，想要提高企业的凝聚力就需要注重人文关怀、公平行事等，使员工信任企业，企业才

能更好应对突发事件，快速恢复。

3. 提高创新能力，增强市场竞争力

企业往往都要面临外部和内部的挑战。新冠肺炎疫情作为一种外部挑战，能让企业正视内部存在的问题，从一定意义上可助力企业去探索并尝试转型、提高企业核心竞争力，使企业从模仿成功企业的经营之道到从普遍性中提取自身的特殊性、在改变中挖掘自身潜能，同时也可以使企业规避墨守成规带来的滞后和生存模式的脆弱。

（三）政策建议

1. 短期政策重帮扶，减缓中小微企业生存压力

在突如其来的新冠肺炎疫情影响下，中小微企业的生存发展面临巨大挑战。从短期来看，政府应当发挥好宏观调控作用，帮助企业渡过难关。一方面，新冠肺炎疫情导致部分中小微企业成本过高，政府可适当调整税费政策、减轻中小微企业法定税费负担、降低和减免国企提供的基础设施和公用事业服务收费、鼓励有实力的非国企减免中小企业费用（租金、物流配送费、广告费等）。另一方面，现金流短缺也是中小企业面对突发危机时常见的关键难题。在企业访谈的过程中，不少企业负责人也提出了这个问题，认为政府适当降低中小微企业的资金成本，例如要求金融机构保持信贷供应，并为受影响较大的地区、行业和企业提供差异化优惠的金融服务等。同时，在问卷调查中，我们发现不少中小微企业因为规模较小、标准不达标的问题没有得到政府的政策帮扶，导致中小微企业经营困难，因此，政府在出台政策时应多关注中小微企业的获得门槛，让帮扶政策真正落地。

2. 长期政策有定力，支持中小微企业做强做久

通过访谈，我们了解到大部分企业的负责人对于国家在新冠肺炎疫情时期帮扶政策有限表示理解，但中小微企业对国家经济发展有着较强的推动作用，是不可忽视的重要力量。从长远来看，政府的长期政策应该保持定力，毫不动摇地鼓励、支持和引导中小微企业做强、做大、做久。政府应当做好顶层设计，特别是在新冠肺炎疫情反复的后新冠肺炎疫情时代，如何做好预防措施、稳定中小微企业的发展是急需考虑的命题。因此，政府的帮扶政策必须保持长期性和稳定性，毫不犹豫地支持以民营企业为主体的中小微企业做大做强。

参考文献

［1］李丹凝．长三角产业集群的高质量发展策略研究［D］．南京：东南大学，2021.

［2］潘彪，黄征学．长三角地区制造业分工合作、产业结构优化升级与对外贸易竞争力提升［J］．科学发展，2021（08）：5-14.

［3］秦海林，封殿胜．制造业高质量发展面临的挑战和机遇［J］．中国国情国力，2021（01）：29-30.

［4］兰海侠．产业链优势明显 长三角制造业规模日盛［N］．机电商报，2007-07-09（B06）.

附录 调研感悟

（一）指导教师调研感悟

1. 邹欣悦

新冠肺炎疫情期间，很多企业业绩不好、前路发展未卜，企业负责人都没有心思顾及访谈，因此在寻找企业的过程中我们遇到了很大的阻碍。我们能顺利完成此次调研，离不开各位团队成员在调研中的团结协作。明细的分工、逻辑清晰的采访过程和效率极高的后期总结都让我感知到当代大学生的无限潜能。希望团队的各位成员在以后的学习工作中发光发热、继续加油。

2. 周晓东

在李尚静、石树元等全体调研小组成员的努力下，本次调研工作圆满完成，达成了预期效果。调研小组前期准备工作充分、任务分工明确。通过此次调研，小组成员对当前我国中小企业面临的困境和挑战有了充分的了解，对企业的运作流程有了更为深刻的认识，同时对在困境中谋求发展的企业文化和企业家精神也感触颇深。对调研小组的全体成员而言，本次调研是师生共同上了一堂意义非凡的"思政"大课。

（二）团队成员调研感悟

1. 李尚静

经过两个月的努力，我们的"访万企"调查组在暑期社会实践活动取得了较为丰硕的研究成果，能够在这样一个优秀的团队中是我的骄傲与自豪。本次社会实践培养了我们的参与意识、创新意识和勤于实践、勇于探索、精诚合作的精神。成功的背后自然少不了我们指导教师邹欣悦和周晓东的陪伴，他们为了我们的实践调研提供了许多力所能及的帮助。

2. 江育嗣

本次"访万企，读中国"专项活动是一次富有意义、影响深刻的行动。进入大学以来，我始终在书海里徜徉，极少有过这样宝贵的机会脱离书本，走向实践。在本次活动中，我主要承担的是文案、报告等相关工作。我写了很多字、走了很多路、认识了许多人，这都将成为我大学生活中浓墨重彩的一笔。同时，在解读企业的过程中，我也了解到了更多关于中国、政策、社会和企业的事，这让我对国家为企业制定纾困的政策有了更为深刻的了解。

3. 敖彬文

在本次访万企调查中，我们深入了解了在新冠肺炎疫情冲击之下各类企业上下游协作的困难。在生产和运输面临困难时，稳定的合作伙伴能够使企业保证必要的订单供应与销售。同时在调查中，我也深刻领会到，团队合作分工协作的重要性。这次调研让我们深刻地了解了社会，对于身处大学的我们来说机会宝贵。

4. 秦旭

在活动中，我主要负责采访工作，有机会实地了解新冠肺炎疫情下中小微企业最真实的生产情况以及线上与企业家交流。在这过程中，我对企业有了一定了解，也了解了部分工厂里工人的工作状况，与之前所学的相关理论知识有些相契合、有些有出入。

5. 陆一铭

通过对企业的深入访谈了解，我了解到新冠肺炎疫情下企业遇到的危机和应对措施。在与企业负责人的沟通中，我进一步看到了管理企业的不易和每位企业家丰富的人生阅历，增长了自身的见识。这次调研提高了我团队合作能力、写作能力和表达能力，也让我认识了很多优秀的同学和老师。

6. 石树元

在这次项目中，作为采访组的成员，从撰写采访提纲到与企业面对面交流，我了解到了新冠肺炎疫情期间企业的辛酸苦辣以及其抗击困难、越挫越勇的韧劲，学习到了一个团队中分工与合作的重要性。此外我也深刻体会到新冠肺炎疫情冲击下中小企业的生存不易，但是大多数企业都没有气馁，而是积极寻求解决办法。其中，企业家们"关关难过关关过"的精神，让我受益匪浅！

7. 徐诗涵

本次"访万企，读中国"社会调查项目让我走出校园，实地走访企业，了解涉及甚少的领域，拓宽知识面，了解当前企业所面临的困境。与团队一起撰写研究报告不仅锻炼了我个人写作能力、分析能力等综合素质，也培养了我的社会责任感，整个项目让我受益匪浅。

8. 许佳

在老师的指导帮助和学长学姐、队员们的努力下，我们进行了一项丰富而有意义的活动。在这次实践中，受新冠肺炎疫情影响，我们很遗憾没能够去实地进行采访，但通过线上采访和查阅相关资料，我们对企业相关知识有了初步了解。对我来说，这是一次宝贵而又难忘的经历。很感谢学校组织这样一项活动，这不论是对我们学生，还是对企业的发展，抑或是对社会经济的发展，都是十分有意义的。

9. 李梦婕

在本次"访万企，读中国"项目中，我学到了很多有用的实践操作技巧，相信会对我今后的学习和工作有很大的帮助，最后感谢指导教师的悉心指导和同组伙伴们的合作互助。

10. 贺佳

非常感谢这次社会实践项目能给我机会走出校园，了解企业的现实状况。在这个过程中，我了解到了本次上海大规模新冠肺炎疫情管控情况下，不同行业企业的经营状况、所遇困境、自我改变和政府政策帮助。通过本次调研实践活动，尤其是深入企业内部对企业相关负责人进行深度采访，我真正知道了各行各业在上海本轮新冠肺炎疫情中所遭遇的冲击和考验，看到一个个企业的自救举措、改变及转型，同样也感受到了政府对企业的帮助。

11. 杨明丽

本次社会调研使我感受很深，大致总结为以下几点：第一，本次调研活动让我体会到了团队合作的巨大作用，个人的能力毕竟有限，难以有团队合作的合力效果。第二，本次调研活动使我们的社交礼仪、口才等得到提升。第三，通过本次调研活动，我深入了解新冠肺炎疫情对中小企业的冲击。这是我第一次参与调研活动，有很多地方显得生疏笨拙，多亏了两位指导教师、研究生学姐、学长以及同学们的帮助，我才能顺利地完成我的一个个任务。这次短暂又充实的调研活动，对我走向社会起到了一个桥梁过渡的作用，是我人生的一段重要经历，对将来我走上工作岗位也有很大的帮助。

12. 张雨青

"访万企，读中国"社会实践项目是我进入大学一年以来参与的涉及面最广的活动。在这段时间里，随着项目的不断推进，作为调查组中的新手，我跟着学长学姐和老师学到了许多知识和宝贵的经验。本次调研活动中令我感触最深的就是企业家们的思维方式和积极解决问题的态度，让我清晰地感受到，这才是企业能在新冠肺炎疫情背景下坚持的重要因素。最后，感谢"访万企，读中国"项目中的所有成员和指导教师，他们的指导和帮助，使作为新手小白的我有了巨大的提高。

13. 努尔米娜

这是我第一次参加调研活动，在两位指导教师的带领下，我们小组的成员按部就班地完成了一个又一个任务，完成任务后又进行考核、修正。在这个过程中，我学到了很多，很感谢老师的指导和学长学姐的帮助。这也正是我参与此次活动的目的，不仅仅为了一个结果，更是为了积累经验，向其他人学习。

新能源电动重卡产业链变迁趋势与市场测度研究

曾维琴　方　馨　张雅玟　陈若彤　李照莹　任　洁　李松霖　李雨欣　付馨宁
杜怡雯　黄思颖　朱激越
指导教师：李佩瑾　何佩文

摘 要

　　本次调研以长三角地区新能源电动重卡产业为例，从产业链的视角探索新能源汽车产业在本轮疫情中的困境、国际市场地位变化情况以及未来市场供需情况。研究结果表明：第一，产业链在消费者需求、基础设施、原材料、技术方面均存在困难；第二，访谈企业受疫情影响严重，主要体现在订单下降；第三，产业链创新生产差距不大，但研发竞争力欠缺；第四，市场需求总体呈上升趋势。因此，企业要积极引入人才，提高科技创新能力；政府要加大补贴，优化基础设施与服务。

　　关键词：新能源电动重卡；人民城市建设；产业链；市场测度

一、调研背景和意义

　　2019 年 11 月，习近平总书记首次提出"人民城市人民建，人民城市为人民"这一重要理念。2022 年 10 月的中国共产党第二十次全国代表大会中，习近平总书记再次强调，要坚持人民城市人民建、人民城市为人民。新能源电动重卡属于新能源汽车的一种，是指重型物流运输行业用车、工程建设行业用车、新能源专用车、重卡底盘等。据国家电投测算，在 2022 年在中国市场，传统重卡在全国汽车保有量中占比只有约 3%，100 万辆重卡若全部实现电动化，每年可减少柴油消耗 396 亿升，减少 1 亿吨二氧化碳、126 万吨氮氧化物、0.72 万吨颗粒物排放。新能源电动重卡的发展不仅顺应了国家"双碳"战略，也与让人民享用优质生态环境的人民城市建设理念相一致。

本研究从产业链视角深入长三角地区新能源重卡产业链企业，调查行业发展与产业链建设情况、产业链疫情恢复情况及瓶颈环节、市场需求与均衡状况，以及调查产业国际市场地位变化情况。

二、调研方案与实施

（一）调研方案

1. 调研方法

此次调研采用了文献研究法、访谈法、问卷调查法。调查问卷各板块内容如表1所示。

表1　问卷组成板块及内容

问卷组成板块	具体内容
产业链各环节难点	原材料及关键零部件（芯片、动力电池等）、（整机和整车）技术生产（人才、资金等）、基础设施服务（充换电站、配套土地资源等）、消费者需求（客户习惯、里程焦虑、安全性顾虑等）
政府措施重要程度	新能源汽车推广应用财政政策（资金补贴、加大贷款力度等）、规定排放数据（碳排放量比例等）、规定购买及销售数据（电动重卡销售目标等）、建立新能源汽车政策体系（完善行业技术标准等）
未来发展情况判断	国内市场规模、国外市场规模、渗透率、国际市场占有情况、原材料获取难度、整车价格、智能化水平提升、个性化水平提升、全国中心城市充电桩基础设施平均密度提升、全国中心城市换电站基础设施平均密度提升、单次充电里程

2. 访谈对象

安徽益佳通电池有限公司、上海启源芯动力科技有限公司、汉马科技集团股份有限公司、特百佳动力科技有限公司、淮安宏能集团有限公司、上海玖行能源科技有限公司、上海融和电科融资租赁有限公司。

（二）调查任务分配

表2　企业访谈任务分配

企业名称	联络人	主持人	访谈员	推送访谈录	录屏截图	调查纪要调查简报
安徽益佳通电池有限公司	曾维琴	朱激越	黄思颖 方　馨 张雅玟	陈若彤 李照莹	任　洁 李松霖	李雨欣 付馨宁

续 表

企业名称	联络人	主持人	访谈员	推送 访谈录	录屏 截图	调查纪要 调查简报
上海启源芯动力科技有限公司	李照莹	李佩瑾	方 馨 张雅玟 任 洁	李松霖 李雨欣	黄思颖 付馨宁	曾维琴 朱激越
汉马科技集团股份有限公司	李佩瑾	李佩瑾	陈若彤 李照莹 任 洁	李松霖 李雨欣	张雅玟 付馨宁	黄思颖 朱激越
特百佳动力科技有限公司	李佩瑾	任洁	黄思颖 朱激越 曾维琴	张雅玟 陈若彤	李雨欣 李照莹	方 馨 付馨宁
淮安宏能集团有限公司	陈若彤	张雅玟	黄思颖 朱激越 曾维琴	方 馨 付馨宁	李照莹 李雨欣	任 洁 李松霖
上海玖行能源科技有限公司	李佩瑾	李照莹	李松霖 李雨欣 付馨宁	曾维琴 朱激越	方 馨 陈若彤	张雅玟 黄思颖
上海融和电科融资租赁有限公司	李佩瑾	李雨欣	李照莹 任 洁 李松霖	黄思颖 朱激越	陈若彤 方 馨	曾维琴 张雅玟

（三）调查工作时间安排

表3　调查工作时间安排

阶段	时间	安排
前期准备	5月29日— 6月15日	完成项目计划书 撰写访谈提纲 设计自选问卷
参与调研	6月16日— 8月15日	6月19日安徽益佳通电池有限公司访谈 7月2日上海启源芯动力科技有限公司访谈 7月14日汉马科技集团股份有限公司访谈 7月23日特百佳动力科技有限公司访谈 7月26日淮安宏能集团有限公司访谈 8月1日上海玖行能源科技有限公司访谈 8月11日上海融和电科融资租赁有限公司访谈 完成各访谈企业的访谈录、调查纪要、调研简报 完成2篇微信公众号推送

续　表

阶段	时间	安排
成果提交	8月16日— 9月5日	完成调研报告 完成政策建议专报 完成典型案例报告

三、新能源电动重卡产业链变迁与竞争力研究

（一）产业链基本情况分析

1. 样本基本情况

本次调研共收集有效问卷537份，其中有45份问卷属于新能源汽车产业链，涵盖了长三角地区江浙沪皖的大部分城市。首先对新能源汽车产业链上的企业所在地区、发展周期以及受新冠肺炎疫情影响程度的分布进行总体特征描述。

表4　长三角地区新能源汽车企业地区及发展周期分布

地区	初创	发展	成长	成熟	具备市 场势力	平稳	维持	总计
江苏		3	1	2	1			7
浙江		1	2		1	1		5
上海	5	5	6	2			1	19
安徽	2	6		5		1		14
总计	7	15	8	8	3	3	1	45

如表4所示，可以看出大部分新能源汽车企业分布在上海市和安徽省，其中上海市大部分新能源汽车企业处于初创、发展和成长阶段（共占84.2%），而安徽省大部分新能源汽车企业处于发展和成熟阶段（共占78.6%）。江苏省和浙江省的新能源汽车企业分布较均匀，处于发展成长和具备市场势力、平稳阶段的各占一半。

如图1所示，大部分新能源汽车企业在不同程度上受到本轮新冠肺炎疫情波及，其中上海地区新能源汽车企业的情况最为严重，有21.1%的新能源汽车企业受新冠肺炎疫情影响非常严重，42.0%的新能源汽车企业受到比较严重的影响；江苏有71.4%的新能源汽车企业受到比较严重及以上程度的影响。

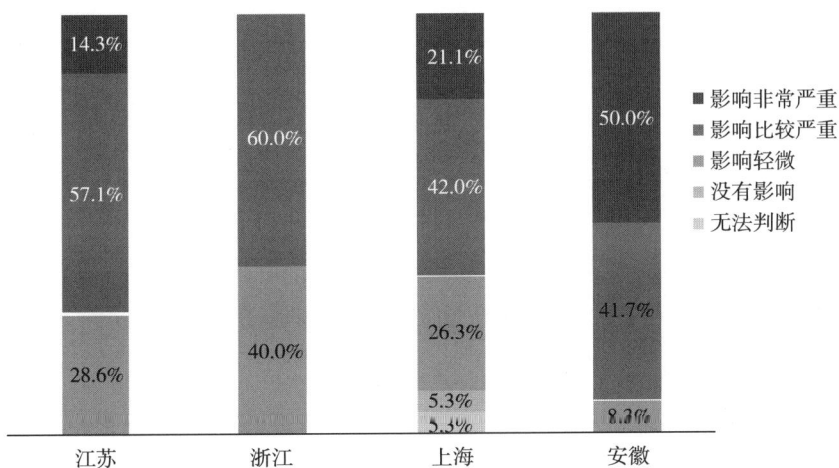

图1　长三角地区新能源汽车企业受新冠肺炎疫情影响程度

2. 产业链间综合竞争力比较

为了比较产业链间的综合竞争力，本文从新冠肺炎疫情背景下企业难点和韧性两个维度分别进行分析。

（1）企业难点分析

如图2所示，大部分行业中游的难度高于上游，下游程度最低，特别是新能源汽车、人工智能、集成电路产业链等，对原材料以及技术需求大，但是运输困难以及停工停产导致原材料短缺、成本成倍增加和技术支持中断。在所有产业链中，金融服务业受影响相对最小，因为金融服务行业原材料、运输需求低，数字化程度高，员工可以居家办公。

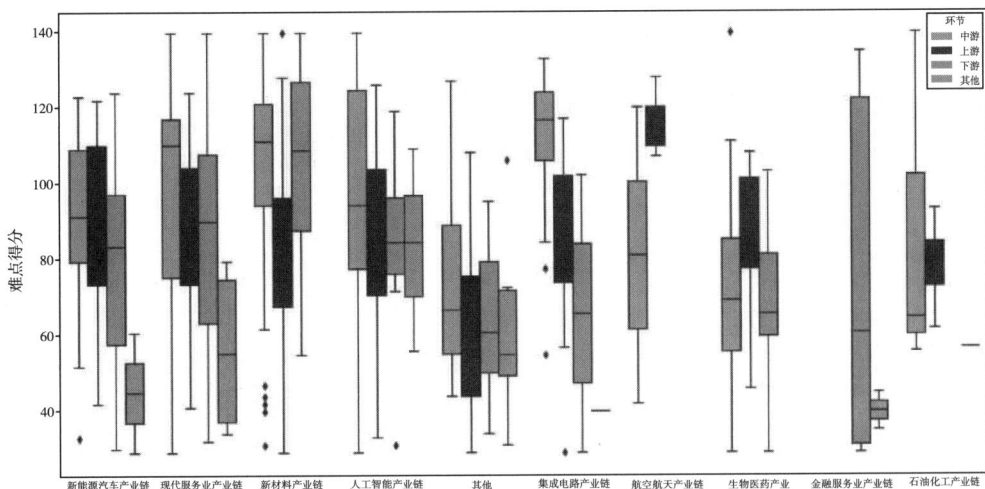

图2　不同产业链的各个环节难点分析

（2）韧性分析

如图3所示，在大多数的产业链中，中游企业的韧性更加平稳而且韧性得分更高，这是因为企业可以通过战略性囤积原材料、与政府协商复工复产问题来减小新冠肺炎疫情的影响，使企业自身尽快恢复产能。而上、下游企业通常需要技术支持和线下经验，这在新冠肺炎疫情期间是较难实现的。此外，从产业链角度来看，人工智能产业链，尤其是上游企业的韧性最差，有可能是技术支持中断和核心零部件（如芯片）短缺造成的。而新能源汽车产业链的韧性表现最好，上中下游企业的韧性较为均衡，这也从侧面说明了新能源汽车产业链上中下游企业的联系紧密。

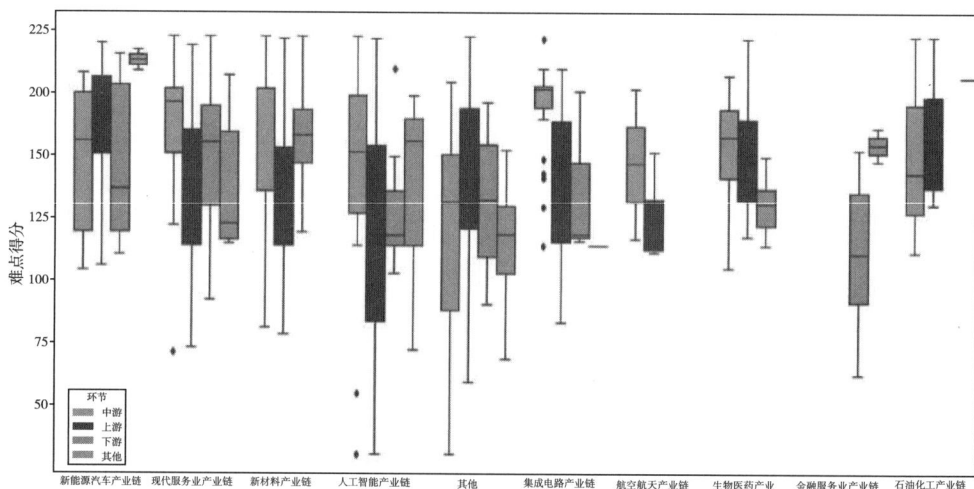

图3　不同产业链的各个环节韧性分析

（二）基于德尔菲法和主观概率法的产业链难点及未来发展趋势预测

1. 德尔菲法介绍及实施过程

德尔菲法（Delphi Method）也称专家预测法，是一种以匿名方式通过多轮函询专家对所研究问题的意见，经综合、整理、汇总后得出较为一致的专家预测意见的方法。针对企业访谈结果，小组成员梳理了制约产业链的主要困难因素，设计了6级量表模式（0为没有困难，5为非常困难），并邀请新能源电动重卡产业领域知名企业负责人填写问卷，采用一轮咨询，确保每位专家在独立环境下对指标的重要程度进行分析。

2. 相关统计指标分析

问卷结果显示，专家积极系数为100%，权威程度均大于0.8，一级指标重要性均值大于3。一般认为变异系数大于0.25时，专家协调程度不足。所有一级指标中

81.82% 变异系数小于 0.25，表明指标有较高的可信度。经第一轮专家咨询，专家意见基本趋于一致，咨询结果可以采用，德尔菲法专家咨询结束。

3. 新能源电动重卡各环节困难程度分析结果

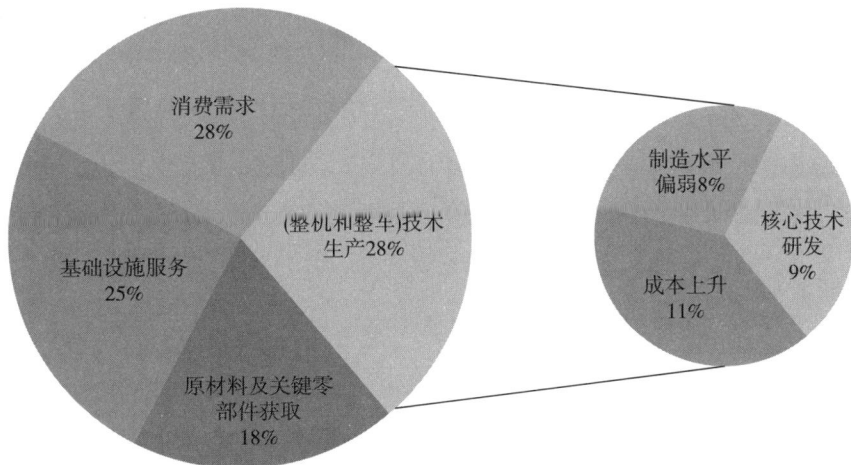

图 4　新能源电动重卡各环节困难程度图

如图 4 所示，消费者需求、（整机和整车）技术生产等四方面为制约新能源电动重卡发展的因素。整机和整车生产技术难度体现为制造水平偏弱、核心技术研发和成本上升。目前产业链内制约因素排名为：消费者需求 >（整机和整车）技术生产 > 基础设施服务 > 原材料及关键零部件获取。

消费者的主要顾虑在于充电桩密度不足、里程焦虑和价格偏贵。对于（整机和整车）技术生产，制造水平、核心技术研发、成本上升和人才缺口的难度依次上升。基础设施服务需要突破配套的土地资源及有关支持政策的难点。芯片在原材料中获取的难度最大，功率半导体次之，其后是锂、钴等金属。

4. 未来五年我国新能源电动重卡行业发展状况预测

主观概率法是专家对某特定事件发生可能性的预测，能为决策者提供有效的决策制定依据。小组成员根据文献及企业访谈选取了国内市场规模等 11 项指标，各选项概率和为"1"，请专家填写概率对各项指标预测。

分析以众数表示专家使用主观概率法得到的主流观点；以各指标的总期望值 $\bar{X}$ 来表现专家预测该指标的平均水平；以异众比率来刻画各专家之间的差异度。表 5 表示各指标的众数和异众比率以及期望值。

表 5 未来 5 年我国新能源电动重卡行业发展状况预测

新能源电动重卡发展状况预测指标	众数	期望	异众比率
国内市场规模	200000 辆以上	127380 辆	74%
国外市场规模	200000 辆以上	144420 辆	56%
渗透率	10% 以下	26.42%	68%
国际市场占有情况	10% ~ 30%	14.57%	42%
原材料获取难度	较难	一般	61%
整车价格	基本维持不变	基本维持不变	49%
智能化水平提升	20% 以下	34.68%	76%
个性化水平提升	20% 以下	20% 以下	72%
全国中心城市充电桩基础设施平均密度提升	20% 以下	80.9%	72%
全国中心城市换电站基础设施平均密度提升	40% ~ 60%	47.2%	61%
单次充电里程	500 ~ 700 公里	435 公里	62%

图 5 展示了每一指标的主观概率的分布。

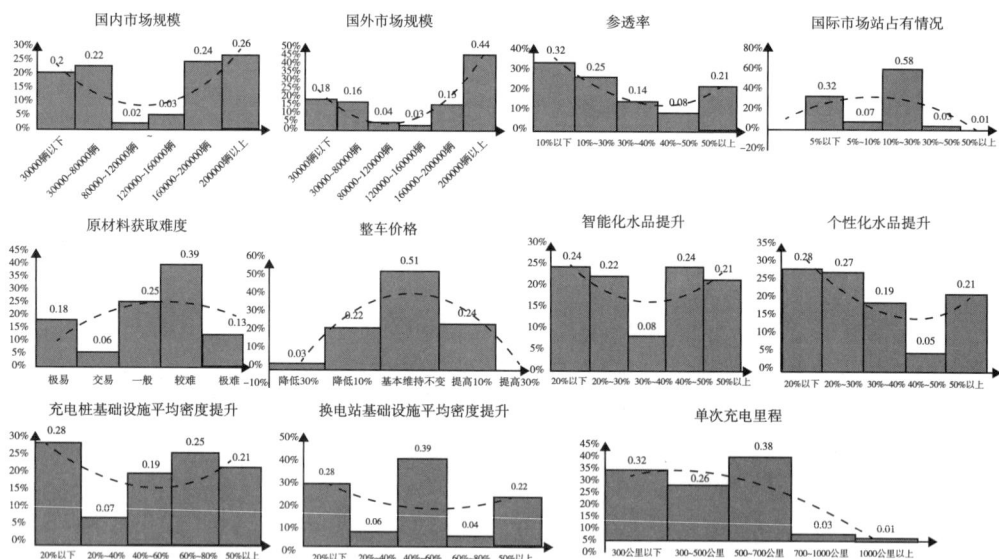

图 5 未来 5 年我国新能源电动重卡行业发展指标主观概率分布图

相比国内新能源电动重卡市场规模，产业链相关企业对国外市场规模预测情况更乐观。此外，他们对国内市场占有率信心偏弱，对渗透率和个性化水平估计总体较为保守。大多数受调查企业认为未来五年原材料的获取难度在中等偏上，整体情况并不乐观。受调查企业在整车价格估计上差异较大，支持价格提升和降低的企业各占据相当的比例；对五年内全国中心城市充电桩基础设施平均密度提升有信心，但提升幅度不同。最后，不同企业对单次充电旅程的预测值差别较大，浮动于 300～700 公里之间。

（三）基于模糊综合评价的产业链竞争力分析

本节从企业的视角出发，利用模糊综合评价法，针对新能源汽车产业链内的企业评价做国际竞争力分析，得到决定竞争力的重要影响因素。首先，结合调研构建出二层综合评价指标，确定 5 个一级指标和 19 个二级指标；其次，利用德尔菲法和层次分析法确定模型的模糊权重，并结合评价矩阵得到各因素的评价得分；最后，对各因素的竞争力评价做结果分析，得到极具产业链竞争力的因素。

1. 构建综合评价指标体系

结合对新能源产业链企业的访谈和调研，构建二层综合指标体系，将其表示为（一级指标：二级指标），创新能力（研发投入、研发人员数量、专利个数）、生产能力（员工人数、产能恢复情况、原材料数量、原材料质量）、销售能力（国内订单收入、国际订单收入、分销渠道、营业利润度、购买客户数量增长率）、服务能力（物流速度、售后服务、客户满意度）、基础能力（企业规模、品牌形象、资源禀赋）。

2. 构建评价得分模型

本节利用评分法和层次分析法得到评价矩阵和模糊权重，得到各指标竞争力的综合评价得分，将一级指标的得分排序和二级指标的模糊权重可视化。

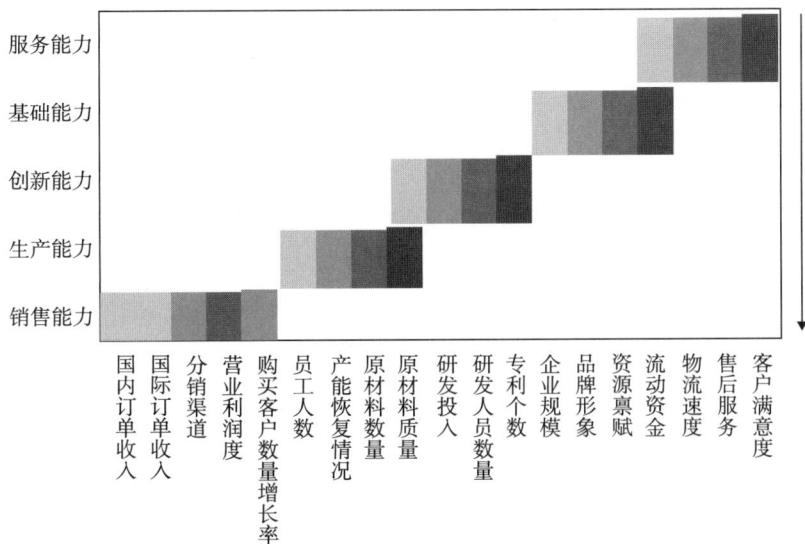

图 6　产业链内竞争力综合评价热力图

如图 6 所示，纵轴一级指标按照得分的高低从上到下排列，横轴为一级指标对应的 19 个二级指标，其中颜色越深，表示权重越大。

3. 综合评价结果分析

通过评价得分模型结果可知，在一级指标的竞争力评价中，服务能力得分最高，基础能力次之，之后分别为创新能力、生产能力和销售能力，说明新能源汽车产业链内的企业认为我国的服务能力在国内外产业链中最具竞争力。

首先，新能源电动重卡市场的使用场景可以是港口、矿山、环卫等，均需要以客户提供的场景为主提供动力、电池等产品，以客户为首的理念在竞争激烈的新能源赛道中极为重要，国内企业也对自身增值服务客户的能力持有信心，服务能力有较大竞争优势。其次，新能源汽车企业认为基础能力、创新能力、生产能力的竞争力差距不大，从基础和创新能力来看，企业流动资金、资源丰富度、专利个数上的竞争影响较强。同时，针对企业规模、研发人员数量、研发投入方面的竞争力欠缺，说明了国际企业的新能源研发竞争不容忽视，尤其是传统重卡研发水平领先于国内市场的外企。从生产能力来看，受疫情及国际局势动荡对大宗商品的影响，原材料质量、产能恢复情况上的竞争力影响较大，尤其是针对芯片、功率半导体的获取难度大的问题。最后，新能源汽车企业认为我国产业链中的销售能力是竞争力最为不足的，分销渠道是影响企业竞争力的重要因素，国内大多数企业的目光仍放在竞争激烈的国内市场上，国际订单较少，一方面与国外市场尚不成熟有关，另一方面也侧面说明企业需要及时洞察国外新能源市场的发展水平。

四、新能源电动重卡市场需求分析

针对需求侧市场发展，本研究选取 2021 年 1 月至 2022 年 7 月共 19 期新能源电动重卡数据，用多元线性回归、*ARIMA*、指数平滑模型、组合预测法对新能源电动重卡产业的需求进行短期预测。

（一）数据来源及指标选取

本研究从社会关注、成本价格、企业发展、产量市场、技术支持、政策导向六板块中选取七个指标对新能源电动重卡的需求进行预测，各指标说明情况如表 6 所示。

表6 指标说明

类型	维度	变量	符号	指标定义	单位
被解释变量	市场需求	新能源重卡需求	*Demand*	用各月新能源重卡销量来衡量	辆
解释变量	技术支持	动力电池产量	*Battery*	用各月动力电池产量来衡量	MWh
		纯电动乘用车产量	*Rho*	用各月纯电动乘用车电池系统能量密度160Wh/kg车型产量来衡量	辆
控制变量	成本价格	磷酸铁锂价格	*Price*	用各月末磷酸铁锂价格来衡量	万元/吨
	社会关注	百度搜索指数	*Baidu*	用各月百度搜索指数值来衡量	次
	政策导向	国家政策数量	*Policy*	用各月新能源重卡相关国家政策累计值来衡量	个
	企业发展	工业企业单位数	*IO_num*	用各月工业企业数来衡量	个
		工业企业利润总额	*IO_profit*	用工业企业利润总额来衡量	亿元

（二）四种方法模型构建

1. 多元线性回归模型

本文初步建立如下多元回归模型：

$$\hat{Demand} = \beta_0 + \beta_1 Baidu + \beta_2 Prize + \beta_3 IO\_num + \beta_4 Battery + \beta_5 Rho + \beta_6 Policy + \beta_7 IO\_profit + \varepsilon$$

其中，β_0、β_1、$\cdots\cdots\beta_7$是待估计的参数，ε为随机误差项。

回归预测模型中模型 $\bar{R}^2 = 0.972$，拟合优度较好，$F_{0.05}(7, 11) = 90.530$，回归方程显著性检验通过，自变量和因变量存在较强的线性关系，BP检验（$P = 0.372 > 0.05$）和怀特检验（$P = 0.392 > 0.05$）均得出扰动项不存在异方差，模型如下：

$$\hat{Demand} = 15480.440 + 0.0263 Baidu + 219.750 Prize - 0.052 IO\_num - 0.111 Battery + 319.205 Rho + 220.863 Policy - 0.291 IO\_profit$$

模型预测结果如图7所示，模型拟合值与新能源重卡的实际销量走势波动吻合良好，且 MAPE $= 9.4\%$，精度较高。

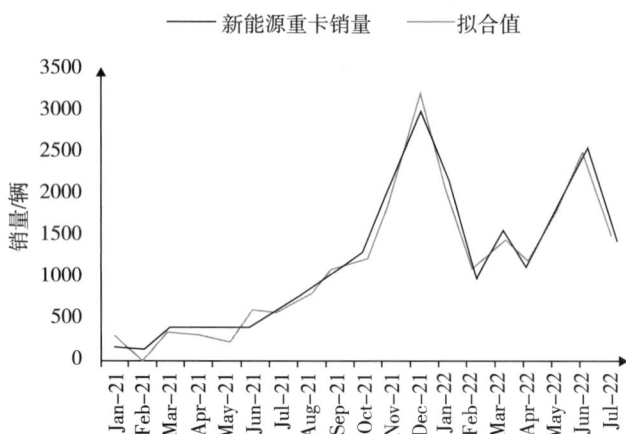

图7 多元回归拟合图

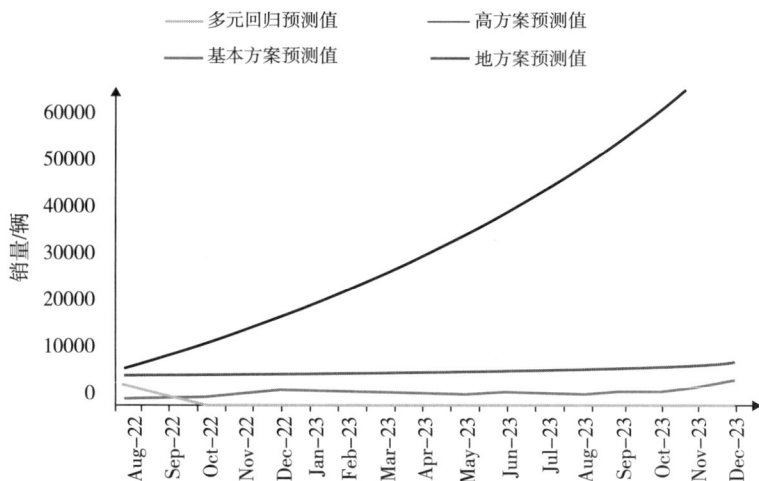

图8 多元及情景预测图

此外本文进行情景预测。选取磷酸铁锂价格（*Prize*）、工业企业单位数（*IO_num*）、国家政策数量（*Policy*）三个指标,对系数取倒数平均设为 a;将 7 个指标的月增长率平均值设为 d_i（i=1,2,……,7）。

低方案:以 ± $(d_i - a)$ 为各指标月增长率进行预测。

基准方案:选取 $\frac{a}{2}$ 为各指标月增长率进行预测。

高方案:选取 ± $(d_i + a)$ 为各指标月增长率,结合方程进行预测。

三种情景预测下的销量发展情况如图 8 所示。

2. 时间序列预测模型

自回归移动平均（*ARIMA*）模型可以定量揭示某种现象随时间发展的规律。本文对原始时序数据二阶差分后做定阶操作，得到最佳拟合模型 *ARIMA*（1，2，1）并通过残差白噪声检验，最终用 *ARIMA*（1，2，1）模型进行预测，结果如图 9 所示。

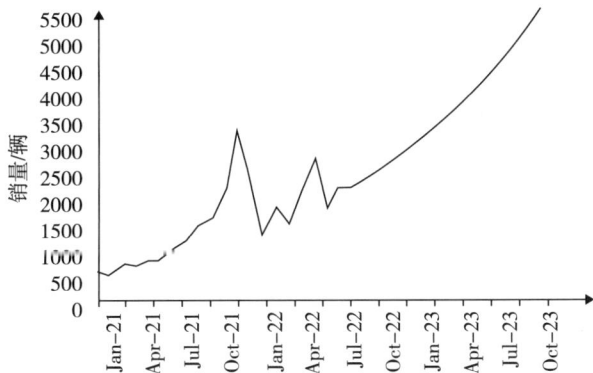

图9　ARIMA 预测图

3. 指数平滑模型

指数平滑通过对水平、趋势和周期三部分因素预测来有效反映季节变动影响。本文采用三次指数平滑模型对新能源电动重卡销量进行预测，结果如图 10 所示。

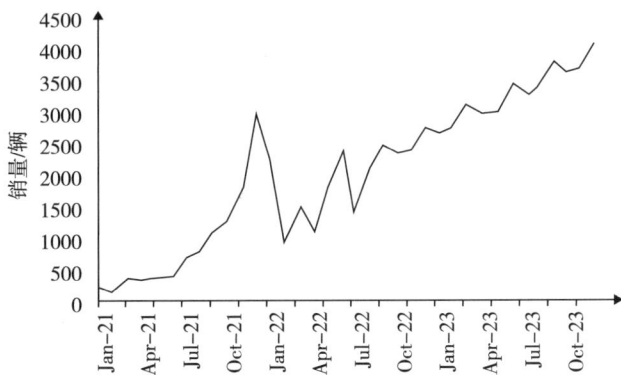

图10　指数平滑预测图

4. 组合预测模型

对三种单独预测法进行等权组合预测，预测结果如图 11 所示。2022 年 7 月前为销量真实值，7 月后为组合预测值，发现两者衔接较好；预测阶段内新能源电动重卡销量虽偶有下降但总体明显上升。

（三）模型综合对比分析

图 12 综合了 4 种模型的销量预测走势。其中 *ARIMA* 模型倾向表达整体走势；

多元回归预测模型起伏幅度较大；而组合预测法整体走势与起伏特点兼具，更具代表性，新能源电动重卡 2023 年 12 月销量将达到 2022 年 8 月初预计值的 2.88 倍。

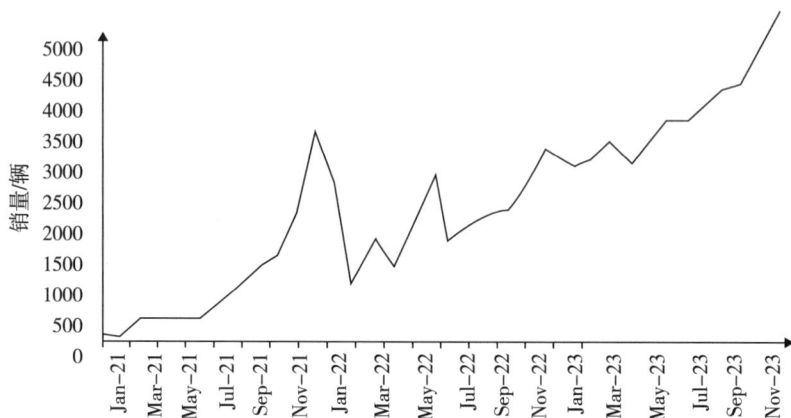

图 11　组合预测图

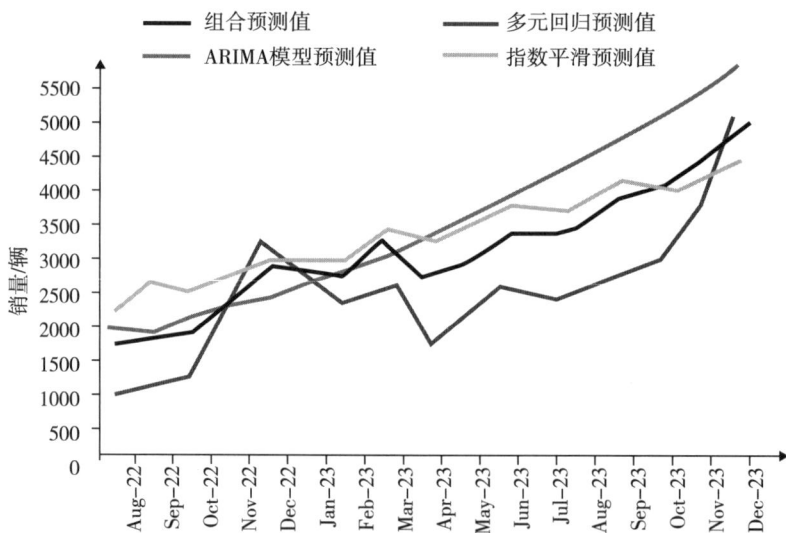

图 12　四种预测对比图

综上分析，第一，2022 年第四季度新能源电动重卡销量涨势增幅明显，可能与政策导向增强客户信心、节日效应使工业企业订单增多，新能源电动重卡需求提高有关；第二，2023 年第一季度新能源电动重卡销量微弱下降但总体影响不大，可能与节日后期企业在岗人数下降，订单数减少有关；第三，整体走势良好，随着新能源概念普及与技术提升，不少问题将被有效解决，新能源电动重卡将拥有更广泛的市场空间。

五、新能源汽车产业链贸易特征分析

2001 年，新能源汽车研究项目被我国列入国家"十五"规划的"863"重大科技课题；2009 年，我国开始实施新能源汽车战略。基于 2001、2009 和 2021 年联合国商品贸易数据库数据，运用社会网络分析方法，本文从全球视角探讨中国新能源汽车产业参与全球产业链的竞争力。根据世界银行数据库数据，本文选择 2001—2021 年货物和服务平均出口额排名前 30 的国家为研究对象。具体国家（或地区）详见表 7。

表 7　纳入研究的 30 个贸易国家（或地区）名称

序号	国家/地区名称	代码	序号	国家/地区名称	代码	序号	国家/地区名称	代码
1	澳大利亚	AUS	11	印度尼西亚	IDN	21	沙特阿拉伯	SAU
2	奥地利	AUT	12	爱尔兰	IRL	22	印度	IND
3	比利时	BEL	13	意大利	ITA	23	新加坡	SGP
4	巴西	BRA	14	日本	JPN	24	西班牙	ESP
5	加拿大	CAN	15	韩国	KOR	25	瑞典	SWE
6	中国	CHN	16	马来西亚	MYS	26	瑞士	CHE
7	丹麦	DNK	17	墨西哥	MEX	27	泰国	THA
8	法国	FRA	18	荷兰	NLD	28	土耳其	TUR
9	德国	DEU	19	波兰	POL	29	英国	GBR
10	中国香港	HKG	20	俄罗斯	RUS	30	美国	USA

1. 新能源汽车贸易网络的结构分析

基于社会网络中心性，本文对比了 2001 年、2009 年和 2021 年新能源汽车的世界网络结构，如图 13 所示，图中节点大小表示与该节点进行贸易的国家数量，节点越大，进行贸易国家越多，在新能源汽车国际贸易中的竞争力越强。

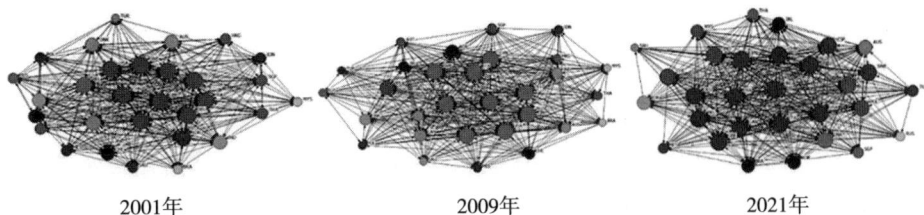

2001年　　　　2009年　　　　2021年

图 13　2001 年、2009 年、2021 年新能源汽车贸易网络结构图

纵向分析各年变化中，可以看出：2001年，中国、美国、瑞典、日本、德国、英国、意大利、荷兰、法国九个国家的新能源汽车贸易进出口涉及国家数量最多，竞争力排名靠前，而巴西、马来西亚、沙特阿拉伯、土耳其等国家在新能源汽车生产销售方面的竞争力较弱；2009年，在新能源汽车国际贸易中占据最大竞争力的国家未发生趋势性变化，与其他国家发生贸易往来数量较少的国家包括巴西、马来西亚、沙特阿拉伯、墨西哥、波兰等；2021年，影响力最大的国家（地区）较2001年和2009年相比增加了中国（香港）、比利时、加拿大、西班牙，而节点影响力较弱的国家包括巴西、沙特阿拉伯、墨西哥、爱尔兰等。

其次，分析中国情况，中国积极推动建设开放型世界经济、构建人类命运共同体，与多国均发生贸易往来，在2001年、2009年及2021年的新能源汽车成品方面发生贸易的国家数量位于第一，在新能源汽车国际贸易中有主要影响力。

2. 中国新能源汽车主要贸易伙伴

我国与世界主要贸易国家都建立了新能源汽车贸易联系，本文基于联合国商品贸易数据库2001年、2009年及2021年数据进一步深入剖析，结果如表8所示。

表8　中国新能源汽车主要进口来源地和出口目的地

年份	排名	进口地	进口占比/%	出口地	出口占比/%
2001年	1	德国	41.57	美国	31.44
	2	日本	30.97	中国香港	14.85
	3	意大利	9.41	意大利	9.33
	合计		81.95	合计	55.62
2009年	1	德国	33.30	美国	26.53
	2	日本	32.92	荷兰	15.37
	3	美国	12.57	德国	9.39
	合计		78.79	合计	51.29
2021年	1	德国	42.00	比利时	22.37
	2	美国	29.61	美国	14.21
	3	英国	8.23	英国	14.06
	合计		79.84	合计	50.64

从进口来源地来看，我国新能源汽车行业高度依赖日本、德国、美国等发达国家。在2001年、2009年及2021年德国均占据第一进口国，美国占比逐年提升。从出口目的地来看，我国新能源汽车行业贸易伙伴较为集中，美国依旧是我国的主要出口地，但排名前三的出口目的地发生较大变化，2001年出口地前三为美国、中国

香港及意大利，2009 年出口地前三为美国、荷兰及德国，2021 年出口地转移到比利时、美国及英国，其中比利时超过美国成为我国新能源汽车第一出口地。

六、结论与建议

（一）研究结论

本文主要以长三角地区新能源电动重卡产业链上的企业为研究对象，结合 45 家企业的问卷数据以及对 7 家企业访谈所获得的数据，研究新能源电动重卡产业链的变迁和市场测度。首先，运用描述性统计分析对企业的产业链基本情况进行总体特征描述，运用方差分析进行产业链间综合竞争力比较，进一步通过德尔菲法和主观概率法分析产业链难点和未来五年发展趋势预测。其次，运用模糊综合评价法对产业链竞争力进行测度，再基于组合预测法分析新能源市场需求与销量。最后，运用社会网络方法分析产业链贸易特征，得出以下结论。

第一，企业所处地区、所处产业链、所处环节及营业收入与国际竞争力息息相关，在不同产业链比较中，新能源汽车的韧性表现最好。第二，产业链困难环节主要是消费者需求、基础设施服务、技术生产及原材料，产业链相关企业对国外市场规模预测情况更好，对国内市场占有率的估计信心偏弱。第三，新能源企业认为基础能力、创新能力、生产能力的产业链竞争力差距不大，企业规模、研发人员数量、研发投入的竞争力欠缺，我国产业链中销售能力的竞争力最为不足。第四，自 2022 年第三季度至 2023 年年末，新能源电动重卡销量的组合预测图像走势有起有伏，但需求总体呈市场上升趋势，新能源电动重卡需求市场未来广阔，电动重卡价格变化对市场均衡起重要作用。第五，各国贸易往来紧密，产业链变迁趋势较弱，中国在国际新能源汽车产业链中占据上风。

（二）研究建议

1. 新能源电动重卡企业方面

（1）聚焦企业科技自主创新能力

企业要提高以芯片为主的核心技术研发能力，降低电池重量，提升载货量，研发具有换电、充电功能的车辆；积极响应政府的人才引进政策，增加人才引进的福利，健全人才福利保障体系；加大技术研发的资金投入，发挥高校、企业科技创新联动在新能源电动重卡市场化过程的助推器作用，深化产学研发展，共同推进新能源电动重卡产业欣欣向荣的发展态势。

（2）提升产业链竞争力

企业要提高整车性能与电池换电效率，实现充换电一体化；可以扩大换电站与充电站的辐射范围，提供便利的购置、服务、出行环境，通过同行数据商业共享，形成更为庞大的区域充电生态；在合理布局国内外市场的同时，加速多场景产品的布局，实现长三角地区生态绿色一体化发展目标。此外，企业要提高与利益相关方的关联度与合作水平，可以通过各利益相关方的参与达到标准上的协同，对电池、充电桩、换电站等规格标准进行统一，不仅能为人民城市的环保以及国家碳中和战略作出贡献，实现人民城市人民建，又能增强产业链国际竞争力。

2. 政府方面

（1）资金、政策双启动，支持新能源企业稳定业务量，改善民生

政府要加大对新能源相关企业的贷款力度及新能源政策的宣传力度，适当增加对新能源汽车购置及运营的资金补贴；对于符合条件的企业精准发放稳岗返还资金，支持企业稳定业务量、逐步扩大投资，使企业发挥其繁荣经济、吸纳就业、改善民生等方面的作用，提高我国就业率，改善人民的生活质量，共促经济发展；吸引更多人才进入新能源行业，弥补整机和整车技术生产中的人才缺口，健全人才培养制度，为从业者搭建良好平台，激励人才创新，助力企业实现技术突破。

（2）优化新能源市场，统筹推进经济治理、社会治理、城市治理

政府要积极推动充电桩基础设施的建设，倡导跨省市的推广应用方案，促进跨省域合作，建设长三角跨区域基础设施一体化，以提高产业链供应链协同，基础设施联通；完善新能源产业的相关标准，推动新能源电动重卡全产业链建设，以一产带一链、一链兴一群，培育产业新市场；打造良好的新能源营商环境，让企业家专心创业、放心投资、安心经营，营造重商、亲商的发展氛围，以政商良性互动推动企业发展；加大推进绿色经济发展，推动生态环境全民共治，实现城市交通节能减排的绿色生态，加快建设长三角地区生态绿色一体化发展示范区。

参考文献

［1］郭戈，杨飞．应用德尔菲法构建城市体育产业竞争力指标体系［J］．体育科技文献通报，2011，19（12）：113-115．

［2］李敏，薛伟贤，赵璟．全球数字贸易中的竞争互补关系及其演化——基于社会网络分析方法［J］．国际经贸探索，2021，37（10）：54-69．

［3］李霞，戴昌钧．基于主观概率的员工个体知识表征与修正研究［J］．图书情报工作，2011，55（24）：80-83．

［4］李珍妮. 社会网络视域下提升大学生就业质量的途径研究［J］. 赤峰学院学报（自然科学版），2016，32（05）：230－232.

［5］刘纯，范高锋，王伟胜等. 风电场输出功率的组合预测模型［J］. 电网技术，2009，33（13）：74－79.

［6］阮闲静，石荣丽. 基于灰色关联模型的新能源汽车产业竞争力评价研究［J］. 数学的实践与认识，2016，46（21）：72－79.

［7］谭涛，黄泽涛，林雁玲等. 大数据驱动的我国新能源汽车需求分析［J］. 可再生能源，2020，38（07）：967－971.

［8］温惠芫，贾幼帅，朱秋萍. 基于组合预测方法与情景分析的广东省客运周转量预测［J］. 交通信息与安全，2013，31（05）：41－44.

附录　调研感悟

（一）指导教师调研感悟

1. 李佩瑾

在第四届"访万企，读中国"社会调查项目关于新冠肺炎疫情影响的调查中，小组成员结合国家与上海的核心关切，特别选取新能源电动重卡产业链作为研究对象，希望能获知新能源电动重卡当前发展、疫情影响、历史机遇、突出困难、前景展望，特别是对照上海海关议题——国内外产业链竞争力比较视角，实现国内外发展境况对比。希望我们的研究可以为推进"双碳"实施做一些微小的贡献！

2. 何佩文

在历时两个多月的暑期社会实践中，本队同学躬身实践、走进社会，将课本所学的知识与社会问题进行深度融合。从组队讨论、确定主题方向、确定实践安排、走访重点企事业单位、分析实践结果和撰写调研报告等，同学们围绕调研主题开展了全面的调研活动，提高了自身发现问题、认识问题、分析问题和解决问题的实际能力，为走入社会做好了全方位的准备。

（二）团队成员感悟

1. 曾维琴

作为团队队长，我在和队员躬身实践的过程中，不断尝试着更多的可能性。一方面，企业访谈让我对新能源电动重卡当前难点、市场需求、国际竞争力及未来发展前景都有了更全面立体的认知。另一方面，我充分结合统计学专业知识，进行数据建模分析，不断地在学中做、做中学，更好地提高专业能力。

2. 方馨

在前期联系企业时，我们碰过壁、受过挫，但始终积极主动应对，反复斟酌着与企业的沟通措辞，获取肯定访谈的回答后立即开始进行分工。正式访谈时，我们会提前查阅企业信息、整理材料、确定访谈内容、及时整理会后笔记。尤其在假期容易倦怠的时刻，团队成为推动我向前努力的最大动力。

3. 张雅玟

本着让每个人都体验一个工作的原则，组长对每次的访谈工作进行了细致的分工，包括搜集企业资料、访谈提纲准备、会议主持人、会议提问、整理访谈录、制作简报微推等。在这个过程中，我们能够迅速熟悉企业，直接与企业负责人交流，这些经历都会成为我们宝贵的经验，并被运用到之后的学习和工作中。

4. 陈若彤

通过这次调研，我对新能源产业链整体有了深刻的认识，尤其在疫情冲击的大背景下，一些企业未雨绸缪、积极主动的应对措施让我认识到困境中抓住机遇的智慧。企业负责人细心准备材料、耐心回答我们近30个问题，进一步推动了我们整个调研有条不紊地进行。

5. 李照莹

真诚做好每一件事、要善于沟通和团队合作、克服自己的胆怯是我在这个暑假最大的收获。在实践中，同学们收集资料做汇报，为不同的企业准备访谈提纲，与各个企业的高管在会议中友好地交流，一遍又一遍修改微信公众号推送和访谈录，这期间离不开李佩瑾老师和何佩文老师的鼓励和倾囊相授。

6. 任洁

这个假期，在指导老师的带领下，我们做好充足的访谈准备，以认真的心态对待每一次线上访谈。十分感谢企业能够给予我们这个学习的机会，让我们提前了解企业的生存发展现状，并能将专业所学应用到调研报告的撰写中。

7. 李松霖

在本次实践中，我学会了很多。从最开始的规划、查找各企业资料、行业的相关信息，到和不同的小组成员一起完成对企业访谈的各种分工，再到最后的对数据的查找与分析，还有对新的分析方法、社会网络分析的学习，每一个部分都让人受益匪浅。

8. 李雨欣

此次调研，小组的访谈企业集中于新能源汽车领域。在此之前，我并没有仔细研究过新能源汽车行业，但这次访谈使我了解了新能源汽车的发展历程、行业现状、问题困扰、未来前景等相关知识，对于"新能源"这个概念有了更深的理解，对于"双碳"战略有了更深的认识，对"新能源汽车"产生了浓厚的兴趣。

9. 付馨宁

真正参与其中，才知道实践活动环环相扣的不易。如何设计出最全面完美的问卷，如何在访谈中表现得条理清晰、有观点有看法、落落大方的同时，还能统筹整体的访谈进度和氛围，如何在实践报告中完整清晰且语句流畅地体现我们调研的内容，实践活动的各个方面都是学问，我虽然碰到了很多坎，但学到的东西更多。

10. 黄思颖

我们小组采访了新能源重卡产业链环节上的锂电池、整车生产、充换电技术、充换电设施建设、融资租赁等相关的七家公司。每一次完整的线上采访离不开前期对企业基本资料的收集、访谈提纲的整理、线上采访、后期采访总结回顾的过程。本次调研，我受益匪浅、收获满满，感谢此期间辛苦付出的每一个人！

11. 朱激越

从小组选定以新能源重卡产业链为研究对象后，我主要负责产业链竞争力和变迁趋势的资料收集整理。在每一次调研前的会议中，老师同学都会一起分享资料、交流讨论。此次调研前的资料准备工作让我认识到，只有进行充分的准备工作，才能设计出好的问卷、访谈题目，把握课题目前最新发展的情况，以及在访谈中拓展可能的深度话题。

疫情冲击对不同类型企业的影响及企业对策研究

游航霄　殷一鎏　方奕涵　陈懋垚　张　楠　张雅婷　王书悦　黄　源　杨雅萱
童颖讯　周明慧　于郴强　魏玉波
指导教师：邵　扬　董云朝

摘 要

　　长三角地区是中国经济发展最活跃、开放程度最高、创新能力最强的区域之一。2022 年，在新冠肺炎疫情冲击下，长三角地区的各企业面临挑战和危机，但也迸发出更大的生机。本调研通过线上访谈与问卷调查相结合的方法，对新冠肺炎疫情下企业应对措施和数字化转型的实况展开研究，目的在于了解企业在疫情中遇到的困难以及如何应对其带来的负面影响，同时本小组结合企业相关数据进行分析，为各类型企业今后在数字化时代和新冠肺炎疫情时代的发展提供可借鉴的经验。

　　关键词：长三角；数字化；新冠肺炎疫情；企业韧性

一、调研背景和意义

　　2022 年 3 月，上海市新冠肺炎疫情暴发。此次疫情对长三角地区乃至全国的各行各业都产生了极大的冲击。生产停滞、需求放缓、物流紧缩和用工困难等多重压力也迫使企业寻找新的生机。

　　在疫情背景下，大数据、AI 人工智能、云计算等数字技术的应用，不仅助力抗击新冠肺炎疫情，还保障了人们疫情期间正常的生活需求。2021 年上海市商务委员会出台了《上海市推进商业数字化转型实施方案》，全面提升了商业数字化、网络化、智能化水平，推动企业灵活转型与变通，促进了消费、创新了模式、惠及了民生、打响了品牌。

本次调研旨在了解疫情冲击下我国长三角地区企业的韧性与应对措施，从而深入了解不同行业、不同规模以及所处产业链上不同节点的企业受疫情的影响程度和存在的问题。最后，针对疫情对企业造成的困难，本小组基于调研结果，于不同角度提出对策建议。

二、调研方案与实施

（一）调研方案

1. 调研目的
本研究旨在探讨疫情冲击下，长三角地区企业的韧性与应对措施，对产业链的影响，并针对疫情期间企业的困难，于不同角度提出对策建议。

2. 调研内容
疫情对企业运营业务、影响策略、现金流等方面的影响以及企业是否享受到了政府给予的纾困政策；不同行业、不同规模以及所处产业链上不同节点的企业受疫情影响的程度和因之带来的问题。

3. 调研方法
以线上访谈（腾讯会议、电话访谈）为主、问卷形式为辅，采用 Excel 等数据分析软件对问卷数据进行具体分析。

（二）调研对象

以下为参与本组访谈和问卷调研的企业名录：
· 上海尚合创业孵化器管理有限公司
· 霄宏电子科技（上海）有限公司
· 淮安市安亭建设工程有限公司
· 江苏卧尔康家居用品有限公司
· 安徽轩之华家庭用品有限公司
· 达而观信息科技（上海）有限公司
· 上海画龙信息科技有限公司
· 领聚数字技术有限公司

（三）调研任务分配

表1　小组成员分工

小组成员	工作内容
方奕涵	监督调研进度、分配调研任务、对接指导老师、联系企业、访谈企业、后期文案整理、撰写调研成果
游航霄	数据分析、撰写调研成果
殷一鎏	数据分析、主持访谈、撰写调研成果
陈懋垚	后期文案整理、撰写调研成果
张楠	后期文案整理、撰写调研成果
张雅婷	联系企业、访谈企业、撰写调研成果
王书悦	联系企业、访谈企业、撰写调研成果
黄源	编辑访谈提纲、撰写调研成果
杨雅萱	编辑访谈提纲、撰写调研成果
童颖讯	主持访谈、撰写调研成果
周明慧	前期调查、后期文案整理、撰写调研成果
于郴强	前期调查、后期文案整理、撰写调研成果
魏玉波	联系企业、编辑微信公众号推送、撰写调研成果

（四）调研工作时间安排

表2　调研工作时间安排

时间	调研内容
6月3日—6月25日	（1）线下会议确定小组选题及分工 （2）查阅资料，撰写调研计划书 （3）设计问卷，修改访谈提纲
6月26日—7月15日	（1）联络企业，确定访谈方式及时间 （2）开展访谈，整理访谈笔记 （3）新闻稿材料收集及宣传
7月16日—8月25日	（1）访谈文案整理 （2）调研资料汇总 （3）数据收集
8月26日—9月5日	（1）撰写决策报告、典型案例报告 （2）撰写调研报告，总结调研成果

三、问卷调研结果统计分析

（一）整体样本基本情况

此次调研共收到 537 家企业的有效问卷。首先，我们从企业所属类型（图1）、企业股权性质（图2）、企业所处行业（图3）、企业员工人数（图4）、2021年企业收入（图5）五个方面对问卷内容进行基本分析。总体来看，此次调研主要聚焦于非外贸直接相关企业，此类企业占比76%。从企业股权性质来看，共479家民营企业。从企业所处行业来看，调研企业涵盖的行业领域较为广泛，其中制造业占比最高，为71%。从企业员工人数来看，人数在300~500人的企业占比75%。从2021年企业收入来看，80%的企业2021年年收入在2000万~1亿元左右。

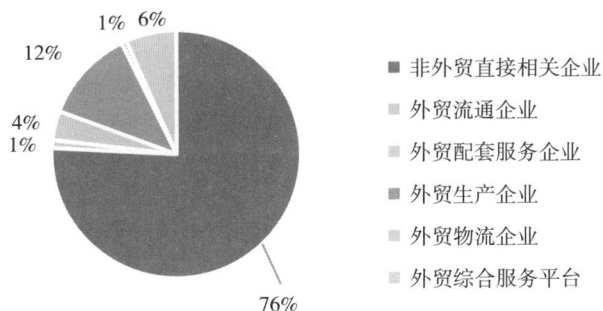

图1　企业所属类型

- 非外贸直接相关企业
- 外贸流通企业
- 外贸配套服务企业
- 外贸生产企业
- 外贸物流企业
- 外贸综合服务平台

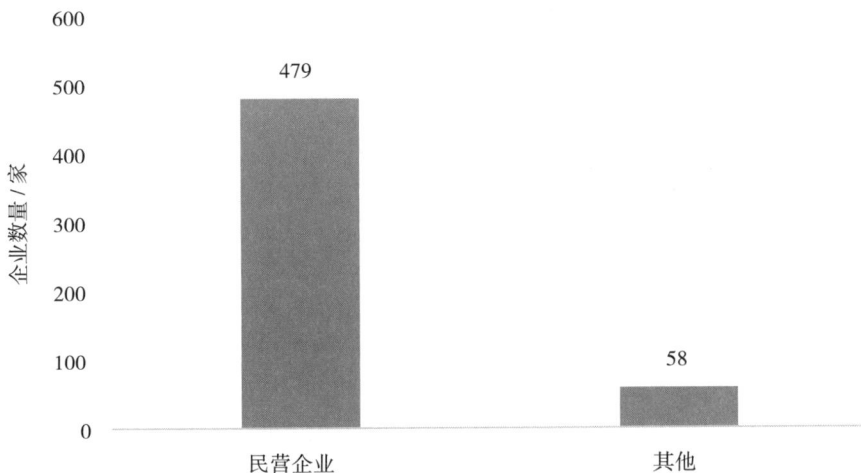

图2　企业股权性质

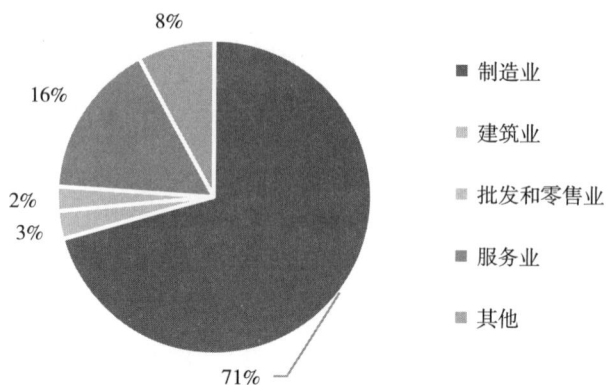

图3 企业所处行业

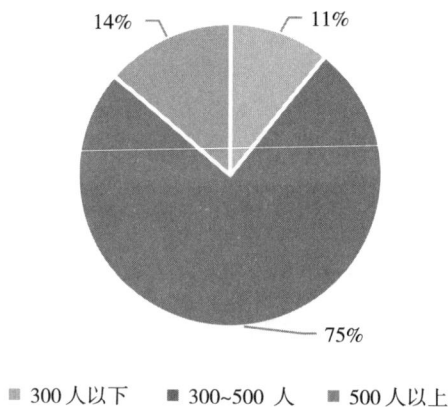

图4 企业员工人数

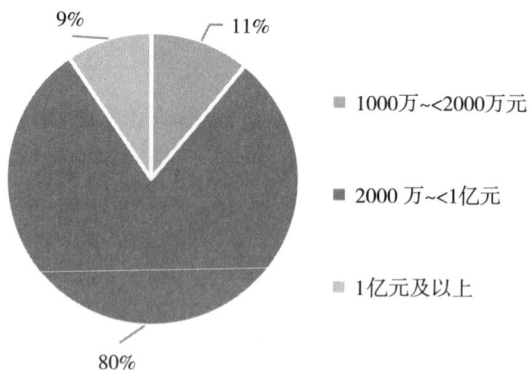

图5 2021年企业收入

（二）企业基本观点

1. 降低线下风险，增加线上渠道

上海尚合创业孵化器管理有限公司×经理认为：企业在疫情下所面临的困难，

主要在于所孵化的项目的线下业务不能正常开展。对于绝大多数初创型企业而言，线下业务是其主要工作方式和盈利内容。企业对所服务的初创型企业进行有针对性的心理疏导，同时注重商业计划书和一些编辑工作的指导，以线上会议的方式让客户了解企业内部的运营问题。这些举措有力地增加了企业线上生产的渠道，使企业生产方式多样化。这也是企业在数字化转型中的重要工作和有力举措之一。

2. 新形势下，诚信做事、诚意待客也永远是企业的生存之道

霄宏电子科技（上海）有限公司郁经理认为：新形势下，霄宏电子科技（上海）有限公司利用现代化信息管理系统进行仓库订单及现场处理，通过技术手段缓冲疫情管控带来的冲击。在仓库物流方面，企业设置了共享仓库，减少了同行企业为满足物流需求在全国各地修建仓库的成本。企业在创新、发展的同时始终保持初心，"诚信做事、诚意待客永远是企业的生存之道"，坚持以优质的产品和服务，及客人所及，想客户所想，真正赢得客户的信任和长期的合作，把企业做得更好更强。

3. 国家帮扶渡过难关，良好心态寄以希望

淮安市安亭建设工程有限公司葛经理认为：作为一个主营桥梁工程的小规模公司，疫情停工给企业带来的影响是致命的。企业最大的成本在机械设备和人工。疫情管控期间，企业无法运输工程所需材料，同时机械设备存储和人工方面的成本都大幅增加。在银行政策的帮助下，企业通过贷款来渡过难关。

4. 线上发展模式亟待企业开拓

安徽轩之华家庭用品有限公司李经理认为：企业自身要从此次疫情期间出现的问题与状况中吸取经验，在将来的发展中要着手建立建全线上工作的销售模式与体系。企业要提高自身产品的竞争力，为将来产品在线上模式完善后的销售提供保障。其次，在如今的形势下，企业发展线上模式已是大势所趋，在线上与顾客的沟通也是必不可少的。所以，企业需要提高与客人在线上进行沟通的能力。

5. 信息科技领域发展势头正盛，受疫情负面影响较小

达而观信息科技（上海）有限公司胡总监认为：疫情导致许多企业需要数字化转型，达而观的主营业务反而得到了更加良好的发展。企业主要专注于文本智能处理领域，为金融机构、政府还有大企业的客户提供智能文本机器人的产品。因为行业的特殊性，线上办公并不会对达而观的工作造成影响。另一方面，企业研发的产品在疫情期间也发挥了很大的作用，比如企业研发的产品大大提高了核酸检测机构的工作效率，并且企业派遣相关人员在核酸检测机构现场做志愿者工作。作为高新技术企业，达而观还享受到了国家各种的优惠政策。

（三）疫情对企业的影响

在此次新冠肺炎疫情的影响下，各行各业都暂缓了生产经营活动，陷入了短暂

的需求回缩、生产暂停和用工困难等困境。如图 6 所示，78% 的企业受疫情影响，预计 2022 年的企业营收会有所下降，较为严重的是 13% 的企业预估 2022 年企业营收将下降 50% 及以上。如图 7 所示，在疫情期间营收未受影响和营收有所提高的企业中，有 88% 的企业在疫情期间并未停工。

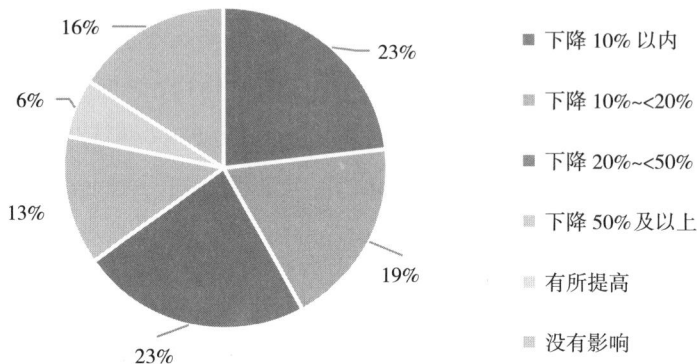

16%　6%　13%　23%　19%　23%

- 下降 10% 以内
- 下降 10%~<20%
- 下降 20%~<50%
- 下降 50% 及以上
- 有所提高
- 没有影响

图 6　预估疫情对 2022 年企业营收的影响

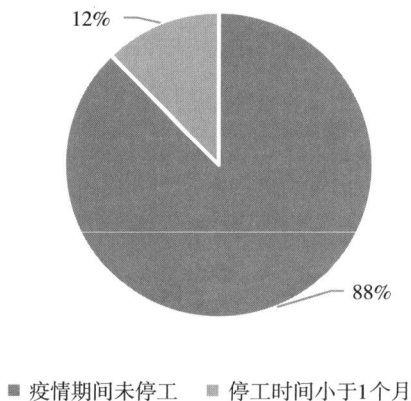

12%　88%

- 疫情期间未停工　　- 停工时间小于1个月

图 7　营收未受影响原因

　　如图 8 所示，在受疫情影响导致营收下降的企业中，困扰于订单下降、经营收益减少问题的有 356 家企业，困于原料不足、供应链中断的有 146 家企业，困于限制开工的有 101 家企业。在此次疫情的冲击下，很多企业表示将会重新反思并重视"零库存"的问题。从调研结果可以看出，企业对产品所需的关键性原材料、零部件等持有一定库存量是非常有必要的。可以肯定的是，在将来，制造业的企业会更加重视对 BI、大数据分析和 AI 等技术的实际应用，并对数据分析师等人才产生更为迫切的需求。

　　如图 9 所示，企业 2022 年上半年受到的订单量与前一年同期相比有明显的下降。本次调研涉及的企业多为长三角地区企业，其中上海市在 2022 年 4 月初集中暴发了疫情，因此该地区及周边部分地区的企业在该轮疫情中受到了较大的影响。

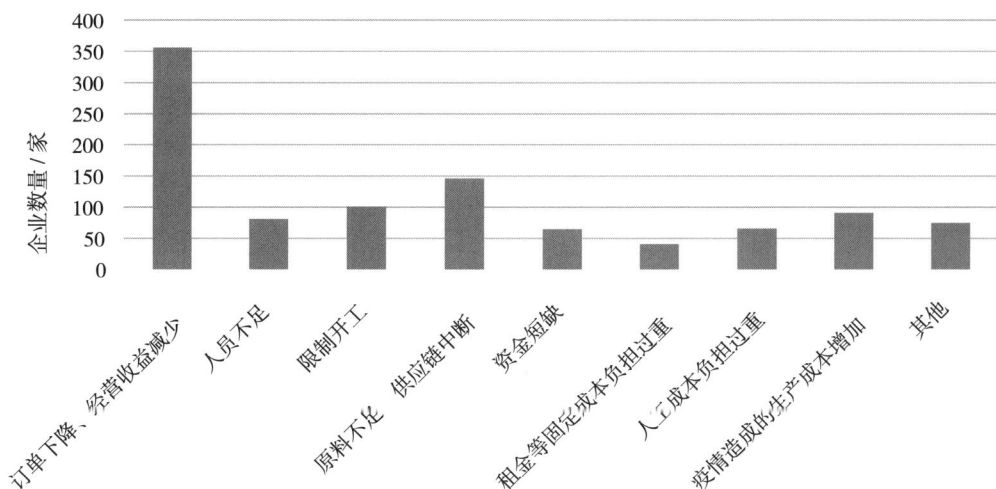

图 8　企业营收影响因素

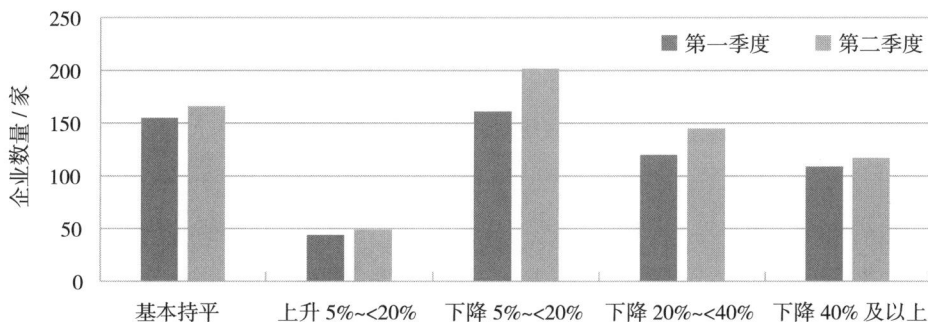

图 9　2022 年上半年订单量与去年同期相比

（四）疫情期间企业采取的措施

本部分内容基于问卷调查的数据，分析疫情期间企业针对自身各个方面受到的影响所采取的具体应对措施。

如图 10 所示，企业针对运营情况采取的措施主要包括关注员工、压缩成本和灵活用工三个方面。其实，企业调整本身在面对危机时的短板与提出新的发展模式或方向也不失为渡过难关的方式。从发展的角度来看，企业关注并解决自身的短板与问题会给企业带来更长远的好处。

如图 11 所示，63% 的企业在面临资金问题时会降低企业自身的运营成本，尝试从企业内部解决问题，最后再尝试借助外界力量，而在这些方式中，从银行贷款会被 54% 的企业选择。如图 12 所示，在应对原材料短缺的问题上，69% 的企业会优先选择寻找新的采购渠道，51% 的企业选择减少生产，从企业内部解决问题。

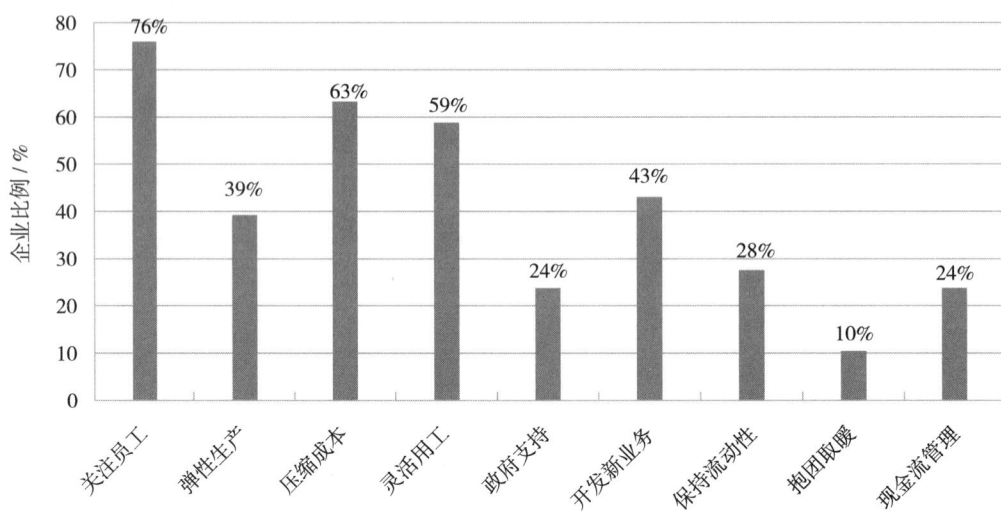

图 10　企业针对运营情况采取的措施

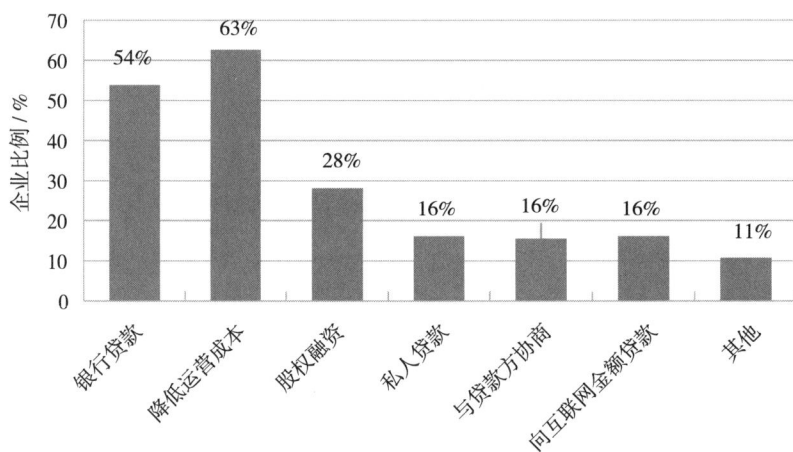

图 11　企业针对资金短缺采取的措施

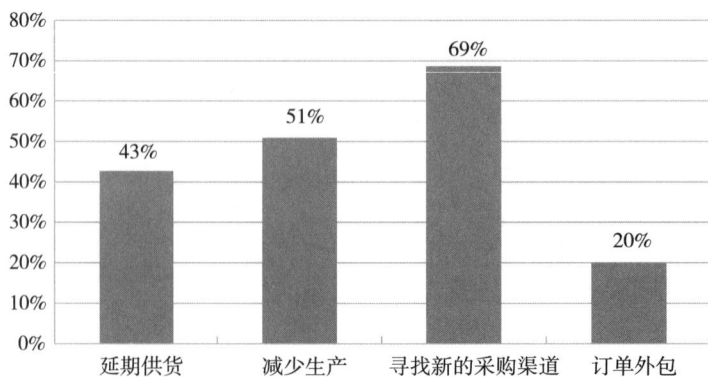

图 12　企业应对原材料短缺的措施

（五）企业采取共享合作模式分析

通过对问卷结果的统计，本文将从以下 4 个维度来说明当前企业采取共享合作模式的情况。每一个维度建立一个代表性指标，每一个指标取值从 1 到 5，分别代表程度很差、较差、一般、较好以及很好，数字越大代表企业相关维度的合作程度越高，以此来度量企业间的合作情况。

如图 13 所示，建立合作关系准备程度较好的企业占比 60%，这表明一半以上的企业在建立企业间的合作关系前都会作出比较充分的准备来确保企业间的合作能够顺利进行。如图 14 所示，与行业内核心企业联系程度较高的企业占比 50%。共享合作离不开企业间的沟通交流，企业与行业内的核心企业保持比较频繁的联系，对于将来企业间展开共享合作有着极大的帮助。如图 15 和图 16 所示，共享信息程度以及共享资源的程度较高的企业分别占比 56% 和 55%，说明相当一部分的企业愿意贡献出自己较多的信息与资源用以共享。

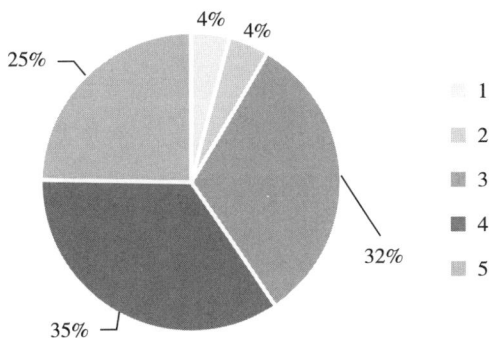

图 13 企业建立合作关系的准备程度

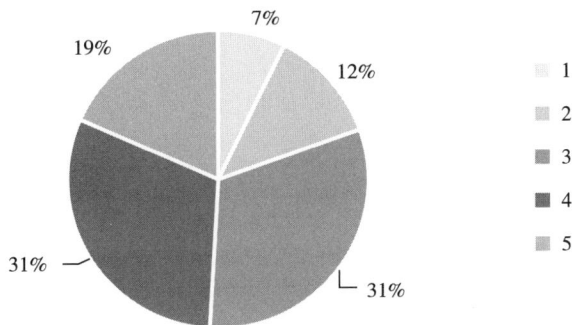

图 14 企业与行业内核心企业的联系程度

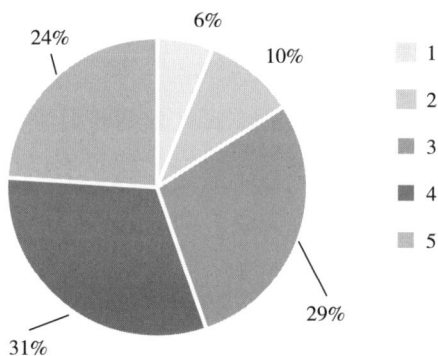

图 15　企业共享生产、物流、订单信息程度

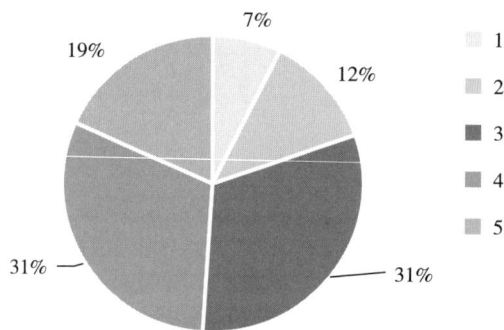

图 16　企业研发和销售所需资源共享程度

　　其次，根据以上几个维度的指标，我们建立了一个综合指标"共享合作程度"，来反映企业间整体的合作模式情况。如图 17 所示，合作程度较高的企业占比 52%，半数企业在受访中表示，愿意采用合作共享模式来进一步推动企业的发展。总的来看，企业间合作共享模式的开展将会成为未来企业发展的一个趋势，其前景也较为乐观。

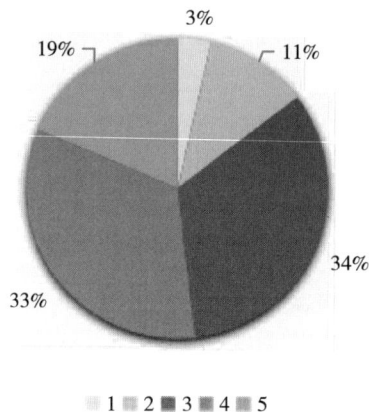

图 17　共享合作程度

最后，考虑到企业间的合作程度可能与该企业所处行业的技术发展以及市场对企业产品的需求有一定的相关性，本文根据企业所处行业的技术变化速度、企业受到外部技术变化影响的程度、企业的产品市场变化情况等一系列数据，共同建立并得到了技术专业水平的代理指标"市场与技术发展程度"。如图 18 所示，市场和技术发展程度与企业间的合作程度呈现正相关关系，即市场与技术发展程度越高的行业越有可能开展企业间的合作与共享。

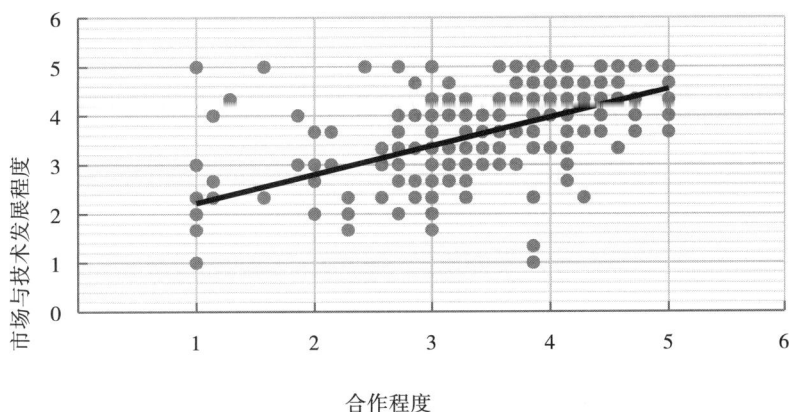

图 18　技术发展趋势与合作倾向

（六）企业的纾困政策分析

除了企业自身所采取的措施，政府给予适当的政策扶持对于企业的生存发展也至关重要。如图 19 所示，需要政府提供税收优惠政策的企业占比 72%，需要利息减免的企业占比 61%，需要成本补贴的企业占比 51%，需要提供贷款等金融支持的

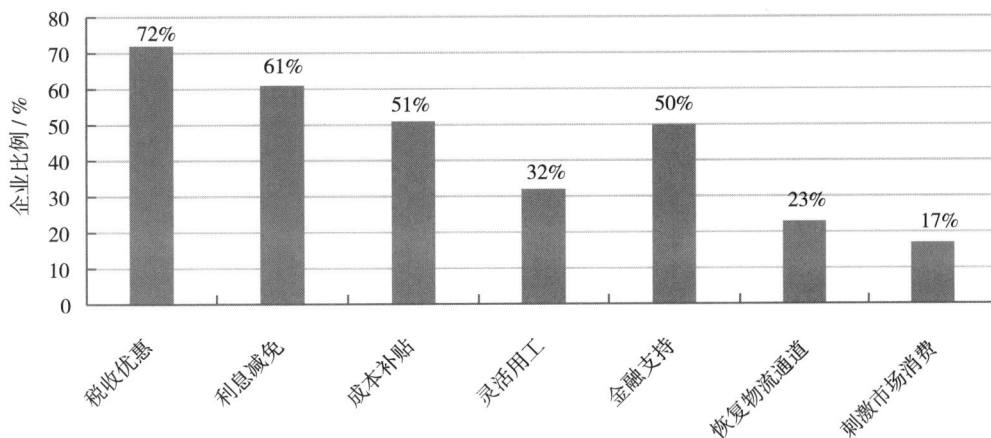

图 19　企业需要政府提供的支持

企业占比50%。据调研了解，在疫情期间大部分企业都没有得到政策扶持，其中一部分企业不需要政策扶持来解决困境，但较多企业无法申请政府的政策扶持。由此来看，如何合理有效地改变政策扶持力度这一问题亟待解决。

　　政府对企业的各项扶持政策，包括减税降费、援企稳岗、疫情防控、金融融资服务以及支持恢复困难企业等。图20到图22展示了政策扶持后企业在现金流、营业利润以及舒缓压力方面的实际情况。如图20所示，从现金流的恢复情况来看，虽然有超过一半的企业资金流呈恢复状态，但完全恢复的企业只占比32%，没有明显恢复的企业占比高达40%。如图21所示，在得到政府扶持后企业营业利润变化的程度并不理想，"没有作用"与"恢复10%以内"的企业共占比82%，只有较少企业在政策扶持下走出了困境。如图22所示，金融服务优惠为企业舒缓压力情况效果较好，68%的企业在金融服务的优惠下舒缓了压力。

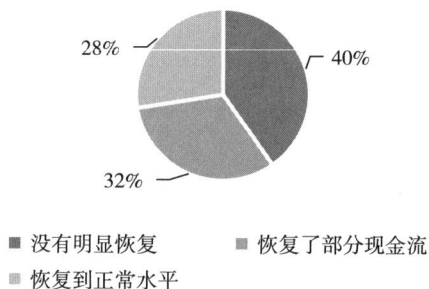

■ 没有明显恢复　　　■ 恢复了部分现金流
■ 恢复到正常水平

图20　企业受政策扶持后现金流恢复情况

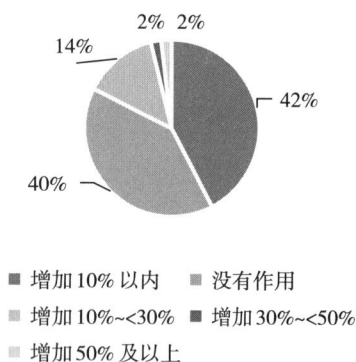

■ 增加10%以内　　■ 没有作用
■ 增加10%~<30%　■ 增加30%~<50%
■ 增加50%及以上

图21　政府扶持后企业的营业利润变化

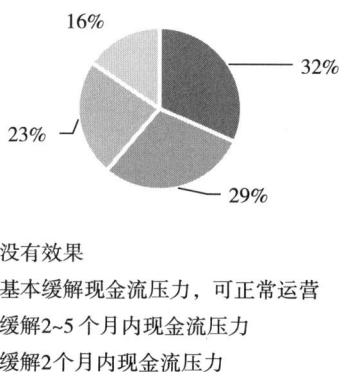

■ 没有效果
■ 基本缓解现金流压力，可正常运营
■ 缓解2~5个月内现金流压力
■ 缓解2个月内现金流压力

图22　金融服务优惠为企业舒缓压力情况

　　总体来说，大部分企业都比较渴望得到政府的援助，而政府的一系列扶持政策虽然给部分企业带来了一定的效果，但在具体实施上仍有很大的改进空间。

（七）企业未来计划

疫情的爆发，不仅在短期内对企业产生了严重影响，更重要的是会改变企业的长期发展计划。基于疫情期间企业自身的情况，在未来的发展规划中，企业需要考虑再次面对疫情等突发情况时的应对策略，预估企业可能面临的机遇与挑战，并调整企业未来发展的规划。

如图 23 所示，在未来的战略计划中，51% 的企业选择保持现状，22% 的企业表示将采取扩张战略，而 15% 的企业选择采取收缩战略。如图 24 所示，对于企业未来资本开支计划，43% 的企业将按照原有计划进行，23% 的企业选择增加资本开支，而 21% 的企业选择减少资本开支。

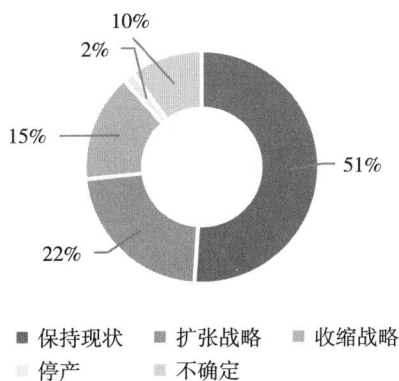

■ 保持现状 ■ 扩张战略 ■ 收缩战略
■ 停产 ■ 不确定

图 23 企业未来战略计划

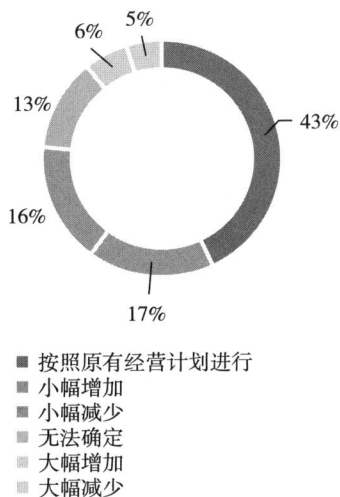

■ 按照原有经营计划进行
■ 小幅增加
■ 小幅减少
■ 无法确定
■ 大幅增加
■ 大幅减少

图 24 未来企业资本开支计划

如图 25 所示，对于未来的经营计划，53% 的企业表示会加大投资，各有 42%

的企业选择与过去一样和加快数字化转型，而分别有27%和23%的企业选择收缩防守和加大智能化力度。另外，有13%的企业选择将会拓展海外市场。

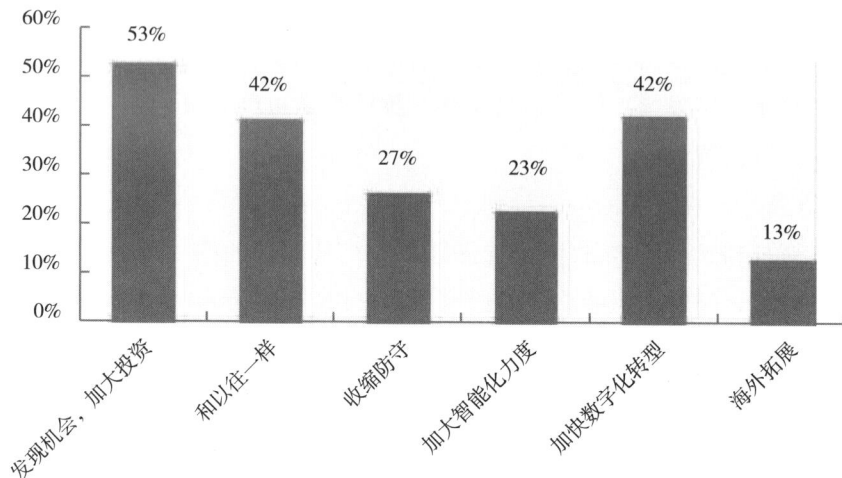

图25　企业未来经营计划

四、结论与建议

（一）企业角度

1. 提前做好多重准备，增加风险承受力

在疫情期间营收未受影响和营收有所提高的企业中，绝大部分企业在疫情期间并未停工。另外，在受疫情影响营收下降的企业中，很多企业都面临原料不足、供应链中断和限制开工等问题。在如今的经济形势和环境变化下，提前备好plan B是企业积极对抗风险的对策，尤其是实体产业。调研时也有企业反映管控期无法进行线上办公，损失巨大。在这样的情况下，企业寻找另一个可以不被影响的运作模式就显得格外重要，如麦当劳在做餐饮的同时悄悄购置了许多房地产，新东方在教育之外取得了直播上的成功。在原有的经营渠道之外，企业开辟另一条不同运作模式的经营赛道，既是风险分散，也可能带来全新的惊喜。

2. 金融与实体结合，进行风险控制

本次调研发现，集成电路产业链、新材料产业链、人工智能产业链等众多行业，在疫情期间都面临原材料短缺、涨价明显等问题，很大程度上影响了企业订单数量和利润。经济形势的不稳定和部分材料的短缺导致企业的利润下降和订单减少，发展和维持受到阻碍。金融产业作为一种能快速买卖、合理减小风险、增大收益的方式，可以和实体产业相结合以获取更大利益。实体产业的从业者凭借对产业的了解，

通过购买期货、控制原材料，从商品的价格波动中获利，也不失为在动荡市场上获得利润的好方式。

3. 企业间合作共享，互赢互利

本次调研发现，有半数企业与行业内的核心企业保持着比较频繁的联系，且有相当一部分企业愿意共享自己的信息与资源。研究发现，技术发展越高的企业，与其他企业合作倾向越高。企业间合作共享模式的开展将会成为未来企业发展的一个趋势，其前景也较为乐观。

4. 进行数字化升级，增加核心竞争力

本次调研发现，在企业营收影响中，订单流失问题是占比最大的。从时间角度来看，2022年上半年，企业收到的订单量与前一年同期相比，有明显的下降。疫情期间，下游企业需求减少，直接导致了中游企业订单减少。通过对企业订单数量的分析，我们发现数字化程度高的企业订单流失率相对低。另外，数字化有助于管控期间企业的运行。通过数字化升级，可以提高企业大数据分析、数字化营销、智慧物流等方面实力，增加企业长久发展的硬实力。

（二）政府角度

1. 补助与减税

政府可以在财务方面对企业进行补助和减免，如统筹安排专项纾困资金，为困难行业和受疫情影响严重的中小微企业以及个体工商户提供针对性纾困支持，帮助其渡过难关；为小微企业提供担保业务的融资担保机构，给予补贴。切实发挥应急周转资金的作用，简化手续和流程，重点支持受疫情影响困难企业转贷。同时鼓励银行对符合续贷条件的市场主体按正常续贷业务办理，鼓励银行降低困难行业企业贷款利息。减免部分税收，延续服务业增值税加计抵减政策，对小规模纳税人免征增值税，扩大"六税两费"减征范围，进一步加大增值税期末留抵退，继续实施制造业与建造业中小微企业暂缓缴纳税费政策。

2. 抓好政策落地实施，简化审批流程

政府可以建立涉企政策统一发布机制，进一步完善一站式涉企服务平台功能，完成企业综合服务平台的迭代升级，确保各类惠企资金精准、及时直达企业；实行住房公积金缓缴、工会经费返还，企业职工医疗保险费缓缴，同时实施阶段性下调失业保险费率、工伤保险费率等政策。对不裁员、少裁员的企业继续实施普惠性失业保险稳岗返还政策。建立健全服务企业长效机制，强化区领导联系重点项目、重大产业项目协调等机制，高效协调解决在建现代制造业建设项目的难点、堵点问题，助推项目顺利推进。

3. 优化疫情运输方式

政府可以根据各区域疫情及交通管制情况，设置合理运输方式，例如设置分离点进行分段运输，并考虑采用甩挂车辆来降低司机跨省运输所带来的交叉感染风险，盘活疫情期间闲置人员，保证运力。其次，考虑推进实施"单触流"，尽量减少物流的中间环节（如拆包、翻包等），使货物收货后快速到达使用点，进而降低物流成本，提高运输效率。

附录　调研感悟

（一）指导教师感悟

1. 董云朝

这次调研给同学们提供了综合运用课堂知识的机会，也使同学们在调研中获得了重要的第一手资料。同学们的团队意识、人际交往能力在这次调研中都得到了提高。通过这次调研，同学们对政策制定实施与企业发展的关系有了更多的了解和更深刻的体会，相信每位同学都能从这次调研中有所收获。

2. 邵扬

在 2022 年暑期实践项目中，我们组的同学们在与企业的交流过程中，逐渐掌握了访谈的方式和方法。通过这次调研，同学们学会了如何积极利用各种资源和方式方法去解决实践中产生的问题。此次调研过程使同学们能更好地提升自己的学习能力和解决问题的能力，学会团队之间的互相配合和有效沟通。

（二）团队成员调研感悟

1. 方奕涵

此次暑假调研对我是一次很好的锻炼机会，让我真切体会到了企业在疫情下所处的挑战与机遇，并产生了对信息科技类企业前景的思考。通过此次调研，我对企业有了更丰富的认知，这些企业在疫情下的责任与精神也潜移默化地影响着我。

2. 游航霄

历时数月的调研活动让我收获颇丰。感谢学校让我有机会与企业进行直接交流，并且在沟通交流中了解企业在这次疫情中所面临的实际问题。通过交流，我真切地体会到现实要比理论更加复杂多样，这对于身处在校园中的我来说是十分难得且宝贵的。同时，我对企业在 2022 年疫情所面临的情况有了新的思考。

3. 殷一鎏

2022 年的夏天，我参与了"访万企，读中国"社会调查项目。在这次调研中，我们组深入了解了疫情对信息技术产业链的影响以及企业的纾困对策，深切体会到信息科技企业的社会责任感、担当精神以及抗疫的实际行动。

在与小组同学的共同讨论中，我学会了更真诚地表达自己的观点——只有大家直面问题，有什么说什么，问题才能得到更高效的解决，学会坦诚是我们永恒的课题。

4. 陈懋垚

我很荣幸能够与指导教师还有小组成员一起参与"访万企，读中国"的调研活动。通过这次调研，我深刻了解了疫情冲击下企业的生存不易，也见识了中国企业的创新能力和应变能力。未来属于青年，希望寄予青年，希望我们在人生道路上也有这些坚守企业"咬定青山不放松"的毅力、"不破楼兰终不还"的决心和"绝知此事要躬行"的精神，砥砺前行，风华正茂。

5. 张楠

这是我参加的第一个暑期实践，这次实践活动让我的暑假生活变得更加有意义。久处于校园中，我对职场生活了解甚少，本次调研在一定程度上让我更加了解企业的运作。

通过访谈，我了解到不同行业的企业受本次疫情的影响各不相同，部分企业受负面影响严重，而部分企业受影响较小，甚至部分企业在疫情中业务得到了扩展。总体来看，所有企业都对未来充满希望，在政府的帮扶下努力降低疫情带来的影响。

6. 张雅婷

疫情变化的不确定性给许多企业都带来了很大的挑战。在调研过程中，我们发现对于信息技术企业而言，疫情冲击带给他们的机遇大于影响，很多企业都表示他们会总结并利用此次疫情中获得的经验，以便应对以后的突发状况，推动企业更快地向前发展。此次调研活动让我受益颇多，在访谈企业和撰写报告的过程中我得到了很多宝贵的经验。

7. 王书悦

我在这两个月的调研过程中获得了各方面的提升。在大一时能伸出头看看象牙塔外的真实社会，对我来说是人生路上关键的存在。尤其在后疫情时代，"访万企，读中国"活动显得更意义非凡。这次调研给了我一个全新看待社会的视角，使我跳脱出习惯的生活、窥察到真实的工作。在整个对接企业的过程中，我们被拒绝的次数远比接受的次数多，这让我明白了现实社会生活的不易，同时也打磨了我的韧性，锻炼了我处理事物的能力。

8. 黄源

在大家的共同努力下，我们成功采访了 8 家企业。在整个调研过程中，我对企业有了更深入的了解，在未知的社会中迈出了一小步。另一方面，我看到了疫情的冲击对我国信息技术产业链的影响，大多数企业在经历疫情过后，都努力进行数字化转型，希望我国的信息技术产业链发展得越来越完善！

9. 杨雅萱

在此次调研前，我对企业的认知是空泛的、带有主观想象色彩的。作为学生，我们平日接触企业较少，因此对不同行业的企业的基本情况、具体运营方式都不了解。十分感谢学校组织的这次"访万企"调研活动给了我近距离接触企业的机会，也很感谢我们的指导教师和小组里的每一位成员，每一次与小组成员的探讨都使我受益匪浅！

10. 童颖讯

在这次暑期实践活动中，我学会了用不同的沟通方式获得不同价值含量的数据，并辅以多样的分析思路和方法进行全面分析。从实践中得到真知，没有实践就没有话语权。对于求职的大学生来说，通过实践得到的经验和思维都是极重要且珍贵的。此次暑假实践活动让我收获良多，对我今后的个人发展有极大的帮助。

11. 周明慧

很感谢学校能给我们这样一个机会去深入了解企业的发展现状和困境。在这次活动中，我的任务是负责访谈后期的文本整理工作，极大地提高了我整理资料的能力。在此次调研活动中，我们切实体会到了疫情之下企业的发展困境，了解到了企业的应对举措和转型需求。

12. 于郴强

非常感谢学校能提供给我们近距离接触企业的机会，让我们更真切地了解到疫情对企业的影响阈值，同时也让我们学会了站在企业的角度考虑问题、分析问题、寻找解决方案。此次调研活动，让我在学习到新知识的同时，更加了解企业和社会，在不断学习中开阔眼界，提升自己。

13. 魏玉波

在此次"访万企，读中国"社会实践活动中，我们小组对长三角地区各行各业在复工复产中所遇到的问题进行了深入调研。通过此次调研，我认识到不同行业、不同规模以及所处产业链上不同节点的企业所遇到的问题以及处理方法不尽相同。同时在调研过程中，我们也遇到了一系列问题，在各位同学团结努力下，最终得以解决，使调研活动顺利完成。

最后，希望我们小组的万企调查活动能够对企业复工复产起到正向作用，也希望学校的"访万企，读中国"社会实践活动能够继续顺利举办。

第三部分

新冠肺炎疫情下长三角地区企业的韧性研究以及政府纾困政策的有效性

覃焕静　庞晶晶　李依蓉　陈欣子　王雅岚　葛依然　康　薇　陈晶晶　罗进吉
杨雅茗　白慧娟　江一凡　李　倩　黄　萧　赵慧琳
指导教师：程　洁　曹玉茹

摘要

　　2022 年，以上海地区为中心的新冠肺炎疫情给长三角地区企业的生产经营活动造成了严重影响。不同类型和规模的企业在新冠肺炎疫情中受到的影响不同，面对新冠肺炎疫情的反应也不尽相同。本次调研通过深度访谈和问卷调查相结合的方式，对长三角地区企业在新冠肺炎疫情中的韧性和政府纾困政策的有效性进行研究，以期为企业提供抵抗外部冲击的建议，并且为相关政府帮扶和配套服务提供政策参考。

　　关键词：长三角企业；企业韧性；纾困政策

一、调研背景和意义

　　2022 年 3 月，上海暴发新冠肺炎疫情，很大程度上影响了我国经济，尤其是长三角地区的经济发展。4 月 16 日，上海经信委发布《上海市工业企业复工复产疫情防控指引》，并公布了重点企业复工复产"白名单"。截至 5 月 13 日，已推动三批"白名单"超 3000 家企业复工复产，整体复工率超过 70%，其中首批 666 家企业复工率已超 95%。

　　更大的经济规模和更高的产业聚集度意味着上海要实现快速安全的复工复产，面临的挑战更艰巨，潜在风险更复杂。上海新冠肺炎疫情给长三角地区企业带来了极大的挑战，企业比任何时候都需要提升自身韧性水平。政府的帮扶政策和高水平的企业韧性在本次新冠肺炎疫情中对企业产生了积极影响。

本次调研旨在了解企业在新冠肺炎疫情期间的发展概况、企业在本次新冠肺炎疫情期间的纾困措施以及企业在政府的纾困政策帮扶下所取得的积极影响，对比不同行业以及同一行业的高韧性、低韧性企业，深入了解不同行业的韧性差异以及同行业企业有高低韧性差异的存在因素，总结高韧性企业的优点以及低韧性企业存在的问题，从而获取宝贵经验，制订更加合理、高效的方案，增强企业的自救能力，使企业更好地应对外部挑战。

二、调研方案与实施

（一）调研方案

1. 调研目的
了解长三角地区企业在新冠肺炎疫情期间的韧性程度及纾困政策实施情况，为其他企业有效应对新冠肺炎疫情提供借鉴。

2. 调研内容
调研分析长三角地区各类型企业在企业韧性方面的相关要素，明确不同行业与企业由于受新冠肺炎疫情影响程度的不同而体现出的韧性水平高低，分析韧性低企业的自救积极性和政策有效性，以及分析企业最需要的政策以及是否需要提高自救积极性，并得出相关结论与建议。

（二）调研任务分配

表1　调研任务分配

职责	对接单位或人员	人员
联络工作	调研指导教师	曹玉茹、程洁
	统计与信息学院	曹玉茹、庞晶晶
	统计与信息学院党支部	
	宣传	
过程管理	线上访谈会议主持人	李依蓉、覃焕静、江一凡
	线上访谈资料网盘管理	陈欣子、李倩、杨雅茗
	线上访谈录屏	白慧娟、赵慧琳
	线上访谈录音、截屏	罗进吉、陈晶晶
	新闻及微信公众号推送制作	康薇、黄萧匀
文字撰写	论文报告	

（三）调研工作时间安排

表 2　调研工作时间安排

时间	安排	备注
6 月 15 日—6 月 22 日	（1）前期工作调研：研究内容，项目计划书撰写 （2）确定所有企业访谈时间及搜集企业信息 （3）设计自选问卷 （4）撰写访谈提纲	前期准备
6 月 23 日—6 月 29 日	（1）6 月 23 日，线下调研上海益弹新材料有限公司 （2）6 月 24 日，线上访谈江苏先铮钢构 （3）6 月 25 日，线上访谈江苏亚源制帽有限公司 （4）6 月 26 日，线下调研诺信有限公司 （5）6 月 27 日，线上访谈上海农商银行 （6）6 月 28 日，线上访谈上海连东科技有限公司 （7）6 月 29 日，线上访谈上海九凌汽车运输有限公司	中期采访调研（各企业访谈完成之后，记录员完成会议记录；宣传员完成相关推送，及时提交审核）

三、问卷调研结果统计分析

（一）样本基本情况

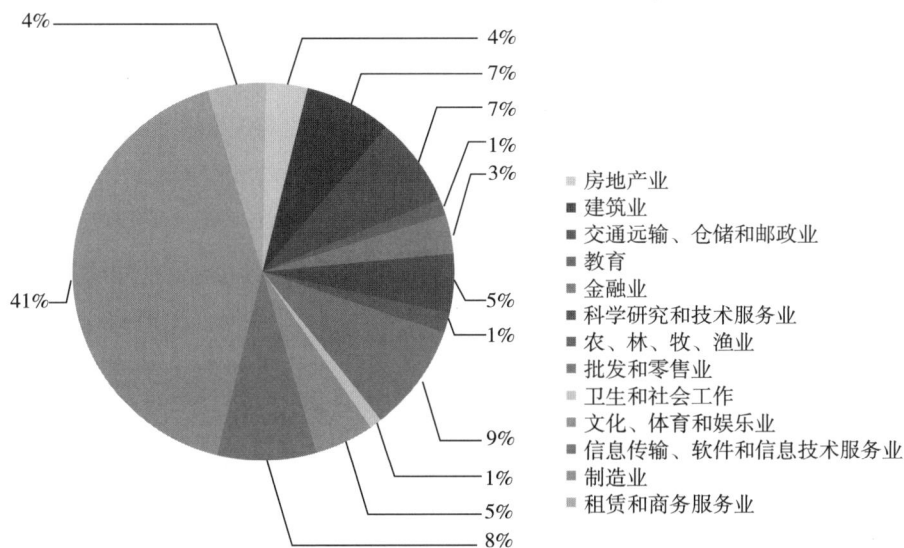

图 1　企业样本行业分布

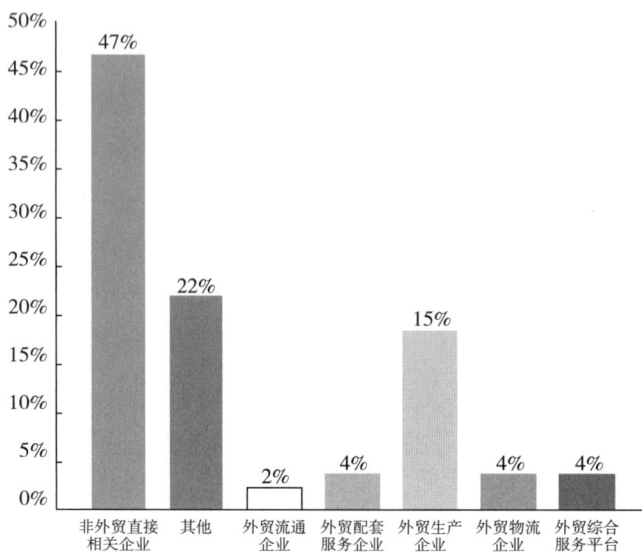

图 2　企业所属类型分布

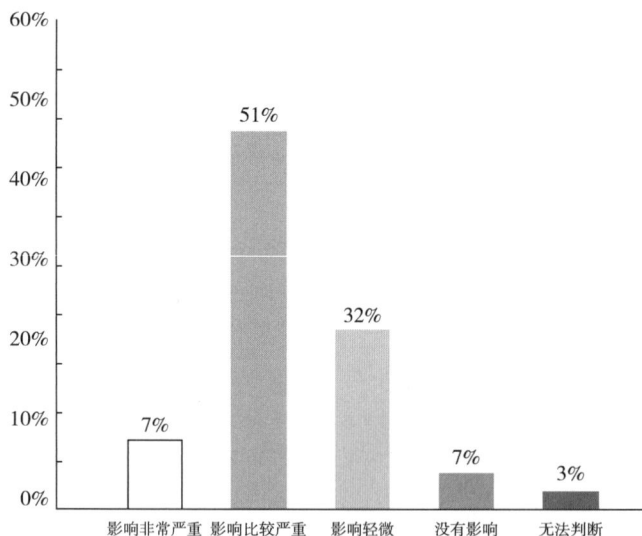

图 3　企业受新冠肺炎疫情影响严重程度分布

截至 2022 年 8 月 18 日，本调研共收集到有效规范问卷 137 份。首先从企业所在行业、企业所属类型与受新冠肺炎疫情影响程度等几个方面对样本总体特征进行描述。

如图 1 所示，样本企业涵盖行业领域较为广泛，制造业（占 41%）占比最大。如图 2 所示，样本企业中，非外贸直接相关企业（占 47%）占比最大；外贸生产企业（占 18%）和其他企业（占 22%）约占五分之一；外贸流通企业（占 2%）占比最少。如图 3 所示，从企业受新冠肺炎疫情影响严重程度分布来看，受访企业受新冠肺炎疫情影响比较严重的占比（51%）最大，影响轻微占比（32%）次之，没有影响占比（7%）为最少。

（二）基本观点

1. 企业措施分析

（1）关注员工，让员工克服恐慌

对于新冠肺炎疫情和企业的困境，信心是一剂长效的疫苗。企业与员工首先应该稳定情绪，不信谣、不传谣，坚信在新冠肺炎疫情防控战中一定能取得胜利。

一方面，强化新冠肺炎疫情应对统一领导。一些企业成立了"新冠肺炎疫情应对领导小组"等临时重大事项决策机构，由老板亲任组长，领导小组适时评估风险，明确紧急事件的响应机制、预案和人员分工。

另一方面，强调做好自我防护。企业首先要确保员工及家人安全，确保企业全员安全，堵住源头，避免交叉感染；同时注重员工心理疏导，把员工心理调整到积极健康的工作状态。

（2）压缩成本，运用融资

新冠肺炎疫情期间大宗商品价格普遍上涨，约93%的企业面临成本价格攀升、利润空间受到挤压、经营困难、融资难、贷款难、用工招工难等问题。针对以上问题，绝大部分企业采用加大创新驱动力度、利用科技赋能、降低成本的措施；使用期货、保险等金融工具降低价格波动风险。在使用融资措施缓解现金流压力的企业中，超过三分之二的企业认为有效缓解了 2～5 月内的现金流问题，并且可以正常运营。

如图 4 所示，相较于 2020 年的新冠肺炎疫情突发带来的手足无措，本次上海疫情期间大部分企业在资金方面做了准备，例如扩大融资（占9%）、设立储备应急资金（占27%）、优化财务结构（占45%）。这些举措能有效地让企业缓解资金困难，使企业实现自救。

（3）灵活用工，弹性生产

新冠肺炎疫情期间，许多企业积极推行远程办公，通过远程办公系统快速地安排工作，提供员工在线沟通的平台。员工可通过线上平台分享经验、

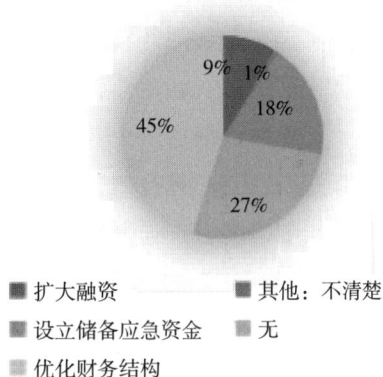

■ 扩大融资　　　　　■ 其他：不清楚
■ 设立储备应急资金　■ 无
■ 优化财务结构

图 4　企业预防资金困难举措分布

共享知识、学习培训、提升能力。如线上业务与工作经验分享、线上合理化建议与工作改进、线上读书学习小组、线上经营分析与检讨，让员工"宅出生产力"。

企业对劳动制度进行适时调整。根据自身的经营状况灵活决定用工政策，企业可以采取自有雇佣、业务外包、灵活用工等多种方式，使用工方式更加社会化、专业化和平台化，工作效率更高，用工成本更低，减轻危机时期的用工风险。

调岗调薪调工时。因受新冠肺炎疫情影响，企业生产经营困难的，可以通过与职工协商一致采取调整薪酬、轮岗轮休、缩短工时等方式稳定工作岗位，尽量不裁员或少裁员。

停工停产。部分企业可能因生产经营出现困难而选择停工停产。

与员工协商薪酬问题。被迫停业、不能复工的企业与员工坦诚沟通，协商停业期间薪酬支付办法，共渡难关。

（4）市场由出口转内销

改革开放多年，我国经济增长得益于出口大于进口。新冠肺炎疫情暴发后，出口受限，许多企业不得不尝试出口转内销，借助电商平台、直播等渠道卖货，主动探索出从外贸到内销的转型道路。地摊经济的兴起对企业去库存也起了关键作用。

2. 政府纾困政策有效性分析

2020年，习近平总书记在企业家座谈会上指出，市场主体是经济的力量载体，保市场主体就是保社会生产力。

中国国际经济交流中心经济研究部副部长刘向东认为，保市场主体意味着要保住市场经营者不因新冠肺炎疫情的冲击而无法持续，保的重点是经营主体的市场和现金流，使其在新冠肺炎疫情期间能支撑下去、在疫后能及时恢复转向正常经营。因此，需要出台纾困政策，对因疫情造成的企业经营损失给予适当救助，降低企业因长期陷入亏损而关停倒闭的可能。

在很多企业的经营成本中，房租都是最主要的支出。在面对新冠肺炎疫情时，企业一旦停工或者暂停营业，很容易因为无法支付房租，导致经营困难。

受政策帮扶后，企业的现金流趋于平稳，大部分企业恢复到了正常水平，或恢复部分现金流，只有四分之一的企业表示没有明显恢复。

如图5所示，约六成企业在受到政策帮扶之后的营业利润有所增加，占比最大的是增加10%以内（占53%），最小的是增加30%～50%与增加50%及以上（各占1%）；其余企业认为政策帮扶后的营业利润增加不大，几乎没有变化。

企业认为，融资服务支持政策力度的不足体现在：政策解读不到位，部分政策内容不明确；政策涉及的事项办理便捷度不高，较为繁琐，时间较长；因新冠肺炎疫情受困企业融资的绿色通道开设不到位；降低贷款获取难度大和综合成本高；普惠金融支持力度不够；政府性融资担保服务能力不够，（再）担保费率较高；抗疫保险保障服务不够；票据融资支持不够；信用类贷款获取难度仍较大，综合成本仍较高等。

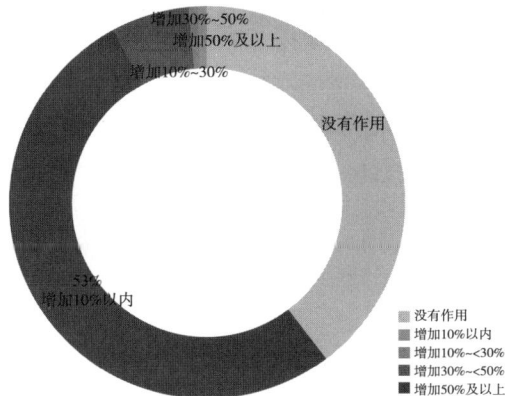

图5　企业受政策帮扶后营业利润分布

3. 现状分析

中小企业作为我国经济的中坚力量，在抗击新冠肺炎疫情的同时，纷纷开展自救，无一不体现了企业在困境中的韧性。

企业对内有分红，增大员工提成。为了尽可能降低疫情对员工造成的影响，企业会给业绩出色的团队给予奖励，激励员工、包括股票分红、员工提成的增加；开启居家办公等远程协作模式，关注员工身体情况、行踪轨迹、居住地防疫政策等；开展各类线上培训及考核工作；以分批次的方式实现快速复工，复工后结合企业实际资源储备情况有序开展生产。

企业对外采取的行动有灵活用工、进一步减少开支，压缩成本、弹性生产、加大市场开拓力度，开发新的业务模式、以强大现金流管理为主线、融资、保持流动性、抱团取暖、寻求政府支持等。

从企业所属类型的角度看，外贸生产企业受新冠肺炎疫情影响最为明显，非外贸直接相关企业次之，外贸综合服务平台位居第三。

在收到政府的纾困政策后，非外贸直接相关企业的现金流大多恢复到了正常水平或是部分恢复；外贸综合服务平台的恢复也较为明显，其余类型企业均没有明显恢复；企业在受到政策帮扶之后的营业利润增益总体都较少。

从企业所处行业的方面看，大多数行业的现金流在纾困政策下都得以恢复；建筑业与服务业恢复成效最大，制造业恢复成效不大；服务业在受到政策帮扶之后的营业利润增益最多，制造业在受到政策帮扶之后的营业利润增益略多，其余行业均较少。

四、新冠肺炎疫情中企业现状及自救措施分析

（一）新冠肺炎疫情对企业的影响程度

在面对新冠肺炎疫情时不同企业的表现往往会有所不同，通过对问卷数据的分析，我们统计出了本次新冠肺炎疫情对所调研企业所在行业发展的影响程度占比情况。

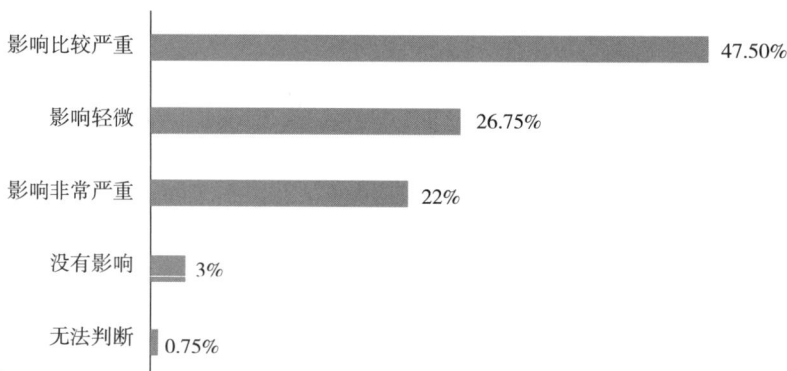

图6　新冠肺炎疫情对企业所在行业影响程度

如图6所示，22%的企业反映本轮新冠肺炎疫情对其所在行业发展程度影响非常严重，47.50%的企业表示影响比较严重，只有26.75%和3%的企业表示影响轻微和没有影响。

新冠肺炎疫情期间，绝大多数企业都受到了冲击，但是有的企业影响严重，有的企业影响较轻，这就与其自身的应对措施和政府的纾困政策有关。

（二）企业采取的应对措施

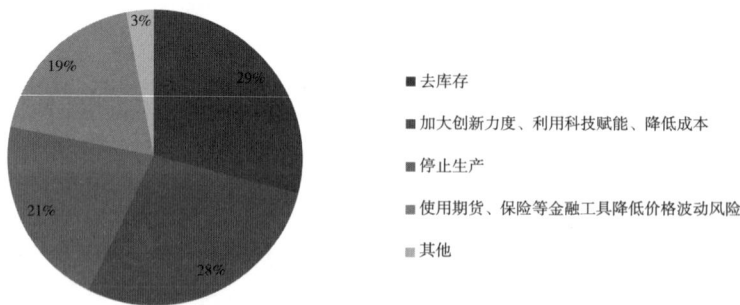

图7　企业面对困境的应对措施

如图7所示，29%的企业选择了"去库存"的措施，而紧随其后的"加大创新驱动力度、利用科技赋能，降低成本"也有28%的企业选择。在经历过2020年的

新冠肺炎疫情冲击后，各企业对其已经有一定的应对措施，其中，"去库存""加大创新驱动力度、利用科技赋能，降低成本""使用期货、保险等金融工具降低价格波动风险"这样保守的战略方式颇受企业欢迎，而"停止生产"这样的措施占比也高达21%。由此可见，新冠肺炎疫情对一部分企业的冲击力度较大。

（三）企业生命周期与其受新冠肺炎疫情影响程度的相关性分析

表3　企业生命周期与其受新冠肺炎疫情影响程度的相关性分析

生命周期	新冠肺炎疫情对企业发展影响程度					总计	检验方法	χ^2	P
	比较严重	轻微	非常严重	没有影响	无法判断				
成熟	28	12	13	0	0	53	pearson 卡方检验	26.955	0.307
发展	73	47	30	7	0	157			
初创	30	15	15	1	1	62			
成长	42	19	18	3	1	83			
平稳	6	10	8	1	0	25			
维持	7	1	3	0	1	12			
具备市场势力	4	3	1	0	0	8			
合计	190	107	88	12	3	400			

如表3所示，由卡方检验结果可知，企业不同的发展生命周期与其受新冠肺炎疫情影响程度没有显著（P>0.01）关系，说明发展周期长的企业也会受到疫情不同程度的影响。

同时从个案统计结果可以看出，成熟型和发展型企业受新冠肺炎疫情影响比较严重的共有103个，占总样本的54.21%，而初创型企业和成长型企业受新冠肺炎疫情影响比较严重的也有72个，占总样本的37.89%。说明无论是初创、成长企业还是成熟、发展企业，都会面临新冠肺炎疫情带来的生存挑战。

（四）企业所属行业类型与其受新冠肺炎疫情影响程度的相关性分析

表4　企业所属行业类型与其受新冠肺炎疫情影响程度的相关性分析

Pearson 卡方检验结果	
χ^2	364.784
P	0.000＊＊＊

注：＊＊＊、＊＊、＊分别代表1%、5%、10%的显著性水平。

如表4所示，由卡方检验结果可知，渐进显著性为0.000，小于0.05，企业的行业类型与其受新冠肺炎疫情影响程度有显著关系。

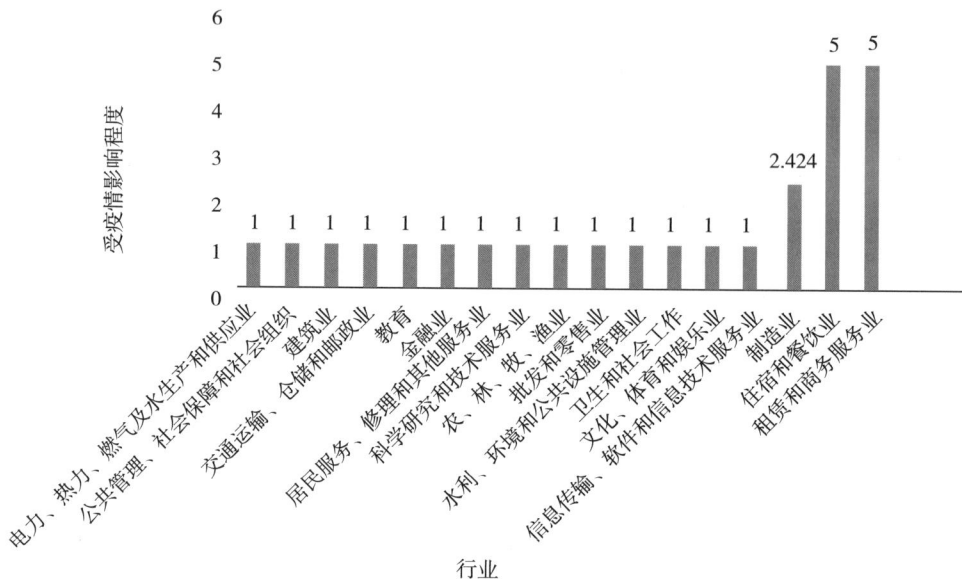

图8　各行业受疫情影响程度

如图8所示，属于电力、热力、燃气及水生产和供应业，农、林、牧、渔业的企业几乎没有受到新冠肺炎疫情影响；而制造业、住宿和餐饮业、租赁和商务服务业的企业受新冠肺炎疫情影响比较严重。由此说明，不同行业的业务特点不同，其在新冠肺炎疫情背景下受到的冲击程度不同。

（五）企业现金流持续时间与其受新冠肺炎疫情影响的相关性分析

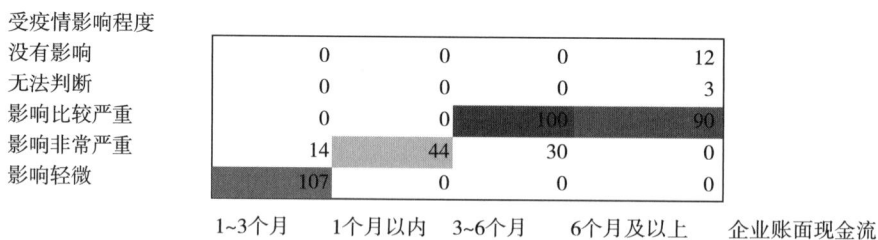

图9　企业现金流持续时间与其受新冠肺炎疫情影响热力图

表5　企业现金流持续时间与其受新冠肺炎疫情影响的相关性分析

Pearson 卡方检验结果	
χ^2	574.043
P	0.000 ***

　　注：***、**、*分别代表1%、5%、10%的显著性水平。

由卡方检验结果可知，渐进显著性小于 0.05，说明企业账面现金流可持续时间与受新冠肺炎疫情影响程度有显著关系。如图 5 所示，有 88.4% 的账面现金流可以维持 1～3 个月（不含 3 个月）的企业受新冠肺炎疫情影响程度比较轻微，所有的账面现金流持续 1 个月以内的企业受新冠肺炎疫情影响程度非常严重，账面现金流持续 6 个月及以上的企业有 11.4% 不受新冠肺炎疫情影响。

（六）本次新冠肺炎疫情期间企业主要面临的困难

本次新冠肺炎疫情期间，企业主要面临的困难如图 10 所示。

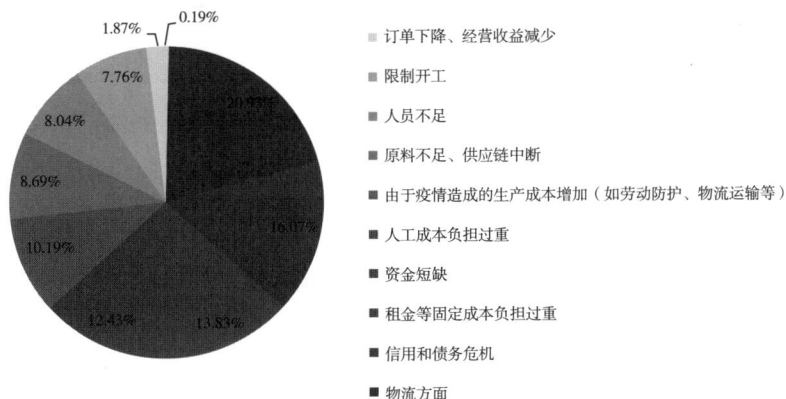

图例：
- 订单下降、经营收益减少
- 限制开工
- 人员不足
- 原料不足、供应链中断
- 由于疫情造成的生产成本增加（如劳动防护、物流运输等）
- 人工成本负担过重
- 资金短缺
- 租金等固定成本负担过重
- 信用和债务危机
- 物流方面

饼图数值：0.19%、1.87%、7.76%、8.04%、8.69%、10.19%、12.43%、13.83%、16.07%、20.93%

图 10　新冠肺炎疫情期间企业主要面临的困难

企业面临困难最多的是订单减少、经营收益减少，占总体企业数量的 20.93%。其次是限制开工和人员不足，分别有 16.07% 和 13.83% 的企业。此外部分企业还面临其他困难，如原料不足、供应链中断、成本增加、资金短缺等。

五、纾困政策的有效性分析

（一）企业对不同纾困政策的打分平均数比较

企业对不同纾困政策进行满意度打分（满分 100 分），得到不同政策所得满意度均分。

如图 11 所示，企业对金融和融资服务支持政策的满意度较低，低于 60 分，反映出该政策存在许多问题需要解决。企业对减税降费政策、援企稳岗政策、稳企和支持恢复困难行业政策打分差别不大，但评分都不高，在 60～65 分之间，说明这些政策也存在需要改进之处。

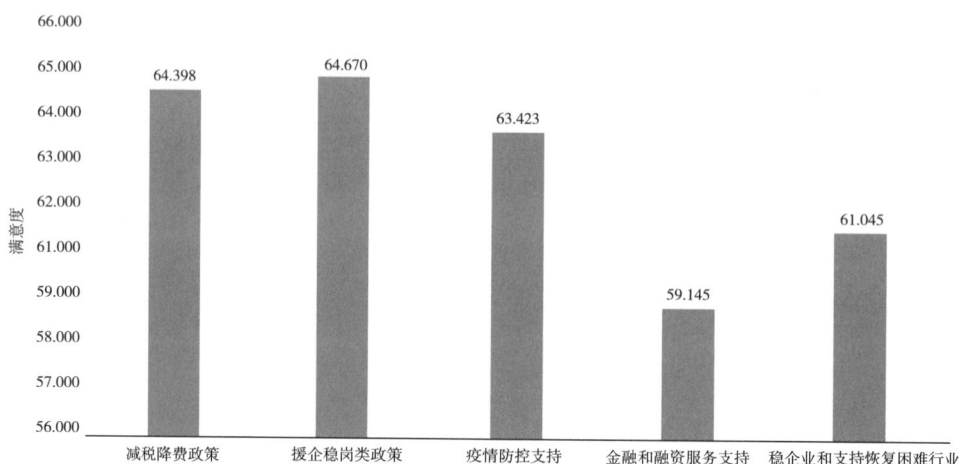

图11 企业对政府纾困政策满意度评分

（二）金融融资服务支持政策力度不足的体现

通过对纾困政策的有效性比较，可以看出企业认为金融融资服务支持政策对其影响较大，以及该方面存在较多不足。

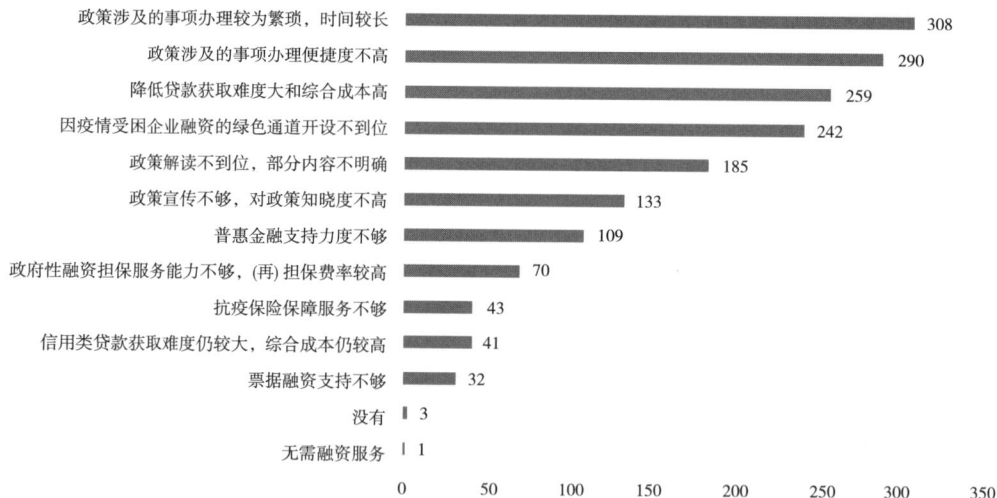

图12 企业认为金融融资服务支持政策不足的体现

如图12所示，企业认为金融融资服务支持政策力度不足主要体现在以下几个方面：（1）政策涉及的事项办理较为繁琐，时间较长；（2）政策涉及的事项办理便携度不高；（3）降低贷款获取难度大和综合成本高；（4）因新冠肺炎疫情受困企业融资的绿色通道开设不到位；（5）政策解读不到位，部分内容不明确等。

这些问题不仅体现在金融和融资方面，在减税降费、新冠肺炎疫情防控支持、援企稳岗等方面也有所体现。

（三）企业的股权性质与受帮扶后利润影响的相关性

图 13　企业的股权性质与受帮扶后利润影响的相关性

表 6　企业的股权性质与受帮扶后利润影响的相关性

Pearson 卡方检验结果	
χ^2	16. 423
P	0. 173 ＊＊＊

注：＊＊＊、＊＊、＊分别代表1%、5%、10%的显著性水平

由图 13 和表 6 可知，企业股权性质和受帮扶后利润变化无显著关系。无论是集体所有制企业还是外资企业，在接受帮扶之后，营业利润都无明显变化。但民营企业的帮扶效果比较可观，一方面说明政府帮扶有效性与企业股权性质关联不大，另一方面也一定程度上说明了政府帮扶对企业营收是有意义的。

（四）企业对纾困政策的需求分析

最需要国家、地方政府提供那些支持？

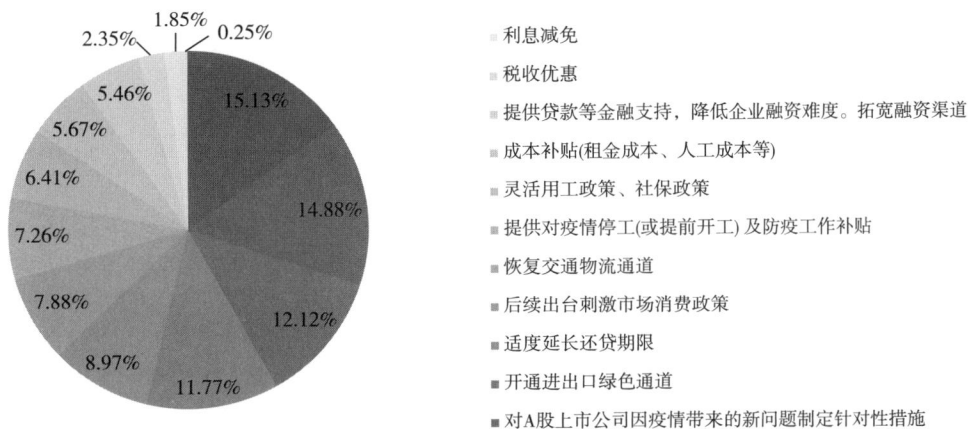

图 14　企业对纾困政策的需求

　　如图 14 所示，企业反映最需要国家、地方政府支持的是利息减免方面，企业占比为 15.13%，其次是税收优惠，企业占比为 14.88%。此外，企业仍需要政府提供贷款、灵活用工政策、针对新冠肺炎疫情停工以及防疫工作补贴等方面的支持。

附录　调研感悟

（一）指导教师调研感悟

1. 曹玉茹

我很荣幸能够参与这次"访万企"调研活动。在调研过程中，同学们各司其职、团结协作，克服了新冠肺炎疫情期间不能线下讨论、不能实地走访带来的不便利；提前准备好访谈大纲，邀请企业高管进行线上访谈，沟通能力和应变能力都得到了提升。我也很高兴能看到同学们在这次社会实践中运用课堂上学习到的专业知识对真实数据和实际问题进行分析，这将是他们巩固知识和开阔视野的机会。

2. 程洁

本次万企调查项目中有两个"碰撞"给我留下了深刻的印象：

一是学科知识与真实世界的碰撞。在前期通过问卷、访谈等方式采集到数据后，后期的重点就是利用专业知识来分析现实问题。在此期间，同学们不断地在"原来是这样"与"为什么会这样"中完成知识与现实的联结和碰撞，其复杂性更在于现实问题并不是按学科划分的。这对于大学的教师和学生而言，无疑都是一次非常宝贵的思维历练。

二是不同专业、不同年级的同学们之间思维的碰撞和启发。团队成员中既有研究生也有本科生，专业背景也各不相同，开会讨论调研思路和细节时，常常可以听到不同的角度和想法，是一次很好的"同学共进"的实践。

（二）团队成员调研感悟

1. 庞晶晶

在此次活动中，本组成员和两位指导老师一起多次讨论选题、调研企业流程等问题。尤其是在调研企业过程中，每位同学都克服了很多困难配合调研时间和后续的整理工作。很感谢指导老师和企业给我们的宝贵机会，让我们可以接触到很多企业负责人。在调研结束后，为了更好完成论文撰写，各个小组发挥所长分别负责不同部分，在有条不紊的分工合作过程中，各个组长时时保持联系，防止撰写内容偏离主题。这次结合企业实际提出学术问题对我们每个人都是一次挑战，也是让我们从实践视角认识学术的一次机会。

2. 覃焕静

我很荣幸能参加本次调研活动并担任小组长。这次项目让我大二升大三的暑假显得格外充实和精彩。在调研过程中，我带领我的组员负责数据分析这一部分的工作，我们在课堂学习到的数据分析方法在这里得到了应用。联系企业高管并与他们进行近距离的交谈，这对于我们是一次新奇的体验，更是一段宝贵的经历。

很感谢学校为我们搭建了优质的实践平台，让我们能近距离接触企业和观察社会动态，同时也让我们能把专业知识运用到实践中。

3. 李依蓉

在本次项目的调研过程中，通过组织线上会议的方式与企业主管人进行直接性访谈，每位小组成员更好地了解到了相关企业和行业在新冠肺炎疫情环境下的发展现状和应对措施。同时通过文献查阅、问卷设计发放回收、相关数据分析等一系列严密的调研步骤，我们在本次实践调研中习得一套完整且严谨的研究逻辑链。对于每一位小组成员来说，除了在调研后提出对企业数字化管理有价值的建议，学会独立自主调研的能力和方法论同样具有价值。

4. 陈欣子

参加本次"访万企"暑期社会实践活动后，我感触颇深。虽然当时因为新冠肺炎疫情，我们无法到线下实地调研，但是在线上调研的过程中我们依然热情不减。在了解不同产业、参访不同类型企业内部生产以及流程运作的过程中，我感受到了因受疫情影响，各个企业不断完善运营方式而持续健康稳定发展，政府的纾困政策也令我感受颇深。此次的社会实践于我而言意义重大，不论是对校内专业知识的运用，还是小组讨论与沟通的方式技巧，都是我的一次富有价值的尝试。

5. 王雅岚

2022年，上海突发新冠肺炎疫情，对长三角地区企业的生产经营活动造成了非常严重的影响。在调研过程中，我们与企业通过线上会议或者电话沟通的形式直接交谈；并发放问卷，深入了解企业在疫情期间所面临的困难、企业的自救行为与政府的纾困政策以及政策有效性，利用事实和数据分析疫情对于长三角地区企业的影响。我们在本次调研活动中学到了很多，能也收获了很多，能将自己学到的知识用于实践中去，分析现状，挖掘本质。

6. 葛依然

本次"访万企，读中国"暑假社会实践活动，让我学会从更宏观的角度去看待微观个体，通过倾听、沟通与思考去了解疫情下许多企业的艰难与韧性，了解不同的企业面对不同的情况，只有不断学习和借鉴好的经验、好的做法才能保持韧性，在危难面前也能积极自救。感谢学校提供这样一个平台，感谢老师们的组织与指导，感谢同伴们的互帮互助，今后我会在生活中多观察多思考，努力学习，提高自己的韧性。

7. 赵慧琳

疫情对大企业而言是一场危机，对中小型企业而言更是一场浩劫。通过这次活动，我了解到在恶劣的环境下政府对企业的纾困政策、企业创新的自救措施、管理者正确的决策、企业价值观和文化以及团结一致的员工，都是在关键时刻让企业存活下来的因素。希望在今后的日子里，企业能有稳定的内核，用创新的思维、发展的目光去面对遇到的问题。

8. 白慧娟

我很荣幸能够作为小组的一员为助力疫情防控和企业复工复产贡献绵薄之力。此次访万企活动聚焦"新冠肺炎疫情冲击下的企业韧性与纾困政策"主题，我第一次与企业面对面进行交流与访谈，对企业有了更加深刻的认识，也在一次次的交流中学习到了新的知识，感受到了各个企业在新冠肺炎疫情冲击下的不易以及企业顽强的生命力。在调研过程中，我们不止一次遇到了难题，但在小组成员们的沟通和合作下一次又一次成功渡过难关。我不光收获了知识，沟通和合作能力也有了很大的提升。本次活动为我提供了一个走出校门、走出课本的机会，书本外的知识使我更加充实、经验更加丰富。

9. 李倩

参加这个活动使我获益匪浅，我从中学习并且收获了许多知识。在这次活动中，我们分别与不同的企业家沟通并且了解了他们在疫情中面临的挑战和应对措施，以及他们对于疫情对企业发展影响的看法。这让我进一步了解了企业的内部运作和不同行业企业面对冲击调整机制的不同，同时让我能够有机会了解到企业家对这次危机的看法和解决问题的思路，这对我来说是一次很好的锻炼机会。

10. 黄萧匀

在本次项目中，通过前期对疫情下企业纾困政策的了解，以及在访谈中对受访企业在政策扶持下实际效果的归纳整理，我较为全面地认识到了疫情影响之下企业复工复产所遇到的各方面障碍；通过之后的量化分析得出政策涉及的不同条例对于企业各方面的助力程度，我更加深刻地认识到企业在后疫情时代下的数字化转型之艰难。非常有幸作为采访者与企业方进行线上提问与沟通，我更为直观地了解到作为政策受益方——企业方的真实看法；后续通过撰写调研方案中调研目的、内容及方法的部分内容，我进一步认识到在这次实践调研活动所学到的知识：调研活动带来的更多是对所学知识实操经验的提升，它帮助我们更加充分地将知识与实际情况相结合，使我们能更加全面客观地看待问题。

11. 杨雅茗

本次"访万企，读中国"活动，让我对疫情的影响以及企业应对措施有了更深入的了解。在数据搜集、调研分析的过程中，我深刻体会到了数据的重要性，也更加认识到了企业在面对疫情时的复杂性和艰巨性。在疫情期间，企业面临的诸多挑战和难题，包括供应链的中断、人员流动的限制、市场需求的下降等。但是，我们也看到许多企业采取了积极的措施，如调整产品结构、开拓新市场、加强数字化转型等，来应对这些挑战。我们深入研究疫情期间企业的销售数据、员工流动情况、市场需求变化等，从中挖掘出一些有价值的信息。这些信息可以帮助企业及时调整策略，做出更明智的决策。本次调研让我受益匪浅，我更加深入地了解了疫情对企业的影响，也学到了许多数据分析的技巧和方法。希望在今后的工作中，我能够把所学所得运用到实践中，为企业的发展和疫情防控做出自己的贡献。

12. 江一凡

2022 年暑假，我怀着忐忑的心情与好友组队报名参加了"访万企，读中国"社会实践项目。在调研过程中，我们与学长学姐开会敲定了调研主题，后联系企业进行线上采访等。令我印象最深的是整理企业采访的会议记录、撰写在网络推文中相应的文案，在反复阅读分析会议记录后，我将其归纳整理为 3 ~ 4 个大板块和多个小版块，每个版块用 4 个字精炼概括。在整理和凝练中，我体悟了本次调研的主题。通过本次实践，我提高了能力，收获了技能和友谊。

13. 罗进吉

通过这次的调研学习，我开阔了视野，了解到了疫情期间许多企业的生存状况和政府的有关政策，对我今后就业或者创业都有很大帮助。在调研过程中，我们与多家企业联系人沟通，提高了自身的沟通交往能力与组织策划能力。在调查报告的撰写中，我们小组主要负责数据分析部分，在小组成员的相互帮助下，我在该方面的技能也得到了很大提升。感谢学校为我们提供了这样的实践平台，让我们在实践中学习知识、提高自己；感谢各位指导老师的悉心教导，让我们在调研过程中更加充实和充满信心；感谢各位组员的支持与配合，使得我们此次实践圆满成功。我也在此次调研中深受启发，在今后的学习中会更加精益求精，同时更多地参与实践，在实践中不断提升自我。

14. 陈晶晶

本次社会实践活动让我受益匪浅：小组开会讨论活动主题时，我们凝聚了团队力量，每个人发挥自己的优势、积极地思考，各种思想的碰撞和协作日程的高效推进让我深刻体会到团队协作的重要性；深入企业交流，与企业管理层对话，我们看到了疫情下的企业真实生存现状和困境下企业的智慧脱困方案，这样特别的机会让我更加深刻地了解商业社会。我们小分队在报告产出上承担了数据分析部分撰写工作，这让我们将日常学习应用于实践，将实践中的深入理解转化为自己真正的知识。最后，感谢一路同行的指导老师和队员的付出，让我们能圆满完成本次社会实践任务！

15. 康薇

这次"访万企，读中国"暑假社会实践项目提升了我的数据分析能力和团队协作能力，同时让我学到很多新知识，它是我大学四年的宝贵财富。调研过程虽有艰辛，但让我学到了很多的东西。我最初的工作是和大家一起讨论选题，然后选择访谈对象。通过一段时间的学习，我的工作能力有了显著提高，基本掌握了访谈程序，对整个暑期实践的工作职责也有了较为全面的认识。在组长指导下，我认真做好组里的工作，主动积极。这段经历对我此后人生将会影响深远。

新冠肺炎疫情下企业全生命周期金融服务创新和纾困对策研究

甘　雨　何祯怡　陈梓棉　魏　浩　梁庭玮　洪　璟　李欣怡　倪佳盈　向语琳
杨严鸿　侯淑娟
指导教师：刘　凌　赵海琼

摘　要

　　2022 年 3 月，上海市出台了抗疫助企"21 条"政策，其中有五方面共 17 条金融支撑举措，中国人民银行上海总部、上海银保监局和上海证监局也出台了多个重要金融纾困政策；在沪金融机构全力贯彻落实各项金融政策，相关成效逐步显现。本次调研以此次新冠肺炎疫情为背景，研究金融服务创新和纾困政策对于企业新冠肺炎疫情后发展的影响，并聚焦全生命周期企业的不同表现及企业生命周期所受影响，通过对分布在江浙沪地区的 537 家企业的整体调查问卷样本数据进行分析，并有针对性地选取 8 家企业进行深度访谈调研，探讨新冠肺炎疫情下金融服务创新和纾困对策对企业生命周期的影响机制，为相关政策和服务提供参考。

　　关键词：金融创新；纾困政策；企业生命周期

一、调研背景及意义

　　2022 年 3 月下旬以来，国内新冠肺炎疫情扰动再起，此次新冠肺炎疫情波及面广、冲击力大，对上海市经济发展产生了巨大冲击，上海市场主体遭遇了前所未有的困难。在近半年的新冠肺炎疫情管控下，上海各行业均因停工停产出现了资金流动与信用违约风险等问题，而不同行业和不同生命周期企业所遇新冠肺炎疫情打击与资金问题各有不同，上海市政府与各大银行也针对此次新冠肺炎疫情影响出台了各项帮扶政策，帮助企业复工复产。

本次调研聚焦于各生命周期企业的复工复产难题与金融支持诉求，探讨各类政策对企业的针对性与实际应用效果，为企业提供更具针对性的融资纾困建议，提出针对不同生命周期企业的金融纾困策略，帮助各生命周期的企业了解自身资金周转重点，有效应用相关政策并结合企业资金结构、生命周期等帮助企业渡过难关；为政策制定者提供新冠肺炎疫情下针对不同生命周期企业有效支援的重要参考，助力金融机构为企业提供具有差异化的金融服务支持。

二、调研方案和与实施

（一）调研方案

1. 调研内容

聚焦新冠肺炎疫情下各生命周期企业对金融服务的诉求，并探索金融服务和纾困政策助力各生命周期企业的有效驱动路径。主要关注以下几个方面：不同生命周期企业所受新冠肺炎疫情影响、企业对金融政策及服务的需求程度以及现有金融纾困政策对企业的影响。

2. 调研方法

调研方式主要包括问卷调研和访谈调研等。首先邀请企业填写调查问卷，收集大量有效问卷结果，用于统计分析实际现象。其次通过线上会议方式与受访企业负责人深度访谈，对于新冠肺炎疫情下企业现金流现状、金融服务和政策诉求、金融风险应对预案等有更深度的了解。

（二）调研对象

江浙沪地区不同生命周期企业。

（三）调研任务分配

表1　调研任务分配

分工	工作内容	成员
调研	企业联络	魏浩、李欣怡、何祯怡
	会议主持	李欣怡、何祯怡、甘雨、倪佳盈、侯淑娟、魏浩
	资料收集	杨严鸿、侯淑娟、向语琳、李欣怡、梁庭玮、侯淑娟
	会议记录	向语琳、倪佳盈、杨严鸿、侯淑娟、李欣怡、陈梓棉、甘雨、魏浩

续　表

分工	工作内容	成员
文案	宣传推送	倪佳盈、李欣怡、侯淑娟
	报告案例	甘雨、李欣怡、何祯怡、洪璟、梁庭玮
	论文撰写	甘雨、魏浩、陈梓棉、何祯怡、洪璟、梁庭玮

（四）调研工作时间安排

表 2　调研工作时间安排

时间	安排	备注
6 月 10 日—6 月 16 日	（1）完成项目计划书 （2）完成文献及政策研究 （3）设计自选问卷 （4）撰写访谈提纲	前期准备
6 月 17 日—7 月 26 日	（1）7 月 1 日，上海泛微网络科技股份有限公司 （2）7 月 1 日，上海京璞电子有限公司 （3）7 月 8 日，金地集团上海房地产发展有限公司 （4）7 月 8 日，中国农业银行上海市分行 （5）7 月 15 日，诺信塑料工程系统（上海）有限公司 （6）7 月 22 日，上海世贸控股（集团）有限公司 （7）7 月 26 日，上海农村商业银行股份有限公司、上海银行股份有限公司	中期采访（分为 3 个调研小组，企业调研周期为 1 周）
7 月 27 日—9 月 5 日	（1）完成调研报告 （2）典型案例报告 （3）政策建议专报	总结报告

三、问卷调研结果统计分析

（一）样本基本情况

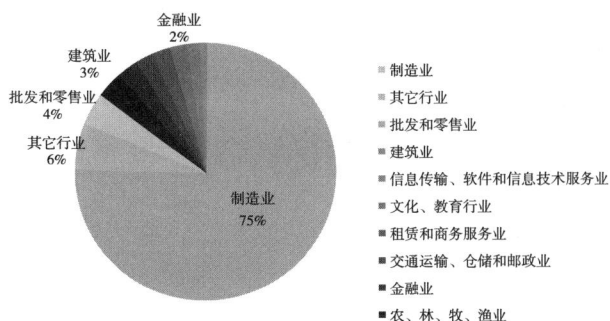

图 1　企业样本行业分布

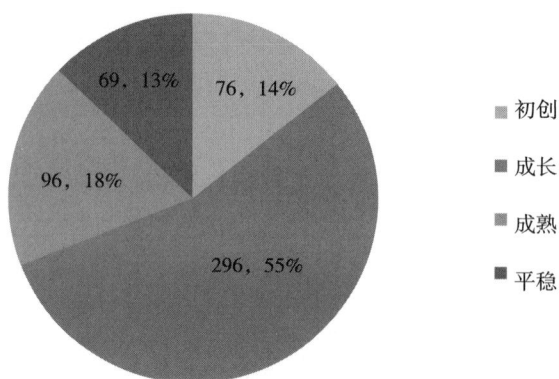

图 2　企业样本生命周期分布

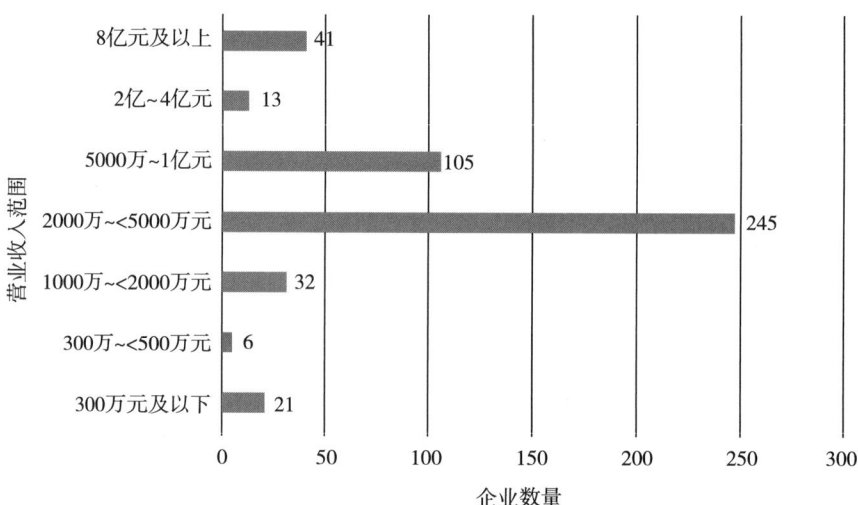

图 3　企业样本 2021 年营业收入范围分布

如图 1 所示，从整体样本数据来看，受访企业类型集中在制造业，主要占比达到 75%。如图 2 所示，从本文研究目标的企业生命周期来看，企业在各生命周期阶段均有分布，其中在成长期的企业占总样本数量的 55%，其余企业平均分布在初创、成熟、平稳三个阶段内。

如图 3 所示，从企业营业收入看，有 245 家企业 2021 年度的营业收入在 2000 万~5000 万元的范围内，共占总体的 45.6%；有 41 家企业 2021 年营业收入超过 8 亿元；21 家企业的年营业收入不足 300 万元。样本数据覆盖范围较大，且基本呈现泊松分布，有利于后续的统计分析。

（二）金融创新与纾困政策基本观点

1. 广泛应用多元化、低成本的融资渠道以保持稳健增速

金地集团上海房地产发展有限公司的徐先生表示，集团在银行贷款规模和利率方面均具有突出优势，但是集团并不会随意投融资，因此财务杠杆较低；同时，企业积极开拓中期票据、公司债、资产证券化、超短期融资券等多元化的融资渠道，不断优化公司整体债务结构，持续保持融资成本优势。

2. 近几年的金融服务政策更多为支持高新科技和新能源企业

金融服务方面，金地集团更多是通过股票市场和债券市场做公开运作，比如减免印花税、注册费以及路演费用，均有一定成效。而近几年出台的金融服务政策更侧重于高新科技和新能源产业，房地产行业受惠较少。

3. 大力发展数字化转型服务，高效推进业务发展

上海银行在新冠肺炎疫情期间保持传统服务业稳健发展的同时进行了数字化转型，如推出数字产品；部分业务开展线上支线以保证业务的正常运行，同时开展线上办公以保持公司运转。线上线下同时运作，保证了企业的稳健运行。

4. 保证客户群稳定，推进创新产品开发

上海银行冯先生表示，新冠肺炎疫情冲击下，银行同业业务板块受到较大冲击，主要通过中后台部门进行应对。企业自新冠肺炎疫情开始，结合上海市政策，开发针对定向客户群的产品，且对于不同时期的产品，使用不同机制开展设计，例如与中小微企业进行业务对接和合作。上海银行位于张江的信息技术中心，在新冠肺炎疫情管控期间，能够保障企业的各类服务，以及银行自身线上办公的需要，具有应对突发事件的能力。

5. 积极协同政府进行舒缓贷款，助力中小企业渡过难关

在纾困政策方面，上海银行作为帮扶方，主要是响应政府对中小企业给予一些舒缓或减免贷款。而对于部分资金周转面临较大问题的中小企业，上海银行也会给予支持，减轻企业贷款压力。

6. 开展智慧服务模式并覆盖多项业务

上海世贸控股（集团）有限公司对内装备智能化系统（如 OA 等办公系统），对外搭建服务对象交互平台等物业快捷化智慧服务模式。此类模式的延伸可以更为精准高效地进行订单分派、售后处理等一系列业务。

7. 筹备新的银行运作机制与特色金融产品服务

上海农村商业银行股份有限公司是全市首家在新冠肺炎疫情期间推出"线上扫码"金融服务新模式的商业银行，联合各部门通过网络平台发布助企纾困专属服务

信息，加速新冠肺炎疫情期间企业金融服务诉求的对接；快速响应政策推出小微企业等专项信贷方案，开通线上申贷渠道；确定特殊时期小微客户白名单，对无法现场办理手续的小微企业通过零售在线信用贷款的方式解决其融资困难。

8. 推出金融助力举措，全力保障新冠肺炎疫情期间账户基础服务

中国农业银行上海分行在上海静态管控期间持续优化企业账户线上服务，简化线上流程以解决企业出于新冠肺炎疫情原因无法亲临网点的问题，对于暂无经营地址的小微企业，推广简易开户、免去开户费用并减免首年网银年费及网银代发工资手续费，实现便捷开户，在充分了解企业的前提下，根据企业实际需要提高转账额度，最大限度满足企业在新冠肺炎疫情期间的转账支付需求。

（三）企业生命周期下金融创新和纾困政策数据分析

企业生命周期理论是指企业发展与成长的动态轨迹，通过描述不同生命周期发展阶段的企业经营以及财务等方面的特征，找出与企业当前发展形势和发展阶段相适应的特定决策，可以实现企业的可持续发展，延长企业生命周期。

本文选用国内外学者普遍认同的较为经典的四阶段划分法，来突出企业成长过程中关键拐点和阶段，包括初创、成长、成熟、平稳四个企业生命周期阶段，进行针对性的统计分析。

1. 不同生命周期企业所受新冠肺炎疫情影响

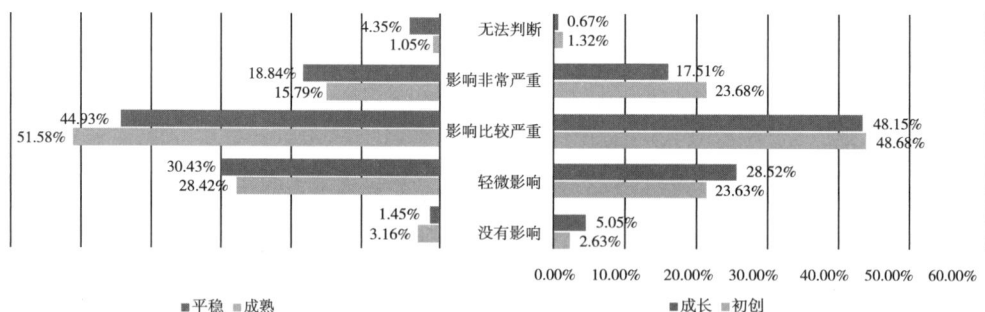

图4　不同生命周期企业所受新冠肺炎疫情影响

2022 年，受上半年上海新冠肺炎疫情的影响，江浙沪不同生命周期企业对新冠肺炎疫情的反应有所不同。如图4所示，在企业的全生命周期中，大部分的企业受新冠肺炎疫情影响比较严重，极小部分企业反馈没有受到新冠肺炎疫情影响。从不同生命周期来看，处于初创期的企业受新冠肺炎疫情影响比较严重的比率最高，初创期企业刚刚起步，资金压力大，容易受到突发事件的影响；处于平稳期的企业跟其他生命周期的企业相比受新冠肺炎疫情影响最小，此阶段企业发展稳定，抵抗市场风险和突发事件能力较大。总体上看，四个生命周期的企业受新冠肺炎疫情影响程度的分布较为相似。

2. 不同生命周期企业对金融政策及服务的需求

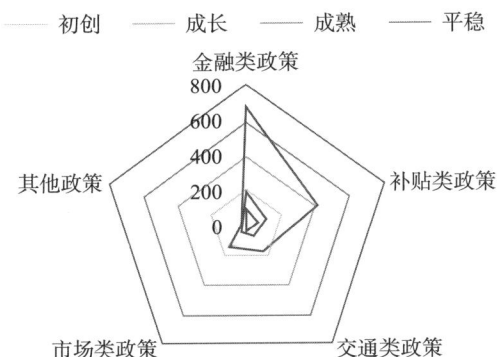

图5　不同生命周期企业对政策需求

基于不同生命周期企业对政策需求度如图 5 所示。不同生命周期企业的分布较为相似，对不同政策需求度是相似的，均对金融方面的政策需求强烈，补贴类和交通类政策在此次新冠肺炎疫情影响下也受到企业关注。

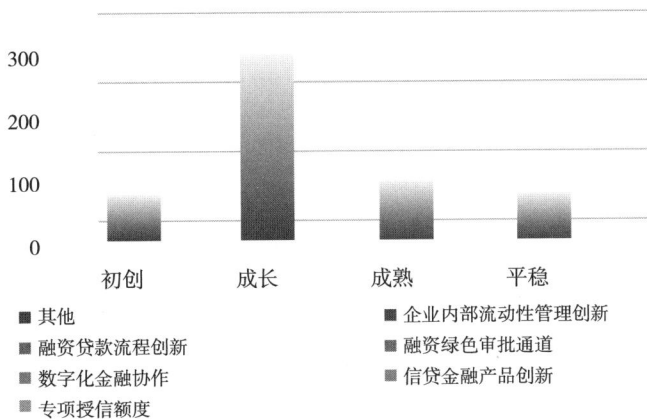

图6　不同生命周期企业对金融服务创新需求

表3　不同生命周期企业对金融服务创新需求

创新类型	初创企业		成长企业		成熟企业		平稳企业	
	数量/家	占比/%	数量/家	占比/%	数量/家	占比/%	数量/家	占比/%
企业内部流动性管理创新	11	14.5	46	15.5	13	13.7	13	18.8
融资贷款流程创新	6	7.9	32	10.8	17	17.9	4	5.8

续　表

创新类型	初创企业		成长企业		成熟企业		平稳企业	
	数量/家	占比/%	数量/家	占比/%	数量/家	占比/%	数量/家	占比/%
融资绿色审批通道	27	35.5	104	35.0	28	29.5	19	27.5
数字化金融协作	16	21.1	34	11.4	13	13.7	8	11.6
信贷金融产品创新	1	1.3	12	4.0	3	3.2	1	1.4
专项授信额度	9	11.8	46	15.5	6	6.3	8	11.6
其他	6	7.9	23	7.7	15	15.8	16	23.2

　　各阶段企业数量及占比见表3，不同生命周期企业对金融服务创新的需求不同。三维柱形图6反映初创和成长阶段企业对金融服务创新需求分布相似，成熟和平稳阶段企业创新需求分布相似，对于金融服务创新的需求更为具体。

　　总体上看，所有生命周期的企业都对融资绿色审批通道需求强烈，对信贷金融产品创新需求很小，因此银行等金融机构应积极推进构建融资绿色审批通道，为企业提供效率更高、成本更低的金融服务。不同生命周期的企业对金融服务创新需求有所不同，银行应当推出一些更有针对性的金融服务创新对策，帮助企业解决资金困难问题。

3. 金融服务采纳情况及效果

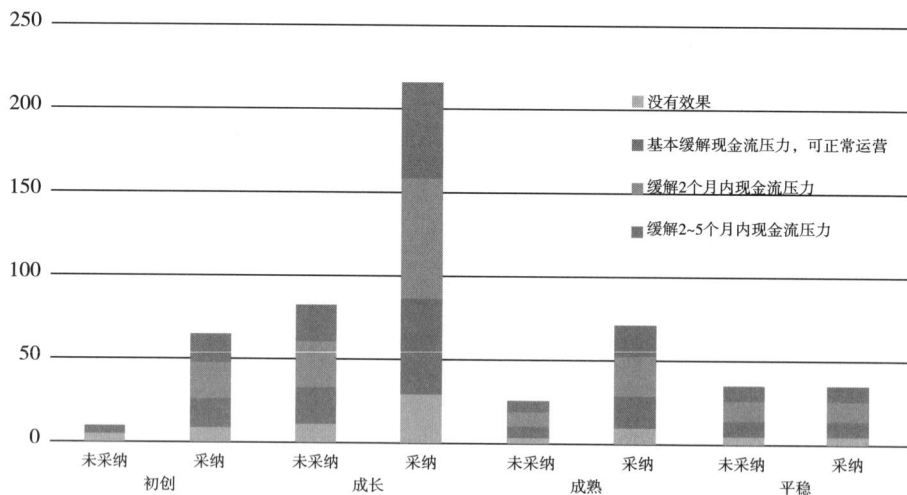

图7　不同生命周期企业采纳金融服务情况

　　采用金融服务企业，现金流压力缓解显著。如图7所示，在不同生命周期阶段内，采纳金融服务创新的企业数量均大于未采纳企业数量，其中在成长阶段的企业这一差距最为明显，而在平稳阶段的企业这一差距较为微弱。

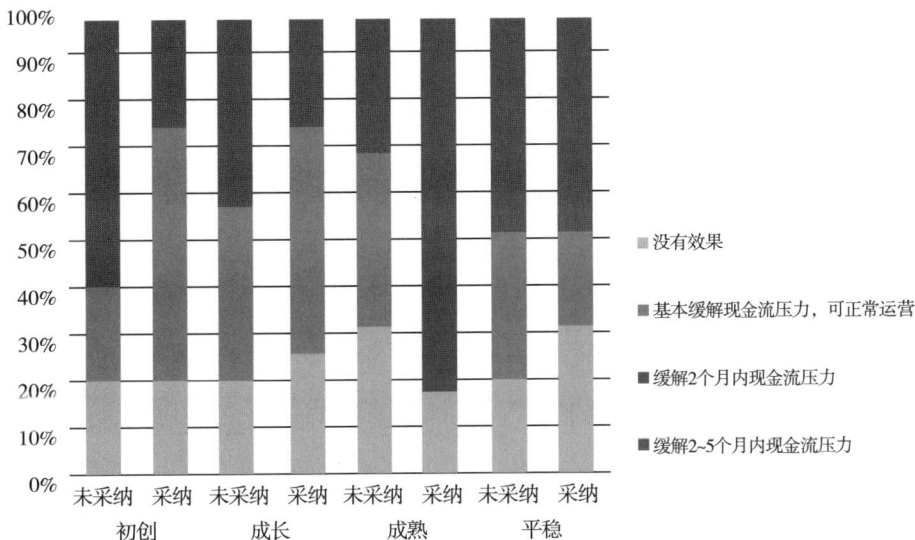

图 8　不同生命周期企业采纳金融服务效果

采纳了金融服务创新的各类型企业中，如图 8 所示，有 291 家企业都缓解了自身的现金流压力，并且大多成效显著。有 156 家企业能够实现基本缓解现金流压力，实现企业的正常运营。从整体上看，处于初创期、成长期、成熟期的企业会更倾向于选择金融创新来提高企业应对风险的能力，能够有效地缓解企业现金流的压力。而平稳期的企业则对金融创新的依赖性较低，依靠自身能力大多能够维持现金流的正常运转。

4. 企业关注的融资问题

对于企业关注的融资类问题以及此次新冠肺炎疫情中所遇到的融资困难，不同生命周期企业间的分布是相似的。企业在考虑融资时，会优先考虑融资成本和融资的条件以及渠道，细分为贷款机构是否正规、服务人员是否专业、授信条件能否达成等，其次是考虑能够融资的金额以及企业放款时间。总体上看，企业在此次新冠肺炎疫情影响下大多在融资问题上遇到困难，为解决企业面临的难题，银行等融资贷款机构应该在企业关心的问题上提供相关措施。

四、影响因素模型分析

（一）纾困政策有效性评价

为了实现评价纾困政策的有效性这一目标，本文采用灰色关联理论作为研究方法。在构建比较数列及参考数列之前，首先得到我国四个发展阶段的企业对不同类型纾困政策有效性评分结果，如表 4 所示。

表4　我国四个发展阶段的企业对不同类型纾困政策有效性评分结果

	初创期	成长期	平稳期	成熟期
减税降费政策	61.276	62.182	60.290	66.263
援企稳岗类政策	63.961	61.852	57.058	64.811
新冠肺炎疫情防控支持政策	62.487	60.118	60.522	63.600
金融和融资服务政策	57.066	56.741	57.348	59.442
稳企业和支持行业政策	57.987	58.906	61.029	62.674

针对数据进行无量纲化处理，选择均值化处理。对选项进行定量处理，没有作用赋值为0，增加10%以内赋值为1，其他选项依次为2、3、4，从而构建出我国纾困政策有效性评价的参考数列 $X_0(i)$（i＝1，2，3，4），其中 i＝1，2，3，4 分别表示了企业发展的四个阶段。我国纾困政策有效性评价的参考数列如下所示：

$$X_0(i) = (0.895, 0.980, 0.681, 0.989)$$

针对5个评价项以及4个生命周期进行灰色关联度分析，并且以作 $X_0(i)$ 为"参考值"，研究5个评价项与 $X_0(i)$ 的关联关系（关联度），并基于关联度提供分析参考，使用灰色关联度分析时，分辨系数取0.5，结合关联系数计算公式计算出关联系数值，具体系数值见表5。

表5　不同类型纾困政策在企业不同生命周期下的灰色关联系数

	减税降费政策	援企稳岗类政策	新冠肺炎疫情防控支持政策	金融和融资服务政策	稳企业和支持行业政策
初创期	0.832	0.864	1	0.887	0.751
成长期	0.542	0.551	0.499	0.518	0.508
平稳期	0.397	0.459	0.377	0.362	0.343
成熟期	0.706	0.657	0.607	0.607	0.641

为了能从整体上对每一种类型的纾困政策有效性做出判断，需要将每种类型纾困政策所对应企业不同发展阶段的灰色关联系数加总求平均值，以便计算出不同类型纾困政策各自的灰色关联度，排序结果见表6。

表6　不同纾困政策的灰色关联度

评价项	关联度	排名
援企稳岗类政策	0.633	1
新冠肺炎疫情防控支持政策	0.621	2
减税降费政策	0.619	3
金融和融资服务政策	0.594	4
稳企业和支持恢复困难行业政策	0.561	5

从排序结果可以看出，纾困政策有效性排在第一位的是援企稳岗类政策，灰色关联度为 0.633；其次是新冠肺炎疫情防控支持政策与减税降费政策；排在第四位的是金融和融资服务政策。从企业发展阶段来看，在企业的初创期和成熟期纾困政策比较有效，而在企业其他生命周期，纾困政策对于提高企业的营业利润方面所起到的作用是较弱的，这表明对于一些具有巨大发展潜力的新兴企业，政府应当给予更多的特殊金融和融资优惠政策。

（二）影响路径分析

为了进一步研究金融创新和纾困政策如何影响企业全生命周期的发展，本文采用结构方程模型，对影响机制的路径进行分析，首先建立潜在变量，其中潜在外生变量为金融创新和纾困政策，潜在内生变量为企业发展，具体的观察指标、设立变量名以及对应的规范问卷动作如表 7 所示。

表 7　结构化模型变量设定

潜在变量	观察指标变量	变量名	问卷内容
企业发展	营业收入	Y1	Q6_ 6
	生命周期阶段	Y2	Q9_ 9
	现金流	Y3	Q12_ 12
金融创新	融资绿色审批通道	X1	Q64
	融资贷款流程创新	X2	Q64
	专项授信额度	X3	Q64
	信贷金融产品创新	X4	Q64
	数字化金融协作	X5	Q64
	金融服务优惠	X6	Q61_ 52
纾困政策	减税降费政策	X7	Q53_ 44
	援企稳岗政策	X8	Q53_ 44
	新冠肺炎疫情防控支持政策	X9	Q53_ 44
	金融和融资服务支持	X10	Q53_ 44
	行业支持政策	X11	Q53_ 44

根据本文的研究内容，做出四种假设，分别为 H1：政府在新冠肺炎疫情下的纾困政策有助于企业全生命周期的发展；H2：新冠肺炎疫情下的金融创新有助于企业全生命周期的发展；H3：政府在新冠肺炎疫情下的纾困政策有助于金融创新，从而促进企业全生命周期的发展；H4：新冠肺炎疫情下的金融创新能够带来更有效的纾

困政策，从而促进企业全生命周期的发展。建立假设模型如图9所示。

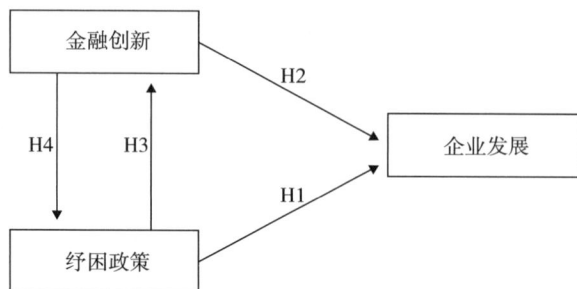

图9　假设模型

基于假设模型和设定的潜在变量对应的观察指标，构建结构化模型，得到相应变量的标准化载荷系数和新冠肺炎疫情值，判断其显著性水平结果，并得到初步标准化模型图如图10所示，进而对模型进行路径系数分析来判断假设，得到模型回归系数，如表8所示。

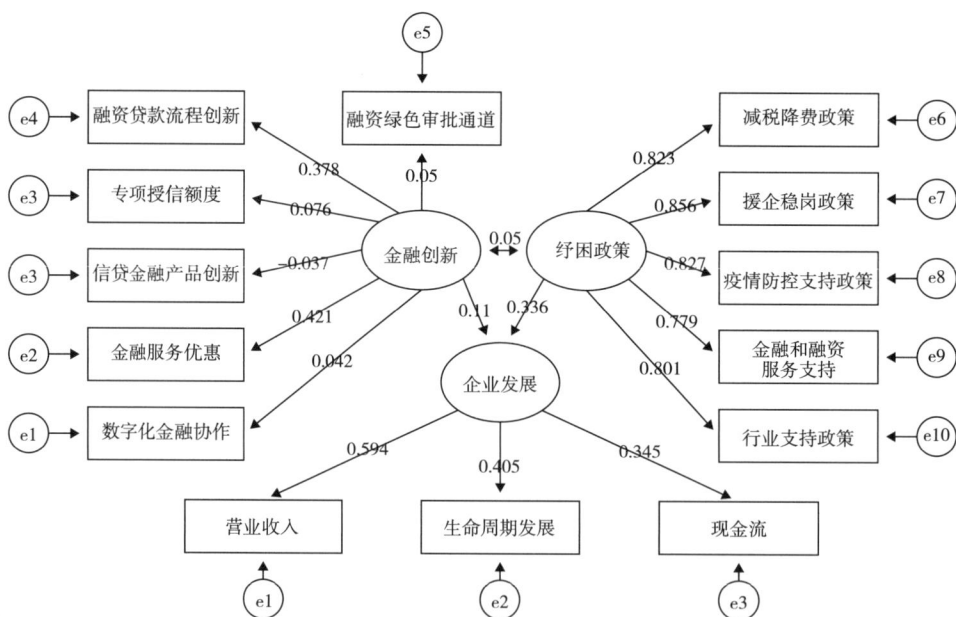

图10　初步标准化估计值模型图

表8　模型回归系数表

假设	变量关系	标准化系数	标准误	新冠肺炎疫情	假设结果
H1	纾困政策→企业发展	0.336	0.006	0.000＊＊＊	成立
H2	金融创新→企业发展	0.110	0.000	0.000＊＊＊	成立

续　表

假设	变量关系	标准化系数	标准误	新冠肺炎疫情	假设结果
H3	纾困政策→金融创新	1.000	0.000	0.089*	不成立
H4	金融创新→纾困政策	0.050	0.761	0.000***	成立

基于生命周期变量能够达到1%的显著性水平，则拒绝原假设，同时其标准载荷系数均大于0.4，可以认为其有足够的方差解释率表现能在企业发展上展现，同样的还有营业收入。而现金流的标准化载荷系数并没有通过0.4的阈值，故本文将其从企业发展的观察性指标中舍弃。

在政策方面，均能够达到1%的显著性水平，同时其标准载荷系数均大于0.4，可以认为其有足够的方差解释率表现，各变量均能在纾困政策这一潜变量上展现。而对于金融创新，只有金融服务优惠这一观察性指标通过了检验，其余均无法作为金融创新合适的观察性指标和组成成分。

对于结构模型的总体假设，纾困政策和金融创新都能够促进企业全生命周期的发展，金融政策能够促进纾困政策，从而带动企业的发展，而纾困政策无法通过影响金融创新从而促进企业全生命周期的发展，即假设 H1、H2、H4 成立，假设 H3 不成立。

根据初步模型结果，进一步构建较为完善的结构方程模型，如图 11 所示。

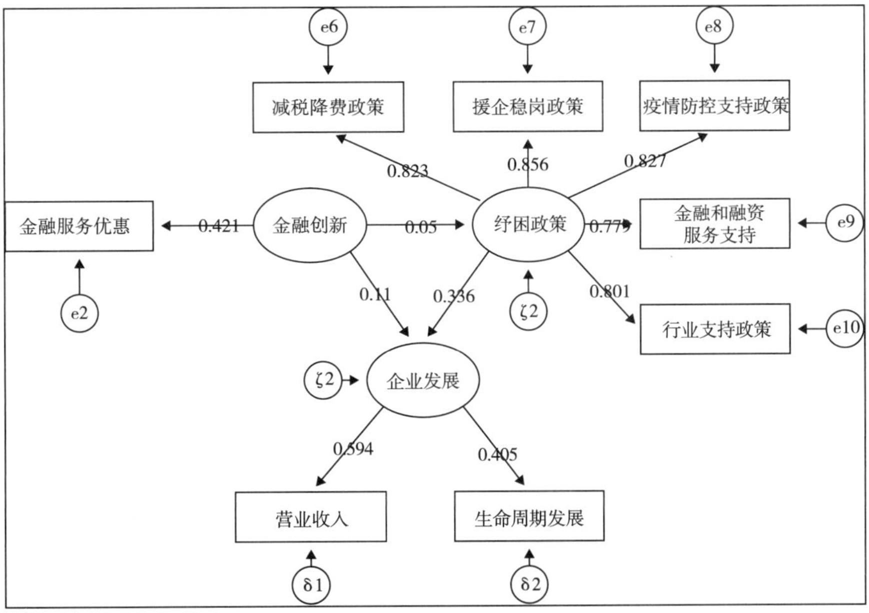

图 11　结构方程模型

　　在此结构模型的基础上，进行整体模型的拟合度分析，结果如表9所示，各项指标如卡方自由度比值、适配度指数 GFI、渐进残差均方和平方根 RMSEA 等均在建议拟合范围内，因此可以认为最终的结构方程模型与样本数据拟合度较好。

表9　结构方程模型拟合度指标

拟合指标	卡方自由度比	GFI	RMSEA	CFI	NFI	新冠肺炎疫情 NFI
拟合范围	<3	>0.9	<0.10	>0.9	>0.9	>0.5
指标结果	1.423	0.968	0.009	1.791	0.968	0.740

　　由此可知，援企稳岗类政策、新冠肺炎疫情防控支持政策、金融和融资服务支持、稳企业和行业支持政策等一系列纾困政策能够很好地帮助企业在全生命周期下发展，同时金融服务优惠能够作为金融创新来促进企业发展，也能够更好地使各项纾困政策得以发挥，从而促进企业生命周期下的发展。

五、现存问题分析

（一）不同阶段企业需求差异显著

　　根据对不同生命周期的企业分析发现，成熟期、平稳期的企业因为其自身的稳定订单、企业融资机制和现金流保证，受金融创新影响甚微，在面对新冠肺炎疫情冲击时，更需要的是正常经营生产和活动的保障，在政府出台的一系列金融创新扶持和金融纾困政策下，受到的新冠肺炎疫情影响并不能得到妥善缓解，仍然只能通过企业自身缓慢调整，各种金融类纾困政策不能得到有效发挥。而对金融创新敏感的初创期、成长期的企业，显然更加需要各类金融创新和政策帮扶，但由于其自身规模较小、现金流不够稳定，各类不具有针对性的政策反而加大了企业自身的经营成本，使企业难以维持到金融创新发挥作用的地步。对于这一部分企业，现有的纾困政策在一定程度上应当重视新冠肺炎疫情环境下的特殊生产经营方式，不应给企业带来不必要的经营压力和流程。

（二）金融创新与政策不够直接有效

　　通过对金融创新与纾困政策对企业发展的影响路径分析发现，大多数金融创新的方式都不能够或不能在短时间内有效帮助企业缓解新冠肺炎疫情冲击。金融服务优惠类政策、援企稳岗类政策、新冠肺炎疫情防控支持类政策，都是能够直接帮助企业减少日常开支或者融资成本的政策。而专项授信额度、数字化金融协作等一系列间接性创新和帮扶政策的反馈和作用周期较长，具有一定的滞后性，对于初创期、成长期的企业难以解决其在新冠肺炎疫情冲击下的燃眉之急，而对于成熟型、平稳型已有完整融资渠道和现金流保证的企业又没有做到对症下药。

六、结论与建议

（一）加大针对性政策的力度

政府要加大援企稳岗类政策、新冠肺炎疫情防控支持政策和减税降费优惠政策力度。特别是对处于初创期、成长期的企业，政府应该在鼓励投资、减轻企业融资负担等方面加大支持力度，如个人对企业进行股权投资时，在个人所得税上给予一定程度的减免；在企业融资时，产生的费用在计算所得税时允许在一定程度上进行抵扣。

（二）根据企业生命周期倾斜金融服务

根据不同阶段类型的企业，政府可以指定相应的纾困政策，使初创期、成长期的企业能够享受到各类金融创新带来的驱动，帮助成熟期、平稳期的企业充分发挥企业的自身能力和优势。

（三）增加直接性帮扶途径

政府可以加大受新冠肺炎疫情影响严重类型企业的直接帮扶途径和帮扶力度，加大对旅游、住宿餐饮、批发零售、交通运输、物流仓储、文化娱乐、会展等受新冠肺炎疫情影响较大的行业信贷支持，通过变更还款安排、延长还款期限、无还本续贷等方式，对到期还款困难企业予以支持，不抽贷、不断贷、不压贷，建立线上续贷机制。

参考文献

[1] 高进群. 疫情影响下金融支持小微企业政策有效性研究 [J]. 吉林金融研究，2021（09）：23 – 28.

[2] 徐玄. 农村清洁能源政策实施效果影响分析——基于灰色关联度 [J]. 农村经济与技术，2021，32（03）：14 – 16.

[3] 张志元，马永凡，胡兴存. 疫情冲击下中小微企业的金融供给支持研究

[J]. 财政研究，2020（04）：58-65.

[4] 肖艳丽，向有涛. 政策性金融是否促进了先进制造业技术创新？——基于企业生命周期视角 [J]. 武汉金融，2022（03）：35-43.

[5] 王嘉琛. 疫情下援企纾困中小企业的金融政策——基于吉林省中小企业调研数据的实证研究 [J]. 经济研究导刊，2021（17）：119-123.

[6] 徐玉德. 全球疫情冲击下中小企业面临的挑战及应对 [J]. 财会月刊，2020（12）：114-118.

[7] 陈美璘，何薇. 基于结构方程模型的游客忠诚度研究 [J]. 北方经贸，2022（08）：129-131.

[8] 余忠，叶遄，王昊. 管理潜力转化中介效应对众创空间运营绩效的影响——基于结构方程模型 [J]. 武夷学院学报，2022，41（03）：73-80.

[9] 王新红，曹帆. 控股股东股权质押影响企业财务风险的中介效应研究——基于结构方程模型的路径分析 [J]. 商业研究，2021（05）：84-93.

[10] 楚晓玉. "双循环"格局下苏州自贸片区金融服务创新实施路径 [J]. 现代商业，2022（03）：107-109.

[11] 褚桥，陈晔晗. 后疫情时代新兴金融服务数字化转型建设研究——以征信产业链为例 [J]. 现代金融，2021（11）：25-27.

[12] 李翔宇，仲虹蔚. 新冠疫情对经济市场中民营企业融资的影响 [J]. 现代商贸工业，2022，43（20）：138-139.

附录　调研感悟

团队成员调研感悟

1. 向语琳

"访万企，读中国"专项社会实践活动虽然结束了，但这次实践带给我们的影响却远没有结束。在活动中，我尝试了许多以前不敢完成的任务，从一开始的会议记录到资料收集再到会议主持，和小组的成员们也从破冰时的局促到相处得逐渐自然。非常感谢老师、学长、学姐对我的帮助。

2. 杨严鸿

在一个多月里，我们团队工作任务分配合理有序，队长参考每位队员的空闲时间，认真细致地安排任务，每个小组访问不同的企业，提高调研速度与效率。每个小组的调研又分为会议主持、资料收集、会议记录、宣传推送、报告案例、论文撰写这些小项目。整个调研过程让我体会到一份成果的背后是井然有序的合作。

3. 侯淑娟

在学长学姐们的带领下，在经过了许多次的访谈后，我对不同企业有了一定的了解，也懂得了一些基本的企业定义。在这段短暂而美好的过程中，我懂得了团队合作意识的重要性，社会经验有了提升，眼界得到了拓宽，见识得到了增长。

4. 李欣怡

在实践中，我们联系企业接受访谈的过程并非一帆风顺，多次遇到发函被拒的情形。我们及时复盘和总结，明确分工合作，团队的磨合让我们在一次次访谈中表现越来越好，整个采访都渐入佳境。此次调研让我们通过实践增强了理论知识，开阔了视野，积累了社会经验。

5. 梁庭玮

在调研过程中，团队成员的通力合作与指导老师的悉心指导使得本次调研活动更为充实而难忘。本次调研锻炼了我与他人沟通交流的能力，培养了我对工作认真细心负责的态度。

6. 何祯怡

与来自不同学院的小伙伴长达 2 个月的合作，切实地增强了我访谈调研能力、调研数据挖掘能力数据分析与写作能力以及团队分工协作及沟通能力，此次"访万企，读中国"的社会调研项目，更多的是给予了我与上海各行各业企业负责人的交流机会。

7. 倪佳盈

在调研伊始，我们面临许多棘手的问题，如对企业面临的痛点问题与具体的助企纾困政策。但小组成员分工明确，通过一次次的头脑风暴和线上会议，逐渐确定了我们的研究方向，为调研的顺利进行奠定了基础。为期两个月的实践活动让我难忘。反复斟酌的文案，一改再改的网络推送，一次次的探讨与总结反思，精益求精的态度背后是每位成员的热诚与初心。

8. 陈梓棉

在此次实践中，我觉得我学到的最重要的一点是对问题不同的思考方式。通过与小组成员的交流，我领略到了不同的思维方式带给我们的全新感觉：全面思考能促进我们对事物形成更加全面、客观、科学的认识。

9. 魏浩

在和企业负责人的交流中，我增长了很多书本上学不到的社会阅历，认识到了在校园之外，无论是新冠肺炎疫情影响还是国际局势的变化，都给行业和企业带来了我们意象不到的影响和变化。

10. 甘雨

在调研中，前期对访谈企业的桌面研究，中期与企业负责人的深度对话，后期细致的材料整理，每一部分都是重要且不可或缺的。最后调研报告与典型案例报告的撰写也需要我们认真细致。此外，小组任务的完成需要小组成员各自在所擅长的领域把优势发挥到位，才能发挥"1 + 1 > 2"的效果。

11. 洪璟

"访万企，读中国"活动让我从另一个角度去审视新冠肺炎疫情下的中国市场。与从前一味关心病毒与人体健康又或是管控政策的单一角度不同，通过本次暑期调研，我真正有机会深入挖掘新冠肺炎疫情下中国企业是如何生存或是如何寻求新的发展之道的。

新冠肺炎疫情下文化传媒企业韧性与纾困政策研究

包菁清　董　婷　刘　凡　席琳娜　孟　甜　陈芷妤　张奕阳　金凯悦　朱文雯
钟以能　陈维杰　谢丰亿　顾宇鹏
指导教师：赵　倩　李钦儒

摘　要

2022 年，上海市突如其来的新冠肺炎疫情给各行各业带来了巨大的冲击，其中以线下宣传活动为主营业务的相关文化传媒企业受到的影响尤其严重。考虑到不同企业的不同业务规划，以及采取的不同应对措施，本次调研主要选择小微传统文化传媒企业，以问卷结合访谈的形式，了解新冠肺炎疫情给企业经营带来的各方面影响及企业未来发展规划和愿景，并通过量化企业三大指标对企业经营状态进行划分，对不同类型企业的表现情况进行分析描述，定性分析的同时结合定量研究法，以此了解企业应对突发状况的抗风险能力。据此，对文化传媒企业发展经营提供一定的建议，同时为政府日后制定相关的帮扶政策提供参考。

关键词：文化传媒企业；抗风险能力；纾困政策

一、调研背景和意义

2022 年 3 月，突如其来的新冠肺炎疫情席卷了上海市。截至 6 月 1 日全面复工，上海市新冠肺炎疫情持续了两个多月，从最初的平淡到紧张焦虑，再到全力备战、全民抗疫。到 2022 年 9 月，上海市慢慢恢复了正常的生活。

受新冠肺炎疫情影响，线下商业活动几乎全面暂停，以宣传广告活动为主体的文化传媒产业成为影响最严重的产业之一。文化传媒产业服务于人们的精神世界，对于经济社会有着举足轻重的作用。

本次调研以中小微文化传媒企业为主要研究对象，探索企业在应对新冠肺炎疫情导致的线下活动全面暂停、订单减少、订单履约受影响等问题做出的举措，并对政府提供的帮扶政策效力进行分析。其对企业与社会的重大价值主要有以下几方面：

第一，为企业稳定发展提供合理的建议。文化传媒古来有之，并随着时代与科技的发展呈现出更加丰富多样的形式，新冠肺炎疫情带来的线下业务停摆使文化传媒企业不得不探索这一状态下的处理措施，进一步促进企业转型。

第二，发展企业数字化建设，开展多元业务。新冠肺炎疫情反复，没有人对未来的市场能做出万无一失的判断，文化传媒企业在落实线下业务的同时，发展线上业务，开启企业数字化建设，对于提高企业抗风险能力，都是非常有效的措施。

第三，评估政府帮扶政策力度，强化政策效力。政府提供了一系列房屋租金减免和稳岗就业政策，但是政策的落实和效力仍未可知。本次调研关注政策对企业应对危急的效力，并对其落实情况进行分析，为未来类似情况提供参考。

第四，稳定经济发展，为新常态下企业平稳转型做出建议。企业拓展业务范围、进行技术升级及转型均需要投入人力和物力，且伴随巨大的风险和挑战。了解企业现状和顾虑，对市场进行深入分析，可以为企业提供更科学全面的建议。

第五，帮助大学生了解经济市场，为迈入社会打下基础。本次调研有助于团队成员深入了解企业面对突发状况做出的应对措施。同时，学生运用所学的专业数据分析及统计学知识，探索相关措施及政策的效用，为企业发展提供参考建议。

二、调研方案与实施

（一）调研方案

1. 调研内容

本研究计划从订单与生产供应、现金流、营销策略和抗疫措施等角度对企业的经营状况进行了解，并与类似企业进行比较分析，结合往年（如 2020 年）新冠肺炎疫情状态下企业的发展，在危机之中寻找新的机遇。

同时为了测评政府提供的帮扶措施力度，本研究从政策申请及落实情况两个角度进行了解，并进一步分析企业选择不同帮扶政策的原因。

2. 调研方法

（1）问卷调查法：对接企业后，根据企业特点制作文化传媒企业针对性问卷，用于了解文化传媒企业的韧性和政府相关帮扶政策的力度。

（2）线上访谈法：在组委会访谈提纲的基础上，根据企业特点修改制定针对性访谈提纲，提前预约腾讯会议开展视频访谈。

（3）文献调查法：查阅相关行业的白皮书以及相关报道。

（4）网络应用法：通过企查查和企业官方网站等途径对企业主营业务和经营状态做全面了解。

（二）调研对象

考虑到文化传媒企业主营业务的差异性，我们将研究对象分为以活动策划为主的文化传媒企业和以宣传品印制、线上传媒活动为主的文化传媒企业。

根据本次调研目的及需求，本研究访谈对象主要以企业高级管理人员包括董事、总经理和法人等为主。

（三）调研任务分配

在指导教师的建议和帮助下，小组成员主动查阅文献、参与培训讲座，了解相关知识，并根据成员专业特长，分配调研任务，如表1所示。

表1　团队调研分工

成员	分工
赵倩（教师）	对调研总方向进行把握，提供专业方面建议，制作行业调研问卷，并修改调整项目书
李钦儒（教师）	在调研过程和访谈中提供建议，对团队与企业沟通、项目过程宣传进行统筹
包菁清	联系沟通企业，落实企业访谈、撰写相关访谈录，撰写决策建议报告、对团队分工总体统筹
董婷、顾宇鹏	制作访谈网络推送，数据分析，企业访谈、撰写报告专业数据分析
刘凡、席琳娜	联系沟通企业、整理撰写访谈录、撰写总结报告
孟甜、张奕阳	联系沟通企业、撰写访谈录并整理总结报告
陈芷妤、钟以能	整理企业推送文案，撰写企业访谈纪要，总结整理报告
金凯悦、朱文雯	联系沟通企业，主持访谈，制作访谈网络推送，整理撰写报告
陈维杰、谢丰亿	联系沟通企业，撰写企业访谈纪要，整理报告

三、问卷调研结果统计分析

（一）样本的基本情况

截至2022年9月2日，本次调研共收到537份有效问卷。从企业营业额、所处行业等几个方面对样本进行总体特征描述：由图1可以看出，制造业企业占比（占

75.4%）最大。由图 2 可以看出，2021 年营业收入在 2000 万～5000 万元（占 46%）和 5000 万～1 亿元（占 19%）的受访企业居多。由图 3 可以看出，净利润率高于 10% 的企业（占 32%）占比最大。如图 4 所示可以看出，多数企业处在发展（占 35%）、成长（占 20%）、初创（占 14%）三个阶段。

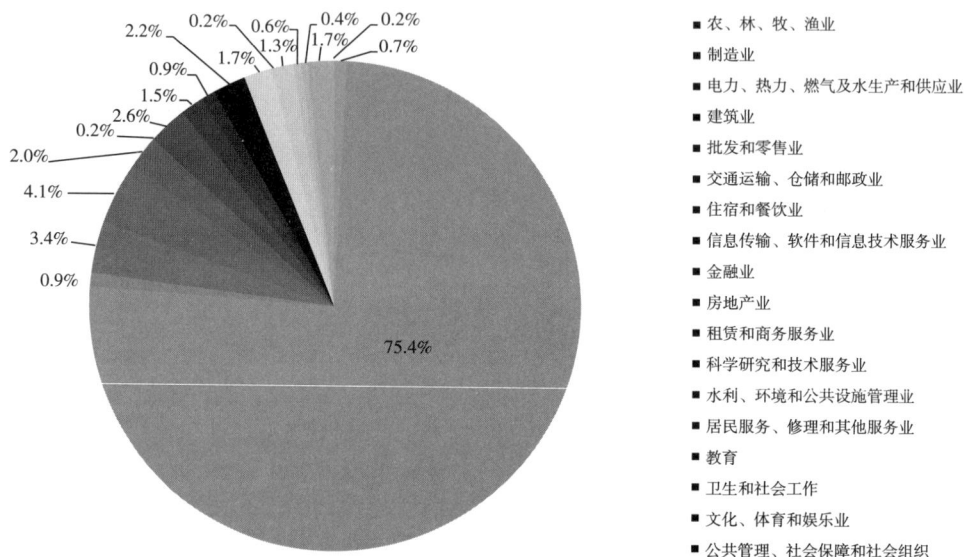

图 1　样本企业行业分析

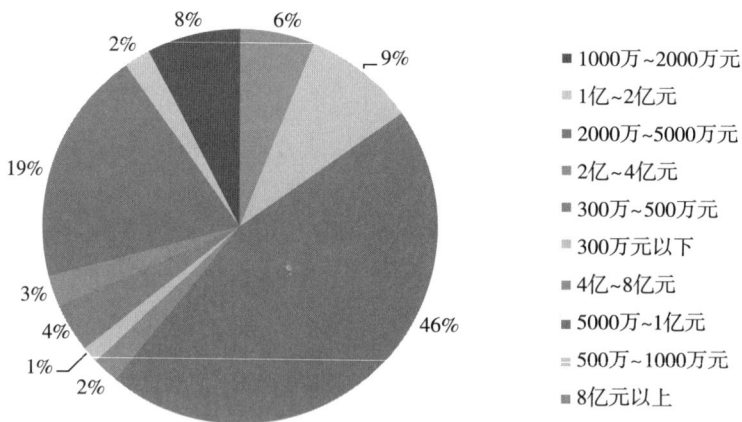

图 2　样本企业营业收入分析

（二）企业所受新冠肺炎疫情影响

本次新冠肺炎疫情对企业各方面都造成了不同程度的影响，本文将营收、产能和行业发展这三个方面作为主要的分析指标衡量新冠肺炎疫情对企业造成的影响程度，如图 5、图 6、图 7 所示。

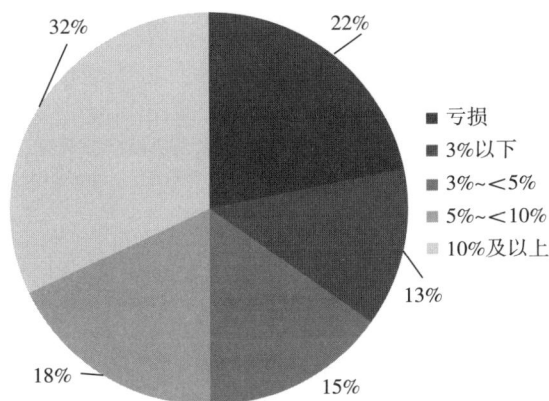

图 3 样本企业净利率分析

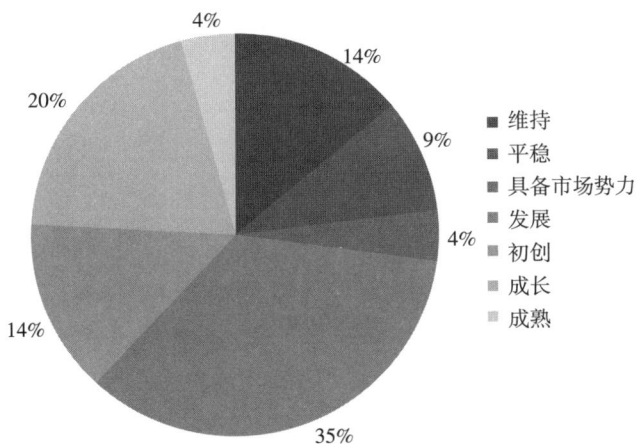

图 4 样本企业发展阶段分析

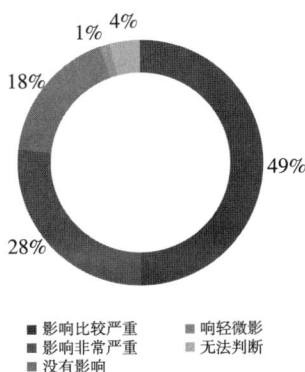

图 5 新冠肺炎疫情对
行业发展影响

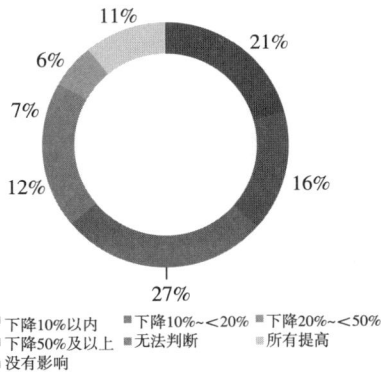

图 6 新冠肺炎疫情对
企业营收影响

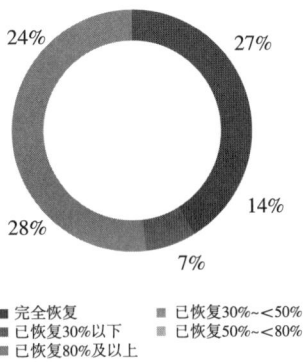

图 7 新冠肺炎疫情对企业
产能恢复影响

由图 5、图 6、图 7 可以看出，新冠肺炎疫情对企业的行业发展有一定影响，

49%的企业认为疫情对行业的影响程度比较严重，28%的企业认为疫情对行业的影响程度轻微，也有18%的企业认为行业发展受到了非常严重的影响。从各企业新冠肺炎疫情期间的营收情况看，27%的企业营收下降了20%～50%，也有6%的企业营收有所提高。到2022年9月新冠肺炎疫情好转稍有一段时间，27%的企业产能完全恢复，52%企业产能也恢复50%以上。

新冠肺炎疫情对企业的影响主要分为企业自身的经营和未来发展两个方面。

1. 企业经营

前文对企业经营相关程度上的分析仅限于主观判断，为研究新冠肺炎疫情对企业内部影响的具体表现，本文制作企业经营影响因素帕累托图，如图8所示。

由图8可以看出，订单下降、限制开工、人员不足、成本增加、人工成本负担过重和资金短缺等六项的响应率和普及率明显较高，说明这六项因素在本轮新冠肺炎疫情中，给企业的经营带来了较大负担。

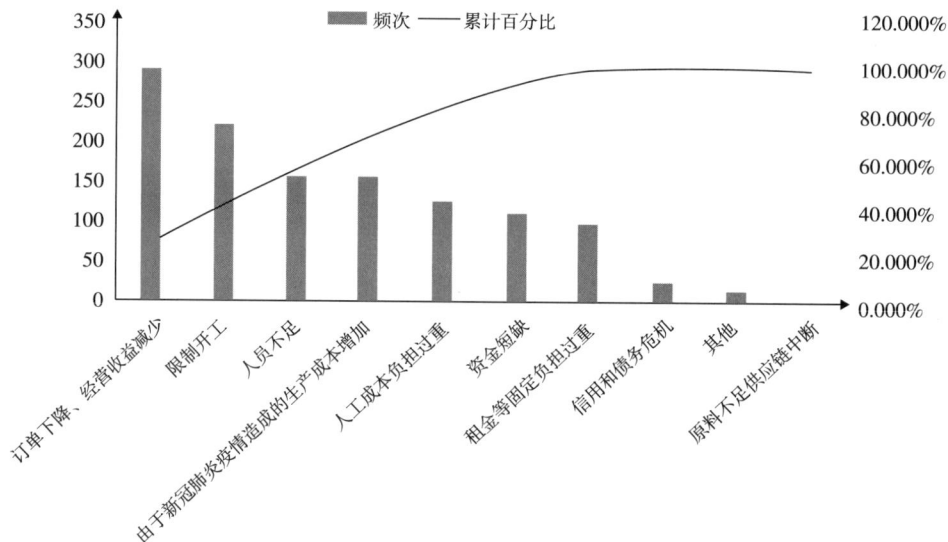

图8　企业经营影响因素帕累托图

2. 企业发展

如图9所示，利息减免（14.42%）、税收优惠（16.02%）、成本补贴（12.23%）、提供金融支持（11.51%）、灵活用工和社保政策（8.96%）、提供针对新冠肺炎疫情停工及防疫工作的补贴（7.61%）、恢复交通物流通道（7.45%）等七项举措的响应率较高，说明这七项措施在受访企业应对疫情冲击时起到明显作用。

3. 企业总体情况

本节我们主要对新冠肺炎疫情影响下的企业现状进行量化，从而得到影响结果

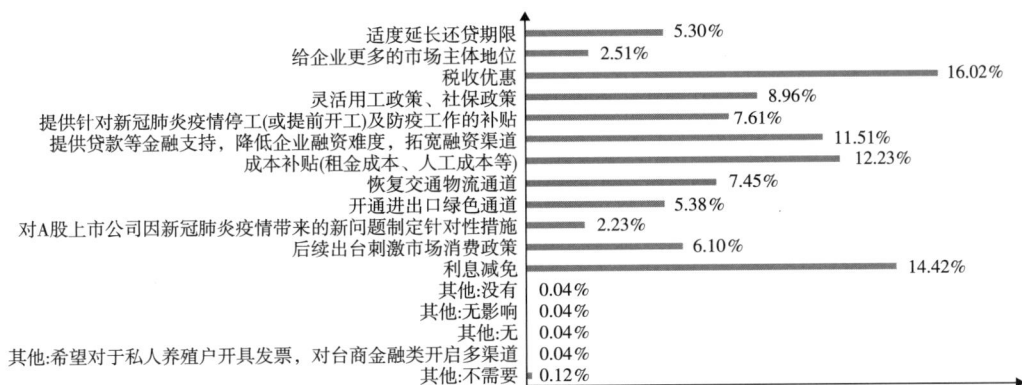

图9　企业发展影响响应率

的行为和政策分析。我们选择程度影响的三个方面评估企业表现，影响越大分数越低，最低为0；毫无影响、完全恢复、有所提高分数为10，无法判断等选项做均值处理，具体各个选项的打分情况见表2、表3、表4。

表2　新冠肺炎疫情对企业所在行业发展影响程度

影响程度	评分
影响非常严重	0
影响比较严重	2
影响轻微	8
没有影响	10
无法判断	5

表3　目前企业产能恢复情况

产能恢复程度	评分
已恢复30%以下	2
已恢复30%～<50%	4
已恢复50%～<80%	6
已恢复80%及以上	8
完全恢复	10

表4　新冠肺炎疫情对企业2022年营收目标的影响程度

影响程度	评分
下降 50% 及以上	0
下降 20 ~ <50%	2
下降 10 ~ <20%	4
下降 10% 以内	6
没有影响	8
有所提高	10
无法判断	5

基于此，我们将新冠肺炎疫情对企业影响程度量化得到整体的评分，得分越高的企业其所受影响越小，得分越低的所受影响越大，如图 10 所示。

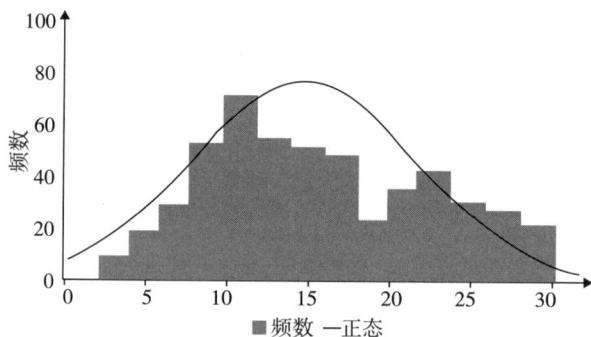

图 10　企业总体情况分布

因每个方面的影响程度最高分都是 10，最低分为 0，总览三个角度，我们选择 15 分为分界线将企业总体情况的总分分为三个档次：小于 15 分的企业评级为 C 级，表现情况较差；大于等于 15 分小于 20 分的企业评级为 B 级，表现情况较好；大于等于 20 分的企业评级为 A 级，表现情况好。

在我们的计分标准下，企业集中在 11 ~ 12 分，右偏分布符合新冠肺炎疫情下绝大多数企业经营面临困境的事实。图 10 中企业打分情况与正态分布对比可以看出虽然许多企业表现差强人意，但是仍存在不少企业结果远优于平均水平。

（三）企业韧性分析

根据问卷统计结果，各项企业特征分析的加权平均值如图 11 所示。从鲁棒性、敏捷性以及完整性这三个特性来看，受访企业中企业平均的完整性较强，敏捷性次之，鲁棒性较弱，可见大多数企业的员工都能各司其职，各部门间息息相关，并且可以时刻关注企业相关资源的变动。然而，多数企业对于紧急情况的处理能力比较薄弱，尚未有充足的资源应对突发情况。

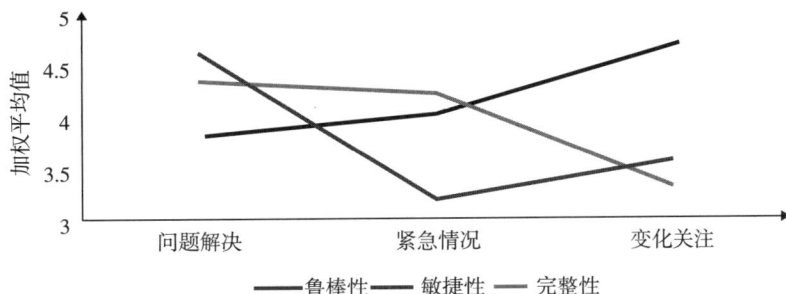

图 11　企业特性分析

　　根据问卷统计结果，各项企业能力分析的加权平均值如图 12 所示，可以看出，受访企业平均关系资本能力较为突出，而供应链柔性相对薄弱。关系资本保障了企业的竞争力，使企业有足够的能力面对竞争对手。网络能力的发展则能够保障企业的线上交易安全性，同时可以促进企业的宣传能力。企业的供应链柔性和环境动荡性是衡量企业面对紧急情况能否及时采取有效措施的标准，受访企业在此方面综合情况较弱。

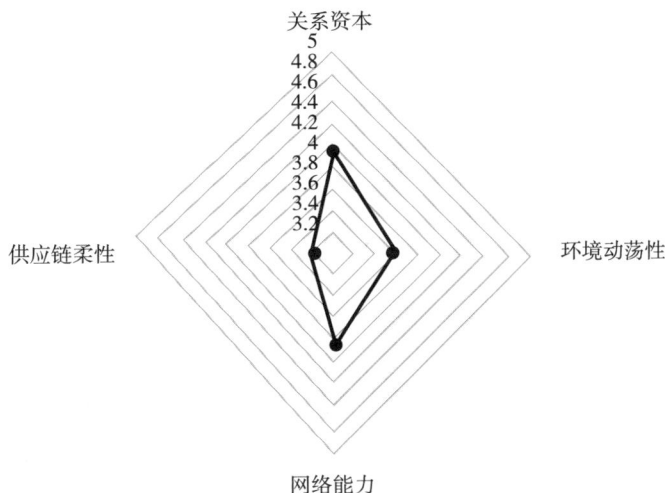

图 12　企业能力分析

（四）企业行为与现状分析

1. 企业在新冠肺炎疫情中决策

　　面对新冠肺炎疫情，不同企业都做出了不同行为。为研究企业行为和企业情况之间是否有明显差异，本文利用交叉分析法研究企业情况得分与企业行为的交叉关系，如表5所示。

表5　企业行为和企业情况交叉表

选项	企业情况得分			汇总 ($n=537$)
	A ($n=164$)	B ($n=73$)	C ($n=300$)	
以强大现金流管理为主线	26.83%	17.81%	34.33%	29.80%
保持流动性	38.41%	32.88%	40.00%	38.55%
关注员工，克服恐慌，不懈怠	76.83%	69.86%	83.33%	79.52%
加大市场开拓力度，开发新的业务模式	45.73%	39.73%	38.67%	40.97%
寻求政府支持	26.83%	19.18%	32.33%	28.86%
弹性生产	43.90%	46.58%	46.67%	45.81%
抱团取暖	12.20%	9.59%	9.00%	10.06%
灵活用工	59.76%	61.64%	64.00%	62.38%
融资	10.37%	5.48%	10.67%	9.87%
进一步减少开支，压缩成本	62.20%	64.38%	71.67%	67.78%

卡方检验：$\chi^2=12.615$，$p=0.814$

由表5可以看出，企业情况得分并不会呈现出差异性（$p=0.814>0.05$），说明企业行为和企业情况之间的关系并不大。无论等级如何，当下企业大多都选择"关注员工、克服恐慌、不懈怠"和"减少进一步开支，压缩成本"这两项；企业在"抱团取暖"和"融资"方面选择都非常少。由此可以发现，在面对新冠肺炎疫情时企业无论情况如何，做出的选择都是相对一致的。

2. 企业中长期选择

如图13所示，B级企业选择加快数字化转型，业务线上化的比例为55%，高于A级企业和C级企业；A级企业选择发现新的机会，加大投资的比例为60%，高于另外两级企业；C级企业选择收缩防守的比例为36%，高于A级企业和B级企业。

通过对企业行为的分析我们可以得知，企业的当下选择对企业情况并没有太大的影响，因为企业所做的选择都是相对一致的；真正对企业情况有所影响的是企业的长期选择，A级企业会选择更加积极的态度发现新的机会，而C级企业则相对保守。

（五）纾困政策和现状分析

1. 政策帮扶下的企业情况

在政府纾困政策的帮扶下，企业的现金流和营业利润都有一定的变化。

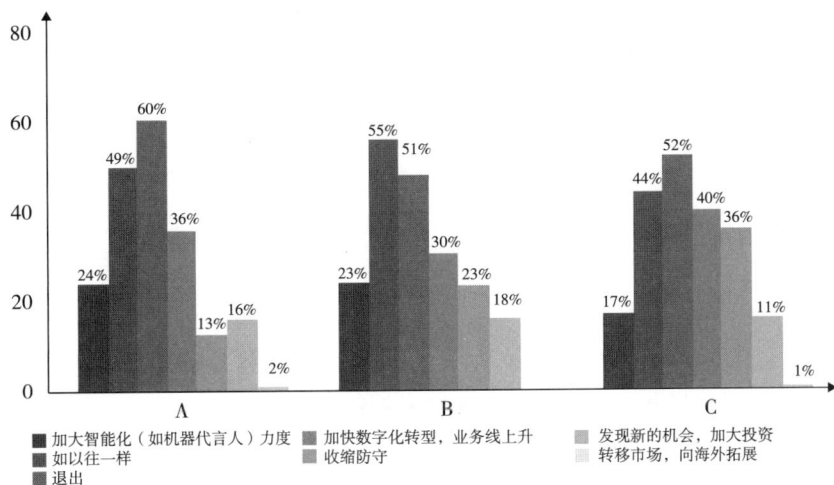

图13 不同情况的企业中长期选择

如图14所示，现金流恢复到正常水平的企业占比只有26%，36%的企业现金流没有明显的恢复，38%的企业只是恢复了部分现金流；在营业额利润方面，如图15所示，18.2%的企业认为政策之下仍然亏损，50.3%企业的营业利润只增加了10%以下，只有31.5%的企业营业利润增加10%以上。

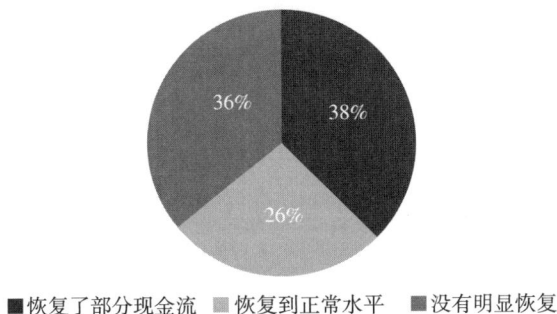

图14 企业现金流变化

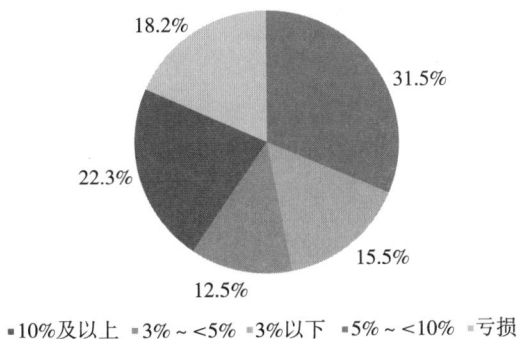

图15 企业利润变化

2. 纾困政策的不足之处

通过上述分析，我们发现纾困政策在对企业的现金流和营业利润上并没有起到很大的帮助作用，为得到具体原因我们分为几个部分重点分析。

（1）减税降费

为降低企业受新冠肺炎疫情影响的压力，国家和政府出台了补贴类和降低税务等相关政策，政策的响应率和普及率如表6所示。

表6　政策响应率和普及率表

政策存在问题	计数	响应率/%	普及率/%	X^2	P
政策宣传不够，对政策知晓度不高	218	12.300	40.600	245.721	0.000（***）
政策解读不到位，部分内容不明确	245	13.800	45.600		
政策涉及的事项办理便捷度不高	258	14.500	48.000		
政策涉及的事项办理较为繁琐，时间较长	190	10.700	35.400		
政策中"免申即享"事项偏低	153	8.600	28.500		
申报纳税期限延长不足	129	7.300	24.000		
补贴类项目申请门槛高	158	8.900	29.400		
企业所得税、增值税和"六税两费"等减免适用主体范围较窄	164	9.200	30.500		
企业所得税、增值税和"六税两费"等减免幅度较低	111	6.200	20.700		
外贸企业出口退税范围较窄	56	3.200	10.400		
无	94	5.300	17.500		
总计	1776	100.000	330.600		

注：***、**、*分别代表1%、5%、10%的显著性水平

各类企业在"政策宣传不够，对政策知晓度不高""政策涉及的事项办理便捷度不高""政策解读不到位，部分内容不明确"三个方面响应率较高，说明问题显著；而在"企业所得税、增值税和'六税两费'等减免幅度较低""外贸企业出口退税范围较窄""申报纳税期限延长不足"三个方面，企业反馈较好。

而对于"政策宣传不够，对政策知晓度不高""政策解读不到位，部分内容不明确"这两个方面，企业总体情况不明朗、没有得到效果好的税务类政策救助，很大一部分的原因是企业对政策了解不够、解读不明确。

（2）新冠肺炎疫情防控

根据每个等级的企业对于援企稳岗政策不足的选项，得到条形堆积图，如图16所示。

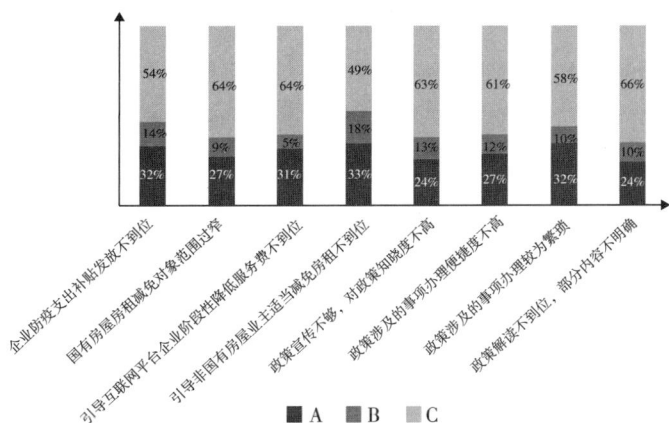

图16 政策不足响应率条形堆积图

B级企业在各项相关政策的不足上都有较低响应率，说明他们对各类政策的表现情况都有更好的评价；C级企业即情况较差甚至出现亏损情况的企业，其"政策解读不到位，部分内容不明确"项响应率最高，达到66%，说明该类型企业认为国家和地方政策清晰度不够。

（3）援企稳岗

不同等级的企业对援企稳岗类政策不足的选择有所差异，如图17所示。

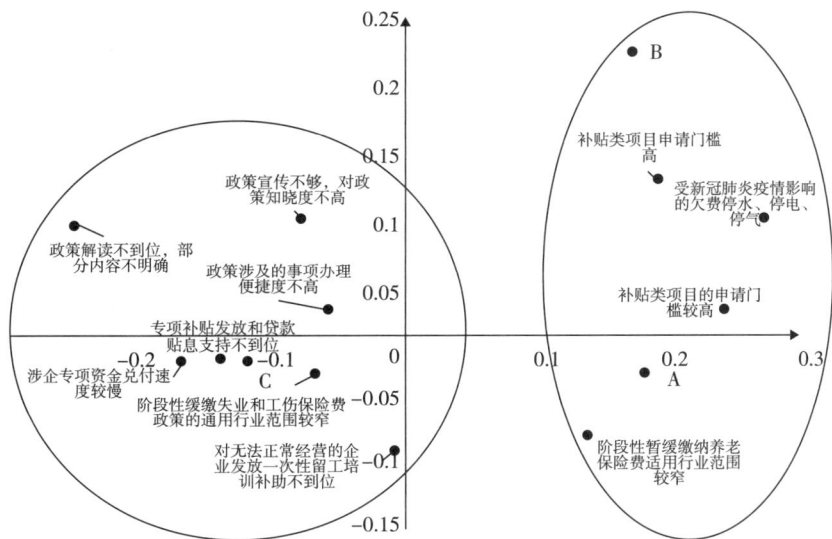

图17 援企稳岗类政策不足与企业情况对应分析图

通过对应分析图，可以发现A级和B级企业在对援企稳岗政策不足的选择上更偏向一致，都认为存在"申请门槛过高""受新冠肺炎疫情影响欠费停水、停电、停气"等问题；C级企业则认为存在"对无法正常经营的企业发放一次性留工培训补助不到位""政策宣传不够，对政策知晓度不高""政策解读不到位，部分内容不明确""涉企专项资金兑付速度较慢"等问题。

　　通过对政策表现不足选项和企业情况的交叉分析，我们可以看出，相对于情况表现好的企业，情况表现差的企业对于"政策解读""政策宣传"都有较高的响应率，这说明企业情况态势很大程度上依赖于企业对政策的解读。

四、现存问题分析及应对措施

（一）企业经营固定成本问题难解决

　　如图18所示，"1"表示填写问卷企业认为相关项目在新冠肺炎疫情防控支持政策中力度存在不足，"0"表示企业认为相关项目不存在不足，可以看出在受访的537家企业中，84%的企业感受到有对于引导非国有房屋业主适当减免房租不到位的问题、77%的企业感受到有引导互联网平台企业阶段性降低服务费不到位的问题、69%的企业感受到有防疫支出补贴发放不到位的问题。

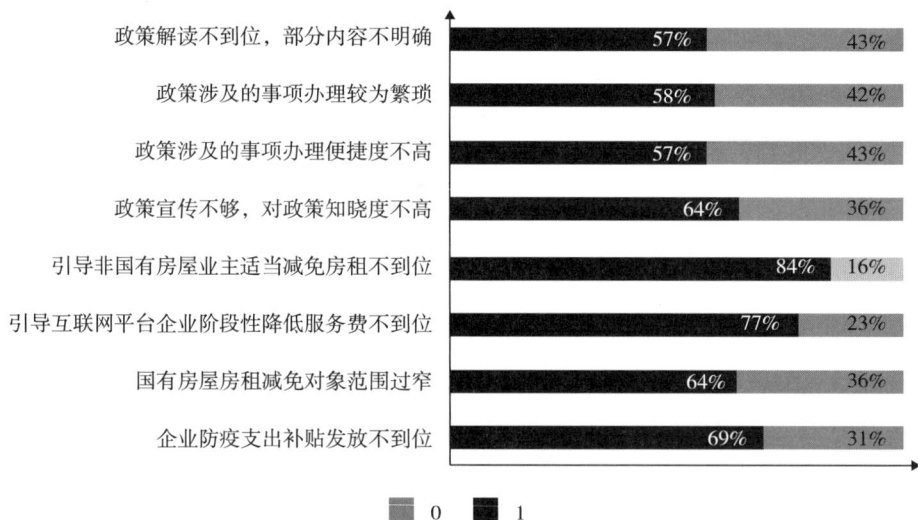

图18　新冠肺炎疫情防控支持政策力度不足分析结果图

（二）业务转型受技术和资金限制

　　根据受访企业调查结果分析，自新冠肺炎疫情发生以来，各企业均有业务转型的想法，部分企业已经开展线上直播，并以视频制作的形式进行数字化转型，但是受资金和技术的限制，转型之路困难重重。

一方面，企业存在资金不足的问题。虽然现阶段企业已经开始复工复产、恢复经营，但是大部分小微企业的现金流依旧只能维持企业正常运转，主要致力于恢复前期停滞的订单以及现阶段业务，无法支撑转变业务所要消耗的人力物力。

另一方面，业务转型将接触全新领域，需要进入新的市场，同行竞争压力很大，企业往往没有渠道、没有专业的人员去达成业务的转变，受到技术条件的制约。在业务转型过程中，客户信心尤其重要。客户需求降低，预算也随之降低，企业如何在全新领域抓住机遇，得到发展，还需要很长时间的考验。

在新冠肺炎疫情期间，文化传媒企业之间的交流非常重要，特殊时期需要合作渡过难关、实现共赢。针对业务转型这一问题，同行之间的咨询很有必要，并且转型初期进行合作可以降低很多风险，也降低了一部分的资金和技术制约。

（三）客户类型单一，线下业务受阻导致大部分订单流失

如今，文化传媒行业偏向于定制化服务，企业都有定向客户，客户类型较单一。新冠肺炎疫情期间，除少数支柱产业外，大部分企业受影响较大，广告需求大幅减少，导致许多文化传媒企业的订单大部分流失。且大部分传媒企业主要业务方向在线下实体广告的制作，由于新冠肺炎疫情，线下业务也基本处于停摆状态。为此，许多文化传媒企业积极寻找对策：一是进行线上转型，包括直播、短视频制作等，提供线上服务；二是将目标市场放大，包括但不限于防疫产品宣传、企事业单位广告制作等方面。

（四）政府帮扶政策落实有时间差，难解燃眉之急

图 19 所示，对所有调研企业而言，减税降费政策涉及事项办理便捷度（15%）、政策解读（14%）和宣传力度（12%）对企业申请相关帮扶措施造成了较大障碍，这一结果与团队访谈的文化传媒企业反馈一致。

在对多家文化传媒企业的访谈过程中，我们也发现了同上述结果类似的问题，即新冠肺炎疫情帮扶政策落实力度有待加强。尽管很多企业之前已经向政府部门咨询过帮扶政策，并且已经提交证明资料，但是这些政策尚处于发布阶段，不知道具体落实时间，短期之内无法真正执行。

而小微企业关心更多的是补贴何时进账。相对大型的企业能独自挺过这段时间，小微企业就十分困难，如帮扶政策中的房租减免，政策通知可以减免六个月房租，实际上很多企业只能申请减免三个月；人才补贴，虽然有企业已申请招收应届生和上海市户籍待业青年的相关补贴，但不清楚进账时间。大部分企业只能依靠少量的现金流应对新冠肺炎疫情困难。

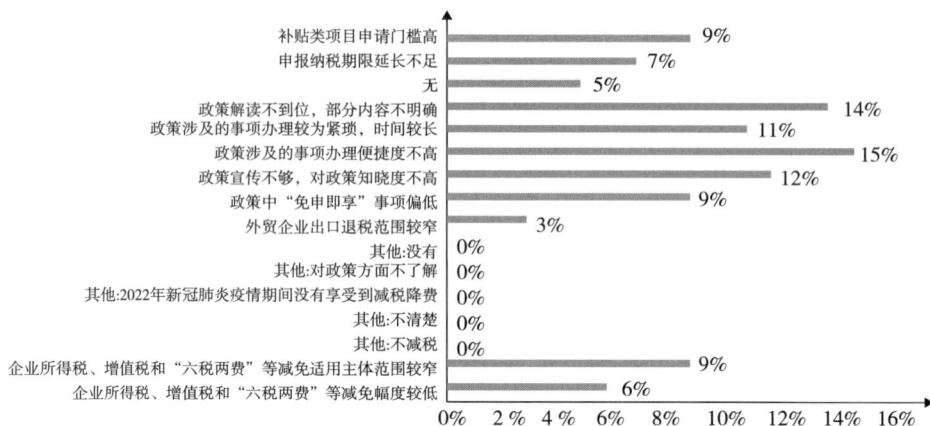

图 19　减税降费政策不足分析结果图

五、结论与建议

（一）结论

根据调研所得，目前我国文化传媒公司总体面临下述问题：

（1）小微企业数量众多，技术型人才缺乏，转型程度低。

（2）小微企业业务类型单一，在累积一定客源后，鲜少拓展业务，抗风险能力不高。

（3）由于资金、人才等缺乏而导致企业转型心有余而力不足。

（4）文化传媒行业准入门槛较低，企业之间竞争激烈，没有明显优劣势和差异之分，替代性强。

（5）随着网络的发展、短视频平台的崛起，宣传渠道和形式呈现出多样化，传统实物宣传需求降低。

（6）客户需求有一定周期性和固定性，倾向于和熟悉的企业对接相关需求以减少沟通成本，小微企业由于员工数量较少或业务类型单一，在增加客户粘性方面存在问题。

在新冠肺炎疫情的影响下，文化传媒企业所存在的问题也暴露无遗，受到了很大的冲击，主要有以下几点影响：

（1）在上海市地区完全封闭管理的情况下，大量企业削减了宣传推广的预算，使得作为下游产业的文化传媒行业订单需求几乎锐减至零。同时，大部分文化传媒企业会涉及实景拍摄，新冠肺炎疫情影响了室外拍摄和宣传，让不少已经开展的订单陷入停滞状态。在这样的状态下，文化传媒企业协商违约条款、终止合约就成了巨大的问题。

（2）文化传媒企业主要以活动策划等一系列线下业务为主，受新冠肺炎疫情冲击最大。但若是毫无准备地试图探索线上业务，进行转型，这个风险也是无法估量的。文化传媒企业在转型时，要求技术、人员跟上转型速度的成本可能会高过维持现状的成本。

（3）在线下，许多员工被困在家无法复工，文化传媒企业线下产品的生产受到严重阻碍。在线上，文化传媒企业无法获得足够多的客源，这会导致资金链的断裂。

（4）对主营线上业务的文化传媒企业来说是一个利好消息，他们相较于刚从线下转型线上的企业来说有更强的专业性和客户粘性，同时会吸引一批新客户，他们能否抓住此机遇，对企业的未来发展有很重要的影响。

（二）建议

1. 关注行业动态，积极推进企业数字化转型

万事万物都处于变化之中，及时关注行业动态是企业在经营过程中的助推剂。新冠肺炎疫情导致的管控使企业大部分事务项目都无法线下推进，这就需要企业及时转变发展理念，以数字和互联网技术为支撑，推动自身创新发展与升级，开拓线上业务，实现数字化转型。就如调研中的某家文化传媒企业，前期业务主要以线下为主，在新冠肺炎疫情突袭下，及时调整业务，转为线上直播以及活动执行，由于及时调整以及高效的项目执行落地，预计2022年底的营收可以维持2021年同期水平。

2. 与同行企业保持沟通，了解企业发展趋势，寻求合作

一家企业的力量在面对重大冲击时显得异常渺小，尤其像文化传媒产业中的众多小微企业。在新冠肺炎疫情大环境下，企业独自无论是维持现状还是实现转型都非常困难，同行企业间保持沟通有利于企业间交流畅谈发展经验，进行资源置换，实现合作共赢，助力企业探寻新的发展道路。

3. 经营保持谨慎态度，留足现金流保证企业稳定经营

突如其来的新冠肺炎疫情打破了原有的平稳局面，使很多企业面临现金流紧张的问题，缺乏足够的资金支撑正常运转。在常态化防控期间，企业应当预留一些资金以备不时之需，经营保持谨慎态度，留足现金流方能在特殊时期维稳经营。

4. 主动了解政府的相关政策，在企业寻求自救的同时获得帮助

企业主动了解政府的相关政策以备不时之需是非常必要的，及时了解新冠肺炎疫情下政府对于企业的优惠政策，递交相关材料，降低时间成本。同时，企业一味

地依托政府的帮扶政策而不自救是不可取的。政府的政策落实以及钱款到账是需要一定时间的，而这段时间内企业可以实施一些自救，例如充分利用金融机构发布的应对新冠肺炎疫情的特色金融产品和服务，从而降低融资成本。

5. 关注新冠肺炎疫情期间企业发展新机遇，及时调整生产经营方向

疫情期间，企业需要努力把握新政策，适应新环境，及时关注行业动态，抓住行业机遇，调整业务模式，创新发展战略，提升核心竞争力，以此降低新冠肺炎疫情的突发性不稳定性带来的损失。对于文化传媒企业来说，新冠肺炎疫情期间企业可以推出一些适合新冠肺炎疫情居家生活、学习和工作的文化产品与服务，吸引客户或者消费者，以此实现营收。

参考文献

[1] 程实. 直达性政策如何纾困中小微企业？[J]. 金融博览，2020（07）：38－39.

[2] 杜丽丽. 成锐公司"中小微企业金融服务平台"服务营销策略研究 [D]. 长春：吉林大学，2021.

[3] 吕进中. 提升金融支持小微的普惠性与精准性 [J]. 中国金融，2022（06）：48－50.

[4] 陶林，李岩. 企业数字化转型动因分析及建议 [J]. 合作经济与科技，2022（04）：124－125.

[5] 魏琳，耿云江. 新冠疫情背景下企业韧性评价指标体系的构建 [J]. 当代经济，2021（08）：108－113.

[6] 王韵霏. 新冠肺炎疫情下广东服务业中小微企业纾困政策研究 [J]. 中国经贸导刊（中），2020（08）：7－8＋35.

调研感悟

（一）指导教师调研感悟

1. 赵倩

从调研活动的启动、培训，到调研小组的调研方案设计、资料收集、问卷设计，再到联络各家企业主管进行访谈交流，最后到调研报告的成型和反复修改，我感受到了学生团队对调研活动高涨的热情、积极的态度、严谨的工作作风以及团队协作精神。我为他们努力认真、锲而不舍、不骄不馁的精神所打动，也看到了他们在整个活动中的成长与进步，相信他们收获了知识、友情和良好的沟通能力及技巧。我在这个过程中也学习到很多知识，但很遗憾由于自身原因没能全程陪同他们开展访问，错过了很多宝贵的学习机会。最后，我要感谢本次调研活动工作组的精心筹备和组织，感谢学生们的辛苦付出，感谢李钦儒教师的精心指导。

2. 李钦儒

"纸上得来终觉浅，绝知此事要躬行。"暑期社会实践是学生接触社会、了解社会、服务社会，将理论用于实践的重要途径，提高了学生认识问题、分析问题、解决问题的能力，为将来步入社会打下了良好的基础。通过此次社会实践，同学们意识到了自身的不足，明确了将来努力的方向，对于前方的路不再迷茫。

（二）团队成员调研感悟

1. 包菁清

本次社会实践几乎跨越整个假期，我在对接企业过程中遭遇挫折，经历若干次挫败后几乎想放弃，但还是在队友们的鼓励和支持下完成了调研。这次和企业中高级管理层直接交谈，让我有机会从宏观层面了解企业的经营。非常高兴能顺利结束"新冠肺炎疫情中文化传媒企业的企业韧性和纾困政策"调研，我认识到，保持谨慎、未雨绸缪、精诚合作无论在什么时候都意义非凡。

2. 董婷

本次调研横跨了整个暑假，因为新冠肺炎疫情的缘故，没有能与队友、企业面对面，线上交流虽然协调困难，但考验了我们彼此之间的协作能力。前期不断地和各个企业沟通，虽然我们遭到了诸多拒绝，但是依然有很多企业愿意参与我们的活动。本次调研让我们深入了解了文化产业在疫情期间的现状，并根据结果提出一些建议。在这个过程中，我收获了很多，了解了很多关于企业领导的大智慧。

3. 刘凡

在本次暑期调研中，我了解了文化传媒企业的大致的运作模式，和企业在新冠肺炎疫情冲击下接受的挑战。我们小组分工明确，每位同学都认真负责。从一开始选择企业，到确定访谈内容，再到整理、撰写调研报告等一系列事情，我们在队长的带领下有条不紊地进行着。通过本次调研活动，我提升了合作和沟通的能力，也提升了文字整理和编写的水平。

4. 席琳娜

在本次调研中，我们深入文化传媒企业，了解新冠肺炎疫情冲击下这些企业的状况以及诉求。从初期与多家企业联系沟通、拟访谈稿、做调查问卷，到中期与负责人访谈、做访谈记录，到最后统计所有企业的数据、整合信息、选择典型案例、总结分析，我们更加了解团队合作的力量，更加了解这个行业，更加了解新冠肺炎疫情给这个行业带来的机遇和挑战。我们经历了一个充实且有意义的假期。

5. 孟甜

在这次调研中，不论是在和新同学的相处中，或是在问卷设计、访谈提纲方面，我都收获满满。调研过程中，我了解到许多企业面对新冠肺炎疫情时做出积极的举措来应对。企业的数字化转型以及对科技的应用让我认识到在当下应该学习更多知识来丰富自己。通过这次调研，我认识到自己很多不足之处，并且从优秀的企业家以及学长学姐们身上汲取到了不竭力量，这些都将有助于我的成长。

6. 陈芷妤

本次短暂而充实的调研活动让我收获满满。团队通力合作，圆满完成了从线上采访到最后论文撰写，让我认识到了团队合作的重要性，了解了完成一次社会实践所需要的必要过程和环节。同时，第一次尝试写正式论文，也让我收获颇丰。除此之外，联系企业，撰写访谈录访谈纪要和公众号文案，让我提升了社交经验。总体来说，通过这次暑期社会实践活动，我受益匪浅。

7. 张奕阳

本次实践中，受访对象的联系对我们来说是最为棘手的一个问题，还要克服"不好意思"的心理障碍，而且走访过程中遭冷遇居多，这对我们都是不小的挑战。其次，作为一个团队，大家只有事前共同制订计划，才能保证每个人充分投入任务中和任务的如期完成。在接触真正的社会之前，这样一次调研让我们得以"窥一斑而知全豹。"

8. 金凯悦

第一次和企业对接，第一次开展采访，也是第一次和十几人的大团队合作，我学会了如何与人沟通、学会了倾听，在困难无措时也得到了同伴们的鼓励。虽然我们是全新的团队，但是大家积极沟通、互相协调，努力做好每一件事，真正做到了事半功倍，这就是团队的魅力吧！

调研已经顺利完成，我在整个访谈过程中也切实体会到了企业的困境，更加明白了企业的所求所需，企业都在根据自身的实际情况，努力应对新冠肺炎疫情危机。

9. 朱文雯

在2022年这个夏天，来自不同学院的我们相聚在一起共同参与"访万企，读中国"这项社会实践活动。在调研过程中，我们互相学习，努力完成所有任务。从第一次独立对接企业，到组内分工合作完成每一次小任务，以及最后的报告撰写，我充分锻炼了自己的沟通能力以及团队协作能力。我深刻地了解到了新冠肺炎疫情下文化传媒企业的运转情况以及遇到的挑战。总体来说，本次暑期社会实践活动使我受益匪浅。

10. 钟以能

这次调研活动是我第一次和企业对接联络以及主持会议，我学到了采访时需要注意的一些礼节以及如何高效地交流、获取想要的信息。通过这次调研活动我全面了解了新冠肺炎疫情期间文化传媒企业的生存环境，比如大环境如何、企业受新冠肺炎疫情的影响有多大、补贴政策的内容与落实情况、企业应对新冠肺炎疫情的额外措施等，这些都通过访谈与问卷的形式得以清晰直观呈现。

11. 陈维杰

本次调研，我收获到了很多。作为小组的一员，我充分领悟了团队凝聚力的强大。作为参与实践的学生，我了解到了不少企业相关的知识，为我之后的实习以及参加其他各项活动提供了宝贵的经验。希望以后我还能参加此类具有良好的实际意义与能磨炼自己能力的活动。

12. 谢丰亿

调研之初，我们很多成员都没有经验，但每个人都认真从基础开始学习，查找资料、研究资料，做好每一项任务，使得每一次访谈都分工明确，促进活动能够圆满完成。在这一个多月的活动时间里，我们获取了很多关于新冠肺炎疫情期间文化传媒企业财政状况的资料，接触了从业人员，锻炼了我们的社交能力，开阔了我们的视野。

13. 顾宇鹏

2022年的暑假，我参与了大学里的第一场调研活动，整个过程让我收获颇丰。在此期间，我学到了如何拟订访谈提纲，掌握了许多沟通技巧，锻炼了交流沟通能力，还进一步学会了数据处理。许多企业由于新冠肺炎疫情管控的影响，原本的线下项目都无法开展，损失严重，使我还明白了防患于未然的重要性。

新冠肺炎疫情冲击下新材料制造类企业韧性与"助企纾困"政策研究

李珊珊　施　萍　宋雅迪　刘璐瑶　王祎璠　杨春梅　阮奕达　余健地　余伯浠
孙海阳　田兴国
指导教师：戴永辉　张瑞娟

摘 要

　　对于制造类企业来说，新冠肺炎疫情不仅在供应链、资金、人员管理等方面带来了巨大的冲击，更是对其韧性提出了新的考验。为了探究制造类企业韧性打造的有效性以及未来发展方向，本次调研采用了深度访谈和问卷调查相结合的方法对制造类企业深入了解，深刻认识到在面对突发事件时，企业需要具备快速反应的能力，通过灵活的供应链调整、稳健的资金管理以及科学的人员管理来保障生产和经营的持续性。此次调研不仅为其他制造类企业韧性化的深度探索提供了可借鉴的经验，也为相关政策的制定提供了一定的参考。

　　关键词：制造业；企业韧性；纾困政策

一、调研背景和意义

　　新冠肺炎疫情不仅威胁国人的生命安全和身体健康，对中国宏观经济、不同产业和小微企业产生重大冲击，而且也改变了国人的消费方式和生活方式，对中国经济及其高质量转型升级产生了重要的影响，"韧性"也正日益成为制造类企业为世界各国在追求经济发展中必须重视的战略问题。

　　本次调研希望通过与企业访谈交流，充分了解制造类企业的韧性水平，以及企业增强在新冠肺炎疫情期间的防范能力，有助于深入了解企业的韧性建设进程，掌握企业在供应链、资金、人员管理等各方面措施的有效性以及未来的发展方向。同时，调研能为其他制造类企业韧性化的探索提供可借鉴的经验，也为相关政策的制定提供参考。

二、调研方案与实施

（一）调研方案

1. 调研目的
了解制造类企业在新冠肺炎疫情冲击下的生存发展情况，为制造业提高经济韧性、提升抗风险能力、持续发展与升级提供基础。

2. 调研内容
了解制造类企业在新冠肺炎疫情冲击下的经营状况和产业链运营情况，并深入研究企业在新冠肺炎疫情期间提升自身韧性的方式、依靠的力量、已取得的成果和实践经验，以及未来进一步提升韧性的实践方向。

3. 调研方法
以线上访谈为主、问卷形式为辅，采用 SPSS、Excel 等数据分析软件对结构化问卷与非结构化问卷进行具体分析。

（二）调研对象

长三角地区制造类企业。

（三）调研任务分配

表1　小组成员分工表

职责	分工	人员
联络工作	对接调研指导教师、调研访谈公司	李珊珊
过程管理	会议主持、录屏、录音、截屏	李珊珊、刘璐瑶
	新闻稿及微信推送制作	
文字撰写	访谈资料整理	阮奕达、孙海阳、田兴国、余健地、余伯浠
	论文报告	（调研分析报告）刘璐瑶、王祎璠、杨春梅（决策咨询报告）李珊珊、宋雅迪、施萍

（四）调研工作时间安排

表2　调研工作时间安排表

时间	安排	备注
6月1日－6月30日	（1）文献收集：确定研究落脚点 （2）联系企业：通过邮件、电话等寻找调研对象 （3）确定访谈企业及访谈时间 （4）设计调查问卷 （5）撰写访谈提纲 （6）撰写项目计划书	前期准备
7月1日－8月4日	（1）7月7日：南通A新材料科技有限公司 （2）7月9日：上海B自粘材料有限公司 （3）7月10日：芜湖C新材料股份有限公司 （4）7月13日：上海D新材料科技有限公司 （5）7月23日：G高分子材料有限公司 （6）7月28日：上海E科技股份有限公司 （7）8月4日：上海F科技有限公司 （8）新闻稿材料收集、网络推送制作	中期采访调研（提前2天提交访谈纲要、当天做好访谈纪要和整理工作）
8月5日－9月5日	（1）完成调研报告 （2）政策建议专报 （3）典型案例报告 （4）整理打包所需材料	总结报告

三、问卷调研结果统计分析

（一）样本基本情况

截至2022年9月2日，本次调研共收集到有效问卷230份。

如图1所示，样本企业主要来自民营企业（占91%），涵盖行业领域较为广泛。如图2所示，从收益影响情况来看，基本所有企业都受到了影响（占97%），62%的企业受到严重影响，35%的企业受到轻微影响。

（二）新冠肺炎疫情在供应链中产生的影响

如图3所示，新冠肺炎疫情期间，24%的企业出现了亏损，但仍有60%的企业保持着3%以上的利润。如图4所示，87家企业在新冠肺炎疫情期间未停工，占比38%。这些企业在新冠肺炎疫情期间，快速调整心态，迎难而上，将危机转为机会，对资金进行合理分配，深度调配现金流，实时关注政府减负政策并及时申报，主动作为，积极寻找新的采购渠道。

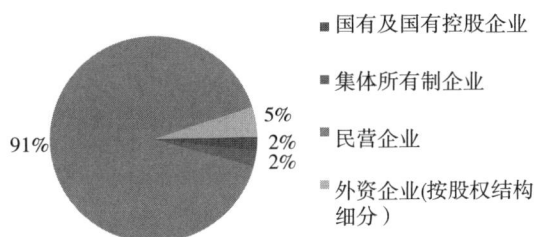

图1　企业股权性质

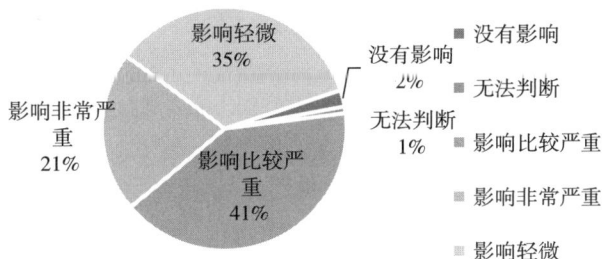

图2　本次新冠肺炎疫情对企业经营的影响

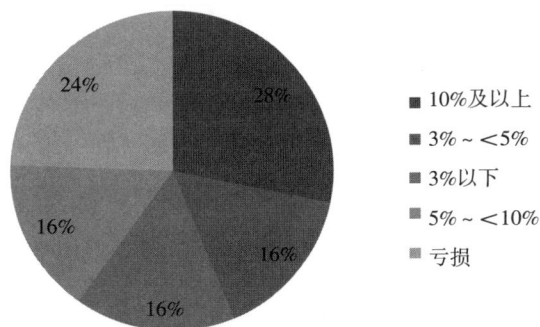

图3　新冠肺炎疫情对全年营收目标的影响

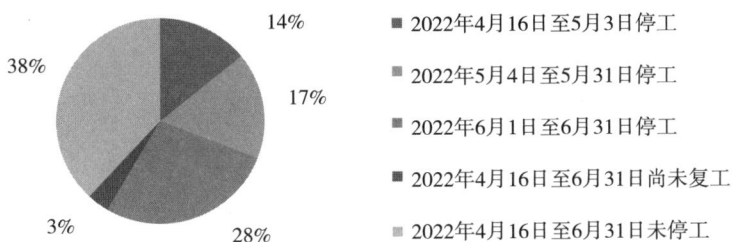

图4　新冠肺炎疫情对企业经营影响

　　如图5所示，受访企业选出了新冠肺炎疫情影响最大的三个方面，143家企业都遇到了产品或服务市场需求受限制，139家企业认为生产经营进度受影响，134家企业认为新冠肺炎疫情防控等方面成本增加。

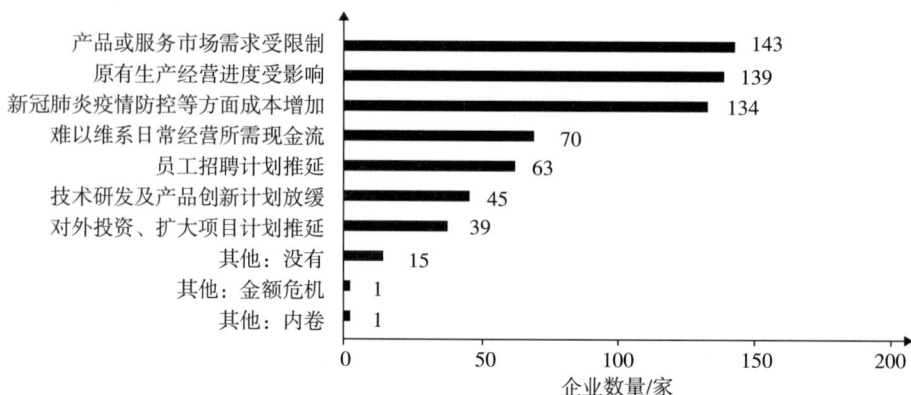

图 5　制约经营绩效的主要因素

如图 6、图 7、图 8 所示，在供应链的上游，面临的前三位问题是原材料涨价、缺乏生产订单和原材料短缺；在下游，面临的前三位问题是国内市场的需求下降、人员跨省跨境流动限制和物流成本上升，分别会导致订单减少、生产所需的劳动力不足和公司成本的增长；而在企业自身层面，线下营销不流畅、劳动力停工和企业停产是最严重的三大问题（图 6 柱状图、图 7 和图 8 雷达图满分以 5 分计，数值大小与事态严重程度成正比）。

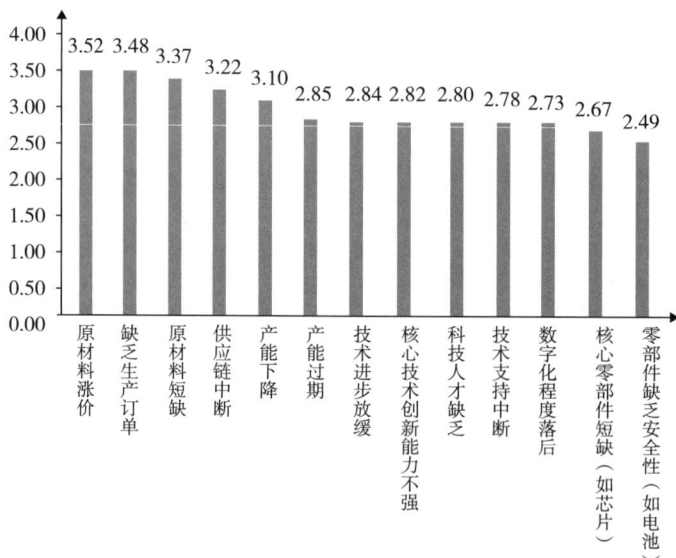

图 6　企业供应链上游面临的主要问题

（三）企业的供应链恢复措施

如图 9 所示，在资金方面，151 家企业通过裁员、降薪等方式降低运营成本，127 家企业通过向商业银行贷款来维持现金流的流通。

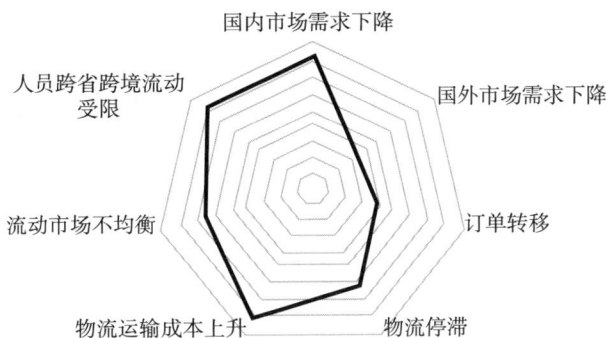

图 7　企业供应链下游面临的问题

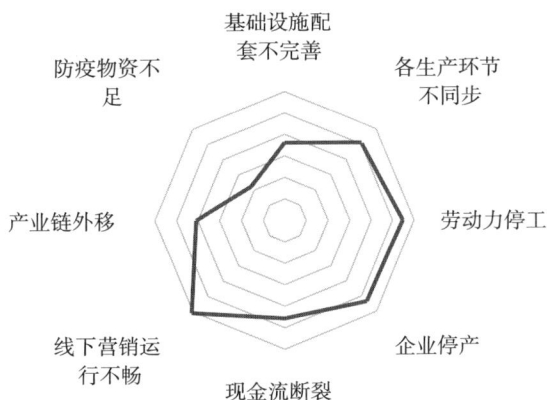

图 8　企业自身面临的问题

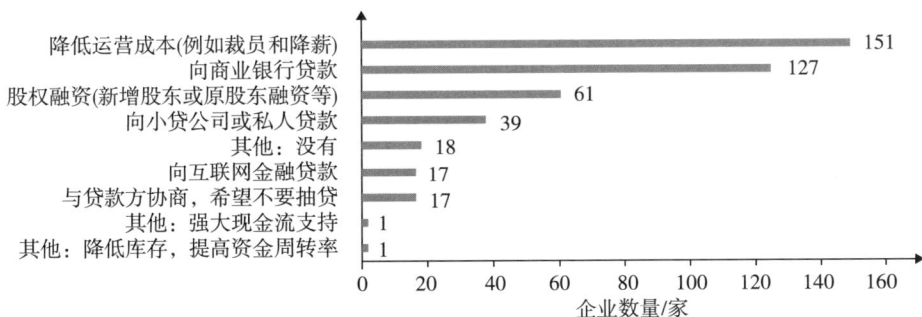

图 9　企业解决资金问题途径

　　如图 10、图 11 所示，在供应链的恢复上，需要积极恢复企业上下游的合作。165 家企业通过寻找新的采购渠道来减少上游原材料的限制；在下游交付上，194 家企业进行协商，重定约定交货的时间，125 家企业希望由政府出面进行协调。

　　解决新冠肺炎疫情期间遇到的问题不仅需要短期的处理方式，还需要从长远进行规划。如图 12 所示，由于跨地区流转使得用工所需的劳动力不能够及时到位，因而 124 家企业通过进一步创新，利用科技赋能降本，115 家企业对新冠肺炎疫情期

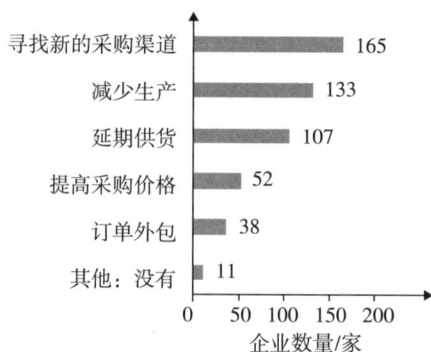

图10　企业供应链上游恢复行为

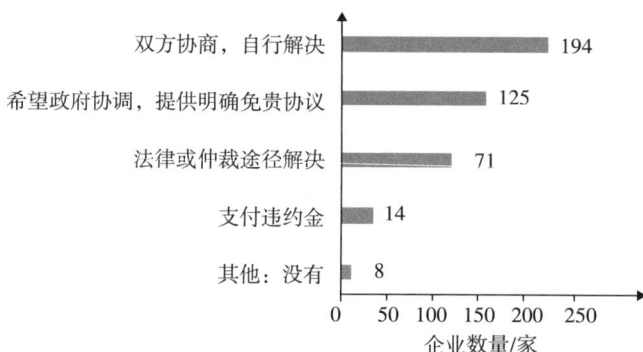

图11　企业供应链下游恢复行为

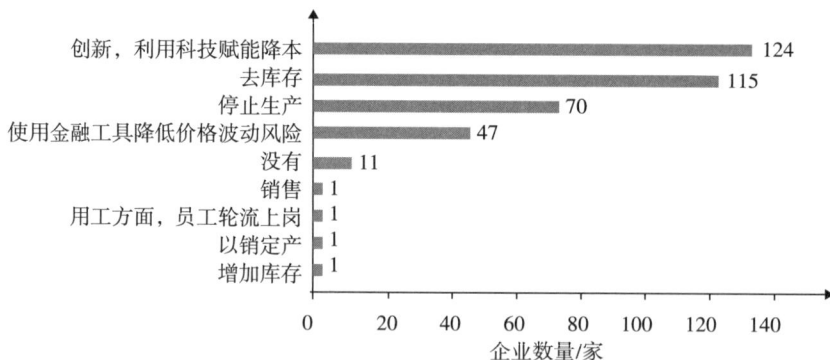

图12　新冠肺炎疫情下企业长远规划

间造成的产品积压，通过去库存的方式降低风险。

　　如图13所示，在企业的整体战略规划上，106家企业在新冠肺炎疫情常态化下，借助"国内大市场"的国家政策，积极提升国内的市场份额，104家企业增加研发投入，提高技术和研发能力，102家企业借助科技力量扩大产能，125家企业通过发现新的机会，加大投资。

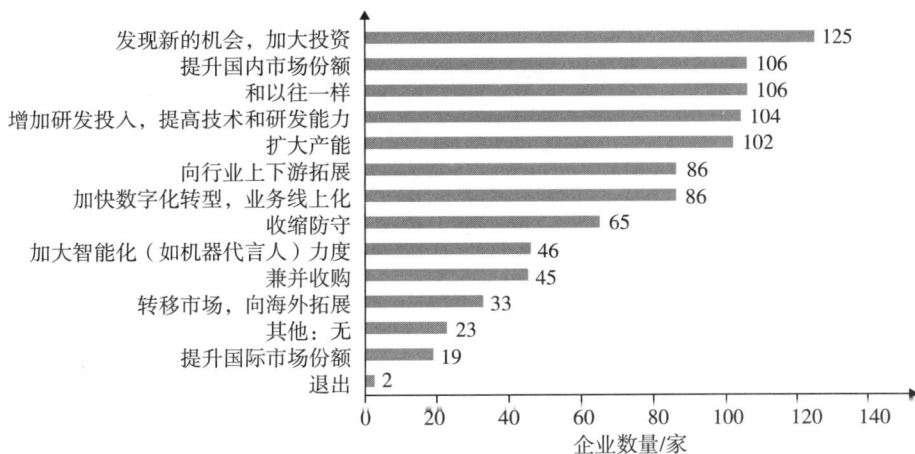

图13 企业整体规划战略

如图14所示，在此次新冠肺炎疫情期间，政府补贴、税收优惠和银行优惠，在一定程度上降低了企业的现金流压力。如图15、图16所示，56%的企业在政府的帮扶下获得了利润的提升，68%的企业缓解了现金流压力。

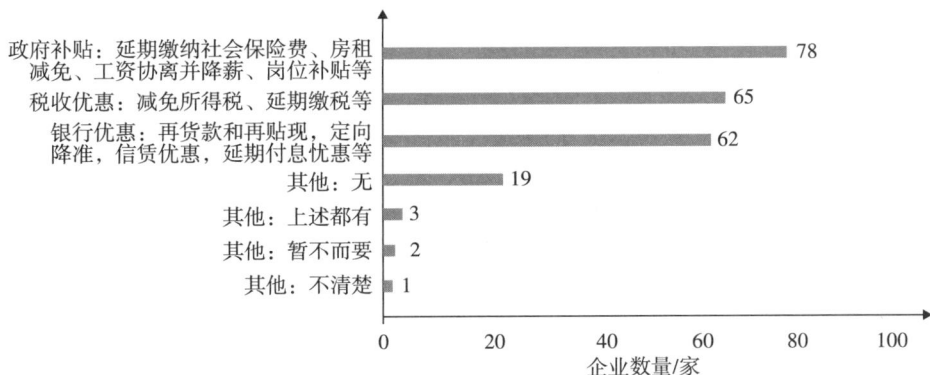

图14 新冠肺炎疫情下政府帮扶情况

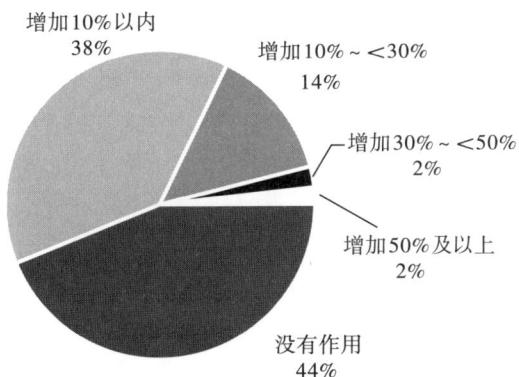

图15 政府帮扶下利润发展状况

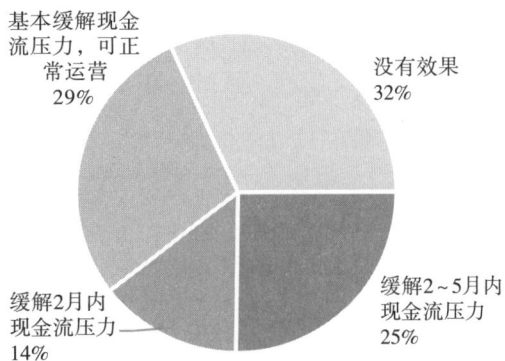

图16 政府帮扶下现金流状况

四、制造类企业韧性和"助企纾困"政策分析

（一）企业韧性分析

本文基于 230 份问卷结果，对新材料制造类企业在新冠肺炎疫情下的企业韧性进行描述分析，分别从企业的内部资源储备、与行业核心企业的关系、与合伙企业的关系、客户需求以及技术和产品的发展几个方面进行了考察分析。

1. 新材料制造类企业行动力分析

首先请企业对以下的问题进行打分，每个问题有五个程度选择，分别为"完全不符合""比较不符合""符合""比较符合""完全符合"，取值 1 分、2 分、3 分、4 分、5 分，分数越高，代表企业在这部分的韧性越强。

如图 17 所示，在如何应对紧急情况方面，企业总会提出各种解决方法的得分平均值为 3.59；对紧急情况均准备了充足的资源的得分平均值为 3.53；企业制定应急计划以便对可能出现的问题进行预警的得分均值为 3.66；所有的员工各司其职、各就其位的得分为 3.81；时刻关注企业内人员、设备等资源的变化得分为 3.88 分。从结果中可以看到，企业面对紧急情况的韧性能力普遍在中上等，在紧急情况应对资源方面的储备情况相比之下有所欠缺。对于新材料制造业来说，储备资源则意味着成本的上升，因此，资源的储备是一个需要企业来进行衡量的问题；而企业关注人员设备等资源的变化得分是最高的，说明企业普遍具有较强的危机意识。

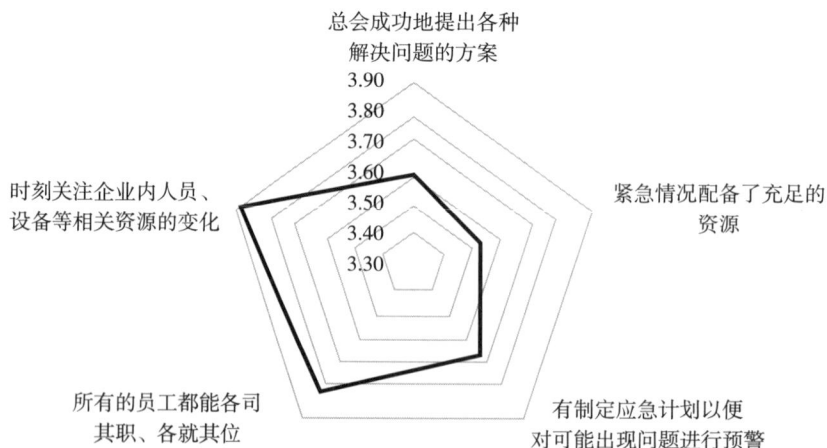

图 17　企业行动力判断

如图 18 所示，在企业与核心企业的关系以及部门之间的交流方面，企业与行业

内的核心企业联系较少，得分为 3 分；行业网络中的核心企业足够信任本企业的得分为 3.73 分；企业与行业核心企业共享生产、物流、库存订单处理等信息方面得分较高，为 3.64 分；企业各个部门间联系频繁得分为 3.76 分；企业不同部门的信息交流广泛程度为 3.78 分。

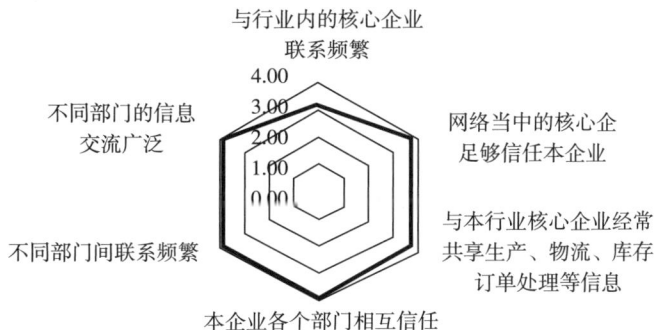

图 18　企业与核心企业交流情况

如图 19 所示，在企业与合作伙伴信息共享的情况方面，企业研发和销售的所需资源与合作伙伴共享得分为 3.43 分；企业能够将已存资源开发出新用处得分为 3.52；企业在处理问题的方式上有很大应变性得分为 3.53；企业可以快速根据需求变化选择相应的供应商得分为 3.63；企业能够根据需求变化及时调整供应商的交货期得分为 3.54；企业可以及时响应原材料采购的多元化要求得分为 3.51。

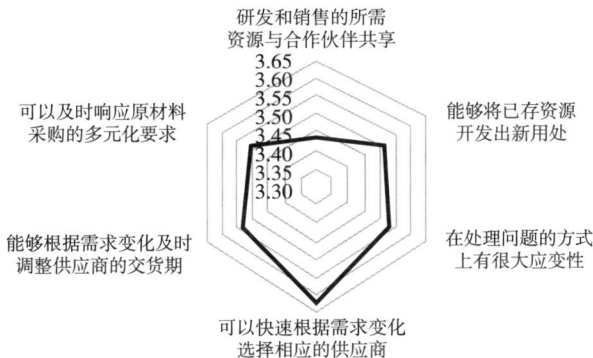

图 19　企业与合作伙伴信息共享的情况

如图 20 所示，在企业产品产出的情况方面，企业能够根据客户需求及时提供不同的优质产品组合得分为 3.60 分；企业经常推出新产品得分为 3.57 分；企业能够快速满足客户要求完善产品设计得分为 3.71 分；企业可以保证用户订单的完成率得分为 3.76 分；企业拥有多种分销渠道得分为 3.63 分；企业能够适时调整订单数量，把控成本与时间得分为 3.67 分。

如图 21 所示，在企业所处行业及企业自身情况方面，企业所处行业技术变化较

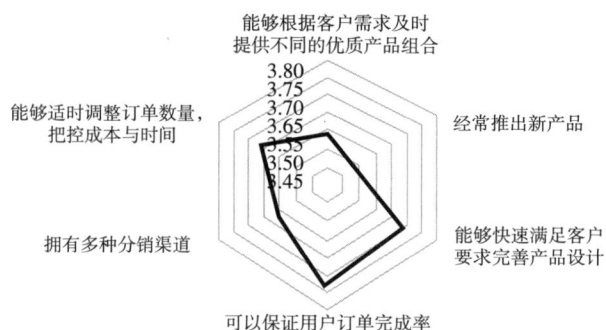

图20　企业产品产出情况

快得分为 3.29 分；企业很容易受到外部技术变化的影响得分为 3.23 分；技术发展可以为行业发展提供很多机会得分为 3.41 分；企业的客户产品偏好会在短期内发生变化得分为 3.21 分；企业的客户倾向于寻求和接受新的产品得分 3.28 分；企业所处行业的产品生命周期逐渐缩短得分为 3.20 分；市场中出现了不同于以往产品需求的新用户得分为 3.24 分。

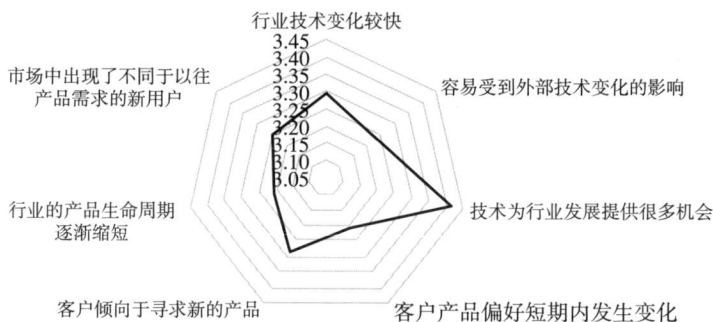

图21　企业所处行业分析

2. 新材料制造类企业在新冠肺炎疫情期间面临困难及措施分析

如图 22 所示，企业在融资方面的主要困难有：融资期限较短、融资成本高、可融资金有限以及无融资渠道等。且本次新冠肺炎疫情危机又给企业带来了更大的压力，如图 23 所示，包括流动资金短缺、融资成本增大、贷款偿还压力大、融资困难和贷款抵押能力不足等。

如图 24 所示，在企业应对新冠肺炎疫情方面，从长期来看，企业对新冠肺炎疫情采取的防控措施主要有快速调整心态、迎难而上，将危机转为机会；对资金进行合理分配，深度调配现金流；实时关注政府政策并及时申报；与客户或合作伙伴沟通增费降价；快速调整经营预算，改变经营思维以及寻找新兴机会；同时加大数字化建设，加快智能制造进程。

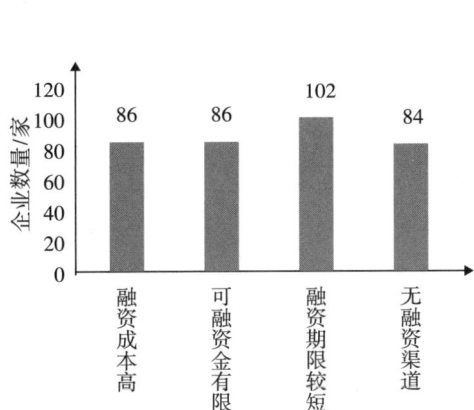

图22 企业融资困难

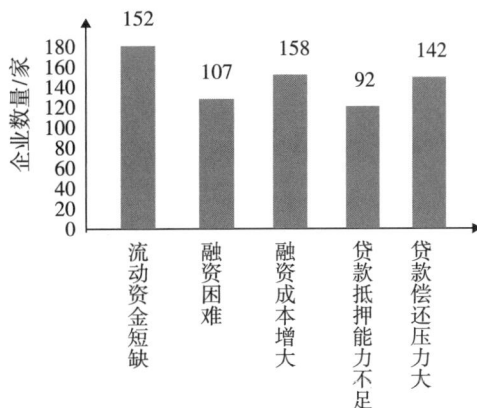

图23 企业新冠肺炎疫情压力

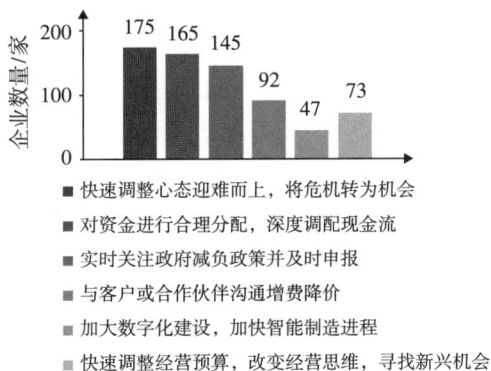

- 快速调整心态迎难而上，将危机转为机会
- 对资金进行合理分配，深度调配现金流
- 实时关注政府减负政策并及时申报
- 与客户或合作伙伴沟通增费降价
- 加大数字化建设，加快智能制造进程
- 快速调整经营预算，改变经营思维，寻找新兴机会

图24 企业新冠肺炎疫情应对措施

如图25所示，在资金短缺方面，企业主要采取的措施有降低运营成本、向商业银行贷款、股权融资、向互联网金融贷款、与贷款方协商、向小贷公司或私人贷款。

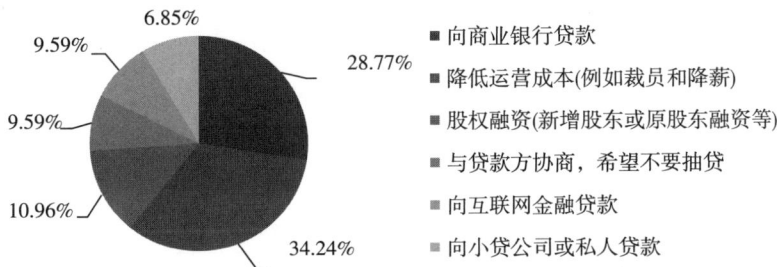

- 向商业银行贷款
- 降低运营成本(例如裁员和降薪)
- 股权融资(新增股东或原股东融资等)
- 与贷款方协商，希望不要抽贷
- 向互联网金融贷款
- 向小贷公司或私人贷款

图25 企业资金短缺应对情况

如图26所示，在应对原材料短缺的方式中，33%的企业选择寻找新的采购渠道，26%的企业选择减少生产，21%的企业选择延期供货，12%的企业选择提高采购价格，8%的企业选择订单外包。

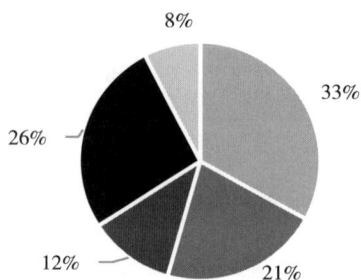

图 26　企业原材料短缺应对措施

　　　■ 寻找新的采购渠道　■ 延期供货　■ 提高采购价格　■ 减少生产　　订单外包

（二）"助企纾困"政策分析

　　如图 27 所示，在援企稳岗方面，政策不足主要体现为：政策解读不到位，部分内容不明确；阶段性缓缴失业和工伤保险费、养老保险费政策的适用行业范围较窄；政策涉及的事项办理便捷度不高；补贴类项目申请门槛高；政策涉及的事项办理较为繁琐；政策宣传程度不够；对政策知晓度不高；专项补贴发放和贷款贴息支持不到位以及涉企专项资金兑付速度较慢等。

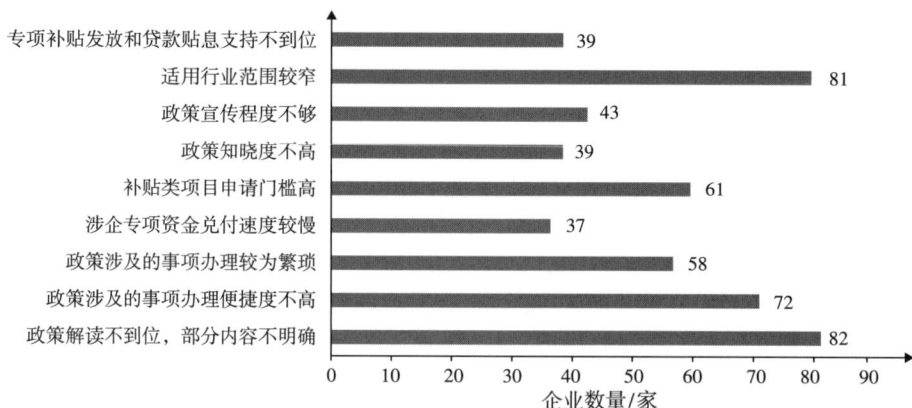

图 27　"援企稳岗"政策不足

　　如图 28 所示，在"助企纾困"政策方面，企业最需要的支持为税收优惠、利息减免、提供贷款等金融支持、成本补贴（租金成本、人工成本）、灵活用工政策、提供新冠肺炎疫情工作补贴以及社保政策等。

　　如图 29 所示，在企业战略选择情况方面，47% 的企业选择保持现状的发展战略，17% 的企业则选择扩张战略，23% 的企业选择收缩战略，13% 的企业不确定选择什么样的发展战略。据统计，保持现状的企业仍会选择增加研发投入，进一步提高技术和研发能力来保持企业的竞争力；选择收缩战略的企业则更倾向于被兼并收

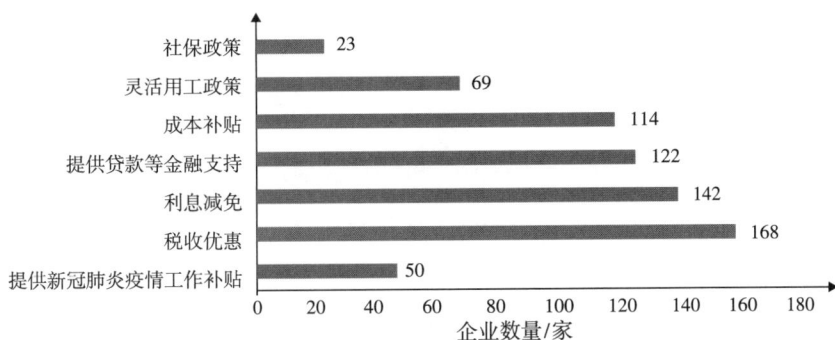

图28　企业最需要帮扶政策

购来减少损失；选择扩张战略的企业多采取增加研发投入、提高技术和研发能力等措施，来进一步扩大国内市场份额。

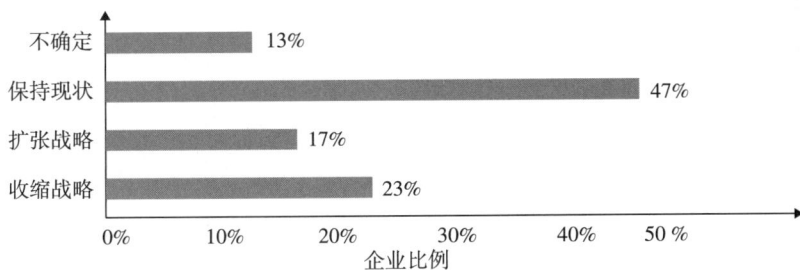

图29　企业战略选择分析图

如图30所示，在金融服务创新方面，32.26%的企业表示需要融资绿色审批通道，27.42%的企业表示需要企业内部流动性管理创新，14.52%的企业表示需要专项授信额度创新，9.68%的企业表示需要数字化金融协作创新，此外，分别有9.68%、6.44%的制造类企业表示需要数字化金融创新以及融资贷款流程和信贷金融产品创新。

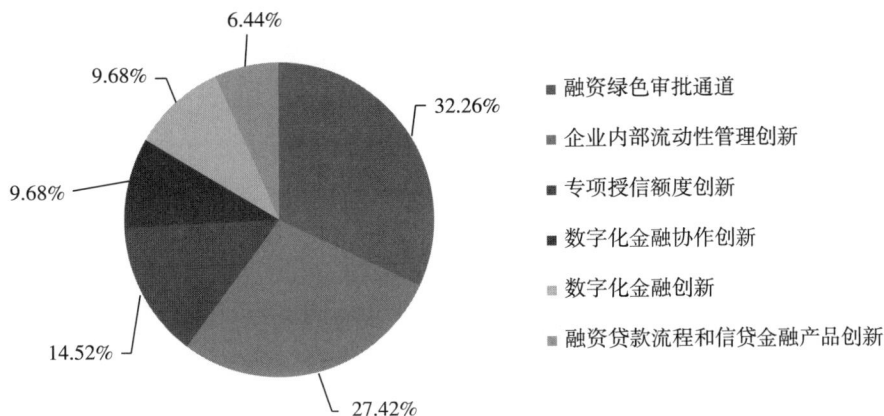

图30　企业金融服务创新情况

五、结论与建议

总体而言，此次新冠肺炎疫情对新材料制造类企业的冲击有限，负面影响主要集中于短期物流受阻、延迟复工带来的运营风险，以及大环境的影响。韧性作为衡量经济体在抵御各种风险和冲击的病灶受到破坏之后进行及时恢复或做出新的调整的能力。通过此次问卷调研以及访谈发现，在新冠肺炎疫情背景下，长三角地区制造类企业的韧性还处在初级阶段，需要从多个方面向高质量发展阶段转型升级。同时，在政策方面，虽然政府提供了财政补贴、银行优惠和税收优惠的政策支持，但是政策在落实方面还是存在不足，惠及的企业范围有限。本文从以下几个方面提出相应的应对策略建议。

（一）重视合作保护供应链稳定，加强创新提升产业链话语权

企业在供应链方面应采取风险管控措施，通过动态风险指标框架加强企业在供应链方面的韧性，通过加大与供应链上下游企业的沟通，及时掌握订单信息和客户需求，进行战略性的分配产能调整。着眼于供求关系的平衡，通过提高供应商级别和提供多元化的产品来维持企业的稳定运营和可持续发展，在各种风险下增加缓冲库存来保障企业生产原材料和物资的安全。同时，推动供应链的数字化发展，打造可视化运营模式，实时反映供应链的相关信息，助力企业高效率生产和管理。最后，促进供应链伙伴之间的协同合作，实现互利共赢。

（二）发挥个体能动性，提升新材料制造类企业韧性

管理创新是企业应对危机、提高竞争优势的关键。企业应加速管理创新，接受先进管理理念，探索有效的管理方式，采用新技术实现发展。通过强化财务资本和供应链管理、提高弹性和敏捷能力、提高员工凝聚力，以应对突发事件。另外，外部系统的支撑对提高企业的韧性具有重要的作用，因此，当危机发生时，企业要及时掌握政府救援政策、社会救援措施等信息，善用外部救援资源快速恢复企业的正常经营。

（三）提升政府帮扶效率，确保纾困政策及时落实到位

据调研结果显示，在政策帮扶方面，政府的及时响应和"量体裁衣"式的帮扶能够使企业有效复工复产，极大地避免了企业受到新冠肺炎疫情的影响。但是政府提供财政补贴惠及的企业有限。因此，政府应该加大纾困政策宣传力度，推广惠企

政策直通车，提升政策的落地效率，简化申请程序，依托电子系统开展政策，做到及时兑现、全域兑现、掌上兑现。在供应链方面，政府也应通过总体协调，实施新材料制造类供应链改革集中梳理和调整制造类供应链上下游企业，打通供应链的堵点和难点，进而提高供应链应对重大突发事件的响应能力。

调研感悟

（一）指导教师调研感悟

1. 戴永辉

在此次社会调查中，该小组以"新冠肺炎疫情冲击下新材料制造类企业韧性与'助企纾困'政策研究"为主题，进而拟定了"新冠肺炎疫情背景下生产型外贸企业的成长瓶颈与对策研究"作为调研题目展开调研。

所调研的 7 家新材料制造类企业涵盖上海市、江苏省、安徽省、浙江省等三省一市，所调研的企业层次丰富，既有大型国有上市公司，也有中小型高新技术企业。通过调研，教师和同学们对新冠肺炎疫情给企业带来的困难与机遇有了更深刻的感受，对企业的运营、企业的成长瓶颈与对策有了更加清晰的认识。

本次调研采用上海对外经贸大学、中国对外经济贸易统计学会和环球慧思信息技术有限公司三家单位联合开展的形式，调研方式规范高效，得到了企业的认可，也锻炼了各位同学理论联系实践的能力，值得推广与总结。

2. 张瑞娟

我们"访万企"第二十一队，在全体队员的共同努力下，圆满完成了访谈任务，取得了较好的访谈成果。从设计实践方案、联络企业、访谈交流再到调研报告的撰写完成，我感受到了同学们的认真负责和勇于担当，同时也感动于他们不怕困难、迎难而上、追求卓越的精神。

对于同学们来说，这次新冠肺炎疫情期间的暑期社会实践是一次难得的历练和成长，培养了他们的参与意识、创新意识和勤于实践、精诚合作的精神。同时，这次实践对于指导教师而言也是一次难忘的经历，让我结识了一群可爱的年轻人，也让我更深入了解了当代大学生。在今后的工作中，我会继续践行教育初心，勇担育人使命，始终如一做好学生成长的"引路人"。

（二）团队成员调研感悟

1. 李珊珊

在调研初期，我们建立了沟通群，并逐渐培养了信任，确立了调研的基本方向——新冠肺炎疫情期间新材料制造类企业的韧性以及纾困政策。在实践过程中，我们也遇到了一些问题，如被企业拒绝联系及不懂如何高效收集资料等。然而，我们会尽力解决问题，积极联系企业、寻求帮助、寻找平衡点。此次活动是我们终生难忘的经历，感谢学校给我们提供这样宝贵的机会！

2. 施萍

在这次的项目中，我收获良多，不仅认识了新同学，而且在团队协作能力上得到了提升。团队成员从一开始的互不认识到后来默契合作，每一步都离不开组长的协调和大家的配合。当然最有意义的是，在本次活动中我们能实际面对面地与优秀的企业负责人们进行访谈，得到了企业负责人的真诚配合，在与他们的交谈中，我们也真切感受到他们的睿智，他们对一个行业的广泛了解，对国际形势的独特见地，每一点都值得我们学习。不管是在以后的求职过程中，还是在漫长的职业生涯中，我都将努力让自己学习他们身上的闪光点。

3. 宋雅迪

通过参加此次访万企暑期社会实践活动，我受益良多，不仅得到了与企业负责人访谈的宝贵机会，还在实践中大大提高了自己的能力。在为期两个月的调查实践中，在实践主题的提出、相关企业的联系、围绕主题的扩展研究过程中，我们学会了如何在团队的协作下解决一个个问题，学会了在团队中各司其职、互相配合，这将成为我们成长轨迹上一次重要的突破。

4. 刘璐瑶

本次企业调研活动在团队合作下圆满结束。通过实践，我深刻体会到了团队合作的重要性，明白了团队的优势远大于个人能力。此次活动让我们了解了新冠肺炎疫情中企业的状况，以及加强应急能力是企业未来的发展趋势。实践是学习的关键，通过实践我们能够了解社会、服务社会并将所学知识运用起来。在未来的学习和生活中，我们要不断实践，以积极的心态求真知。

5. 王祎瑶

这次访万企的调查项目，我们做的是新冠肺炎疫情下新材料制造类企业韧性的调查，通过深入的调查，我们了解了新材料制造类企业的社会情况和社会动向，这会给我们学习相关专业知识提供帮助。我认为，积极向上、坚持不懈、开阔胸襟、互帮互助和团结协作是实践中最需要的精神。这些经验和知识是我人生中的宝贵财富。感谢学校领导和老师给予我们这次锻炼自我的机会，也要感谢队友的合作和配合。

6. 杨春梅

在这个项目的调研中，我们团队通过线上会议的方式，大家一起确定选题、制作项目书、发邮件联系企业、开展线上访谈和完成最后的分析报告。在整个项目开展的过程中，我们也收到了老师在找企业、确定选题等方面的帮助。另外，通过实践，我们了解了新冠肺炎疫情冲击下中小企业的实际运转。大企业在新冠肺炎疫情的影响下，能够凭借自身积累和资本市场获得支持，但是很多中小企业需要借助国家的帮扶才能渡过难关。当然，最有意义的是，在本次活动中，我们能够深入了解企业的实际运转和帮扶政策对企业的实际帮助，看到企业家们的智慧。

7. 阮奕达

本次调研让我深刻感受到新冠肺炎疫情间断发生对企业造成的巨大影响，企业也在以各种方式进行着调整和优化。通过线上访谈的形式，我们能够充分地与企业负责人沟通交流，了解到企业的难处和目前政策的扶持力度，尽管有些时候我们无法准确完善地表达出自己的想法，但是企业负责人仍愿意积极地回答我们的问题。我也非常感谢我们组的成员，在老师的指导下，大家积极向上，合作调研。

8. 田兴国

在本次实践中，从实践主题的提出、相关企业的联系，到围绕主题的扩展研究，我领悟到找工作不易，以及实际工作中也有许多困难，所以希望通过实践找出自己的不足和差距。这次调研活动使我们接触到了公司领导层，学到了许多书本上学不到的东西，更加深入理解了"从实践中来，到实践中去"的含义。通过丰富多彩的实践活动，我逐渐了解了社会，开阔了视野，增长了才华。

9. 孙海阳

在实践中，我们与一系列新材料制造类企业进行了交流。在两位教师的指导和小组成员的努力下，我们成功地进行了独立访谈，并对收集的数据和素材进行了整理与分析。这次活动让我们的调研经验与技术有了提高。从访谈的记录员到访谈的主持人，我们在指导教师和学长学姐的帮助下得到了成长。在这个夏天，我们上了一堂生动的社会实践课！

10. 余健地

此次调研活动对于我们来说最为重要的收获就是接触到了现实。在活动过程中，我们获得了很宝贵的与企业直接访谈的机会，了解到了企业的相关信息。通过社会实践，我们明白了理论与实践相结合的重要性，仅仅只是通过理论来认识世界是不足够的，还需要将当下现实考虑进去，通过实践这一手段，来达成对具体事物更为完整的认知。

11. 余伯浠

活动初期，我有些激动和焦虑，但随着队长和指导老师的帮助，我逐渐融入第二十一组大家庭中。在活动中，我们小组在确定调研方向、协调企业参与、整理调研数据等每一个流程都有明确的分工。在遇到了困难时，我们小组通过积极有效的沟通交流和脚踏实地的落实，使这些困难都迎刃而解。通过调研，我们不仅了解了很多企业的特点、优势、难处，还提升了我们的眼界、勇气和沟通能力。感谢学校提供如此宝贵的平台和机会，也感谢我们第二十一组所有人的帮助和支持！

新冠肺炎疫情冲击下的企业纾困策略研究

朱雯洁　朱文会　邓　艺　刘前前　田恺彤　肖泓辰　蔡依佳　钱语宸　郭虹汝
刘星妤　孙思敏　张舒涵　朱思琪
指导教师：李　莉　岳怡寒

摘　要

　　突如其来的新冠肺炎疫情打乱了原本的经济发展节奏，给我国经济社会发展与全球经济增速带来不确定性。自新冠肺炎疫情暴发以来，我国企业面临着需求萎缩、订单减少、物流受阻、供应链不畅等多重压力。本次调研以长三角地区的企业为研究对象，通过深度访谈与问卷调查相结合的方式，对新冠肺炎疫情暴发以来企业面临的多种困境以及政府推出的纾困政策展开研究，目的在于掌握新冠肺炎疫情影响下企业经营的实际情况，以及政府纾困政策的帮扶效果，为企业复工复产提供可借鉴的经验，为相关政策帮扶与配套服务支持提供参考。

关键词：新冠肺炎疫情；帮扶效果；纾困策略；复工复产

一、调研背景和意义

　　2020 年 3 月以来，复杂演变的国际局势和跌宕反复的新冠肺炎疫情等超预期因素叠加，给中国经济带来不小冲击，也为企业后续复工复产带来挑战。然而，在多家企业陷入困境时，国家适时颁布了一系列纾困政策。2022 年 5 月 24 日，国务院印发了《扎实稳住经济的一揽子政策措施》。2022 年 5 月 29 日，《上海市加快经济恢复和重振行动方案》出台，围绕全力助企纾困、复工复产复市、稳外资外贸和促消费投资、强化支撑保障四大板块，提出了涵盖八个方面的共 50 条措施。但关键还是要看政策能否精准落地，实实在在助益企业。此外，推动企业复工复产仍面临着极大的挑战。

此次的"访万企，读中国"调查活动聚焦"新冠肺炎疫情冲击下的企业韧性与纾困政策"主题，旨在通过与企业之间的访谈交流，深入了解新冠肺炎疫情冲击下的企业压力与生存困境，找准复工复产的难点，把握纾困政策的现实需求，获知产业链布局转向，为新冠肺炎疫情防控和企业复工复产贡献智慧及力量。

二、调研方案与实施

（一）调研方案

1. 调研目的

研究新冠肺炎疫情纾困政策对企业的帮助，了解企业面对类似突发事件的应对措施。

2. 调研内容

通过与相关企业负责人的访谈交流，了解新冠肺炎疫情对企业生产销售等方面的影响、国家新冠肺炎疫情纾困政策对企业的帮助以及面对类似突发事件时企业的应对措施等。

3. 调研方法

以线上会议的形式对企业进行访谈。

（二）调研对象

长三角地区企业。

（三）调研任务分配

表1　调研任务分配

职责	对接单位或人员	人员
联络工作	众华会计师事务所（特殊普通合伙）	邓艺
	上海中铁安邦国际货物运输代理有限公司	邓艺
	安徽展未铝业科技有限公司	朱雯洁
	上海启聘人才科技集团	蔡依佳、朱雯洁
	东陶（上海）有限公司	朱文会

续　表

职责	对接单位或人员	人员
过程管理	会议主持人	朱雯洁、朱文会、邓艺、刘前前、田恺彤、肖泓辰、蔡依佳、钱语宸、郭虹汝、刘星好、孙思敏、张舒涵
	录屏	朱文会、郭虹汝、张舒涵、孙思敏、邓艺
文字撰写	推文内容撰写	邓艺、田恺彤、肖泓辰、朱思琪、朱雯洁、蔡依佳、孙思敏、张舒涵
	访谈纪要、访谈录以及访谈简报撰写	全员
	典型案例报告撰写	朱文会、邓艺、刘前前、钱语宸、郭虹汝、刘星好、田恺彤、肖泓辰、朱思琪
	决策咨询报告撰写	朱雯洁、蔡依佳、孙思敏、张舒涵
	调研报告撰写	朱雯洁、朱文会、刘前前、钱语宸、郭虹汝、刘星好

（四）调研工作时间安排

表2　调研工作安排

时间	安排	备注
6月6日—6月26日	（1）前期工作调研：研究内容 （2）资料查找：理解主题 （3）确定访谈分工情况	前期准备
6月27日—8月25日	（1）6月30日众华会计师事务所（特殊普通合伙） （2）7月1日上海中铁安邦国际货物运输代理有限公司 （3）7月19日安徽展未铝业科技有限公司 （4）7月22日上海启聘人才科技集团 （5）7月26日东陶（上海）有限公司 （6）8月1日上海万企明道软件有限公司 （7）8月7日上海安凌信息技术有限公司 （8）8月7日北京企企科技有限公司 （9）8月9日深圳丹弗科技有限公司 （10）整理访谈记录，撰写访谈纪要、企业简报表和宣传推文内容	中期采访调研（采访前需提交访谈提纲和整理企业资料，采访当天做好访谈记录和整理工作）
8月26日—9月6日	（1）完成调研报告 （2）决策咨询报告 （3）典型案例报告 （4）整理打包所需材料	总结报告

三、问卷调研结果统计分析

（一）样本基本情况

截至 2022 年 9 月 1 日，调研收集到了 537 份有效规范问卷（含本组调研的 9 家企业填写的规范问卷）。从样本企业涵盖行业领域来看，制造业有 405 家，如图 1 所示。从企业所属类型来看，在受访企业中，非外贸直接相关企业有 389 家，外贸流通企业有 6 家，外贸配套服务企业有 8 家和外贸物流企业有 8 家，如图 2 所示。从受新冠肺炎疫情影响程度分布来看，受访企业受新冠肺炎疫情影响比较严重占比为 49%，影响轻微占比为 28%，由此可见，受访企业或多或少受到新冠肺炎疫情的影响，如图 3 所示。

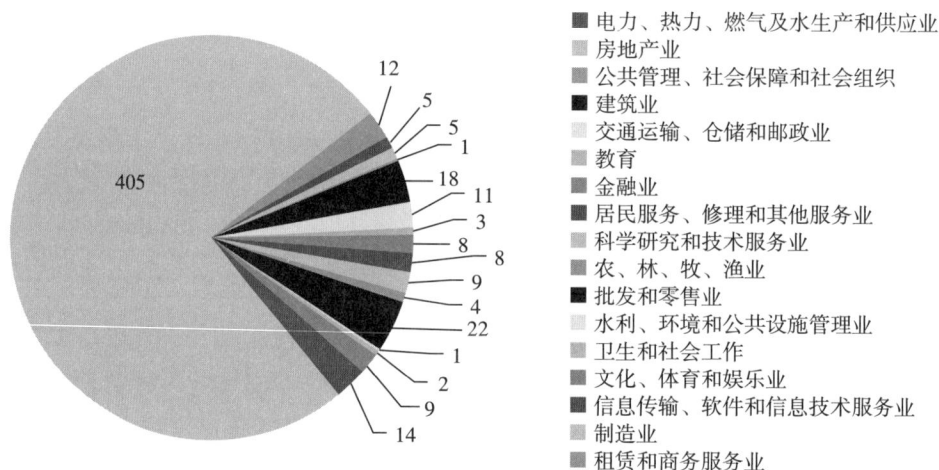

图1　企业样本行业分布

（二）新冠肺炎疫情冲击下企业生存现状分析

受到新冠肺炎疫情的冲击，各行各业都被迫放缓了发展的脚步。新冠肺炎疫情给我国的经济和社会发展造成了严重的影响，严格的防控举措给我国企业的生存与发展带来了严峻的挑战，许多企业面临着人员不足、原料不足、供应链中断、订单减少等一系列问题。

1. 企业经营受新冠肺炎疫情影响情况

新冠肺炎疫情对全球经济与政治格局造成强烈冲击，使市场环境瞬息万变，也直接增加了企业生产经营的难度。在新冠肺炎疫情对企业经营的内外部因素影响下，

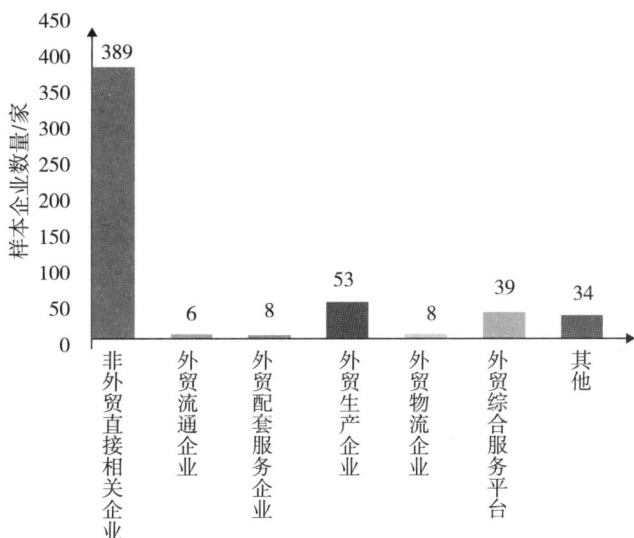

图2 企业所属类型分布

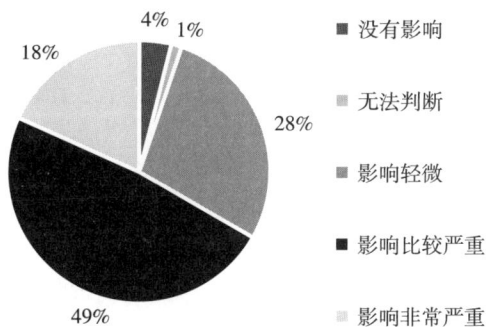

图3 企业受新冠肺炎疫情影响程度分布

许多企业不得不降低了 2022 年全年营收目标。如图 4 所示，有 408 家企业全年营收目标有所下降。

2. 企业复工复产情况

随着新冠肺炎疫情防控取得阶段性成效，为了进一步释放经济活力，推进新冠肺炎疫情防控和助力企业复工复产变成了两项最重要的工作，如图 5 所示，几乎所有企业都已经逐步进入复工复产的阶段，有 423 家的企业复工复产程度达到 50% 及以上。可见，大多企业已经可以进行正常的生产经营活动。

3. 新冠肺炎疫情对企业后续发展的影响

虽然 2022 年新冠肺炎疫情防控取得阶段性胜利，企业逐步复工复产，但新冠肺炎疫情期间长时间的管控也为众多企业留下了许多亟须解决的后续问题。面对新冠肺炎疫情的遗留问题，企业需要加快复工复产的脚步，同时在政府的帮助下尽力扭

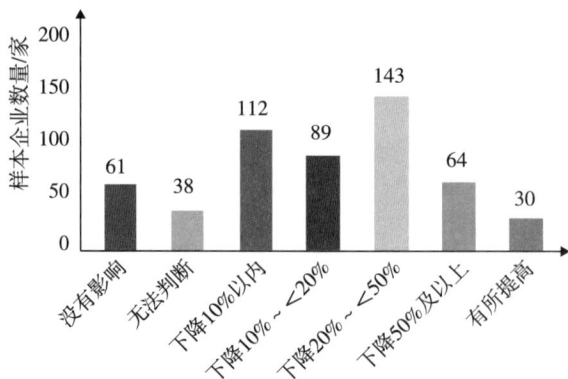

图4　企业营收目标受新冠肺炎疫情影响程度分布

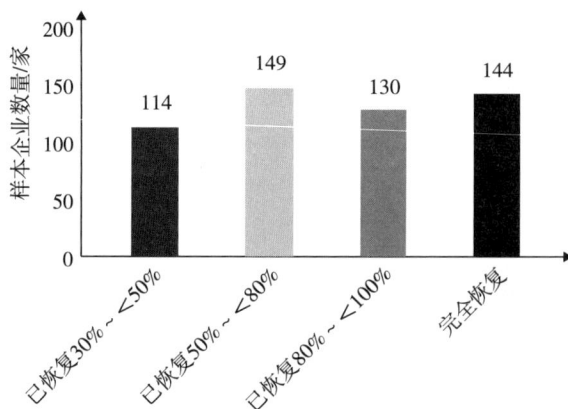

图5　企业复工复产情况分布

转新冠肺炎疫情管控带来的不利局面。除此之外，企业要借此机会反思自己的业务模式，洞察特殊时期的用户需求，打磨好产品，保证组织的高效性，体现出企业存在的价值。为了更好地应对冲击，企业可以考虑利用互联网技术，在提升新冠肺炎疫情防控效率的同时，精准对接客户，实现网上协同办公，提升精益管理能力和决策能力，加强应对危机的"柔韧性"。

（三）企业应对新冠肺炎疫情冲击的基本观点

1. 数字化转型助力企业自足，服务与研发统筹兼顾

上海安凌信息技术有限公司——罗总

在谈及企业对数字经济产业发展的看法时，罗总提到，数字化是企业做大做强的必经之路，始终秉持"坚持系统创业，避免盲目创业"的观点，进行数字化转型，从而帮助企业规范化、科学化、系统化，使企业具备并增强竞争力。此外，企业业绩增速和研发投入的关系是相辅相成的，新冠肺炎疫情下企业维稳发展的背后

是抓"两端"。一端是研发，企业加大研发的投入力度，同时将好的产品快速推向市场，及时收回资金。技术与产品迭代很快，研发才是企业核心竞争力。另一端是服务，把握市场、抓住客户是维持企业运营的根本，坚持"优化服务"，不断研发贴近或满足客户需求的产品，并优化团队服务，设置专人解答客户疑问，通过社群直播、开展论坛等方式进行宣传。把握服务与研发的关系，坚持服务与研发质量的提升，是上海安凌信息技术有限公司的发展策略。

2. 建立技术人才储备，改变经营管理机制

众华会计师事务所——张经理

在提到新冠肺炎疫情对行业影响时，张经理认为目前行业发展基本稳定，受新冠肺炎疫情影响不大，在这样的局面下，企业若要获得长久良好的发展，一定要建立人才储备库，只有培养技术型人才，拥有核心竞争力，才能在市场竞争中取得胜利。同时，企业也应根据新冠肺炎疫情情况合理改变经营管理机制，补贴与考核双管齐下。在新冠肺炎疫情期间，企业积极地与客户维系合作关系并根据新冠肺炎疫情合理安排工作。在等待客户复工复产、项目无法正常开展的情况下可以改变重点业务方向，例如事务所本身是做 IT 审计，但现在也向咨询方向拓展业务。

3. 物流行业前景乐观，维系客户是生存之道

上海中铁安邦国际货物运输代理有限公司——徐经理

在谈到物流行业今后的发展时，徐经理仍持有乐观谨慎的态度。虽然在上海市新冠肺炎疫情期间，整个长三角地区物流都受到管控，运输非常困难，货物大规模积压。但在复工复产之后，整个经济状况呈现报复性增长，物流经济上升较快，积压的货物成倍数地增长发货。在新冠肺炎疫情期间，企业生存不易，徐经理表示上海中铁安邦国际货物运输代理有限公司的客户主要以外贸公司、外贸工程为主，所以，在新形势下，维系已有客户、拓展新的客户尤为重要。在新冠肺炎疫情期间，对于海陆空有业务往来的客户，公司会根据其业务量提供一些补贴，以此来维系与客户的紧密业务往来。

4. 保持现金流稳定，增加现金储备

上海启聘人才科技集团——徐总监

在谈到公司在本轮新冠肺炎疫情中是否遇到危机这一问题时，徐总监表示现金流问题在这一阶段尤为突出，客户付款周期延长和回款周期拉长成为新冠肺炎疫情防控下企业现金流紧张的新堵点，现金流无法及时得到补充，极大影响了企业的运营状况。在未来，公司也会增加现金储备，以应对突发情况下现金流不足的状况。看护和管理好企业的现金流，是企业在动荡环境中得以生存的根本保障，更是企业谋求稳定、长期、可持续发展的基石。

5. 利用数字化实现精益化管理,达到降本增效的目的

深圳丹弗科技有限公司——陈总经理

在谈到新冠肺炎疫情带来的影响时,陈总经理认为新冠肺炎疫情的到来很大程度上加速了传统制造业数字化进程。数字化帮助传统的机械加工企业实现精益化管理,降本增效。新冠肺炎疫情之前,很多企业经营相对平衡,而新冠肺炎疫情的到来打破了这种平衡,在利润空间被压缩的情况下,为获取持续增长的突破点,越来越多的企业把视线转向了企业内部,希望通过推进精细化管理来实现降本提质增效。

效益是企业的生命之源,降本提质增效是企业永恒的主题。新冠肺炎疫情带来的挑战能够帮助企业发现自身的薄弱环节,正是企业补足短板、修炼"内功"的好时机。企业可以利用数字化完善内部管理、上下游协同,实现降本提质增效,提高企业核心竞争力。

(四)新冠肺炎疫情冲击下纾困策略成效分析

受到新冠肺炎疫情的影响,2022 年上半年长三角地区的企业被迫按下了暂停键。在需求和供给的双重打击下,部分企业面临生存危机。企业也采取了相应的措施应对新冠肺炎疫情的影响,如图 6 所示。

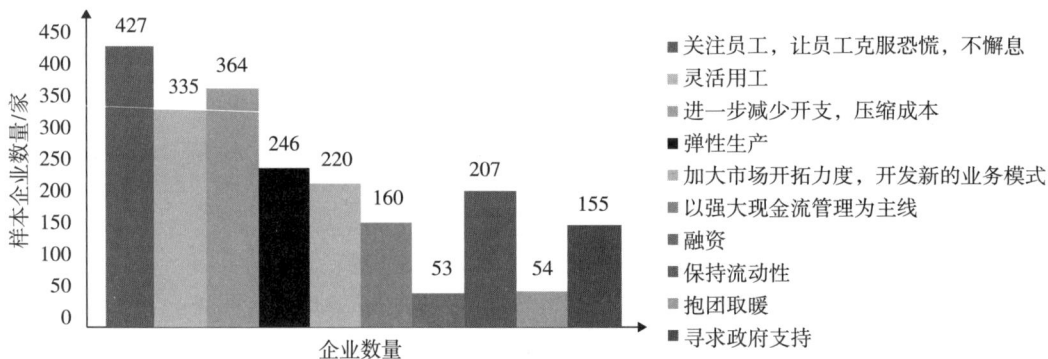

图6 企业应对新冠肺炎疫情采取的措施

基于 537 份规范问卷结果,我们可以发现企业采取了多种措施应对新冠肺炎疫情的影响,有 427 家企业主要以员工为导向,注重人文关怀,缓解员工对于新冠肺炎疫情的恐慌;有 364 家企业选择进一步减少开支,压缩成本;还有些企业选择了例如弹性生产,加大市场开拓力度、开发新的业务模式,以强大现金流管理为主线以及寻求政府支持等方式来应对新冠肺炎疫情带来的影响。总体来说,企业在面对新冠肺炎疫情带来的危机时,会采取各种措施将新冠肺炎疫情对自身的不利影响降到最低。

　　国家也相继出台了一系列保供、助企政策，在有效防控新冠肺炎疫情的同时推动复工复产，帮助企业渡过难关。相应地，我们也对企业进行了这些政策满意度的调查，让企业对各项减负纾困政策进行打分（满分100分），结果如图7所示。

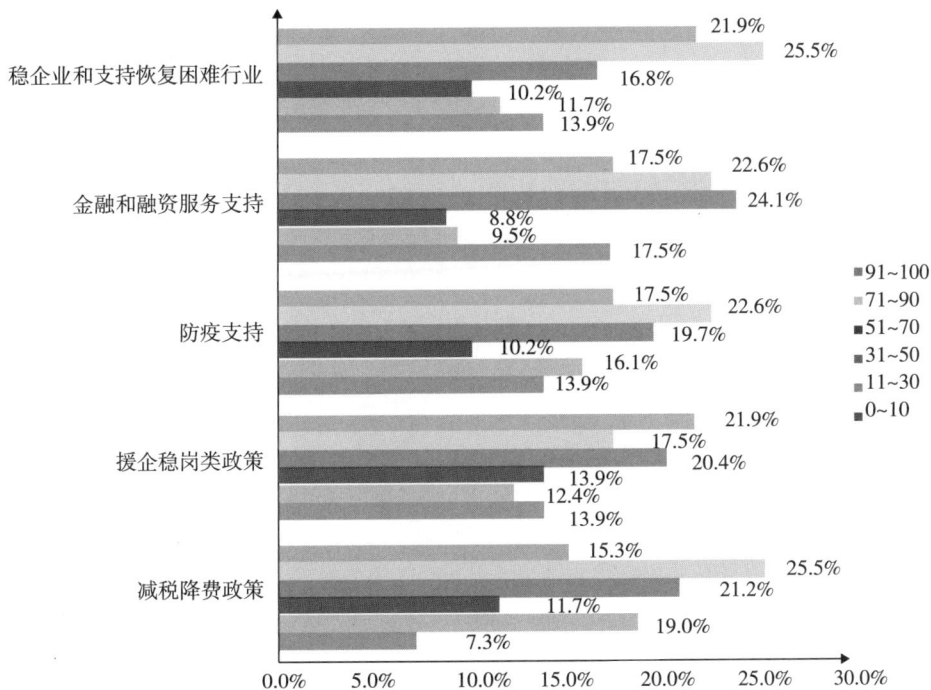

图7　减负纾困政策帮扶力度评分

　　我们可以看到企业对于这些政策的评价不同，评分在51～90之间的占比较为突出，所以在未来减负纾困政策还需进一步优化，帮助企业实现"稳就业，保就业"，助力企业纾困发展。

　　为了了解纾困策略的实施效果，我们分别从企业现金流和营业利润的变化入手去调查其效果，结果如图8和图9所示。

　　在537份问卷调查结果中，我们发现有35.94%的企业的现金流没有明显恢复，只有26.44%的企业恢复到正常水平；同时，从营业利润变化角度来看，纾困策略对37.43%的企业提升营业利润没有作用，41.15%企业的营业利润增加10%以内。从这两个角度来看，政府的纾困政策帮扶力度还需加大，同时企业也应进一步优化战略模式，提高企业韧性，以使在面对"黑天鹅"等突发事件时，能够保持可持续发展。

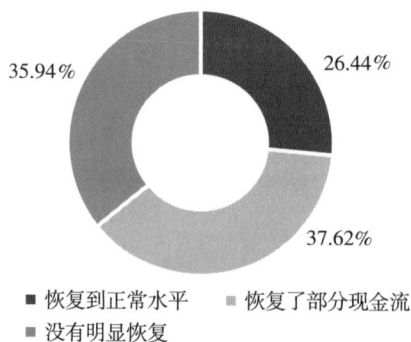

35.94%　26.44%　37.62%

■ 恢复到正常水平　■ 恢复了部分现金流
■ 没有明显恢复

图8　企业现金流变化

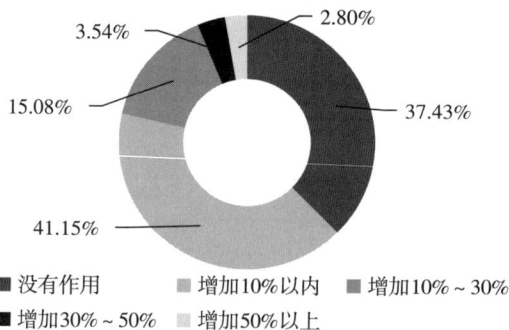

3.54%　2.80%　37.43%
15.08%
41.15%

■ 没有作用　■ 增加10%以内　■ 增加10%~30%
■ 增加30%~50%　■ 增加50%以上

图9　营业利润变化

四、新冠肺炎疫情冲击下企业面临的困境

新冠肺炎疫情的暴发给我国经济带来了巨大的冲击。在新冠肺炎疫情之下，企业的生存困境异常突出，新冠肺炎疫情对企业的影响如图10所示。

总体来看，新冠肺炎疫情对我国企业的影响主要有以下几个方面。

（一）订单量下降，企业营业收入骤减

新冠肺炎疫情造成了经济系统性停摆，在这种情况下，企业面临巨大的生存压力，新冠肺炎疫情直接影响订单量，从而影响企业的营收。从问卷调查的结果来看，2022年一季度与2021年同期相比，仅有8%的企业订单量有增加，有24%的企业订单量和2021年同期基本持平，剩余68%的企业订单量都存在订单量、下降的情况，如图11所示。

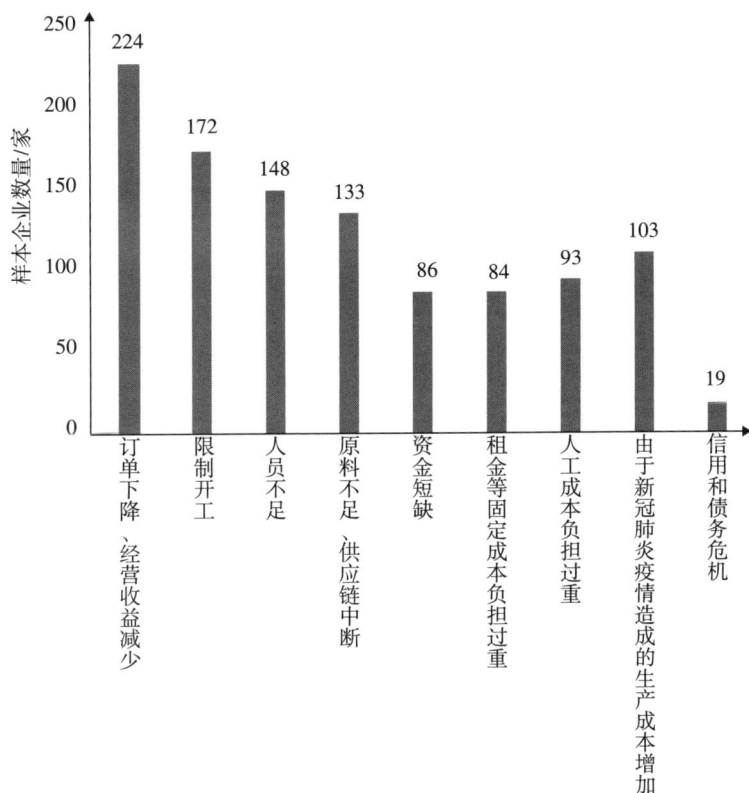

图 10 新冠肺炎疫情对企业的影响

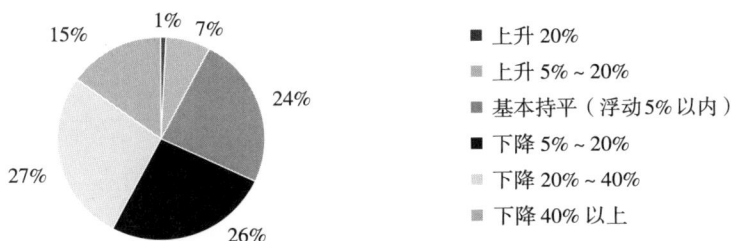

图 11 新冠肺炎疫情对2022年一季度订单量的影响

（二）制约企业的经营绩效

问卷调查结果发现，此次新冠肺炎疫情对企业经营绩效的影响主要体现在以下几方面。

（1）新冠肺炎疫情对企业的现金流产生不可预期的冲击。新冠肺炎疫情之下，人员流动与出行意愿、市场主体消费与需求均明显受限，使企业的经营流受到很大冲击，在支出没有明显削减的情况下，经营现金流入大幅削弱。

（2）人员返岗以及用人难。大部分员工无法返岗，产能无法及时恢复。企业希望能够减少用人成本，所以很难用较低的成本招聘到合适的人才。

（3）上游原材料抢手或下游需求不足。新冠肺炎疫情期间，原材料成本上升，部分企业没有足够的原材料和现金流维持企业的生产。即使有些企业有足够的原材料和现金流恢复产能，维持新冠肺炎疫情前的产量，也会面临下游市场需求不足的问题，新冠肺炎疫情影响了人们对一些产品的需求，导致很多企业的经营绩效有所下降。

（三）严重冲击供应链

企业在采购、生产、流通、消费等环节总是不可避免地与其他市场主体产生关联性，而每个主体在供应链中的市场地位、议价能力等又存在明显差异。调查结果显示，新冠肺炎疫情持续期间，企业原材料短缺和涨价、核心零部件短缺以及技术问题都会影响企业所处产业链的供给端。产业链下游消费端所面临的问题包括国内外市场需求下降、订单转移、物流停滞以及人员跨省跨境流动受限等。

（四）融资难融资贵

受新冠肺炎疫情的影响，企业业务短期停滞，营业收入骤减。很多企业在新冠肺炎疫情前就有外债，这很容易形成不良贷款，按照银行以往贷款还款的风险评估，这些中小企业的授信会成为问题，加大了企业融资难度。调查结果显示，首先，230家企业存在可融资资金有限这一问题；其次是融资期限较短，有224家企业存在此情况；融资成本高与无融资渠道问题也较为突出；最后，只有49家企业无困难，如图12所示。

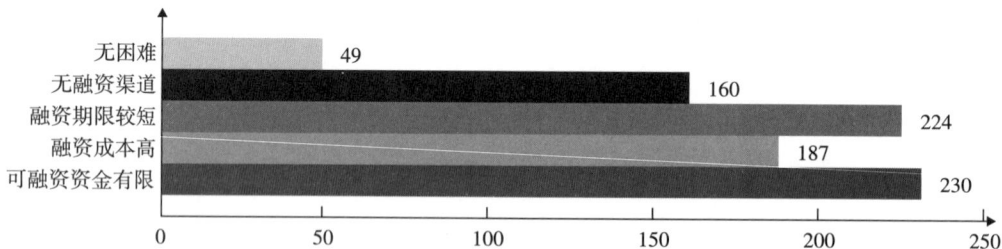

图12　企业融资面临的困难

五、结论和建议

从我们的调研结果来看，新冠肺炎疫情对于企业的冲击毫无疑问是巨大的，新冠肺炎疫情之下企业订单量下降，营业收入骤减、企业的经营绩效受到了一定的制约、供应链受到了严重的冲击、融资难融资贵等问题都制约着企业的发展，基于此我们从企业层面和政府层面提出以下建议：

（一）企业层面

（1）加强技术创新，减轻用工成本压力。调研结果显示，用工成本问题制约着企业的经营发展，传统的办法无法解决该问题。唯有加大设备和技术创新的投入，实现生产方式的技术升级，才能提升企业的经济效益。

（2）稳定供应链，增强抗风险能力。稳定的供应链与产业链是企业通向国际市场的敲门砖，也是企业稳定运营的重要手段。解决新冠肺炎疫情导致的供应链中断问题，企业应积极储备后续一定时间内生产所需的上游原材料、零配件等物品；积极寻找新的供应商，实现供应渠道与供应方式的多元化。与此同时，中国企业必须掌控产业链核心技术并参与国内重要生产环节，增强产业链的灵活性、稳健性与抗压性，遇突发情形时可自给自足。

（3）定期与客户沟通，提高用户粘性。在新冠肺炎疫情时期，各行业协会应充分发挥行业引领作用，增强政府与企业的沟通，提供企业产品、服务的具体信息，搭建供需桥梁。新冠肺炎疫情在全球蔓延，许多国内外客户纷纷终止订单，企业应积极与客户保持紧密联系，同时根据订单类型对客户进行分类。当客户因新冠肺炎疫情影响延迟接单时，企业应事先做好物流、备货、商检等准备；当客户对未来预期不确定甚至有取消订单可能时，企业可以动之以情晓之以理，主动向对方提供购货折扣；当客户因为新冠肺炎疫情无法继续生产时，企业可以申请不可抗力以减少损失。

（4）适应线上经济，开辟全新市场。在线上经济加速增长的背景下，企业应促进产品转型升级，构建"电商＋社交平台＋企业"的新模式，实现多渠道精准营销，在逆境中寻找生机。

（二）政府层面

（1）释放政策红利，提高政策效能。首先，建立健全政策传导机制、宣传机制，充分发挥政务服务平台、主流媒体以及行业商会组织等信息窗口作用，及时发布权威、准确的政策和市场信息，扩大政策知晓度，整合政策信息发布、查询平台，方便企业及时查询、及时掌握，进一步降低企业获取政策信息的成本。其次，地方政府在政策制定过程中，应当强化与企业的信息沟通机制，为情况的研究判断与政策制定提供有效的前馈控制机会与信息保障。再次，加强应急状态下的研究判断机制建设，提升对于突发事件的研究判断能力。避免官僚主义与形式主义下出现的决策与执行空转，为尽快出台针对性强的政策提供制度保证。最后，增强政策出台靶向精准度，明确政策实施客体的具体标准，提高政策措施可操作性和延续性，同时，对政策落实要实行目标责任制，要加强对政策窗口单位、基层部门、关键岗位、重点人员的培训与监督，确保政策能够及时落地。

（2）创新企业金融纾困模式，缓解企业资金压力。政府应建立多层次企业救助基金，包括国家与地方两个层面。国家层面可发行特殊国债；地方层面可通过地方财政出资，也可通过地方政府发行长期债券，不同行业设立不同债券。具体发放明细应根据企业五险一金、历年税收等指标基准，评估企业恢复正常运营的实际情况，采取一次性或多次支付现金的形式。由于新冠肺炎疫情造成的一系列违约或逾期，救助基金可给予银行信贷损失与企业保险产品适当补偿，减轻金融机构不良率压力，保障银行与保险机构的正常运营。此外，政府应加快数字化转型，积极开展在线教育、在线医疗、远程办公等新业态，在"危机"中寻找"机遇"。

（3）提振消费信心，促进消费回升。市场需求下降是当前企业面临的一大问题，因此需扩大市场有效需求。对于企业，政府应当持续推进要素供给市场改革，优化供给要素质量；对于居民，出台积极的刺激消费政策，可考虑发放购物卡、消费券或者提高生活补贴等方式刺激消费。在新冠肺炎疫情背景下，优化经营环境是企业降低交易成本的突破之法，也是激发企业长远发展、保持经营活力的关键措施。中央与地方政府应"因地制宜"制定相关法律法规，统筹规划企业交易法则，妥善解决新冠肺炎疫情期间企业出现的法律纷争，提升新冠肺炎疫情防控治理中各地方的法治化水平，以归类、分级、有序的柔性管理方式替代"一刀切"的刚性管理方式，提高企业司法服务保障水平，加大企业司法救助帮扶力度。

（4）多措并举，减轻企业负担。订单数量和企业运营成本对企业影响较大。为此，可以进一步实施多元化的减税降费政策，全面覆盖所得税、增值税、社保、地方税等多种税费，采取直接减免、减低税率、延期缴纳、税前扣除等多种方式，形成减税降费的"组合拳"，助力企业"降本减负"。

调研感悟

（一）指导教师调研感悟

1. 李莉

病毒无定势，共同担责任。

企业有智慧，同学有魄力。

校企来协作，积极架桥梁。

2. 岳怡寒

从调研问卷设计、联络企业访谈，到调研报告撰写，2022 年"访万企，读中国"社会调查项目转眼已到尾声。这个假期我有幸和李莉老师共同带领朱雯洁、邓艺、孙思敏等 13 名同学聚焦"新冠肺炎疫情冲击下的企业韧性与纾困政策"主题，对多家企业展开访谈。小队成员密切配合、通力合作，把握每一次访谈机会，努力在实践中提升理论水平。在今后的工作中，我也要不断加强专业知识和技能的学习，充实自我、提升自我，以便更好地指导学生开展社会实践。

（二）团队成员调研感悟

1. 朱雯洁

在新冠肺炎疫情期间，企业面对诸多不确定因素，企业领导者需要高度审慎地评估企业的战略目标与增长模式，保持韧性增长。企业如此，做人也如此。在这个"内卷"的时代，我们必须不断学习，填补知识盲区，只有做一个有"核心竞争力"的人才能够不被社会淘汰，即所谓的"韧性"。

2. 邓艺

在整个调研过程中，我不仅感受到了团队合作的重要性，也感受到了整个组委会的重视。从我自身来看，我在这次调研中不仅了解了企业发展的思路和创业的想法与精神，而且更加深入地了解了各大行业目前存在的优势和劣势。这次活动让我不仅可以从宏观上思考国家政策对于企业的帮助和各行业发展的动态，也可以从微观上了解一个企业想要生存发展的核心竞争力应该如何去寻找，如何去平衡资产负债的关系。

3. 田恺彤

在调研中，我感受到了上海市新冠肺炎疫情对长三角地区企业的冲击，同时意识到了企业数字化转型是重要的也是必要的，线上线下结合发展是未来趋势。在自己主持过的访谈中也学到了一些创业小技巧、职场小知识、招聘要求等。

此次调研活动让我们接触到在企业工作的一线人员，学习到相关领域的前沿知识，了解到新冠肺炎疫情冲击下的企业压力与困境，把握纾困政策的现实需求，为企业复工复产贡献智慧和力量。

4. 肖泓辰

在调研过程中，我学到了企业要以客户为本，真正做到为客户着想，站在客户的角度为他们解决问题，也要跟着时代的脚步不断前进，进行数字化、自动化的改变。企业也要抚慰员工，做到补贴与考核并存。我还学到了在求职时需要拥有的品质和能力，不要自视过高，要根据自身情况积极适应工作环境，不安于现状，努力提升自己的才能。

5. 朱思琪

这次调研让我们和企业领导人直接对话，了解他们的观点，这非常难得并且十分不易。在本次调研中，能够接触到平时在学校学习不到的知识或者了解不深的知识。例如，在新冠肺炎疫情下，数字化转型是企业的刚需，在学校里，其实对数字化转型有一点了解，但那只浮于表面，真正如何去操作还得从企业中了解。对我来说，本次调研活动让我的假期十分有意义。

6. 孙思敏

在整个活动的过程中，我充分感受到了团队协作的重要性。每个人都有擅长与不擅长之处，团队的最大作用就是能发挥每个人的擅长之处，减少每个人的不擅长之处，来达到"1＋1＞2"的效果。

通过本次调研活动，我了解了各个行业以及各类型企业可能在新冠肺炎疫情中面临的问题，并且学习到了宏观上政府政策对企业的作用，以及企业的自救策略。最后，感谢这次调研中的两位指导教师和团队内所有帮助过我的人，以及愿意抽出时间接受采访的企业。

7. 朱文会

写下这篇感悟，意味着贯穿我整个暑假的"访万企，读中国"社会调查活动接近尾声。在整个与同伴并肩作战的过程中，有收获，有反思，有成长，我回想起来依然感慨万千。从最开始的紧张焦虑到后来能够带领小组成员推进任务，我感受到了自己的进步。在访谈企业的过程中，每场访谈下来都收获颇丰，这对自己今后专业知识的学习和就业都非常有帮助。我相信这次经历对我们每个人来说都是宝贵的财富。

8. 钱语宸

通过调研活动，我明白了万事想要做好，一定要事先做好准备。一篇通畅的采访稿，需要起码4小时的准备。从阅读企业资料开始到查找专有名词，对我来说弄懂一篇一无所知的文章绝非易事，但在这个过程中，我也的确收获了不少课堂上没有学过的知识。

9. 刘星妤

通过这次活动，我们逐步了解了社会，开阔了视野，增长了才干，并在社会实践活动中认清了自己的位置，发现了自己的不足，对自身价值能够进行客观评价。这在无形中使我们对自己的未来有一个正确的定位，增强了自身努力学习知识并将之与社会相结合的信心和毅力。即将走上社会的大学生们，更应该提早走进社会、认识社会、适应社会。大学生暑期社会实践是大学生磨炼品格、增长才干、实现全面发展的重要舞台。在这里我们真正锻炼了自己，为以后踏入社会做了更好的铺垫。

10. 刘前前

这次"访万企，读中国"活动，不仅让我更加了解活动的流程和内容，也让我对企业面临的困难以及国家提供的纾困政策有了更深层次的认识，希望国家推出的纾困政策能切实解决企业难题，缓解新冠肺炎疫情过后企业经营困难的状况。

11. 郭虹汝

此次调研对于我们学生来说可谓是一次不可多得的将课本上的知识运用到实践中的机会，学以致用，在实践中学习。经历过这次调研活动，我对新冠肺炎疫情下企业境况、举措以及中国的经济情况有了更深的了解，对我们以后无论是继续深入学习研究经济还是进入职场都是宝贵的经验。

12. 张舒涵

我认为这个活动最大的受益者是参加者，毕竟我们很少有完整的时间去与企业交流、询问。相比查阅资料从而了解一个公司，直接的访谈更直接有效，并且每位接受采访者都非常有耐心、解释细致，也给我们带来了很多新思路。一些被采访者还提出了自己对我们学生的中肯的建议，这样我们也会对自己未来的规划更加清晰。我们应认真规划自己的未来，提前准备自己一定要做的事情。

13. 蔡依佳

随着暑假走向尾声，我们的"访万企，读中国"暑期实践活动也到了要写总结的时刻。回想起来，这一路上，我收获了知识，从产业最前沿的技术信息到社会万象，从访谈技能到报告写作要领；我也收获了从不同角度看待问题的思维方式。

总体来说，调研的过程有苦也有甜。虽然过程有点苦，但再回想之时便觉得一切都是甜的了。我想，这就是实践的魅力吧！

新冠肺炎疫情下物流对行业发展及纾困政策影响的研究

杨　圆　赵佳慧　程　怡　吴优青　魏玲玲　郭田田　李　静　金镇猛　张红莉
王　敏　徐心怡　郭　磊　王杰瑶　高　珊
指导教师：吴志艳　王安娇

摘 要

　　疫情防控常态化后，在国家政策的引导下物流行业进行了自我调整和动力补充。然而较为严重的新冠肺炎疫情地区性暴发问题，又再一次暴露了物流行业的固有缺陷和根本矛盾，中小型物流企业举步维艰，出现整个地区物流瘫痪的情况。因此本次调研，期望通过与不同类型企业的访谈交流，知悉企业在面对新冠肺炎疫情冲击和防疫过程中受到的影响、企业自身的纾困方式以及企业目前的迫切需求和困难点，进而有针对性地给出相关的纾困政策及建议。

　　关键词：新冠肺炎疫情；物流；纾困政策

一、调研背景和意义

　　当今，经济全球化、信息化和网络化已经成为一种趋势，现代物流已经成为发达国家和发展中国家生产及网络化配销的一项重要增值服务，更是成为社会活动正常运行所必需的基础设施。物流作为生产链中的重要一环及高效调配资源的推进器，与各行各业、人们的生活乃至整个国家经济发展都息息相关。物流行业作为高流动、从业人员多、接触面广且寄递件空间跨度大的行业，受新冠肺炎疫情影响较大。

　　新冠肺炎疫情下物流行业本身的发展和调整可以大致分为三个阶段——疫情初期、疫情防控常态化后、地区性暴发新冠肺炎疫情。初期由于新冠肺炎疫情导致的交通管制、停工停运、物流人工成本及仓储运输的急剧上升都使整个物流行业呈现出一种相对混乱、供应不足的景象。疫情防控常态化后，在国家政策的引导下，加大物流枢纽及重要基础设施建设，依托5G网络通信技术和智能物流技术，普及自动化和无接触式应用等技术，物流行业进行了自我调整和动力补充。然而较为严重的新冠肺炎疫情地区性暴发问题，又再一次暴露了物流行业的固有缺陷和根本矛盾，中小型物流企业举步维艰，甚至出现整个地区物流瘫痪的情况。在新冠肺炎疫情下，企业一方面面临着物流的中断、货品的积压、管理和仓储成本的上升等问题；另一方面新冠肺炎疫情的高危性也使极少数在物流的运输价格直线上升，随之企业的运输成本上升成为必然。然而在新冠肺炎疫情背景下，物流受到的影响还将辐射到更大的经济贸易格局中，对企业的营运和经济也将造成不可估量的损失。因此，在新冠肺炎疫情背景下，对企业在物流方面所受影响程度以及涉及的业务和营运类型的深入了解，变得尤为重要，以更集中的方式将此方面问题反映给政府及相关部门，提出纾困政策建议，更显迫切。

因此，本次调研期望通过与不同类型企业的访谈交流，知悉企业在面对新冠肺炎疫情冲击和疫情防控过程中遭受的影响、企业自身的纾困方式以及企业目前的迫切需求与困难点，进而有针对性地给出相关的纾困政策及建议。调研也能够为其他涉及物流等相关服务的企业在此方面的问题解决和策略改善提供可借鉴的思路，为相关政策帮扶与配套服务支持提供参考。

二、调研方案与实施

（一）调研方案

1. 调研目的

调研旨在了解新冠肺炎疫情防控阶段长三角地区企业现状、面临困境及恢复路径，主要聚焦新冠肺炎疫情下物流对行业发展及纾困政策的影响，立足企业感受视角考察现阶段减负纾困政策实施情况，为长三角地区企业提高危机应变能力的发展提出建议。

2. 调研内容

通过与相关企业负责人的访谈交流及问卷调研，了解企业现阶段经营情况，分析企业受新冠肺炎疫情影响、复工复产情况、相应的抗疫措施及自救策略、享受到的纾困政策，以及新冠肺炎疫情对企业供应链物流方面的影响，聚焦政府推进涉企服务和惠企举措的政策建议。

（二）调研对象

调研对象主要为七家企业：A食品集团财务有限公司，上海B生物技术有限公司、宁波 C 国际贸易有限公司、D 科技有限公司、温州 E 机械有限公司、上海 F 建筑装饰有限公司、上海 G 国际物流有限公司。

（三）调研任务分配

表1　小组成员任务分配

职责	具体分工	调研小组成员
联络工作	联络指导教师	杨圆（总筹）
	联络企业	杨圆、张红莉、王杰瑶、吴优青、王敏
调研过程	会议主持人	杨圆、张红莉、王杰瑶、吴优青、王敏
	会议记录（录屏、录音等）	赵佳慧、程怡、高珊、郭田田、魏玲玲、李静
	资料整理、汇总	赵佳慧、程怡、高珊、郭田田、魏玲玲、李静
	公众号文章撰稿	徐心怡、金镇猛
文字撰写	报告撰写	杨圆、赵佳慧、程怡（基本信息） 吴优青、魏玲玲、郭田田、李静、金镇猛、张红莉、王敏、徐心怡（分析结论） 郭磊（政策分析） 王杰瑶、高珊（企业案例）

（四）调查工作时间安排

表2　调研工作时间安排

时间	调研进度	具体日程安排
6月12日—7月7日	前期准备	（1）前期工作调研 （2）撰写项目计划书 （3）确定企业访谈时间 （4）设计自选问卷 （5）撰写访谈提纲
7月8日—8月10日	中期采访调研	（1）7月8日A食品集团财务有限公司 （2）7月9日上海G国际物流有限公司 （3）7月20日宁波C国际贸易有限公司 （4）7月22日温州E机械有限公司 （5）7月23日上海F建筑装饰有限公司 （6）7月24日D科技有限公司 （7）7月26日上海B生物技术有限公司 （8）线上线下访谈工作收尾，整理调研访谈录、访谈纪要与调研简报 （9）新闻稿材料收集、撰写，企业访谈稿发布推送

时 间	调研进度	具体日程安排
8月11日—9月5日	后期报告撰写	（1）完成调研报告 （2）完成政策建议专报 （3）完成典型案例报告 （4）整理打包所需材料（企业访谈支撑材料、调查问卷及问卷作业记录单，每组不少于5份）

三、问卷调研结果统计分析

（一）样本基本情况

从地域分布来看，234家企业分布于我国4个省份，其中上海市企业71家，占比约30%；安徽省企业70家，占比约30%；江苏省企业63家，占比约27%；浙江省企业30家，占比约13%，如图1所示。

从所属行业占比来看，本次调研中的绝大部分企业为制造业，共197家，占比84.19%；其他企业共计37家，占比15.81%，如图2所示。

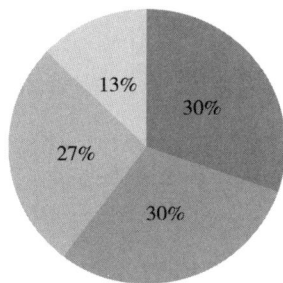

图1　被调研企业地域分布占比情况　　图2　被调研企业所属行业占比情况

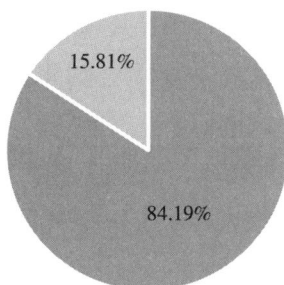

（二）企业所处行业受新冠肺炎疫情冲击的基本情况

1. 被调研企业所处行业受新冠肺炎疫情影响程度

新冠肺炎疫情对中国乃至全球产业的影响是深入的，在现代经济体系下，各产业互相链接。企业产业链条必然受人均GDP、消费升级和新媒体技术等影响。通过调研数据可知，在新冠肺炎疫情对企业所处行业的影响中，大多数企业表示新冠肺炎疫情对企业影响深远。在受访的234家企业中，有92家企业表示受新冠肺炎疫情影响比较严重，占比39.32%；23.93%的企业表示新冠肺炎疫情对企业影响非常严重；32.48%的企业表示新冠肺炎疫情对企业影响比较轻微；仅有8家企业表示没有明显影响，占比3.42%，如图3所示。

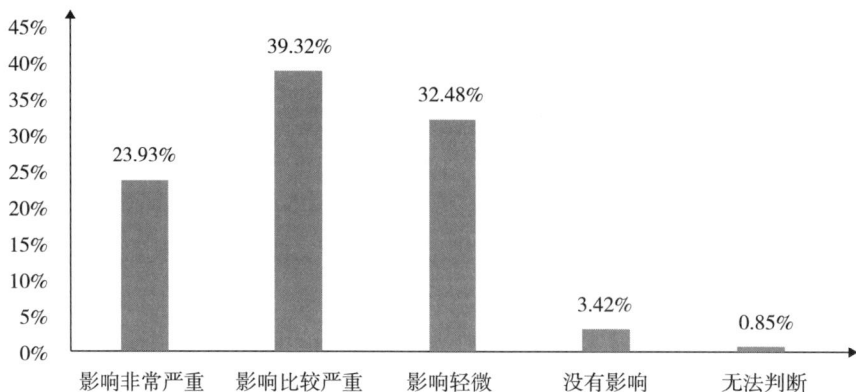

图3　新冠肺炎疫情对企业所在行业发展影响程度

2. 2022年被调研企业第一二季度订单量与2021年同期相比情况分析

新冠肺炎疫情对企业生产经营产生显著的负面影响，企业营业收入明显减少，运营成本增加，利润率全面下滑。整体来看，2022年被调研企业第一季度订单量与2021年同期相比呈现持续下降趋势，只有28.63%的企业在新冠肺炎疫情前后订单量基本持平，29.06%的企业第一季度订单量下降5%～20%，19.23%的受访企业订单量下降20%～40%，其中个别制造行业中的民营企业发展出现上升趋势，7.69%的企业出现第一季度营业额上升5%～20%的现象。第二季度越来越多企业营业额开始呈现下滑趋势，销量递减，新冠肺炎疫情对企业社会面影响不断扩大。订单量依旧下降40%以上的企业占比达到14.96%；订单量下降20%～40%的企业占比22.65%，个别企业第二季度订单量有所增长，0.36%的企业在第二季度订单量增长20%及以上，如图4所示。

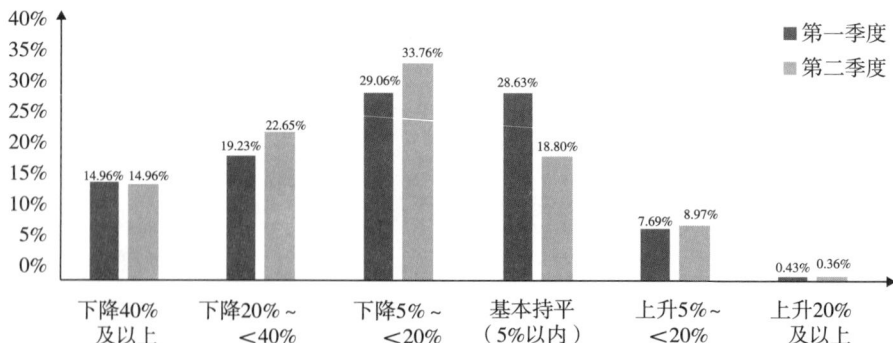

图4　企业订单量季度变化

3. 新冠肺炎疫情对被调研企业的经营影响因素分析

新冠肺炎疫情的暴发从多方面影响企业的发展。从客观上给企业带来多种影响，最明显的表现为订单下降、经营收益减少，原料不足、供应链中断，资金短缺等方面。其中人员不足，无法开工也是企业需要重点关注的问题，如图 5 所示。

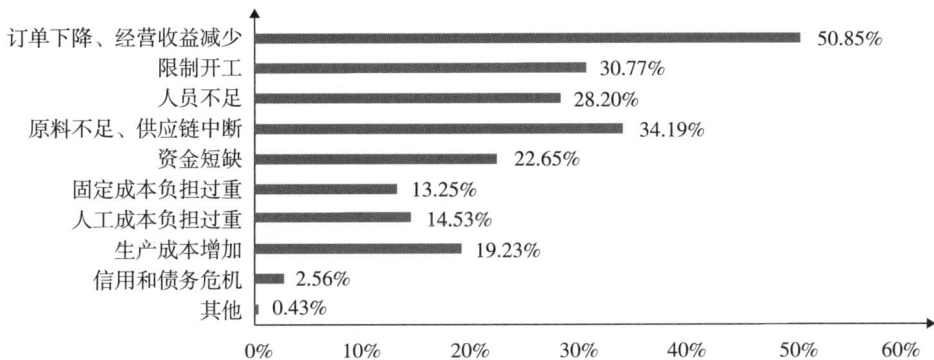

图 5　新冠肺炎疫情对被调研企业的经营影响因素分析

（1）订单下降，收益减少

如图 5 所示，接近 50.85% 企业认为新冠肺炎疫情对其造成的最大影响在于市场订单的减少或取消以及业绩的下滑。而在复工复产过程中，企业面临的最大困难也是客户的流失、需求的下降。由于新冠肺炎疫情的多点散发，市场疲软，用户购买需求量大幅下降。部分企业也在寻求创新，但是依然有多数企业最担心新产品开发的市场需求下降或不确定性增大，依然难以抵抗新冠肺炎疫情带来的威胁。

（2）原料不足，供应链中断

如图 5 所示，上游原料不足、供应链中断（34.19%）成为新冠肺炎疫情给企业带来的第二大影响因素。同时，企业人力、研发成本的上涨，还有新冠肺炎疫情的防疫成本都增加了企业的负担。在收入减少的同时，成本上升，双重夹击给中小企业的生存带来巨大压力。

4. 新冠肺炎疫情对被调研企业的经营绩效影响因素分析

企业经营绩效受到多方面的影响，在新冠肺炎疫情期间，许多企业出现资金链、现金流问题，物流问题，上游原材料供应问题，员工问题（老员工返岗或新员工招聘等），大宗商品价格上涨等，这些因素在一定程度上影响企业的发展。当下，物流问题（58.12%）和资金链、现金流问题（51.28%）是企业最大的难题，如图 6 所示。

（1）物流阻塞，难以流通

如图 6 所示，接近 58.12% 的企业面临物流不通畅的问题。一方面，由于新冠

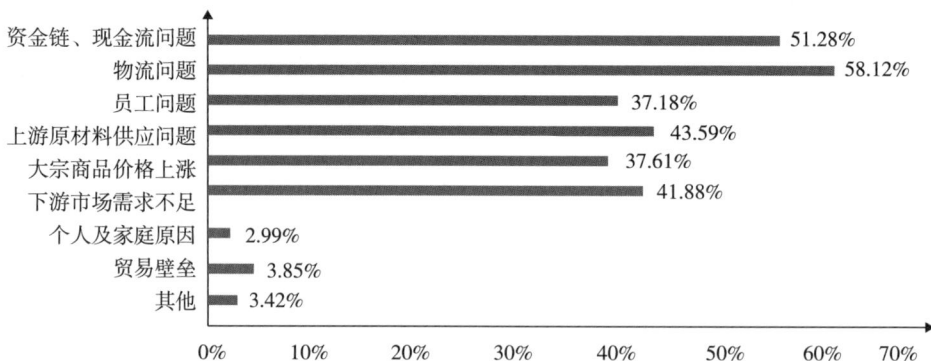

图6　新冠肺炎疫情对被调研企业的经营绩效影响因素分析

肺炎疫情的影响，国内很多地区的交通受限，加上全球运输网络受阻，给物流的时效和成本带来了较大压力，从而影响到企业物流的流通。另一方面，在新冠肺炎疫情期间，医用和救灾物资配送以及电商末端配送需求激增，物流企业的运力严重不足，无暇顾及企业的需求，企业产品难以流通，需求量减少，降低了生产经营效益。

（2）资金链中断，融资困难

如图6所示，51.28%的企业面临着资金链中断现象，在对企业2022年第一季度营收进行统计并对2022年上半年营收进行预判时发现，企业资金压力增大、资金流转困难、资金链断裂，此项也在"企业面临的困难"的调查中得到印证：企业表示面临较大的困难为资金缺口较大，急需融资，这是继物流问题后的第二大难题，在一定程度上直接影响企业的经营绩效。

（三）企业恢复路径与难点

1. 应对新冠肺炎疫情的主要措施

如图7所示，受新冠肺炎疫情影响，多数企业面临诸多困难，但大多数企业积极采取各项措施以降低新冠肺炎疫情影响。一方面，企业想方设法开展自救，绝大部分企业通过降低成本、减少支出来维持企业生存，如61.1%的企业选择灵活用工降低人工成本，38.5%的企业采取弹性生产的模式降低生产成本，63.2%的企业通过进一步减少开支压缩成本。与此同时，20.5%的企业寻求政府支持以应对新冠肺炎疫情危机，5.1%的企业选择进行融资获得稳定的现金流以平稳度过新冠肺炎疫情困难时期。另一方面，企业抓住新冠肺炎疫情中的机会，化危机为转机，扩大市场占有率或进行管理变革，40.2%的企业加大市场开拓力度，开发新的业务模式，23.9%的企业选择以强大的现金流管理为主线度过危机。除此之外，面对新冠肺炎疫情的突然袭击，76.5%的企业关注员工情绪，让员工克服恐慌，做到新冠肺炎疫情期间仍不懈怠。

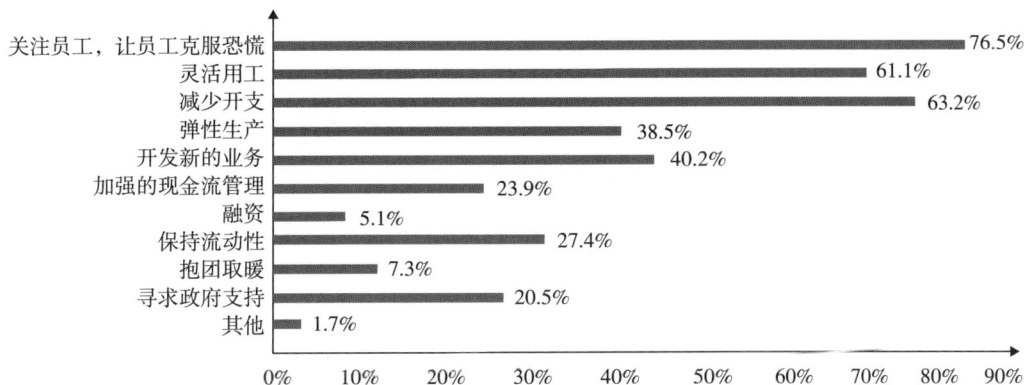

图7 应对新冠肺炎疫情的主要措施

2. 此次新冠肺炎疫情预计对后续发展的影响分析

企业在新冠肺炎疫情下，针对经营绩效下滑以及新冠肺炎疫情防控采取了应对措施，而这些措施也在一定程度上缓解了经营压力，但是新冠肺炎疫情的不可控性，对企业的后续经营也是巨大的挑战。通过调查，我们可以了解到这些企业认为新冠肺炎疫情对后续发展产生影响的因素，62.8%的企业认为产品或服务市场需求受限制，58.5%的企业认为原有生产经营进度受影响，58.1%的企业认为新冠肺炎疫情防控等方面成本增加，35.0%的企业难以维系日常经营所需现金流，同时，31.2%的企业面临员工招聘计划推延，如图8所示。

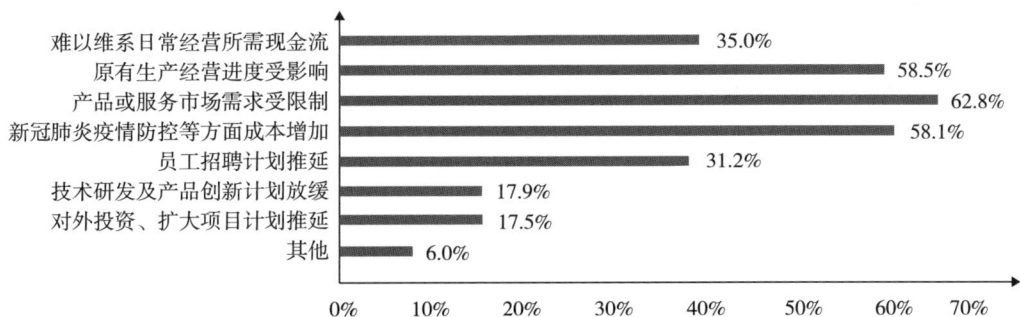

图8 此次新冠肺炎疫情预计对后续发展的影响分析

（四）政府纾困政策情况

1. 被调研企业对各项纾困帮扶政策评分分析

如图9所示，由问卷数据可知，所有政策评分满分为100分，其中援企稳岗类政策的评分均值为63.24分，这类政策侧重于关注企业的用工成本，涉及"五险一金"的相关缴纳以及用工招工过程中的相关补贴，其目的在于帮助企业有效解决招聘、就业、服务和管理问题。一方面，劳动力成本在企业日常开支中占据较大的比重，是企业成本核算过程中的重要板块之一；另一方面，员工薪酬水平往往与其工作能力及素养相挂钩，新冠肺炎疫情影响下行业间竞争更为激烈，高质量人才对于企业提高企业竞争力的重要性愈发突出。因此，与人力资源紧密相关的援企稳岗类政策是企业能更为关注也是更能直接感受到的，企业对于该类政策力度的评分均值最高，反映出援企稳岗类政策所取得的初步成效是显而易见的。

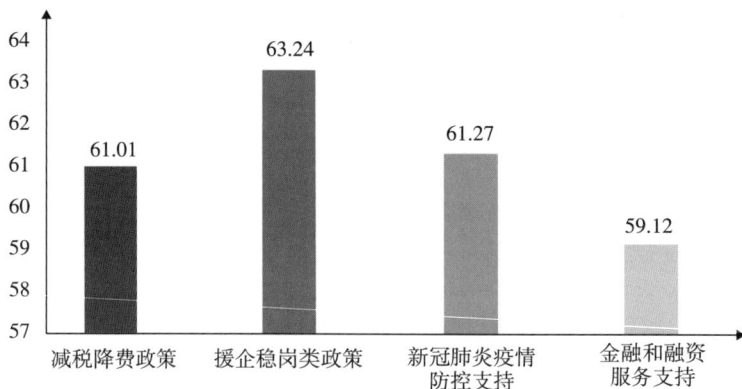

图9　企业对四类政策力度评分均值

金融和融资服务支持政策的评分均值为 59.12 分，资金尤其是现金流对于企业正常经营至关重要，不仅体现了企业的抗风险能力，也反映出企业的周转状态，面对经济下行压力，贷款的审批更为严格，企业贷款与融资的困难日益严峻，解决企业融资难的问题是当前迫在眉睫的。

2. 被调研企业对企业各项纾困帮扶政策力度分析

通过分别将企业认为体现四类政策力度不足的方面进行汇总，按所得票数数量降序排列，最终呈现的结果如图10、图11、图12、图13所示。对于企业方认为当前政策存在力度不足的方面，四类政策有着共通之处。

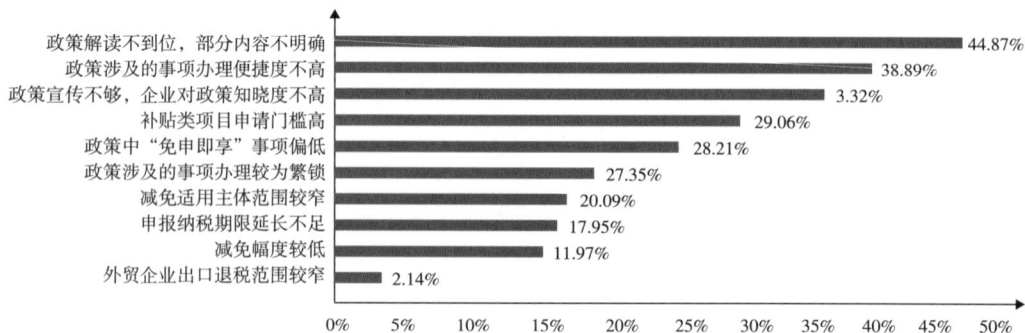

图10　减税降费政策力度不足汇总分析

政策解读不到位，部分内容不明确　39.32%
政策宣传不够，企业对政策知晓度不高　37.18%
补贴类项目申请门槛高　30.77%
政策涉及的事项办理便捷度不高　30.34%
政策涉及的事项办理较为繁琐　26.07%
阶段性缓缴失业和工伤保险费政策的适用行业范围较窄　20.94%
阶段性暂缓缴纳养老保险费适用行业范围较窄　17.09%
受新冠肺炎疫情影响的欠费停水，停电，停气　16.67%
专项补贴发放和贷款贴息支持不到位　15.81%
涉企专项资金兑付速度较慢　14.10%
对无法正常经营的企业发放一次性留工培训补助不到位　13.68%
仍然存在不合理审批和劳动者返岗限制　7.26%

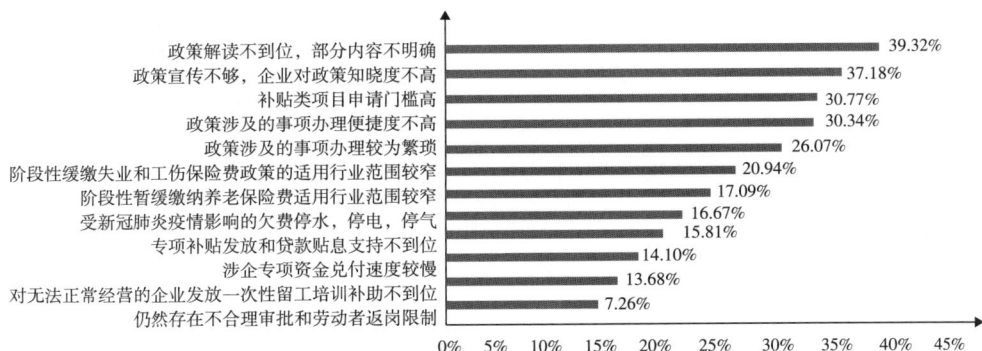

图 11　援企稳岗类政策力度不足汇总分析

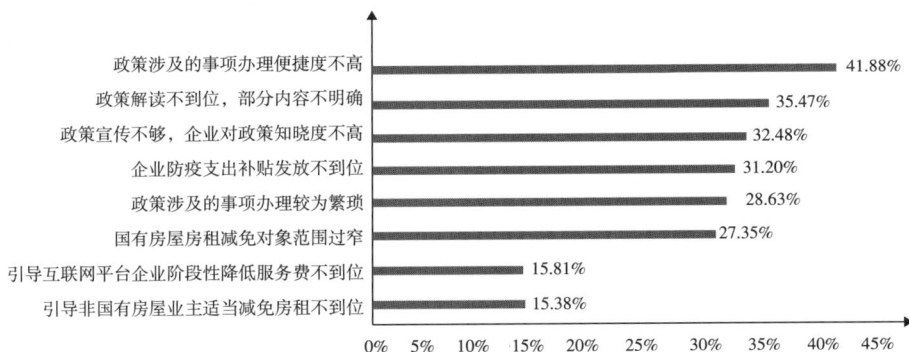

政策涉及的事项办理便捷度不高　41.88%
政策解读不到位，部分内容不明确　35.47%
政策宣传不够，企业对政策知晓度不高　32.48%
企业防疫支出补贴发放不到位　31.20%
政策涉及的事项办理较为繁琐　28.63%
国有房屋房租减免对象范围过窄　27.35%
引导互联网平台企业阶段性降低服务费不到位　15.81%
引导非国有房屋业主适当减免房租不到位　15.38%

图 12　新冠肺炎疫情防控政策力度不足汇总分析

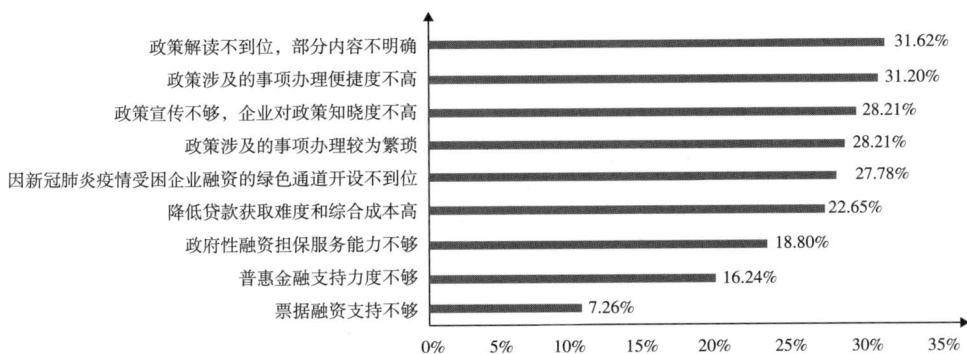

政策解读不到位，部分内容不明确　31.62%
政策涉及的事项办理便捷度不高　31.20%
政策宣传不够，企业对政策知晓度不高　28.21%
政策涉及的事项办理较为繁琐　28.21%
因新冠肺炎疫情受困企业融资的绿色通道开设不到位　27.78%
降低贷款获取难度和综合成本高　22.65%
政府性融资担保服务能力不够　18.80%
普惠金融支持力度不够　16.24%
票据融资支持不够　7.26%

图 13　金融和融资服务政策力度不足汇总分析

　　首先体现为"政策解读不到位，部分内容不明确"与"政策宣传不够，企业对政策知晓度不高"所得的票数占全部企业的比例在每类政策的汇总排序中均位列前三，且与其他不足方面的得票数差距较大，这两者都可归类为政府与企业间在信息沟通方面存在一定的问题，政府方应在政策的宣传与解读方面分配更多的精力。

其次，"政策涉及的事项办理便捷度不高"与"政策涉及的事项办理较为繁琐"同样排名靠前，这需要政府部门加以关注，对提高效率与优化流程加以考虑，为政策的落地与实施提供更多的便利。

其他方面更多涉及政策范围、时间、金额等，所得票数相对较少，侧面反映出政策内容的恰当性，但同样需要政府部门结合实际情况考虑是否对政策内容加以调整。

四、影响因素分析

（一）新冠肺炎疫情对七家企业的经营影响因素分析

1. 经营活动停滞，无法正常生产运输

宁波 C 国际贸易有限公司总经理助理在问卷中明确表示新冠肺炎疫情导致外贸经营活动基本停滞，其中包括境内外展会、商务活动延期或取消，各国管制关停大型商超和零售店，国际贸易通道受阻，订单无法完成。由于部分国家进入紧急状态，部分国家暂停航空和海洋运输、关闭边境、封锁港区，货物进出境遇到极大阻碍。国外买家及银行无法正常办公，资金进出也无法正常实现。已经出运和已完成生产的订单，面临货物和资金的双重风险。急需出运的货物面临仓位难订，费用飙升，到港后形势难以判断等各种难题。

上海 F 建筑装饰有限公司亦提到，因为订单基本上是在 2022 年初签订合同，所以订单基本上没有受到太大的影响。但主要是订单的交付，公司由于新冠肺炎疫情，没有办法正常办公，所以就导致交付有一定的延迟，因为物流停滞无法运送原材料，也无法运输货物完成交付，这个也是大环境所导致的，属于不可抗力因素。

2. 新冠肺炎疫情期间人员紧张

上海 G 国际物流有限公司提到，虽然此次新冠肺炎疫情让很多行业按下了暂停键，但公司的船边服务、港口物流、民生物流等业务必须正常进行。在此期间，公司主要面临人员紧张等困难。由于春节期间外地返乡员工难以到岗，人员紧张，而且不能居家办公，对公司产生了极大的影响。

3. 生产压力增大，制造成本上升

D 科技有限公司生产经营部夏部长表示："我们主要是制造业，制造服务器。对企业来讲，生产的压力会比较大，因为员工和我们的供应链都进入封闭式的管理状态，所以我们的生产制造成本会有所上升。"

（二）新冠肺炎疫情期间，七家企业采取的措施

1. 深度挖掘中小微外贸企业面临的难题，形成针对性方案

充分利用外贸综合服务平台服务中小微外贸企业的特点，调研、收集中小微外贸企业的经营现状和下一阶段的预期订单，形成了具有含金量的调研报告，向有关部门进行针对性建言，共同助力中小微企业渡过难关。目前，摆在中小微企业面前的首要问题是风险管控和流动性问题。宁波 C 国际贸易有限公司积极通过平台服务过程中集聚的单证流、货物流、资金流、商品流和信息流，利用大数据，联合中国信保及多家银行金融机构，帮助中小微外贸企业解决一系列回款理赔及短期融资问题。自新冠肺炎疫情以来，宁波 C 国际贸易有限公司已为超过 220 家企业累计提供 6500 万元以上的"无抵押应收账款融资"支持，以实际行动助力中小微企业共克时艰。

2. 员工充分体现公司"脊梁"精神，新冠肺炎疫情期间不停工

上海 B 生物技术有限公司提到了一个典型的案例，是 H 北京分公司的物流主管王师傅和他管理的 12 个人的物流团队。虽然新冠肺炎疫情对物流链的正常经营也产生了一定的影响，但在这个关键时期，王师傅展现了一名主管的"脊梁"精神，把公司的利益置于个人利益之上，把员工的安全置于自己安全之上。

上海 G 国际物流有限公司表示，由于新冠肺炎疫情期间外地返乡员工难以到岗，人员紧张，公司主要通过多港区联动、积极协调兄弟单位、整合社会资源配齐人力，派专车接送员工。许多员工在党员志愿服务队的引领下，提前返岗，确保日均 80 名作业人员坚守港区，确保港口在新冠肺炎疫情期间疏运能力不减。

3. 主动调整业务，积极联系客户

上海 F 建筑装饰有限公司总经理王先生表示，新冠肺炎疫情对于整个行业的影响很大，针对新冠肺炎疫情带来的一些问题，公司没有坐以待毙，适时地做出了业务上的调整。公司在接业务时会更加强调这个业务的可交付性，尽量避免因为新冠肺炎疫情导致的一些负面影响，也会在业务上进行适当选择，优化业务方案，使资金在进出口环节安全流转。

（三）新冠肺炎疫情期间企业纾困过程中遇到的难点

2022 上半年新冠肺炎疫情的突然严峻，导致长三角地区各类企业的生产计划均被打乱，各类企业或多或少受到影响。本文以此次受访的七家企业为例，分析不同生产经营范围、不同所在地的企业在具体纾困过程中遇到的难点。

1. 物流运输受影响最大，恢复缓慢

上海 G 国际物流有限公司表示其主营的转口贸易相关的物流、运输在本次新冠肺炎疫情中所受的影响是最明显的。受采访的负责人说："我们作为物流企业，人力关乎着整个企业的运力。而新冠肺炎疫情暴发的时间很早，春节回家的员工还没有返沪，人员难以到岗，我们只有通过跨港区联动、与兄弟企业进行人员协调，才能保证港口有较好的运输能力。"

温州 E 机械有限公司负责人表示："我们公司最大的问题就是原材料的供给，公司已经预定的原材料无法按时到达，公司加工过的产品又发不出去。公司出口的项目也遇到了极大阻碍，在最严重的时候有一批制成设备耽误了近两个月才出关。"

可见，鉴于新冠肺炎疫情防控期间各地政府对运输车辆、人员、交通进行管控等，受访的各企业的整体运营均受到极大影响。

2. 人力资源紧张、员工防疫困难

A 食品集团财务有限公司作为上海市的保供企业，因为有上海市政府的支持，公司的食品供应链并没有受到很大影响，但是在办公方面也同样受到了影响："我们这家子公司作为一家非银行金融机构，并不会享受到像母公司一样的待遇。我们每一个约定期都需要向银保监报告各种金融运营情况，但我们的工作人员不能到公司进行线下办公，我们只能与银行协调延期或者是采取其他替代措施。"

结合其他受访企业也可以看出，尽管各企业提出多港区联动、积极协调兄弟单位、整合社会资源配齐人力、派专车接送员工等措施，但在短时间内员工还是无法正常到岗。而且到岗以后，员工的防疫问题让企业感到棘手。

3. 政策的扶持并不完备

上海 B 生物技术有限公司医药负责人表示："上海市闵行区梅陇镇陆续启动对符合各类政策要求的企业拨付助企纾困财政项目化扶持资金。"

结合部分受访企业享受的扶持政策来看，在新冠肺炎疫情持续期间，由于政府的大力支持，医药、食品等行业并未受到很大的影响。其他行业的受访企业则表示，虽然各地政府有很多补贴政策，但是对于建筑、机械等行业缺乏针对性。

（四）政府纾困政策情况

宁波 C 国际贸易有限公司负责人表示："当地政府对中小微企业加大信贷支持力度，推动了'甬贸贷'外贸综合服务平台，短期内降低相应门槛，还为大企业以统借统还形式提供了低息贷款。"

在本次新冠肺炎疫情中，上海市的外贸、医药等企业均可以享受政府的金融帮

扶政策。其中包括政府对中小微企业加大信贷支持力度，降低短期贷款门槛；为大企业提供低息贷款；对符合要求的企业直接发放扶持资金等。

五、结论与建议

当今，在经济全球化、信息化和网络化快速发展的背景下，现代物流是社会活动正常运行所必需的基础设施，并且已经成为发达国家和发展中国家生产及网络化配销的一项重要增值服务。作为生产链中的重要一环，物流能够联动各行各业，推动资源高效调配，提高人们的生活水平，从而促进国家经济的发展。面对突如其来的新冠肺炎疫情，物流行业因具有高流动性、从业人员多、接触面广且空间跨度大等特点，受到的影响较大，同时作为经济发展和社会活动的重要环节，物流行业又反作用于经济增长和社会发展。

通过与不同类型的企业进行访谈交流，本小组知悉企业在新冠肺炎疫情冲击下和防控过程中受到的影响，进一步了解到企业自身采取的纾困方式以及目前的迫切需求，有助于我们全面掌握物流行业在新冠肺炎疫情下受到的影响以及对企业造成的实际损失，进而有针对性地给出相关的纾困建议。

七家企业的采访调研结果表明，新冠肺炎疫情确实对企业的生产经营造成了一定的影响，不同行业受到的影响程度不同。受访的企业分别来自六个不同的行业领域，其中第三产业受新冠肺炎疫情影响比较大，私营企业的影响尤为明显。从行业来讲，新冠肺炎疫情对批发零售业、制造业、建筑业影响较大。疫情的暴发从多方面影响了相关企业的发展，给企业造成多种困难，企业面临营业收入明显减少、运营成本增加、利润率全面下滑等风险，主要表现在订单下降、原料不足、供应链中断、资金短缺等方面。一方面，全国运输网络部分受阻，既影响到物流的时效，也增加了企业运输的成本，从而影响企业整体物流的流通。另一方面，在新冠肺炎疫情期间防疫物资出现配送需求，由此电商末端的配送需求随之激增，导致物流行业的运力严重不足，无暇顾及企业的需求，产品难以流通，需求量减少，降低了企业的经营效益。

在经济大局中，政府也应当根据企业的类型和规模，颁布不同的减负纾困帮扶政策，比如援企稳岗类政策、新冠肺炎疫情防控政策、减税降费类政策以及金融和融资服务支持政策。在调研的访谈过程中，首先，有企业反映纾困政策的部分内容不明确，并且宣传力度也不够，部分数据也说明了政府与企业在信息沟通方面存在一定问题，因此政府应分配更多的人力和资源为企业做纾困政策的宣传与解读，正确引导企业合规地申请纾困援助。其次，有企业反映纾困政策的事项办理便捷度不高，操作步骤较为繁琐，为此政府可以适当优化流程，从而提高工作效率，为纾困政策的落地与实施提供更多的便利。其他的诉求则更多涉及政策时间、范围、金额等方面，侧面反映出政策内容的恰当性，政府部门也需要结合实际情况考虑是否应该对政策内容加以调整。企业面临营收增长困难和成本费用高居不下的困境，援企稳岗类政策与新冠肺炎疫情防控政策则需要关注到这一点，多方面给予企业补贴，降低成本费用压力，从而提高企业的盈利空间。

调研感悟

（一）指导教师调研感悟

1. 吴志艳

本次"访万企，读中国"社会实践活动是学校在假期举办的一次调研活动。在选定课题的条件下，每名学生按照课题的要求和计划，深入各类企业中，调查走访收集数据，并且分析所得数据写成报告，阐明各个企业在新冠肺炎疫情下所处的现状以及如何将企业与课题提及的发展要求融会贯通，了解企业当下复工复产情况以及纾困政策需求，为提高我国实体经济的质量出谋划策。

2. 王安娇

通过这次调研，小组成员将理论与实践结合起来，以调研者的身份通过与不同行业的企业家对话，学习企业家在面对困难时分析问题、处理问题、解决问题的能力。回顾整个调研过程，我感动于他们认真努力的态度和不怕挫折、坚持不懈的精神，我亦收获良多，感恩与小组成员共成长。

（二）团队成员调研感悟

1. 杨圆

在本次"访万企，读中国"调研活动中，我有幸结识了一群优秀的小伙伴，大家各司其职，尽心尽力完成调研任务。作为组长，此次活动锻炼了我的实践能力以及分析问题、解决问题的能力。近两个月的调研，是一段宝贵的经历，让我对当下长三角地区企业复工复产情况有了深刻的认识，也对如何与企业对话、解决实践中遇到的问题有了更深的感触。

2. 赵佳慧

在整个调研过程中，我们了解到企业在新冠肺炎疫情中受到影响的真实现状以及真切的扶助需求，也发现与企业沟通的过程非常不易，基于新冠肺炎疫情的原因，多数线上的沟通和线上访谈的方式也对此次调研有所影响，虽然过程中有波折，但经过大家的努力，此次调研还是有了很不错的结果。

3. 吴优青

非常感谢学校和学院给我们参加"访万企，读中国"专项社会实践活动的机会，同时感谢各企业的支持与分享，让我们能够对企业在新冠肺炎疫情之下，遇到怎样的困难、如何应对困难以及政府如何帮助企业渡过难关有了一定的了解。从总体来看，这个过程还是比较顺利的。这一段特别的经历，提升了我对社会的认知、理解，增强了我对实践精神的感悟。

4. 金镇猛

在访谈中我了解到，新冠肺炎疫情对各个公司的影响是巨大的。在后新冠肺炎疫情时代，各个行业都逐渐摸索出了针对新冠肺炎疫情的生存法则，尽可能地减轻损失，使公司的运营保持良好状态。

5. 李静

"访万企，读中国"专项社会实践活动让我们能够与各行各业的企业进行沟通，能够站在企业的角度了解新冠肺炎疫情对其的影响，能够让更多企业从中吸取经验以面对未来的困境。虽然活动持续时间很长，活动进程也很曲折，但无论是小组成员还是指导教师，都尽心尽力克服采访中的困难。

6. 张红莉

在撰写访谈录的过程中，我深刻体会到什么是"实践出真知"，也慢慢理解了在新冠肺炎疫情之下，中小企业的难处。好在这些企业家都不轻易放弃，虽然大环境艰难，但都在积极寻求让企业活下去的办法。正是这些企业家艰苦的奋斗，我国经济才得以历经磨难而不衰。

7. 魏玲玲

在完成小组任务的过程中，庞大的数据体量让我去学习更多的数据处理方法来了解数据背后代表的内容，这对于我的数据汇总与分析能力得到了很大的提升。同时，我积极查询相关专业术语以及当前的国家政策，让分析结论不仅更浅显易懂，也更贴近数据背后的现象本质。

8. 郭磊

本次与各位小组成员的配合让我受益颇多，对于企业的一线调研也让我对当下的企业生存环境有了更加清晰的认知，为日后的生涯规划方向提供了重要的事实支持，而对于纾困政策的相关分析也让我更加了解政府对各种企业的补贴政策，我看到了许多企业在"市场寒冬"下的坚韧。

9. 郭田田

新冠肺炎疫情的多点散发让调研活动更加难以展开，在这过程中我们遇到了相当多的困难，如有些企业不愿意接受线上采访，但是最终我们都一一克服了。撰写报告时的每一次修改，图表的每一次统计、每一次整合，都让我学到很多。

10. 程怡

通过本次暑期的社会调研活动，我学习到了很多，对于新冠肺炎疫情下企业面临的难关、面临困境时所体现的韧性，以及政府所给予的纾困政策，有了更为清晰直观的了解。我们可以看到，面对新冠肺炎疫情所带来的严峻考验，企业在逆境中展现出强大的生命力，积极实现自救，同时政府也在竭尽所能落实各项纾困政策，助力企业渡过难关。

11. 高珊

此次调研活动使我对新冠肺炎疫情之下企业的生存现状、政府的纾困政策和企业的纾困策略有了一定了解。同时，对于没有过企业调研经验的我来说，这次活动完全是一次全新的尝试、全新的体验、全新的挑战。

12. 徐心怡

参加本次"访万企，读中国"的调研活动，我非常高兴能有机会结识一群优秀且积极的小伙伴们。在组长的带领下，大家各司其职，认真完成调研任务，发挥了各自的特长和优势。在此次活动中，我主要负责项目公众号推文和结论建议部分的撰写，这不仅锻炼了我的实践能力，也增强了我分析问题、解决问题的能力。

13. 王杰瑶

这是我第一次尝试组织成员进行团队分工合作、撰写项目计划书。在这个过程中，我学到了很多理论和实践知识。从联系企业、撰写提纲，到进行采访、总结采访，这是一个对外探索的过程，也是一个对内磨炼的过程。这让我完整地了解了从策划到落地的实践调研过程，开阔眼界探求普世价值和现实意义，不只停留于"空中楼阁"。

后 记

　　"万企调查"已经完整地实施了四季。上海对外经贸大学基于"创业导向型实践教学流程再造"理论的全球运营仿真实验、外贸企业调研实践、国际商业创业实战"三阶段递进式"实践教学体系的实践创新也渐入佳境。

　　"万企调查"调研实践选题与国家重大发展战略相对接，与经济社会发展实践相对接，与国际前沿研究领域相对接，反映新情况、满足新需求、适应新时代，在服务宏观决策、促进经济社会健康发展、促进经济学和社会学发展方面发挥了重要的作用。通过对社会实际问题的关注，学生自己探索中国进入新阶段后行业的发展变化，帮助自身增强对党的创新理论的政治认同、思想认同、情感认同。"万企调查"让学生走到社会中做真调研，在整个调研过程中，学生分步骤分阶段接受教师指导，使调研过程有意义、对解决实际问题有帮助。"万企调查"将"读万卷书"与"行万里路"相结合，扎根中国大地了解国情民情，使学生在实践中增长智慧才干，在艰苦奋斗中锤炼意志品质。学生在这个项目过程中，积极开展调查设计、实施和总结，真切地感受社会实践活动的快乐。本书的各篇报告都是各组学生在带队老师的指导下，几易其稿才得以完成，其中倾注了他们的热忱和奋斗，记录了他们的思考和探索，见证了他们的成长和成熟。

　　"万企调查"得到了三家主办单位，即上海对外经贸大学、中国对外经济贸易统计学会、中国海关总署，各自党政部门的倾力支持。不仅如此，我们还会将该项目打造成全社会共同参与的全员育人、全程育人、全方位育人的"三全教育"平台。

　　首先是校内的全员参与。"万企调查"得到校领导班子的大力支持，从各个主管党政部门抽调领导干部担任筹备委员会、执行委员会和学术委员会的成员，安排专门经费、设置专门机制进行组织和激励。指导教师由教学科研能力突出、品德高尚的专业教师和辅导员组成，调研过程中的专业知识教育、身份识别证明、联络协调、学分管理、科研成果认定分别得到了学校团委、学生处、校友办公室、教务处和科研处等部门的通力支持和配合。

　　其次是主办单位以及海关系统的积极参与和全员支持。中国对外经济贸易统计学会名誉会长王亚平、会长刘贻南、秘书长姚卫东参与了"万企调查"的规划、历届主题设计和出征、总结仪式以及调查问卷等调研过程细节的指导，中国对外经济贸易统计学会夏明等同志积极为"万企调查"开展宣传和报道。长三角海关系统的多位工作同志为我们确定调研主题、拟订调研计划、联系企业和实际调研过程指导等提供了很多帮助。

再次是广大调研企业、当地商务委、商会等主管部门以及大量媒体的关心、支持和配合。2022年"万企调查"线上线下采访企业近两百家，包括海关系统推荐企业、环球慧思的客户企业、上海对外经贸大学校友企业以及部分前两年采访过的企业。在企业及其负责人的大力支持下，我们取得了537份完整调研问卷和大量的数字化事实资料。2022年"万企调查"得到了新华社、人民网、新民网、《解放日报》等几十家媒体的跟踪报道，社会影响越来越大。

最后是中国商务出版社的周密安排，特别是刘玉洁编辑全程负责与本书主编、校队人员的具体对接，保证了本书的出版质量。

回顾几年来的努力，我们逐渐形成了一条融国情教育、科研训练、创新实践于一体的人才培养路径，但是离"科研、教学和社会服务"三位一体的愿景尚存在不小差距。在2023年，我们将进一步振奋精神，迎接挑战，开创未来，再创佳绩！

本书得以出版，离不开社会各界的关心、支持和帮助，不能一一具名，我们在此一并表达深深的谢意！

由于时间和水平的限制，本书存在很多的纰漏和不足，请大家予以批评指正。